2022 国家统一法律职业资格考试

客观题 考前冲刺2套卷

第一套 试卷一

法考客观题实战模拟黄金套卷，依据2022年新大纲命制
参照法考命题标准，针对重点热点问题设计试题，助力法考应试通关

扫码进入模拟机考演练

中国法制出版社
CHINA LEGAL PUBLISHING HOUSE

试 卷 一

一、单项选择题。每题所设选项中只有一个正确答案，多选、错选或不选均不得分。本部分含1-50题，每题1分，共50分。

1. 习近平法治思想是引领法治中国建设实现高质量发展的思想旗帜，是在法治轨道上推进国家治理体系和治理能力现代化的根本遵循。关于习近平法治思想，下列哪一理解是正确的?

A. 习近平法治思想标志着党已全面彻底地认识了社会主义建设规律和人类社会发展规律

B. 习近平法治思想是在推进伟大工程、伟大事业、伟大梦想的实践中形成的，是不再需要丰富的完善理论

C. 习近平法治思想是坚持和发展中国特色社会主义在法治领域的理论体现

D. 习近平法治思想是总结党加强法治建设历史经验的必然要求，是适合于所有时代条件的重要理论

2. 完善以宪法为核心的中国特色社会主义法律体系，应当健全保证宪法全面实施的体制机制，加强对法律实施的监督，健全社会公平正义法治保障制度，提升法治促进治理体系和治理能力现代化的效能。下列哪一做法符合这一要求?

A. 通过制定新的暂行条例开征税种，决定税率

B. 甲市人大通过制发文件征用农村土地，建设沿河观光经济带

C. 乙市以发布“通告”的形式，实施对机动车的限号规定

D. 全国人大专门委员会和常委会工作机构对报送备案的地方性法规进行主动审查

3. 中国特色社会主义法治必须牢牢把握社会公平正义这一法治价值追求。在深化依法治国实践时，应当深化司法体制综合配套改革，健全社会公平正义法治保障制度。下列哪一做法不符合上述要求?

A. 甲省将市县司法机关的财物纳入省财政统一管理

B. 乙市某区检察院向环保部门发出督促履职检察建议

C. 丙省检察院实行主任检察官、主办侦察员办案责任制

D. 丁市法院给法官下达招商引资目标任务，进行经济创收

4. 全面推进依法治国，需要坚持依法治国、依法执政、依法行政共同推进，坚持法治国家、法治政府、法治社会一体建设，推进基层治理法治化。对此，下列哪一理解是错误的?

A. 制定基层赋权清单，厘清职责边界，按照权责一致的要求健全责任清单制度

B. 加强基层法治机构建设，强化基层法治队伍，建立重心上移、力量上行的法治工作机制

C. 构建基层社会治理新格局，健全自治、法治、德治相结合的城乡基层治理体系

D. 把基层领导方式和工作方法转到法治轨道，将法治建设成效纳入政绩考核指标体系

5. 关于法的规范作用，下列哪一说法是正确的？

A. 某市辖区依据《监察法》设立监察委员会，体现了法的评价作用

B. 某法院判决莫某的行为构成放火罪和盗窃罪，仅体现了法的强制作用

C. 赵某看到王某的发明得到《专利法》保护，也积极展开技术创新，体现了法的教育作用

D. 某环保基金会依据法律规定提起公益诉讼，体现了法的预测作用

6. 一对双独年轻夫妇在医院做了助孕手术，后二人因车祸身亡，双方父母诉至法院要求取得胚胎的继承权。法院认为，受精胚胎含有二人的 DNA 等遗传物质，与双方父母有生命伦理上的密切关联性；胚胎是介于人与物之间的过渡存在，应受到特殊尊重与保护，而双方父母应是胚胎最密切倾向性利益的享有者，故判决由双方父母共同监管和处置冷冻胚胎。对此，下列哪一说法是正确的？

A. 裁判所依据的伦理和道德信念属于正式的法的渊源

B. “胚胎与双方父母有生命伦理上的密切关联性”是价值判断而非事实判断

C. 双方父母对胚胎的监管和处置权属于相对权

D. 法官在法律证成时不需要进行法律解释

7. 根据《宪法》和法律的规定，关于全国人大常委会的职权，下列哪一选项是正确的？

A. 修改宪法、解释宪法、监督宪法的实施

B. 解释、修改特别行政区基本法

C. 改变或者撤销国务院各部委发布的不适当的命令、指示和规定

D. 在全国人大闭会期间，根据国务院总理的提名，决定副总理、国务委员的人选

8. 关于英美等国宪法，下列哪一说法是正确的？

A. 尽管制定年代久远，1215 年《大宪章》至今仍属于英国宪法的组成部分

B. 美国 1787 年宪法制定时即对人权给予了充分保障，特别是言论自由等权利

C. 作为欧洲大陆第一部成文宪法，法国 1791 年宪法将“社会权”纳入宪法的保护范围，扩大了人权的范围

D. 日本明治宪法作为亚洲的第一部成文宪法，对公民自由权作了充分规定，确立了现代民主政体

9. 关于全国人大及其常委会的立法程序，根据《立法法》的规定，下列哪一选项是正确的？

A. 专门委员会和常务委员会工作机构进行立法调研，可以邀请有关的全国人大代表参加

B. 专门委员会审议法律案时，应当邀请提案人列席会议，发表意见

C. 法律委员会审议法律案时，可以邀请有关的专门委员会的成员列席会议，发表意见

D. 常委会会议审议法律案时，可以邀请有关的全国人大代表列席会议

10. 关于我国国家标志，下列哪一选项是正确的？

A. 北京天安门城楼、人民大会堂应当每日升挂国旗

B. 全日制学校应当每日升挂国旗

C. 升国旗仪式应当奏唱国歌

D. 乡、民族乡、镇的人民政府可以悬挂国徽

11. 根据《宪法》和《立法法》，关于国务院的职权，下列哪一选项是错误的？

A. 国务院可以向全国人大常委会提出法律解释的要求

B. 地方性法规与部门规章之间对同一事项的规定不一致，不能确定如何适用时，由国务院裁决

C. 部门规章之间、部门规章与地方政府规章之间对同一事项的规定不一致时，由国务院裁决

D. 国务院有权改变或者撤销不适当的地方政府规章

12. 根据《监督法》的规定，关于各级人大常委会依法行使监督权，下列哪一选项是错误的？

A. 对于社会普遍关注的问题，江南市人大常委会可以要求江南市政府作专项工作报告

B. 河东市政府应当在每年6月至9月期间，向河东市人大常委会报告本年度上一阶段国民经济和社会发展计划、预算的执行情况

C. 由于近期环境污染非常严重，湖西市人大常委会决定对环境保护法律法规在湖西市的实施情况组织执法检查

D. 经组织调查发现，海北市发生重大腐败窝案，多名副市长牵涉其中。海北市长高某可向海北市人大常委会提出对副市长吴某、袁某、陈某的撤职案

13. 关于先秦时期的法制，下列哪一选项是正确的？

A. 西周时期的买卖契约有“质剂”和“傅别”两种形式

B. 西周统治者提出了“德主刑辅、明德慎罚”的政治法律主张，对后世影响深远

C. 《法经》是中国历史上第一部比较系统的成文法典，该法典分为《名例》《盗法》《贼法》《网法》《捕法》和《杂法》六篇

D. 商鞅变法时，秦国全面贯彻法家“以法治国”和“明法重刑”的主张

14. 清代最重要的法律形式之一是例。例是统称，包括条例、则例、事例、成例等。关于清代的例，下列哪一选项是错误的？

A. 条例一般是指刑事单行法规

B. 则例是指某一行政部门或某项专门事务方面的单行法规汇编

C. 清代适用例判决案件的司法传统，类似英国的判例法

D. 清代形成了以“律”为宗、“例以辅律”的体例传统

15. 关于中华民国时期的法律思想与制度，下列哪一选项是正确的？

A. “六法全书”是南京国民政府成文法的总称，由六部法典构成

B. 《中华民国民法》颁布之后，不再将习惯和法理作为判案依据

C. 《陕甘宁边区宪法原则》确立了“三三制”政权组织原则

D. 《中华苏维埃共和国宪法大纲》是中国宪法史上第一部由劳动人民制定的确保人民民主制度的根本法

16. 在联合国大会召开期间，甲国因不满乙国（系安理会理事国）对其长期实施经济制裁，出兵入侵作为乙国盟友的邻国丙国。联合国安理会召开紧急会议，商讨甲丙两国冲突局势并拟通过一项和平解决两国争端的决议。对此，下列哪一说法是正确的？

A. 联合国大会可以审议甲丙两国冲突局势

B. 乙国因有利害关系，不得投票表决此项决议

C. 如果丙国为安理会非常任理事国，它不得投票表决此项决议

D. 安理会表决时，重要问题决议采取 2/3 多数通过

17. 甲乙两国均为《国际民用航空公约》《日内瓦四公约第一附加议定书》等多边条约的缔约方，此外，两国间还签订了一些双边条约。近期，两国因边界问题发生战争。根据国际法一般原理，下列哪一说法是正确的？

A. 战争开始，甲国驻乙国的外交人员即丧失外交特权与豁免

B.《国际民用航空公约》在甲乙两国间中止其效力

C.《日内瓦四公约第一附加议定书》在甲乙两国间中止其效力

D. 甲乙两国签订的双边引渡条约效力不停止

18. 在某校司法制度课堂上，主讲教师就 2018 年《人民检察院组织法》的修订组织了课堂讨论，四位同学先后发表观点。下列哪一说法是正确的？

A. 甲说：检察院行使法律监督职权的方式是依法提出抗诉或者检察建议

B. 乙说：为落实司法责任制，检委会讨论的案件应由检察官和检委会委员各负其责

C. 丙说：为落实少数服从多数原则，办理案件的检察官人数应为单数

D. 丁说：最高检察院发布指导性案例，应当由检察委员会专业委员会会议讨论通过

19. 为维护司法廉洁和司法公正，法官、检察官应杜绝与律师进行不正当接触交往。下列哪一行为属于法官、检察官应当完全禁止之列？

A. 参加律师事务所或者律师举办的研讨会

B. 为律师或者律师事务所转递涉案材料

C. 暗示当事人更换符合代理条件的律师

D. 在非工作时间接触代理、辩护律师

20. 关于法律职业道德及其基本原则的表述，下列哪一说法是错误的？

A. 提高法治工作队伍的职业道德水准是全面推进依法治国的有效保障

B. 法律职业道德主要规范法官、检察官、律师等法律从业人员的职业内行为

C. 法律从业人员严守职业道德是维护法律职业形象和司法公信力的必然要求

D. 法律职业道德基本原则过于抽象，不宜作为评判从业人员职业道德水平的标准

21. 律师、律师事务所为了扩大影响、承揽业务，可以从事业务推广活动。根据《律师业务推广行为规则（试行）》，下列哪一项业务推广行为符合规定？

A. 袁某是律师界“菜鸟”，为增加知名度，做广告时提出“入行半年内免费代理案件”

B. 黄某是公职律师，通过微信公众号宣传自己的业务领域和专业特长

C. 甲律所获评“全国优秀律所”，在其网站上大作宣传，为求简洁未标注获奖时间

D. 乙律所在其宣传广告中使用“中国征地拆迁专业律所第一品牌”的表述

22. 王某在C市（直辖市）D区公证处担任公证员已满10年。关于王某在执业中遇到情形的处理，下列哪一说法是正确的？

A. 被推选为公证处负责人，应报C市司法局核准

B. 欲到C市J区公证处执业，应由C市司法局核准后报司法部备案

C. 因失火罪被追究刑事责任，应吊销其执业证书

D. 年满65周岁时，应由司法部予以免职

23. 关于刑事责任能力，下列哪一说法是正确的？

A. 甲从不饮酒，某次少量饮酒后出现了病理性醉酒，并在幻觉状态下将素来有仇的邻居何某砍死。甲应负故意杀人罪的刑事责任

B. 乙一直想奸淫与其合租的修某，某日乙借醉酒将修某强奸。乙应负强奸罪的刑事责任

C. 丙为抢劫而故意使自己陷入无责任能力状态，但在该状态下将曹某强奸。丙应负强奸罪的刑事责任

D. 丁为间歇性精神病人，在精神正常状态下以抢劫故意压制潘某的反抗，后疾病发作陷入无责任能力状态进而取走潘某的钱包等财物。丁成立抢劫罪未遂

24. 关于犯罪过失，下列哪一说法是错误的？

A. 甲在扔烟头时不慎将烟头扔在仓库门口的草堆上，眼见草堆已经冒烟，甲心想着火后正好可以进仓库偷点东西。甲成立失火罪

B. 乙扔石头时不慎将贺某砸成重伤，乙见贺某流血不止便逃走。事后鉴定，即便贺某被及时送医，也无法避免死亡后果发生。乙成立过失致人死亡罪

C. 丙纠集亲属多人教训秦某，丙持木棍将秦某打伤，后心生悔意，在秦某昏迷后找到村医为秦某救治，秦某仍因伤重不治身亡。丙属于故意伤害致人死亡

D. 丁在高速公路上正常行驶，在左侧车道的林某突然变换车道欲从出口驶出高速，丁刹车不及致林某的车辆被撞起火，林某被烧身亡。丁不成立交通肇事罪

25. 关于刑法上的因果关系，下列哪一选项是正确的？

A. 甲在张某去机场的路上将其杀害，而张某本要乘坐的航班后来发生坠机事故，无一生还。甲的行为与张某的死亡之间没有因果关系

B. 乙用铁锤重击王某头部，以为王某已死，为毁尸灭迹将王某投入井中，事后鉴定王某其实是溺亡。乙的前行为与王某的死亡之间有因果关系

C. 丙基于杀人故意朝李某开了一枪，李某腿部中弹但不严重，后被送往医院，因医生的严重疏忽导致手术失败身亡。丙的行为与李某的死亡结果之间存在因果关系

D. 丁驾车在市区以50公里/小时（限速40）行驶，赵某从路边的两车中快速冲向马路，丁躲闪不及将赵某撞死。事后鉴定即便丁以限速行驶，仍无法避免此结果。丁的行为与赵某的死亡之间有因果关系

26. 关于正当防卫与紧急避险，下列哪一说法是正确的？

A. 吴某意图用少量迷药将甲迷晕后偷其财物，甲在意识渐失时将吴某打死。甲成立正当防卫

B. 张某持刀抢劫某哨所卫兵乙的枪支，乙在警告无效后，开枪击毙张某。乙成立正当防卫

C. 王某唆使自家的狗攻击丙，丙随手捡起钢管将狗打死。丙成立紧急避险

D. 丁系监狱在押犯，在越狱后为逃避抓捕使用暴力手段闯入方某住宅。丁成立紧急避险

27. 魏某因与曹某发生口角，便起意杀害曹某，遂持木棍猛击其头部，在认为曹某已经死亡的情况下，将其丢入数公里外的水库中，后经法医鉴定曹某是溺亡。关于魏某的行为，下列哪一说法是正确的？

A. 属于狭义的因果关系错误，成立故意杀人既遂

B. 属于结果的提前实现，成立故意杀人未遂和过失致人死亡的想象竞合

C. 属于事前的故意，主流观点认为成立故意杀人既遂

D. 属于抽象的事实认识错误，成立故意杀人未遂和过失致人死亡的想象竞合

28. 关于自首与立功，下列哪一说法是错误的？

A. 张某将被害人王某勒死后逃跑，公安机关通知了其亲友，请亲友协助缉拿归案。后张某由其兄陪同至派出所归案，并如实供述了犯罪事实。张某成立自首

B. 庄某于某日晚上抢劫了谢某，在离开犯罪现场数条街后碰上交警临检，因庄某神色慌张，警察将其带到警车上问话。庄某如实供述了所有犯罪事实。庄某成立自首

C. 曹某因涉嫌受贿 10 万元，正处于取保候审期间，某日在地铁口看见一个小偷正在扒窃，遂将小偷抓获，因小偷未达刑事责任年龄，公安机关未予立案。由于小偷根本不构成犯罪，曹某不成立立功

D. 严某为某县公安局刑警大队长，其因受贿被监察部门留置。在此期间，其检举揭发自己在查办案件过程中发现的公安局局长小舅子何某涉嫌强奸的线索，后经查证属实。严某不成立立功

29. 关于减刑制度，下列哪一说法是正确的？

A. 减刑的效果只能是减少刑期，而不能变更刑种

B. 对于因故意伤害致人重伤或死亡而被判处死刑缓期执行的犯罪分子，法院可以同时决定对其限制减刑

C. 罪犯被裁定减刑后，在刑罚执行期间又故意犯罪，在对其数罪并罚时，经减刑裁定减去的刑期不计入已经执行的刑期

D. 罪犯被裁定减刑后，在刑罚执行期间发现其还有漏罪，在对其数罪并罚时，原减刑裁定仍然有效

30. 关于抢劫罪，下列哪一说法是正确的？

A. 甲准备去乙家借车，在征得乙同意后进入乙家，甲趁乙在厨房做饭时翻抽屉发现一部手机，正想装入口袋时被乙发现，甲持木棍殴打乙后逃跑。甲成立入户抢劫

B. 甲深夜尾随乙，在其开门时持刀威胁，强行进入乙家中，甲在二楼持刀朝乙头部和手臂各砍了一刀后，捆绑乙的手脚，后至一楼搜寻财物。乙将身子伸出窗外呼救并逃跑时坠楼身亡。甲成立抢劫致人死亡

C. 甲为房屋中介人员，以约客户看房的名义将客户骗至待出租的空房后，持刀实施抢劫。甲成立入户抢劫

D. 甲（15 周岁）在入室盗窃时被人发现，持刀威胁屋主不要报警后逃跑。甲成立入户抢劫

31. 关于生产、销售伪劣商品犯罪，下列哪一说法是错误的？

A. 刘某为谋取非法利益，先后组织多人采取在玉米油中添加香精的方式，生产品名为“××香油”的产品，冒充芝麻香油予以销售，销售金额近 100 万元。刘某成立生产、销售伪劣产品罪

B. 李某无生产许可证，生产明知是不合格产品的化肥，并将其销售给孙某，金额达到 50 万元。孙某在运输途中被查获，化肥尚未销售给农户。李某成立生产、销售伪劣化肥罪

C. 胡某将收购的百余吨病死猪宰杀后加工成排骨、猪皮等食品销售，销售金额达 60 万元，但未造成食物中毒事件。如按销售不符合安全标准的食品罪处理会导致处罚较轻，可以销售伪劣产品罪定罪处罚

D. 袁某系某民营医院医生，明知某医药公司生产的药品与标准成分不符，而提供给病人使用，但并未谋取任何利益。袁某成立提供假药罪

32. 某公司员工王某到前台查看是否有自己申领的银行信用卡时，发现有某同事的银行信用卡邮件，便私自将邮件带走。随后，王某通过拨打银行客服电话并提供卡号、初始密码及身份资料等信息将信用卡激活，先后冒用该卡提取现金共计 2 万元。王某成立下列哪一犯罪？

A. 盗窃罪　　B. 信用卡诈骗罪

C. 妨害信用卡管理罪　　D. 私自开拆邮件罪

33. 关于毒品犯罪，下列哪一说法是正确的？

A. 吴某让甲在云南出差时帮忙购买 100 克海洛因用于吸食，并给甲 5000 元酬劳，甲照做。甲成立非法持有毒品罪

B. 令某在运输的水果中夹带了 2 公斤冰毒，其雇请的司机乙以为运输的就是水果，将货物从广西运往浙江。乙成立运输毒品罪

C. 丙在列车上盗窃了一个手提公文包，下车后发现包内有 20 克海洛因，丙发现后海洛因后一直存放在家。丙仅成立盗窃罪

D. 丁抢劫毒贩手中的 100 克冰毒后，又将其中 80 克卖给瘾君子贺某。对丁应以抢劫罪与贩卖毒品罪数罪并罚

34. 关某因诈骗罪在甲市服刑，服刑期间逃跑，后在乙市被抓获并被押回甲市。下列哪一做法是正确的？

A. 关某押回甲市后，发现其在逃期间曾在乙市利用互联网实施诈骗，该诈骗罪应由甲市法院管辖

B. 甲市检察院认为对关某可能会判处无期徒刑，遂向甲市中院提起公诉。甲市中院受理后，如果认为不需要判处无期徒刑，可以移送甲市基层法院审判

C. 甲市基层法院认为该网络诈骗属于新型疑难案件，遂请求移送甲市中院审判，甲市中院认为不需要移送，应请求省高级法院指定管辖

D. 梁某系关某实施网络诈骗的共犯，甲市检察院经审查，认为对关某可能判处无期徒刑，应向甲市中院提起公诉；认为对梁某无需判处无期徒刑，应交甲市基层检察院向甲市基

层法院提起公诉

35. 周某因寻衅滋事罪被提起公诉，聘请吴某为其辩护人。关于相关人员的回避，法院的下列哪一做法是正确的？

A. 人民陪审员张某的舅舅参与了寻衅滋事，但因情节显著轻微，未被提起公诉，辩护人吴某请求张某回避，被法院驳回

B. 庭审中，周某提出审判员江某对其存有偏见并请求江某回避，合议庭当庭驳回并不允许其申请复议

C. 庭审中，被害人李某提出辩护人吴某系公诉人王某介绍给被告人周某的，要求王某回避，合议庭经调查属实，但认为不属于刑诉法规定的回避理由，故当庭予以驳回

D. 二审合议庭将案件发回重审后，周某再次提出上诉，二审法院应另行组成合议庭审理，原合议庭成员应集体回避

36. 吴某系未成年人，在外旅游期间因涉嫌盗窃被起诉至案发地法院，其辩护律师向法院申请取保候审。下列哪一说法是正确的？

A. 法院可责令吴某提出 2 名保证人

B. 因存在利害关系，吴某的近亲属不得担任保证人

C. 如吴某无法提供保证人，法院可以为其指定合适成年人作为保证人

D. 因吴某无个人财产，不得对其采取保证金保证的方式

37. 万某、何某、王某系邻居，何某因琐事被万某打伤后去医院治疗，王某到公安机关报案。对此，下列哪一做法是正确的？

A. 公安机关不予立案，王某不服，可申请复议

B. 公安机关不予立案，王某不服，可向检察院提出申诉

C. 检察院认为公安机关应当立案的，应要求公安机关说明不予立案的理由，认为该理由不能成立的，应通知公安机关立案。公安机关认为检察院的立案通知有错误的，可要求复议

D. 公安机关立案侦查后移送检察院审查起诉，检察院作出不起诉决定，何某不服，但在收到不起诉决定书 7 日之后才提出申诉，应由作出不起诉决定的检察院审查决定是否立案复查

38. 朱某（17 周岁）涉嫌故意伤害（轻伤），被拘留后如实供述自己的罪行并表示愿意接受处罚。关于本案的办理，下列哪一说法是正确的？

A. 公安机关讯问朱某时，应当告知其享有的诉讼权利，如实供述自己罪行可以从宽处理的法律规定

B. 检察院审查批捕时，应当讯问朱某

C. 朱某应当在其辩护律师在场的情况下签署认罪认罚具结书

D. 在朱某及其法定代理人、辩护人无异议的情况下，法院可以适用速裁程序审理此案

39. 夏某醉酒后驾车返家，途中将古某撞伤，致使古某住院花费医药费 8000 元。检察院以夏某的行为构成危险驾驶罪为由向法院提起公诉。法院决定适用速裁程序审理，并决定对

夏某采取取保候审措施。关于本案，下列哪一说法是正确的？

A. 如法院在审理期间发现夏某严重违反取保候审规定，可以变更为逮捕措施

B. 如夏某在审理期间否认指控的犯罪事实，法院可以按照简易程序进行审理

C. 如古某在审理期间提起了附带民事诉讼，法院不得继续适用速裁程序

D. 如法院适用速裁程序并采纳了检察院的量刑建议，判处夏某拘役 5 个月，夏某不得提起上诉

40. 张某原系律师，因严重扰乱法庭秩序被吊销律师执业证书。其子小张因涉嫌危害国家安全犯罪被拘留，拟委托其父作为辩护人。对此，下列哪一说法是正确的？

A. 张某不能担任小张的辩护人

B. 在侦查阶段，张某须征得办案机关同意方可会见小张

C. 在审查起诉阶段，张某在获得检察院许可后可以查阅案卷

D. 在审查起诉阶段，张某在征得证人吴某的同意后，可以向其收集与本案有关的材料

41. 被告人张某因犯间谍罪被 L 省 M 市中级法院一审判处有期徒刑 7 年，张某未上诉，检察院未抗诉。判决生效后，张某被送往 N 市监狱服刑。两年后，M 市中级法院在李某抢劫案的二审审理中发现张某系同案犯。对于该遗漏罪行的处理，下列哪一说法是正确的？

A. M 市中级法院启动审判监督程序审理

B. N 市中级法院启动审判监督程序审理

C. M 市检察院向 M 市中级法院追加起诉张某

D. M 市中级法院裁定撤销李某抢劫案的一审判决，并发回重审

42. S 区法院在审理 S 区检察院起诉被告人谭某故意伤害案中，发现谭某精神异常，胡言乱语，导致庭审无法正常进行。关于本案的办理，下列哪一说法是正确的？

A. S 区法院可以裁定中止审理

B. S 区法院可以裁定终止审理

C. 经鉴定，谭某为依法不负刑事责任的精神病人，S 区法院应当适用强制医疗程序对案件进行审理

D. 经鉴定，谭某为依法不负刑事责任的精神病人，S 区法院应当裁定驳回起诉，S 区检察院重新提起强制医疗的申请

43. 张某因贩毒被 S 省 C 市中级法院一审判处死刑立即执行，张某未上诉，检察院未抗诉。关于本案的死刑复核程序，最高法院复核后的下列哪一做法是正确的？

A. 认为原判认定事实正确，但依法不应当判处死刑，应当直接改判

B. 认为原判认定事实不清，可以裁定不予核准，发回 S 省高院重新审理

C. 认为原判认定事实清楚，但依法不应当判处死刑，应当裁定不予核准，并撤销原判，发回重新审判

D. 认为一审程序违法，应当裁定不予核准，撤销原判，并发回 C 市中院重新审理

44. 国务院港澳事务办公室是国务院的办事机构。关于该机构，下列哪一选项是正确的？

A. 主管特定业务，行使行政管理职能

B. 撤销须经国务院机构编制管理机关审核方案，报国务院批准
C. 增加编制由国务院机构编制管理机关审核方案，报国务院批准
D. 司级内设机构的领导职数按一正一副设置

45. 关于公务员的试用期制度，下列哪一选项是正确的？
A. 新录用人员甲因试用期满不合格被通知不予录用
B. 新录用人员乙试用期满考核合格被通知进行初任培训
C. 聘任制公务员丙与机关签订了试用期为 14 个月的聘任合同
D. 公务员丁晋升领导职务时按规定实行任职试用期制度

46. 按照《国务院 2020 年立法工作计划》，网信办、工业和信息化部、公安部负责起草《关键信息基础设施安全保护条例》。关于该条例的制定程序，下列哪一选项是错误的？
A. 三部门共同起草达成一致意见后须联合报送行政法规送审稿
B. 条例的送审稿须由该几个部门主要负责人共同签署
C. 条例草案须由国务院法制机构在国务院常务会议审议时作说明
D. 公布后 30 日内须由国务院办公厅报全国人大常委会备案

47. 关于具体行政行为的效力及其变动后果，下列哪一选项是正确的？
A. 行政奖励决定在送达当事人之前对行政机关具有拘束力
B. 行政给付决定因被撤销而溯及既往地失效
C. 行政许可决定因被废止导致国家承担赔偿责任
D. 县政府就土地权属争议作出的裁决行为可以被强制执行

48. 关于相关行政行为的设定权，下列哪一说法是正确的？
A. 国务院具有行政管理职能的直属机构有权设定没收财物的行政处罚
B. 国务院发布的决定可以设定有效期一年的临时性许可
C. 设区的市政府规章可以设定有效期一年的临时性许可
D. 国务院行政法规可以设定查封场所的行政强制措施

49. 关于行政行为的实施，下列哪一做法是正确的？
A. 市安监局对拒不执行停产决定的企业采取停止供电措施
B. 民警回机关后在 24 小时内向负责人报告并补办现场扣留违法嫌疑人的手续
C. 区市场监管局在对涉嫌商标侵权的产品登记保存后的第 15 日作出罚款决定
D. 市规划管理局因某公司申请材料不齐全作出不予受理决定

50. 家住 A 县的李某在 B 县游玩期间，与张某发生争吵后相互殴打，B 县公安局立案后，对李某进行了询问查证，并告知将对其行政拘留 7 日、罚款 500 元。李某申请召开听证会被拒绝。在听取李某申辩后，B 县公安局对李某作出行政拘留 10 日、罚款 500 元的决定。经 C 市公安局复议维持后，李某向 A 县法院提起行政诉讼。对此，下列哪一选项是错误的？
A. B 县公安局对李某询问查证的时间不得超过 8 小时
B. B 县公安局拒绝李某的听证请求合法

C. B 县公安局作出的处罚决定违法

D. A 县法院无权受理李某的起诉

二、多项选择题。每题所设选项中至少有两个正确答案，多选、少选、错选或不选均不得分。本部分含 51–85 题，每题 2 分，共 70 分。

51. 某市市场监督管理局制定《关于贯彻落实市场监督管理罚没收入工作安排意见的通知》，将目标完成与各种经费款、年终奖惩项挂钩，要求各单位全员上阵、分解任务。对于这种“依罚行政”的现象，下列哪些观点是正确的？

A. 行政处罚应以公正执法为目标，“依罚行政”是一种行政权的异化

B. 行政机关具有一定的处罚权限是必要的，“依罚行政”能促进行政执法和刑事司法的衔接

C. “依罚行政”容易导致部门利益、个人利益凌驾于公共利益之上

D. “依罚行政”是一种缺乏法治思维的表现，不应赋予执法人员自由裁量权

52. 统筹推进国内法治和涉外法治是全面依法治国的迫切任务。对此，下列哪些观点是错误的？

A. 应当坚持单边主义，构建以国内大循环为主体、国内国际双循环相互促进的新发展格局

B. 国内治理是涉外治理的基础和前提，涉外治理是国内治理的延伸和保障，二者是相互割裂的

C. 中国应积极领导国际规则制定，做全球治理变革进程的推动者，为全球治理体系的完善提供中国方案

D. 应当探索形成常态化、规范化的涉外法治人才培养机制，为我国参与国际治理提供有力人才支撑

53. 实现人与自然和谐共生，需要实行严格的生态环境保护制度，落实生态环境保护执法要求，明确执法职能，发挥法治对生态文明建设的保障作用。对此，下列哪些做法是正确的？

A. 对新增的环境保护执法事项，依法逐条逐项进行合法性、合理性和必要性审查

B. 明确行政执法责任主体、问责依据、追责情形和免责事由，健全问责机制

C. 消除行政执法中的模糊条款，通过健全裁量标准促进同一事项相同情形同标准处罚

D. 畅通投诉受理、跟踪查询、结果反馈渠道，支持各类社会主体对执法行为进行监督

54. 加强法律服务队伍建设，需要构建社会律师、公职律师、公司律师等优势互补、结构合理的律师队伍。对此，下列哪些说法是正确的？

A. 有利于提高国家治理和社会治理的效能，提高制度执行的能力和水平

B. 公职律师可以参与法律法规规章草案、党内法规草案的起草、论证

C. 公司律师可以参与董事会运行规则的制定，为企业改制重组等重大经营决策提供法律意见

D. 有一定工作经验的法官、检察官、律师可以申请并被选任为公职律师

55. 关于正式的法的渊源的效力原则，下列哪些表述是错误的？

A. 经济特区法规根据授权对法律作变通规定的，在该特区可以适用特区法规的变通规定

B. 自治条例、单行条例与行政法规不一致的，都应当适用行政法规

C. 地方性法规和部门规章之间发生冲突时，由全国人大常委会裁决

D. 生态环境部与农业农村部的部门规章规定内容不一致时，按照新法优于旧法的原则处理

56. 二战后，欧洲国际军事法庭在纽伦堡对 22 名纳粹德国的军政首领进行了审判。法庭认为，执行上级的命令不得作为免除被告法律责任的理由。“第三帝国”的法律是违反人类理性和良知的，是非法的法律。执行违反人类理性的邪恶法律，理应受到法律的惩罚。因此，判决戈林等战犯有罪。对此，下列哪些说法是正确的？

A. 该判决反映了法律并不必然是决定正义的唯一因素

B. 自然法学派认为，是不是法与是不是正义的法是两个必须分离的问题

C. 纳粹首领的行为即使没有违反当时的制定法，也构成“反人类罪”，这符合自然法的理念

D. 判决体现了排他性法律实证主义的观点

57. 原《行政处罚法》第 42 条规定：“行政机关作出责令停产停业、吊销许可证或者执照、较大数额罚款等行政处罚决定之前，应当告知当事人有要求举行听证的权利；……”在审理何某诉某县市场监督管理局行政处罚案时，法院认为，虽然该条规定没有明确列举“没收财产”，但是该条中的“等”系不完全列举，应当包括与明文列举的“责令停产停业、吊销许可证或者执照、较大数额罚款”类似的其他对相对人权益产生较大影响的行政处罚。为了保证行政相对人充分行使陈述权和申辩权，保障行政处罚决定的合法性和合理性，对没收较大数额财产的行政处罚，也应当适用听证程序。对此，下列哪些说法是错误的？

A. 《行政处罚法》第 42 条表达的是委任性规则

B. 法院运用了体系解释

C. 法官在裁判中运用了法律解释方法的冲突适用模式

D. 只有对“等”这类概括性立法进行解释时，才需要进行法律证成

58. “民族历史传统的不同，正是各国法律，尤其是法律技术与意识领域存在种种差异的重要原因之一。因此，传统之于法，就不仅具有经验意义上的历史价值，而且也可能构成现实法律制度的组成部分。”关于法的传统与法的现代化，下列哪些说法是正确的？

A. 中国和西方的传统法律文化表现为文化积累的过程，因此各具特点

B. 法律意识相对稳定并具有一定的连续性，可以使一个国家的法律传统得以延续

C. 中国法的现代化是制度变革在前，法律观念更新在后

D. 传统会成为法的现代化的强大阻力，尤其体现在内发型法的现代化过程中

59. 根据《地方各级人民代表大会和地方各级人民政府组织法》，关于地方各级人大的会议制度和工作程序，下列哪些选项是错误的？

A. 川中市人民代表大会会议由市人大常委会召集并主持

B. 东山镇人大代表鲁某等 7 人联名，可以向东山镇人大提出属于其职权范围内的议案

C. 河西镇人大举行会议时，人大代表林某等 9 人联名，可书面提出对河西镇人民政府的质询案

D. 江州市人大举行会议时，1/10 以上代表联名可提出对市法院院长王某的罢免案

60. 关于行政区划变更的法律程序，下列哪些选项是正确的?

A. 省、自治区、直辖市的设立、撤销、更名，报全国人民代表大会批准

B. 自治州、县、自治县、市、市辖区的设立、撤销、更名和隶属关系的变更以及自治州、县、自治县、市政府驻地的迁移，由国务院审批

C. 县、市、市辖区的部分行政区域界线的变更，由省、自治区、直辖市政府审批

D. 行政公署的撤销、更名、驻地迁移，由设立该派出机关的省、自治区政府审批

61. 国家的基本社会制度发展水平反映着一个国家社会文明进步的程度。根据我国《宪法》规定，关于基本社会制度，下列哪些选项是错误的?

A. 基本社会制度是国家的根本制度

B. 社会保障制度是我国基本社会制度的核心内容

C. 国家建立健全同经济发展水平相适应的社会保障制度，并保证社会福利增长高于经济发展速度

D. 计划生育制度不属于我国的基本社会制度

62. 关于《香港特别行政区维护国家安全法》，下列哪些选项是正确的?

A. 维护国家主权、统一和领土完整是香港特别行政区的宪制责任

B.《香港特别行政区维护国家安全法》的制定主体是全国人大，因而该法属于基本法律

C.《香港特别行政区维护国家安全法》是特别法，实行“尊重和保障人权、罪刑法定”等普通法治原则

D.《香港特别行政区维护国家安全法》列入了《香港特别行政区基本法》附件三

63. 甲国领陆原先由一片大陆和一个海岛组成，两者相距不超过 400 海里，对海洋进行开发利用的企业均位于大陆。后来海岛独立为乙国。甲乙两国签署条约规定，两国之间距甲国 250 海里部分为甲国大陆架，其余部分为乙国大陆架。根据《联合国海洋法公约》，下列哪些说法是正确的?

A. 作为新国家，乙国的大陆架主张须作专门声明方为有效

B. 甲国对超出 200 海里部分大陆架非生物资源的开发，应缴付费用或实物

C. 甲国大陆架所有的上覆水域，即为甲国的专属经济区

D. 乙国有权在甲国的大陆架上铺设海底电缆和管道

64. 张某担任甲市乙区法院的副院长，关于相关主体行为的表述，下列哪些选项是错误的?

A. 经院长授权，可担任乙区法院法官考评委员会主任

B. 其父可同时担任甲市中级法院的审判委员会专职委员

C. 受院长委托，可主持乙区法院审判委员会专业委员会会议

D. 若其退休，两年内不得到乙区内的律师事务所从事律师职业

65. 检察官职业道德的基本要求是“忠诚、为民、担当、公正、廉洁”。下列哪些行为违反了“公正”的检察官职业道德？

A. 宋检察官办理胡某民事申诉案，为了解案情，随其代理人一同到外地调查取证

B. 古检察官为其正在办理的抢劫案被告人尚某介绍辩护律师

C. 戴检察官认为职务晋升遭遇不公，放下手头工作一心向院领导“讨说法”

D. 高检察官在审查起诉时发现证据“疑点”，为避免办案拖延，依然提起公诉

66. 林某欲杀王某，计划将含有毒药的巧克力寄给王某，但因写错姓名而寄给了与王某同单位的汪某，汪某吃后死亡。关于本案，下列哪些选项是错误的？

A. 林某属于打击错误，按照法定符合说成立故意杀人既遂

B. 林某属于打击错误，按照具体符合说成立故意杀人未遂与过失致人死亡的想象竞合

C. 林某属于对象错误，按照具体符合说成立故意杀人未遂与过失致人死亡的想象竞合

D. 林某属于对象错误，按照法定符合说应认定为故意杀人既遂

67. 关于犯罪中止，下列哪些说法是错误的？

A. 甲唆使王某伤害古某，并承诺事成给其 5 万元。王某即回去准备凶器。后甲心生悔意，打电话告诉王某不要继续干，5 万元仍然照给。王某未置可否便挂了电话，后将古某砍成重伤。甲成立犯罪中止

B. 乙与何某共同准备了刀具，准备抢劫。在何某抓住路过的张某施暴的过程中，乙心生畏惧独自逃走。何某将张某打成重伤后抢走手机一部。乙成立犯罪中止

C. 丙入室盗窃，刚打开保险箱，未来得及取出其中的首饰和钱，听到楼梯有脚步声，以为主人回家，便从窗户溜走。其实脚步声来自楼上的邻居。丙成立犯罪中止

D. 丁为某教信徒，欲实施强奸而对被害女性使用暴力压制反抗时，突感犯了不可奸淫的色戒，遂放被害女性逃走。丁成立犯罪中止

68. 关于侵犯财产犯罪，下列哪些说法是错误的？

A. 范某是某私企的成本核算会计，不经手单位的现金，其偷配了财务室保险柜钥匙，盗走 10 万元现金。范某成立职务侵占罪

B. 韦某为出租车司机，某晚见一轿车车灯亮着、钥匙未拔且车内无人，便将轿车开走并更换了外地车牌。韦某成立侵占罪

C. 程某非法侵入某移动公司充值中心的计算机系统，将系统中已充值的充值卡重置为未充值状态，在编写充值卡的密码后将充值卡予以销售，获利数万元。程某成立盗窃罪

D. 孙某为借款将轿车质押给薛某，并做出还款赎车的书面承诺。后孙某趁薛某外出时用备用钥匙将车开走。孙某的行为不成立盗窃罪

69. 关于逃税罪，下列哪些说法是正确的？

A. 马某为某公司直接负责的主管人员，该公司涉嫌逃税 300 万元，占应纳税数额 90%，但税务机关未向其追缴。马某成立逃税罪

B. 范某 2014 年因逃税被税务机关给予过行政处罚，2018 年逃税 2000 万元且占应纳税额

的80%，但税务机关未向其追缴。范某构成逃税罪

C. 黄某为某公司法定代表人，负责公司的经营管理，其指使财务人员通过个人账户收取营业款项，再以其他凭证代替发票使用的方式逃避缴纳税款200万元，占应纳税额的97%，且经税务机关下达追缴通知后仍未补缴。黄某成立逃税罪

D. 丁某非法购买并使用多副军车号牌，逃避应纳的车辆购置税、车辆使用税数十万元，且经税务机关下达追缴通知后仍未补缴。丁某应以买卖、非法使用武装部队专用标志罪与逃税罪数罪并罚

70. 关于危害计算机信息系统安全类犯罪，下列哪些表述是正确的？

A. 张某利用木马程序获取某证券交易所计算机系统内客户身份认证信息上千组。张某成立非法获取计算机信息系统数据罪

B. 韦某利用他人提供的某网络公司内部系统的账号、密码等，异地登录该公司内部系统，查询下载计算机系统中储存的电子数据后予以销售。韦某成立非法侵入计算机信息系统罪

C. 孙某为某县交警大队辅警，其盗用其他民警的账户与密码，登录公安交管平台，删除车辆违章数据1000余条，收受人民币3万余元。孙某成立破坏计算机信息系统罪

D. 邓某于2015年10月创建网站并在网站上出售某翻墙软件账户，该软件可访问国内IP地址无法访问的外国网站。邓某成立提供侵入、非法控制计算机信息系统程序、工具罪

71. 关于滥用职权罪与玩忽职守罪，下列哪些说法是错误的？

A. 林某为某村支部书记，其利用受镇政府委托担任村镇保工作负责人的职务便利，将100余名不符合条件的人员纳入镇保，造成国家损失600余万元。林某不属于国家机关工作人员，不成立滥用职权罪

B. 冯某为戒毒所医生，其利用职务便利，在接受戒毒人员家属请吃后违规调换体检血样，帮助数个戒毒人员逃避执行强制治疗，造成恶劣社会影响。冯某成立滥用职权罪

C. 童某为某市市委书记，在人大代表换届选举期间，先后接到多位候选人送钱拉票的举报，但其未予重视，未及时有效制止贿选的蔓延，造成恶劣社会影响。童某成立玩忽职守罪

D. 赵某为某军工企业的武装押送警卫，其枪支系依法配备。某日酒后其不慎丢失枪支，后未及时报告，造成严重后果。赵某成立丢失枪支不报罪与玩忽职守罪的想象竞合

72. 公安机关接到群众举报，获知某发廊容留他人吸毒并可能存在毒品交易。有关部门的下列哪些做法是正确的？

A. 为获知该发廊是否存在毒品交易及具体的交易时间，公安机关可对该发廊采取监听措施

B. 侦查人员安排吸毒人员沈某向发廊老板王某求购毒品，发廊老板表示只提供吸毒场所，不贩卖毒品，沈某遂在侦查人员的授意下给出高价，致使王某动心，同意帮忙打听购买毒品的渠道

C. 公安机关在侦查中发现该发廊可能涉嫌黑社会性质犯罪，遂立案侦查并进行监听。监听期限届满后，公安机关认为案情复杂、疑难，有必要继续监听，经批准，有效期可以延长，每次不得超过3个月

D. 为保护沈某的安全，庭审时，审判人员可在庭外对沈某进行询问

73. 梁某因经济纠纷对合伙人辛某心存怨恨，并将其杀害，张某、方某为目击证人，其中张某为梁某的妻子。对此，下列哪些陈述是正确的？

A. 经法院通知，方某没有正当理由拒绝出庭作证，经院长批准，可对其处以罚款或 10 日以下的拘留

B. 对于张某，不能强制其出庭，如张某拒绝出庭作证，其庭前证言不得作为定案的根据

C. 交警赵某在侦查阶段曾提供证言，称案发前曾在附近道路上拦过违章驾驶的梁某，法院在未通知赵某出庭的情况下仍采信赵某的证言

D. 因为本案存在法医学鉴定和司法会计学鉴定两份鉴定意见，梁某申请医生方某、何某二人和会计张某共同作为有专门知识的人出庭，法院予以许可

74. 杨某涉嫌受贿罪，通缉一年后不能到案，检察院向法院提出违法所得没收申请。公告期间，周某称有一个古董花瓶是他借给杨某的，并提供了证据。对此，下列哪些做法是正确的？

A. 公告期满后，本案应当开庭审理

B. 在审理过程中，杨某自动投案，则案件应转为普通程序审理

C. 法院应在受理后一个月内作出裁定，至迟不得超过一个半月，公告期间不计入审理期限

D. 没收违法所得裁定生效后，杨某到案并对没收裁定提出异议，检察院向原作出裁定的法院提起公诉的，可以由同一审判组织审理

75. 在办理一起非法获取公民个人信息案过程中，公安机关对电子数据予以收集，下列哪些做法是正确的？

A. 初查阶段，侦查人员通过网络在线提取的电子数据可以作为证据使用

B. 搜查过程中对于犯罪嫌疑人使用的电脑硬盘应当及时冻结

C. 在犯罪现场针对多台电脑提取电子数据时，可由一名见证人见证

D. 侦查人员实施网络远程勘验时，应当对相关活动录像

76. 公安机关在办理案件时实施的下列哪些侦查行为是正确的？

A. 在搜查涉嫌贩毒的犯罪嫌疑人的住处时，对其同居女友同时进行了搜查

B. 在办理一起绑架案时，因情况紧急且地点偏远，侦查人员在没有其他人员在场的情况下搜查了犯罪嫌疑人的住处

C. 在办理一起集资诈骗案时，公安机关同意了犯罪嫌疑人将其被冻结的股票变现的申请，并继续冻结所得价款

D. 在办理一起非法吸收公众存款案时，公安机关对于查封的涉案汽车可以先行委托拍卖，所得价款暂予保存，待诉讼终结后再一并处理

77. 被告人丁某因犯故意杀人罪被 S 省 M 市中院一审判处死刑立即执行，同时赔偿附带民事诉讼的原告（被害人的法定代理人黄某）10 万元。丁某未上诉，检察院未抗诉，黄某对附带民事部分提起了上诉。关于 S 省高院对本案的审理，下列哪些说法是正确的？

A. S 省高院应当对刑事部分和附带民事部分全面审查

B. 如审查后发现仅是附带民事部分有误的，应当通过二审程序加以纠正

C. 如审查后发现刑事部分有误的，应当依照审判监督程序对刑事部分进行再审，并将附带民事部分与刑事部分一并审理

D. 如丁某对黄某提起反诉的，S 省高院应当告知其另行起诉

78. 关于适用缺席审判程序，下列哪些说法是错误的？

A. 涉嫌受贿的犯罪嫌疑人宋某在审查起诉期间逃至境外，检察院认为犯罪事实已查清，证据确实、充分，依法应当追究刑事责任的，经最高检察院核准，可向法院提起公诉

B. 涉嫌组织、领导黑社会性质组织罪的陈某在审查起诉期间逃至境外，检察院认为犯罪事实已查清，证据确实、充分，依法应当追究刑事责任的，经最高检察院核准，可向法院提起公诉

C. 涉嫌故意杀人罪的吴某在审判期间突发疾病，中止审理 6 个月后仍无法出庭，法院可在吴某不出庭的情况下缺席审理，依法作出判决

D. 法院按照审判监督程序重新审判期间，被告人胡某死亡，法院可缺席审理，依法作出判决

79. 关于公务员的辞职辞退制度，下列哪些选项是正确的？

A. 水利局干部胡某连续旷工 10 天，该局决定将其辞退

B. 任免机关接到县水务局副局长马某递交的辞去公职申请后，须在 90 日内审批完毕

C. 财政厅处长朱某被辞退时，财政厅依法组织对其进行离职审计

D. 教育局干部牛某正在接受纪律审查，该局不批准其辞职申请

80. 对于下列哪些情形，行政机关应当撤销已作出的行政许可？

A. 某企业因违法经营被吊销营业执照

B. 规划局工作人员张某收受申请人贿赂为其发放建设工程规划许可证

C. 某地质勘察设计院的测绘资质证书超过五年有效期未申请延续

D. 某区公安分局为不符合条件的典当公司颁发特种行业许可证

81. 2017 年 3 月 1 日，A 县公安局交警支队执法人员以无证驾驶为由，当场扣留了家住 B 市 C 区的张某驾驶的轿车。后张某起诉请求撤销扣车行为。案件审理期间，交警支队于 6 月 20 日通知张某扣留行为解除，张某未撤诉。对此，下列哪些选项是错误的？

A. 执法人员返回机关后应立即报告负责人并补办批准手续

B. B 市 C 区法院有权管辖本案

C. 扣车行为超过法定期限

D. 法院应判决撤销扣车行为

82. 杨某驱使其饲养的烈性犬将朱某咬伤。区公安分局经调查，决定对杨某行政拘留 3 天，罚款 500 元。杨某、朱某均不服，提起诉讼。对此，下列哪些选项是正确的？

A. 杨某的行为属于侵犯人身权利的行为

B. 本案成立共同诉讼

C. 朱某的代理律师有权向相关公民调查取证

D. 法院有权将罚款数额判决变更为 800 元

83. 于某申请省发改委公开 4 份土地审批文件，省发改委以于某申请内容不明确为由，通知其在 7 日内进一步补正。经补正后，发改委向于某提供了 3 份土地审批文件。于某向省政府申请行政复议。省政府复议决定维持。于某不服提起行政诉讼。对此，下列哪些选项是正确的？

A. 于某如无正当理由逾期不补正申请，行政机关不再处理

B. 发改委应自收到申请之日起 15 个工作日内答复

C. 发改委可向于某收取信息处理费

D. 省政府所在地的基层法院有权管辖本案

84. 郑某之女郑某某出嫁到邻村后，户口仍登记在郑某名下。W 区政府根据设区的 A 市政府《工业城用地范围内房屋迁建补偿安置办法》中“已出嫁妇女只能在男方计算家庭人口”的规定，只认定郑某的房屋迁建补偿安置资格。郑某某诉至法院，请求判令撤销 W 区政府的行为并判令重作。法庭调查期间，郑某某得知 W 区政府的决定依据的是 A 市政府的文件，遂请求对该文件进行合法性审查。对此，法院的下列哪些做法是错误的？

A. 可以郑某某申请审查规范性文件的时间不合法为由不受理其申请

B. 应就规范性文件是否合法的问题听取 A 市政府的意见

C. 应在裁判主文部分确认规范性文件是否合法

D. 应在裁判生效后就认定违法的规范性文件层报最高人民法院备案

85. 2020 年 7 月 1 日，某区公安分局以王某涉嫌伤害罪对其刑事拘留。同年 8 月 4 日，区检察院批准逮捕。2021 年 2 月 12 日，王某被取保候审。2021 年 8 月 5 日，区检察院以证据不足、不符合起诉条件为由，对王某作出不起诉决定。8 月 30 日，王某提出赔偿请求。下列哪些选项是正确的？

A. 区公安分局和区检察院为共同赔偿义务机关

B. 王某取保候审期间不属于国家赔偿范围

C. 赔偿义务机关决定不予赔偿的，王某可以向上一级机关提出申诉

D. 王某有权请求赔偿义务机关为其恢复名誉并赔礼道歉

三、不定项选择题。每题所设选项中至少有一个正确答案，多选、少选、错选或不选均不得分。本部分含 86-100 题，每题 2 分，共 30 分。

86. 公平正义是社会文明进步的重要标志，也是我们党治国理政的不懈追求。法律是公平正义的准绳，但法律又不只是写在纸上的公平正义，要把纸面上的法律变为现实生活中活的法律，司法起着关键作用。下列能够体现公正司法的做法有：

A. 某市推进审判工作“进农村、进社区、进企业、进学校”和征询旁听庭审公民代表对案件裁判工作的意见建议工作

B. 某市在扫黑除恶专项行动中，召开公安局、检察院、法院联席会议，对黑恶势力嫌疑人的定罪量刑进行商讨

C. 某市法院积极探索破产案件繁简分流机制，打造简易破产案件审理快车道，营造良好的营商环境

D. 在一起寻衅滋事故意殴打女性案件中，因犯罪嫌疑人手段极其残忍、性质极其恶劣，主审法官驳回了犯罪嫌疑人的陈述请求

87. 公职人员李某性侵幼女一案，经媒体报道后引发社会广泛关注。因影响恶劣，没有律师愿意接受李某委托。关于本案的后续处理，下列做法违反法律和职业道德要求的是：

A. 经李某申请，法律援助机构未审查其经济状况即指派范律师提供援助

B. 范律师在庭审时以“不为坏人服务”为由拒绝提供辩护

C. 面对李某的百般狡辩，极富正义感的顾检察官怒斥其是“披着人皮的豺狼”

D. 审判长刘某以免受舆论影响为由，在办案过程中谢绝一切媒体采访

88. A 省甲律师事务所是一家特殊的普通合伙律师事务所，根据业务发展需要，拟在 B 省设立分所。关于甲律所的有关行为，下列说法错误的是：

A. 其负责人应当经该所全体律师选举产生

B. 合伙人汪某对因其故意造成的律所债务承担无限责任，其他合伙人无须承担责任

C. 应当报 A 省司法行政部门审核后方可设立分所

D. 如甲律所受过停业整顿处罚，不得申请设立分所

89. 甲因故与王某发生冲突，持棍殴打并致王某昏迷，后同样与王某有过节的乙路过，便从甲手中接过木棍击打王某，甲坐在边上未阻止。后王某死亡，且无法查清伤亡结果由谁造成。对此，下列说法正确的是：

A. 如果否认承继的共犯概念，则乙需要承担故意伤害致死的责任

B. 如果否认承继的共犯概念，则乙无需承担故意伤害致死的责任

C. 如果承认承继的共犯概念，则乙需承担故意伤害致死的责任

D. 如果承认承继的共犯概念，则甲需要承担故意伤害致死的责任

90. 王某与张某二人共谋抢劫。两人进入一户人家，张某单独在别墅三层寻找财物时，发现一女孩在熟睡，遂起歹念，将其奸淫。事后为灭口，张某持匕首将女孩刺死。对此，下列说法正确的是：

A. 张某的行为仅成立强奸罪

B. 张某成立强奸罪与故意杀人罪的想象竞合

C. 对张某应以抢劫罪、强奸罪与故意杀人罪数罪并罚

D. 王某成立抢劫罪与强奸罪、故意杀人罪的共同犯罪

91. 某地公安局局长常某被人举报，遂主动向监察机关投案并如实供述了收受徐某 100 万元的事实。常某在一审期间又翻供，辩称是遭刑讯才供述的，但二审期间又重新供述了上述事实。同时，常某揭发同事贺某 10 年前收受了丁某的 10 万元。经查证，贺某的行为已过追诉时效。对此，下列分析错误的是：

A. 常某主动投案并供述收受 100 万元事实的行为成立自首

B. 常某供述徐某向其行贿的事实成立自首

C. 常某揭发贺某受贿的事实，由于已过追诉时效，不成立立功

D. 常某揭发贺某受贿的事实，成立重大立功

92. 蔡某为了骗取保险金，让王某将自己的一只手臂砍下，并答应拿到保险金后给王某5万元作为酬谢。某日夜晚，王某将蔡某的手砍断，以制造抢劫犯罪的假象。在蔡某还未向保险公司提出理赔请求时，便被公安机关发现真实情况，二人均被抓获。对此，下列说法正确的是：

A. 蔡某的行为属于保险诈骗罪的未遂犯

B. 蔡某既成立保险诈骗罪的预备犯，又成立故意伤害罪的教唆犯，二者论以想象竞合

C. 由于存在被害人承诺，因此王某的行为仅成立保险诈骗罪的帮助犯

D. 对王某应论以保险诈骗罪帮助犯和故意伤害罪实行犯的想象竞合

93. 甲组织了一个黑社会性质组织“浩天帮”，组织中的骨干成员乙先后召集了多个失足女在其亲戚丙经营的宾馆从事卖淫活动，丙为了宾馆的生意，意欲通过乙组织的卖淫吸引客源。失足女丁明知自己患有艾滋病，仍在乙的唆使下从事卖淫活动。丙未从卖淫中获利，乙将卖淫所得全数上缴帮里。对此，下列说法错误的是：

A. 甲仅成立组织黑社会性质组织罪

B. 对乙应以组织卖淫罪和引诱卖淫罪数罪并罚

C. 由于丙没有营利目的，不成立容留卖淫罪

D. 丁成立故意伤害罪

94. 赵某某次在同建筑商人曹某聊天的过程中，得知曹某想通过某县交通局局长吴某获得工程项目，但曹某不认识吴某。赵某谎称吴某是其同学，可帮忙向吴某说说，但得给自己“辛苦费”。曹某信以为真，便给了赵某 20 万元。对此，下列说法正确的是：

A. 赵某的行为成立利用影响力受贿罪

B. 赵某的行为成立敲诈勒索罪

C. 赵某的行为成立诈骗罪

D. 赵某的行为成立利用影响力受贿罪与诈骗罪的想象竞合

95. 甲市监察机关接到举报，反映该市中院法官王某收受贿赂。甲市监察机关立案调查后，决定对王某采取留置措施，在留置期间甲市检察机关接到王某涉嫌徇私舞弊减刑的举报。关于本案的办理，甲市监察机关的下列做法正确的是：

A. 对王某采取留置措施后，应当在 24 小时以内通知王某所在单位和家属

B. 可以决定延长一次留置期限，延长时间不得超过 3 个月

C. 应当将王某涉嫌徇私舞弊减刑一并立案调查

D. 如留置期间王某突发疾病死亡，可提请甲市检察院提出没收违法所得的申请

96. 某市公安机关对杨某涉嫌故意杀人一案提请市检察院批准逮捕。市检察院在审查中根据杨某辩护律师提供的线索发现市公安机关侦查人员胡某和伍某对杨某的拘传时间长达 96 个小时。市检察院的下列做法正确的有：

A. 对于杨某辩护律师提出的非法证据排除申请，应当书面告知杨某及其辩护律师调查结论

B. 对杨某在拘传期间所作的认罪供述作为非法证据予以排除

C. 对胡某和伍某在看守所对杨某讯问所得的认罪供述作为重复性供述予以排除

D. 如作出不批准逮捕的决定，可以通知公安机关补充侦查，必要时可以自行调查取证

97. 黄某（17 周岁）纠集张某（18 周岁）、封某（16 周岁）参与打架斗殴，致人重伤。其中，黄某系主犯，张某、封某系从犯。关于本案的办理，下列说法正确的是：

A. 检察院可以对黄某、张某、封某一并起诉

B. 审查起诉期间，检察人员对黄某进行讯问，黄某明确拒绝其父母到场，而要求老师杨某到场，检察院可以准许

C. 法庭审理中，在黄某最后陈述后，黄某的老师杨某可进行补充陈述

D. 黄某最终被判处 5 年有期徒刑，对其犯罪记录应予以封存

98. 某区交警支队执法人员以违章停车为由对赵某作出 200 元的行政处罚决定。赵某不服，申请行政复议无果后，向区法院提起行政诉讼。区法院适用简易程序审理了本案。对此，下列选项错误的是：

A. 未经当事人确认收到口头开庭通知的，法院不得缺席判决

B. 法院审理本案之后应当庭宣判

C. 法院应在立案之日起 30 日内审结，有特殊情况需延长的经批准可延长

D. 法院可以电子邮件的方式送达本案判决书

99. 10 月 29 日，曹某向城管局电话举报，要求查处某公司的违法建设行为。11 月 1 日，该局对该公司立案查处。11 月 8 日，曹某向 A 市政府申请复议，请求确认城管局不履行查处职责违法，并责令该局继续履行职责。A 市政府以曹某申请不符合受理条件为由予以驳回。后曹某向法院起诉请求撤销 A 市政府决定。对此，下列选项正确的是：

A. 曹某应向 A 市政府提供其曾向城管局申请履责的证据

B. A 市政府驳回曹某复议申请的决定违法

C. A 市中级法院管辖本案

D. 法院应判决驳回曹某的诉讼请求

100. 保安罗某值班期间，因上街拦截抢劫犯被刺受伤，所在物业公司对其进行了表彰。区人力资源和社会保障局作出 1 号工伤认定书，认定罗某属于因工受伤。物业公司不服诉至法院，区人力资源和社会保障局遂撤销该认定，物业公司撤诉。后区人力资源和社会保障局重新认定罗某属于视同因工受伤，物业公司不服诉至法院，法院判决驳回其诉讼请求。物业公司向区工伤保险管理服务中心申请支付罗某的治疗工伤费用，该中心未予答复。物业公司诉至法院，请求判决确认区工伤保险管理服务中心不履行支付义务违法。下列选项正确的是：

A. 区人社局的工伤认定属于行政确认

B. 物业公司对罗某的表彰属于行政奖励

C. 针对物业公司撤回对 1 号工伤认定书的起诉，法院应征询罗某的意见

D. 针对物业公司对区工伤保险管理服务中心的起诉，法院应通知其变更诉讼请求

答案及详解

一、单项选择题

1.【答案】C

【逐项分析】习近平法治思想是习近平新时代中国特色社会主义思想的重要组成部分，是全面依法治国的根本遵循和行动指南，深刻回答了为什么要全面依法治国、怎样全面依法治国这个重大时代课题。习近平总书记用“十一个坚持”对全面依法治国进行阐释、部署，是涉及理论和实践的方向性、根本性、全局性的重大问题。习近平法治思想凝聚着中国共产党人在法治建设长期探索中形成的经验积累和智慧结晶，标志着我们党对共产党执政规律、社会主义建设规律、人类社会发展规律的认识达到了新高度。A选项说法过于绝对，是错误的。

党的十八大以来，习近平总书记高度重视法治建设，亲自谋划、亲自部署、亲自推动全面依法治国。党的十八届四中全会专门研究全面依法治国，出台了《中共中央关于全面推进依法治国若干重大问题的决定》。党的十九大提出到2035年基本建成法治国家、法治政府、法治社会。党的十九届二中全会专题研究宪法修改，推动宪法与时俱进、完善发展。党的十九届三中全会决定成立中央全面依法治国委员会，加强党对全面依法治国的集中统一领导。党的十九届四中全会从推进国家治理体系和治理能力现代化的角度，对坚持和完善中国特色社会主义法治体系，提高党依法治国、依法执政能力作出部署。党的十九届五中全会对立足新发展阶段、贯彻新发展理念、构建新发展格局的法治建设工作提出新要求。党的十九届六中全会总结党的百年奋斗重大成就和历史经验，再次强调“法治兴则国家兴，法治衰则国家乱”。由此可见，习近平法治思想是在推进伟大斗争、伟大工程、伟大事业、伟大梦想的实践之中完善形成的，也还会随着实践的发展而进一步丰富。这是在辩证唯物主义的视角下得出的实践发展观。B选项没有看到这一点，是错误的。

习近平总书记在中央全面依法治国工作会议上的讲话，从统筹中华民族伟大复兴战略全局和世界百年未有之大变局、实现党和国家长治久安的战略高度，深入回答了我国社会主义法治建设一系列重大理论和实践问题，明确提出了当前和今后一个时期推进全面依法治国的总体要求，系统阐述了新时代推进全面依法治国的重要思想和战略部署。“十一个坚持”高屋建瓴、视野宏阔、内涵丰富、思想深刻，是指导新时代全面依法治国的纲领性文件。习近平法治思想是坚持和发展中国特色社会主义在法治领域的理论体现，C选项正确。

中国特色社会主义进入新时代，中华民族迎来了从站起来、富起来到强起来的伟大飞跃。当前，世界百年未有之大变局加速演变，国际环境不稳定性不确定性明显上升，我国日益走近世界舞台中央，国内改革发展稳定任务日益繁重，全面依法治国在党和国家工作全局中的地位更加突出、作用更加重大。在这样一个关键的历史时段，习近平法治思想的提出，为深入推进全面依法治国、加快建设社会主义法治国家，运用制度威力应对风险挑战，全面建设社会主义现代化国家、实现中华民族伟大复兴的中国梦，提供了科学的法治理论指导和制度保障。习近平法治思想凝聚着中国共产党人在法治建设长期探索中形成的经验积累和智慧结晶，是总结党加强法治建设历史经验的必然要求。可见，习近平法治思想有着特定的产生和发展的时代背景及时代需求，具有鲜明的时代性，D选项说法过于绝对，是错误的。

2.【答案】D

【逐项分析】为保证立法机关严格遵循法定权限和法定程序立法，2015年《立法法》在修改中，进一步明确了全国人大和全国人大常委会的立法保留事项，对授权立法予以进一步的规范和制约，其中之一是确定税收法定原则。20世纪80年代，全国人大出台一项授权决定，允许国务院通过制定暂行条例等形式开征税种、决定税率。近年来，以“暂行条例”等形式颁布的税收规定达到10多项。税收关乎公民的财产权利，也关涉公民和国家间的关系，因此作为关涉国民经济的基本制度，修订后的《立法法》将“税种的设立、税率的确定和税收征收管理等税收基本制度”列入法律保留事项。A选项错误。

同样，农村土地的“征用”也与征收一起列入法律保留事项的范围，即“对非国有财产的征收、征用”（《立法法》第8条第7项）。土地是农民的“命根子”，但同时也可能成为地方政府的“钱袋子”，这一修改有助于避免地方政府采用“掩耳盗铃”的方式制发文件，标榜征收征用土地的合法性，能够保障土地的合理使用和农民的土地权益。B选项错误。

在先前立法实践中，某些部门规章和地方政府规章“任性”限制公民权利和自由，扩大自身权力。因此，《立法法》在修改中对部门规章和地方政府规章调整事项的范围和界限加大了限制。其中，没有法律、行政法规、地方性法规的依据，地方政府规章不得设定减损公民、法人和其他组织权利或者增加其义务的规范。设区的市、自治州的人民政府制定地方政府规章，限于城乡建设与管理、环境保护、历史文化保护等方面的事项（《立法法》第82条）。C选项中的“通告”属于规章以下的行政规范性文件，不属于《立法法》中规范的“法”的范围，更不能实施对机动车的限号规定，限制公民权利和自由。C选项错误。

保障和促进依法立法，还需要完善和强化立法审查监督机制。《立法法》修改前全国人大有关的专门委员会对报送备案的规范性文件只能应有关机关、团体、组织和公民个人的请求审查，这不便于全国人大相关部门及时高效率行使立法审查监督权。所以，《立法法》增加规定：全国人大有关的专门委员会和常委会工作机构可以对报送备案的规范性文件进行主动审查（《立法法》第99条第3款），D选项正确。

3.【答案】D

【逐项分析】党的十八届三中全会《决定》提出，“改革司法管理体制，推动省以下地方法院、检察院人财物统一管理”，其宗旨就是要确保依法独立公正行使审判权、检察权。中央全面深化改革领导小组第三次会议审议通过的《关于司法体制改革试点若干问题的框架意见》明确提出了改革路径：对人的统一管理，主要是建立法官、检察官统一由省提名、管理并按法定程序任免的机制。对财物的统一管理，主要是建立省以下地方法院、检察院经费由省级政府财政部门统一管理机制。党的十八届四中全会《决定》中再次强调，“改革司法机关人财物管理体制，探索实行法院、检察院司法行政事务管理权和审判权、检察权相分离”。实践中，改革在多地试点，在财物管理方面，则将市县司法机关作为市级预算单位，纳入省财政统一管理，落实“收支两条线”管理。A选项正确。

党的十八届四中全会《决定》中指出：“检察机关在履行职责中发现行政机关违法行使职权或者不行使职权的行为，应该督促其纠正。”这是为了实现检察机关的司法监督职能。B项中，检察院向环保部门发出督促履职检察建议，能够督促环保部门及时对涉事企业给予行政处罚，督促涉事企业整改，保障人民权益。B选项正确。

党的十八届四中全会《决定》明确，完善主审法官、合议庭、主任检察官、主办侦查员办案责任制，落实谁办案谁负责，并规定，“司法机关内部人员不得违反规定干预其他人员正在办理的案件，建立司法机关内部人员过问案件的记录制度和责任追究制度”。这是为了提高办案质量，避免以言代法、以权压法、徇私枉法现象出现。办案责任制也体现了通过科学划分系统内部不同层级权限和改革现有办案方式，减少审批环节，赋予检察官相对独立地对所办案件作出决定的权力，使检察官在司法办案中发挥主体作用。C选项正确。

D选项体现的是错误的做法，法院不能参加招商引资、进行各种经济创收，否则可能导致法院与企业、商人合作，以审判权、执行权与有经济实力的当事人做交易，破坏依法独立行使审判权的原则，损害司法公正和司法权威。法院、检察院系统实施财物由省级统一管理，就是为了实现所谓的“开前门、堵后门”，完善财物管理体制。D选项错误。

4.【答案】B

【逐项分析】2020年4月，中共中央办公厅印发了《关于持续解决困扰基层的形式主义问题为决胜全面建成小康社会提供坚强作风保证的通知》，提出在总结地方经验的基础上，“进一步向基层放权赋能，加快制定赋权清单，推动更多社会资源、管理权限和民生服务下放到基层，人力物力财力投放到基层。厘清不同层级、部门、岗位之间的职责边界，按照权责一致要求，建立健全责任清单，科学规范‘属地管理’，防止层层向基层转嫁责任”。这是为了加强基层治理体系和治理能力现代化，构建党的领导、人民当家作主和依法治理有机统一的基层治理体制。A选项正确。

党的十八届四中全会《决定》提出，“加强基层法治机构建设，强化基层法治队伍，建立重心下移、力量下沉的法治工作机制，改善基层基础设施和装备条件，推进法治干部下基层活动”。B

选项故意进行混淆，是错误的。

党的十九届四中全会《决定》提出，“构建基层社会治理新格局。完善群众参与基层社会治理的制度化渠道。健全党组织领导的自治、法治、德治相结合的城乡基层治理体系”。在基层治理中实行自治，是中国特色社会主义民主政治在基层治理领域的实现形式。自治需要通过法治加以规范与保障，强化法律在维护公民权益、规范市场运行、生态环境治理、化解社会矛盾等方面的权威地位。德治是健全基层治理体系的情感支撑。在基层治理中融入德治，能够发挥道德引领、规范、约束的内在作用，为自治和法治赢得情感支持、社会认同，使基层治理事半功倍。C 选项正确。

基层领导机关应当打破开展工作的传统路径依赖，切实把领导方式和工作方法转到现代、科学、法治的轨道上来。把基层领导方式和工作方法转到法治轨道，需要提高党员干部运用法治思维和法治方式的能力。对此，党的十八届四中全会《决定》指出，“把法治建设成效作为衡量各级领导班子和领导干部工作实绩重要内容，纳入政绩考核指标体系”，D 选项正确。

5.【答案】C

【逐项分析】法的评价作用是指法律作为一种行为标准，具有判断、衡量他人行为合法与否的评判作用。《监察法》第 7 条第 2 款规定：“省、自治区、直辖市、自治州、县、自治县、市、市辖区设立监察委员会。”第 9 条第 1 款规定：“地方各级监察委员会由本级人民代表大会产生，负责本行政区域内的监察工作。”某市辖区依据《监察法》设立监察委员会并没有体现法的评价作用，而是体现了法的指引作用，即法律对该市辖区人大的行为进行了引导。A 选项错误。

B 选项是干扰项。法的强制作用是指法可以通过制裁违法犯罪行为来强制人们遵守法律，其对象是违法者的行为。法院的判决体现了法的强制作用，但是不仅如此，该判决还是国家司法机关对莫某行为的正式评价，体现了法的评价作用。B 选项错误。

法的教育作用是通过法的实施使法律对一般人的行为产生影响，具体分为示警作用和示范作用。示警通过对违法行为进行处罚来发挥作用，而示范通过对合法行为的法律效果进行肯定来发挥作用。赵某看到王某的发明得到《专利法》的保护，也积极展开技术创新，这体现了法的教育作用中的示范作用。C 选项正确。

法的预测作用是指凭借法律的存在，可以预先估计到人们相互之间会如何行为，其对象是人们相互之间的行为。某环保基金会依据法律规定提起公益诉讼，从该表述中并不能看出法律发挥了预测作用。《民事诉讼法》第 58 条第 1 款规定：“对污染环境、侵害众多消费者合法权益等损害社会公共利益的行为，法律规定的机关和有关组织可以向人民法院提起诉讼。”某环保基金会依据法律规定提起公益诉讼，可以看出法律发挥了指引作用，即对环保基金会的行为进行引导。D 选项错误。

6.【答案】B

【逐项分析】法的渊源是特定法律共同体所承认的具有法的约束力或具有法律说服力，并能够作为法律人的法律决定之大前提的规范来源的那些资料。正式的法的渊源是“具有明文规定的法律效力，并且直接作为法律人的法律决定的大前提的规范来源的那些资料，如宪法、法律、法规等制定法”。非正式的法的渊源是“不具有明文规定的法律效力，但具有法律说服力并能够构成法律人的法律决定的大前提的准则来源的那些资料，如正义标准、理性原则、公共政策、道德信念、社会思潮、习惯、乡规民约、社团规章、权威性法学著作，还有外国法等”。本案裁判所依据的伦理和道德信念属于非正式的法的渊源，A 选项错误。

价值判断是一种规范性判断，在法律适用中是从法律规范角度，对案件事实应该如何评价进行的判断。与之相对的是事实判断，事实判断是一种描述性判断，在法律适用中是对案件事实情况的描述。“受精胚胎含有二人的 DNA 等遗传物质”，这是事实判断。“胚胎与双方父母有生命伦理上的密切关联性”，虽然不是从法律规范的角度进行的判断，但是是从伦理规范的角度作出的判断，具有价值倾向性，属于价值判断，B 选项正确。

在权利的分类中，根据相对应的主体范围不同，将权利分为绝对权利和相对权利。绝对权利，又称“对世权利”，是对应不特定的法律主体的权利。相对权利又称“对人权利”，是对应特定的法律主体的权利。双方父母对胚胎的监管和处置权，对应的是不特定的法律主体，任何人都不得未经双方父母允许，排除其对胚胎的监管和进行随意处置。因此这是绝对权而非相对权，C 选项错误。

D 是干扰项。从本案的论证理由来看，似乎法官在法律证成时不需要进行法律解释。但是无论运用正式还是非正式的法律渊源，法官在进行法律证成，尤其是外部证成时都需要进行法律解释。在本案中，没有可以适用的法律规则，法官考虑到胚胎的特殊性质，寻找到可以适用的伦理规则：其一，在子女身亡的情况下，胚胎与双方父母有生命伦理上的最密切关联；其二，胚胎应当得到特殊尊重和保护。这时，法官需要结合案件情况，对寻找到的伦理规则解释其含义，为内部证成所依赖的前提提供论证。所以在任何情况下，法官在法律证成时都需要进行法律解释（本案中是非正式的法的渊源），D 选项错误。

7.【答案】D

【逐项分析】A 选项考查全国人大和全国人大常委会的职权差异。根据《宪法》第 62 条第 1 项和第 64 条的规定，“修改宪法”属于全国人大的专有职权，其他任何机关包括全国人大常委会都无权修改宪法，全国人大常委会只有修改宪法的提案权。A 选项把属于全国人大的职权“掺和”进来，内容错误，不当选。

B 选项考查全国人大常委会在特别行政区基本法上的解释权和修改权。根据《香港特别行政区基本法》第 158、159 条和《澳门特别行政区基本法》第 143、144 条，全国人大常委会具有解释特别行政区基本法的权力，同时还具有这两部法律的修改提案权。但要注意，特别行政区基本法的修改权专属于全国人大，全国人大常委会并无对这两部法律的修改权。因此，B 选项内容错误。

C 选项要求考生辨别全国人大常委会和国务院的职权差异。C 选项中陈述的“改变或者撤销国务院各部委发布的不适当的命令、指示和规定”，实际上是《宪法》第 89 条第 13 项规定的国务院的职权，而非全国人大常委会的职权。判断该选项的关键点在于该选项中的“改变”一词。纵观整部宪法，国家权力机关在行使对国家行政机关的监督权时，其监督措施都是“撤销”而非“改变”，只有上级行政机关对下级行政机关行使监督权时才可以“改变”其决定。这是因为两种国家机关行使的权力性质存在差异。C 选项陈述错误，不当选。

D 选项考查全国人大常委会的人事权。根据《宪法》第 62 条第 5 项，全国人大根据国务院总理的提名，决定国务院其他组成人员的人选。根据《宪法》第 67 条第 9 项，在全国人大闭会期间，全国人大常委会根据国务院总理的提名，决定部长、委员会主任、审计长、秘书长的人选。国务院组成人员中“副总理、国务委员”人选的决定权，本属于全国人大而非全国人大常委会。——但是，2021 年 3 月修订的《全国人大组织法》第 31 条规定：“常务委员会在全国人民代表大会闭会期间，根据国务院总理的提名，可以决定国务院其他组成人员的任免；……”因此，该法扩大了全国人大常委会的人事权。D 选项内容正确，为当选项。

8.【答案】A

【逐项分析】A 选项考查英国宪法。英国宪法被称为“宪法之母”。英国宪法是典型的不成文宪法，其内容包括在资产阶级革命的不同历史时期制定的一系列宪法性法律文件，如 1215 年《大宪章》、1628 年《权利请愿书》、1689 年《权利法案》、1701 年《王位继承法》等。此外，还包括大量的宪法判例和宪法惯例。至于 1215 年《大宪章》，其部分条款目前仍然具有法律效力，仍然是英国宪法的组成部分。A 选项内容正确。

B 选项考查美国联邦宪法的内容。由于美国联邦宪法当时主要是为了解决政府架构和权力配置问题，它并没有详细规定个人权利。该任务主要由后来的 1789 年《权利法案》（美国宪法修正案前十条）来完成。因此，B 选项陈述错误。

C 选项考查法国 1791 年宪法和德国魏玛宪法。的确，法国 1791 年宪法是欧洲大陆第一部成文宪法，C 选项的前半段陈述正确，但 C 选项后半段陈述的内容并不属于法国 1791 年宪法，而是属于德国魏玛宪法。1919 年的德国魏玛宪法，其第二编的内容扩大了人权范围，将“社会权”纳入宪法的保护范围，体现出魏玛宪法的特色，魏玛宪法也因此被称为近代宪法和现代宪法的分水岭。因此，C 选项陈述错误。本题故意先来一段关于法国 1791 年宪法的正确陈述，然后再将德国魏玛宪法的特征不露痕迹地悄悄安插进来，诱导不细心的考生作出错误判断。这种命题策略在近几年的法考试题中经常被使用。

D 选项考查日本明治宪法。1889 年颁布的日本帝国宪法，又称明治宪法，以 1871 年德意志帝国宪法为蓝本，确认“天皇为国家之元首，总揽统治权”，集立法、行政、司法权和军队统率权于一身；议会对天皇仅有“协赞”作用，议会的召开、休会和解散均听命于天皇，议会通过的法律也必须天皇批准。明治宪法形式上规定了国民的某些权利，但同时规定政府可以“独立命令”限制国民的权利和自由。因此，明治宪法实质上仍然是维护天皇的专制统治，人民毫无权利自由可言。明治宪法确立的是二元君主制政体而非现代民主政体。该选项陈述错误。

9.【答案】A

【逐项分析】A 选项考查前期立法调研时邀请全国人大代表参加的问题。《立法法》第 16 条第 2 款规定："……专门委员会和常务委员会工作机构进行立法调研，可以邀请有关的全国人民代表大会代表参加。"也就是说，在立法调研时，不必须邀请全国人大代表参加。A 选项的陈述符合法律规定，内容正确。

B 选项考查专门委员会审议法律案的程序。《立法法》第 27 条第 2 款规定："专门委员会审议（法律案）的时候，可以邀请提案人列席会议，发表意见。"也就是说，专门委员会在审议委员长会议交付审议的法律案时，不必须邀请提案人（常委会组成人员 10 人以上联名）列席会议。B 选项不符合法律规定，内容错误。

C 选项考查法律委员会审议法律案的程序。《立法法》第 33 条第 2 款规定："法律委员会审议法律案时，应当邀请有关的专门委员会的成员列席会议，发表意见。"这属于两种"应当邀请"的情形之一。C 选项的陈述不符合法律规定，内容错误。

D 选项考查全国人大常委会会议审议法律案的程序。《立法法》第 28 条第 2 款规定："常务委员会会议审议法律案时，应当邀请有关的全国人民代表大会代表列席会议。"这属于两种"应当邀请"的另一情形。D 选项的陈述不符合法律规定，内容错误。

10.【答案】C

【逐项分析】A 选项是干扰项。该选项名为考查"国旗"，实际上是一并考查"国旗"和"国徽"。本选项故意将应当悬挂国徽的场所和应当升挂国旗的场所搅和在一起，"张冠李戴"，诱导考生作出错误判断。《国徽法》第 5 条规定："下列场所应当悬挂国徽：（一）北京天安门城楼，人民大会堂；……"《国旗法》第 5 条规定："下列场所或者机构所在地，应当每日升挂国旗：（一）北京天安门广场、新华门；……"据此，A 选项表述错误。

B 选项考查"国旗"。《国旗法》第 6 条第 2 款规定："学校除寒假、暑假和休息日外，应当每日升挂国旗。……"B 选项的陈述与《国旗法》的规定不符，表述错误。

C 选项考查"国歌"。《国歌法》第 4 条规定："在下列场合，应当奏唱国歌：……（四）升国旗仪式；……"据此，C 选项表述正确，当选。

D 选项考查考生对《国徽法》的熟悉程度和对国家标志知识点掌握的精准程度。2020 年 10 月修订的《国徽法》第 4 条规定："下列机构应当悬挂国徽：……（二）各级人民政府；……"据此，乡、民族乡、镇的人民政府并非"可以"悬挂国徽，而是"应当"悬挂国徽。D 选项表述错误，不当选。

11.【答案】B

【逐项分析】A 选项考查国务院的"法律解释请求权"。国务院作为最高国家权力机关的执行机关，在执行法律的过程中不可避免地会遇到需要解释有关法律条款之含义的问题。当国务院不能确定有关法律如何解释时，就需要提请制定法律的最高国家权力机关作出解释。我国宪法将解释法律的权力配置给了全国人大常委会。因此，国务院需要提请全国人大常委会对发生疑义的法律作出解释。其实，不只国务院需要提请全国人大常委会对有关法律作出解释，其他国家机关也会产生这种需要。因而，《立法法》第 46 条规定："国务院、中央军事委员会、最高人民法院、最高人民检察院和全国人民代表大会各专门委员会以及省、自治区、直辖市的人民代表大会常务委员会可以向全国人民代表大会常务委员会提出法律解释要求。"根据这一规定，A 选项内容正确，不当选。

B 选项考查裁决法律冲突（地方性法规与部门规章之冲突）的权力。《立法法》第 95 条第 1 款第 2 项规定，地方性法规与部门规章之间对同一事项的规定不一致，不能确定如何适用时，由国务院提出意见，国务院认为应当适用地方性法规的，应当决定在该地方适用地方性法规的规定；认为应当适用部门规章的，应当提请全国人民代表大会常务委员会裁决。B 选项笼统地认为裁决地方性法规与部门规章之冲突的权力由国务院行使，与法律规定不符。由于地方性法规与部门规章之冲突，涉及权力机关（立法机关）与行政机关的权力冲突，完全交由作为行政机关的国务院进行解决，与法理不合。因此，B 选项陈述错误，当选。

C 选项考查国务院裁决规章冲突的权力。《立法法》第 95 条第 1 款第 3 项规定："部门规章之间、部门规章与地方政府规章之间对同一事项的规定不一致时，由国务院裁决。"规章之间的冲突，系不同行政机关之间的权力冲突，交由作为最高国家行政机关的国务院解决，合法合理。因此，C 选项内容正确，不当选。

D选项考查对违法或者不适当的地方政府规章的改变或者撤销权。《宪法》关于国务院的职权条款（第89条）仅规定了国务院有权改变或者撤销各部、各委员会发布的不适当的命令、指示和规章，改变或者撤销地方各级国家行政机关的不适当的决定和命令，而未规定国务院是否有权改变或者撤销地方政府规章。《立法法》第97条第3项赋予了国务院这种权力。该条款规定，国务院有权改变或者撤销不适当的部门规章和地方政府规章。因此，D选项符合法律规定，内容正确，不当选。

12.【答案】D

【逐项分析】A选项考查“听取和审议人民政府、人民法院和人民检察院的专项工作报告”。各级人大常委会每年选择若干关系改革发展稳定大局和群众切身利益、社会普遍关注的重大问题，有计划地安排听取和审议本级人民政府、人民法院和人民检察院的专项工作报告。人大常委会听取专项工作报告的议题如何选择、根据什么途径进行确定呢?《监督法》第9条对此作了规定。其中，该条第1款第5项和第6项规定：“……议题，根据下列途径反映的问题确定：……（五）人民来信来访集中反映的问题；（六）社会普遍关注的其他问题。”A选项的陈述符合《监督法》的规定，内容正确，不当选。

B选项考查“听取和审议国民经济和社会发展计划、预算的执行情况报告”。《监督法》第16条规定：“国务院和县级以上地方各级人民政府应当在每年六月至九月期间，向本级人民代表大会常务委员会报告本年度上一阶段国民经济和社会发展计划、预算的执行情况。”B选项符合法律规定，内容正确，不当选。该选项的判断需要考生对听取和审议报告的时间段“每年6月至9月期间”记忆准确。

C选项考查“法律法规实施情况的检查”。《监督法》第22条规定：“各级人民代表大会常务委员会参照本法第九条规定的途径，每年选择若干关系改革发展稳定大局和群众切身利益、社会普遍关注的重大问题，有计划地对有关法律、法规实施情况组织执法检查。”根据这一规定，湖西市人大常委会有权决定对环境保护法律法规在湖西市的实施情况组织执法检查。C选项内容正确，不当选。

D选项是干扰项，该选项考查“撤职案的审议和决定”。D选项的判断需要结合《监督法》第44条和第45条第1款两个条文进行判断。本题将第45条第1款所规定的提出撤职案的主体“县级以上地方各级人民政府、人民法院和人民检察院”，故意变造为“海北市长高某”，并强调提出撤职案起因于人人痛恨的“重大腐败窝案”。考生若非对提出撤职案的主体记忆准确，则很难逃出这种“情感陷阱”。D选项内容错误，符合题干要求。

13.【答案】D

【逐项分析】A选项考查西周的契约法律。西周时期明确区分买卖契约和借贷契约。买卖契约称为“质剂”。这种契约写在简牍上，一分为二，买卖双方各执一份。“质”是买卖奴隶、牛马所使用的较长的契券；“剂”是买卖兵器、珍异之物所使用的较短的契券。“质剂”由官府制作，并由“质人”专门管理。借贷契约称为“傅别”。“傅”，是把债的标的和借贷双方的权利义务等写在契券上；“别”，是在简札中间写字，然后一分为二，借贷双方各执一半。A选项将买卖契约和借贷契约混为一谈，内容错误。

B选项考查西周时期“以德配天、明德慎罚”的法律思想。为谋求长治久安，周初统治者继承了夏商以来的天命观。同时，为修补以往神权政治学说的缺漏，并确定周王朝新的统治策略，进一步提出了“以德配天，明德慎罚”的政治法律主张。这里的“天”仍是夏商以来一直尊奉的“上天”，但周初统治者认为，“上天”只把统治人间的“天命”交给有“德”者；一旦统治者失德，就会失去上天的庇佑，新的有德者即可取而代之。因此，作为君临天下的统治者应该“以德配天”。在这种政治观念支配下，周初统治者为实践“以德配天”，进而提出了“明德慎罚”的法律主张，要求统治者首先用“德教”的办法治理国家，也就是通过道德教化的办法使天下人民臣服，在适用法律、实施刑罚时应该宽缓、谨慎，而不应一味用严刑峻罚迫使臣民服从。“以德配天，明德慎罚”的主张代表了西周初期统治者的基本政治观和治国方针。这一思想深深植根于中国传统政治法律理论中，被后世奉为政治法律制度理论的圭臬。而B选项中所说的“德主刑辅”，是汉代中期以后才经儒家阐释发挥并为统治者所采纳的治国方略。B选项错误。

C选项为干扰项，该选项考查《法经》。《法经》是中国历史上第一部系统的成文法典。它是战国时期魏文侯的相国李悝在总结春秋以来各国成文法的基础上制定的，在中国立法史上具有重要地位。《法经》共六篇，按序分别为《盗法》

《贼法》《网法》《捕法》《杂法》《具法》。本题在设计 C 选项时采取了“白+黑”的表述方式（前半段正确，后半段错误），将“具法”置换为北齐时才出现的“《名例〔律〕》”，试图诱导考生作出错误判断。

D 选项考查商鞅变法。公元前 359 年，秦孝公任用商鞅实施变法改革。此次变法以其非常广泛的内容和重大的历史影响而在中国法律发展史上写下了浓墨重彩的一笔，史称“商鞅变法”。变法的主要内容之一是：全面贯彻法家“以法治国”和“明法重刑”的主张。强调“轻罪重刑”、不赦不宥、鼓励告奸，实行连坐等。D 选项之陈述符合史实，内容正确。

14.【答案】 C

【逐项分析】 A 选项考查清代的条例。条例一般是指刑事单行法规，大部分编入《大清律例》，附于某一律条之后。条例由刑部或其他部门就一些相似的案例先提出立法建议，经皇帝批准后成为一项事例，指导类似案件的审理判决，然后经条例编纂活动由律例馆编入《大清律例》或者单独编为某方面的刑事单行法规。考生若知晓条例的性质，对 A 选项的正确性不难作出判断。A 选项不当选。

B 选项考查清代的则例。则例是指某一行政部门或某项专门事务方面的单行法规汇编。这是针对政府各部门的职责、办事规程而制定的基本规则。则例作为清代重要法律形式之一，对于国家行政管理起着重要作用。B 选项正确，不当选。

C 选项考查清代“例”性质和作用。清代虽然有适用例判决案件的司法传统，但并不构成类似英国的“判例法”。清代引例断案仍然只是一种成文法适用的补充形式，不可与英美普通法的判例法传统相混淆。C 选项陈述错误，为当选项。

D 选项是本题的干扰项。有清一代，至乾隆朝，定法律“五年一小修，十年一大修”。律文高度稳定，条例则随时增删，以补律文之不足。清代的“例”并非案例，而是高度抽象条文化的表达，与律典密切相关的“条例”更是如此。《大清律例》代表了传统中国帝制时期的基本律例关系，形成了以“律”为宗、“例以辅律”的体例传统。D 选项内容正确，不当选。——但由于 D 选项由题干和前三个选项一直讨论的“例”忽然转向律例关系，一时转不过弯来的考生会在该选项的正确性上生疑，从而可能误选 D 选项。

15.【答案】 D

【逐项分析】 A 选项考查“六法全书”与判例解释例。南京国民政府成立后，从 1928 年起进行了大规模立法活动，先后制定了宪法（约法）、民法、刑法、商事法、诉讼法、法院组织法及其他单行法规、特别法规。这些法律汇编通称“六法全书”（一说民、商法合一，加行政法），是南京国民政府成文法的总称。在词源上来自法、日等国的“六法”原指六部法典的汇编，但南京国民政府的“六法”不限于法典，还包括相关的单行法规和特别法规。选项 A 采取了“白加黑”的表述方式，前半句正确，后半句错误。

B 选项考查《中华民国民法》的特点。1928 年，南京国民政府开始起草民法典。在继承清末、北洋军阀政府民律草案的立法精神，抄袭资本主义国家特别是德、日等国民事立法原则和法律条文的基础上，本着民、商合一原则，并结合传统习惯，分期编订而成。《中华民国民法》第 1 编“总则”第 1 条规定：“民事法律未规定者，依习惯，无习惯者，依法理。”肯定习惯及法理可作为审判民事案件的依据，是《中华民国民法》的特点之一。B 选项的陈述，看似语言上符合逻辑，实与历史事实不符，内容错误。

C 选项考查陕甘宁边区的“三三制”政权组织原则。1941 年 11 月，陕甘宁边区第二届参议会通过了《陕甘宁边区施政纲领》。该纲领共 21 条。其主要内容是：保障抗战，加强团结；中国共产党与各党派、群众团体按照“三三制”原则组织民主政权，保证一切抗日人民的各项自由民主权利。此外，纲领还规定了改进司法制度、厉行廉洁政治、减租减息以及有关婚姻家庭、民族、外交、侨务等各方面政策。因此，确立“三三制”政权组织原则的宪法性文件是《陕甘宁边区施政纲领》而非 1946 年的《陕甘宁边区宪法原则》。该选项采用了惯用的“偷梁换柱”之计。C 选项内容错误。

D 选项考查《中华苏维埃共和国宪法大纲》。1931 年 11 月 7 日，第一次全国工农兵代表大会在江西瑞金召开，通过了《中华苏维埃共和国宪法大纲》。该大纲共 17 条，其主要内容是：规定了中华苏维埃共和国的国家性质（工人和农民的民主专政国家）；规定了中华苏维埃共和国的政治制度（工农兵代表大会）；规定了中华苏维埃共和国公民的权利和义务；规定了中华苏维埃共和国的外交政策。该大纲是中国宪法史上第一部由劳动人民制定的确保人民民主制度的根本法，是中国共产党领导人民反帝反封建，实行工农民主专政的伟大纲领。D 选项内容正确，为当选项。

16.【答案】C

【逐项分析】根据《联合国宪章》，联合国大会有权讨论宪章范围内或联合国任何机关的任何问题，但安理会正在审议的除外。因此，选项A错误。

选项B为重点干扰项。安理会表决采取每一理事国一票。关于和平解决争端的决议，作为争端当事国的理事国不得投票，但有关采取执行行动的决议，其可以投票，并且常任理事国可以行使否决权。《联合国宪章》没有规定理事国仅因有利害关系就不得投票。因此，选项B错误，选项C正确。

安理会对于程序事项决议的表决采取9个同意票即可通过，对于非程序性事项或称实质性事项的决议表决，要求包括全体常任理事国在内的9个同意票，实行“大国一致原则”，即任何一个常任理事国都享有否决权。当对于一个事项是否为程序性事项发生争议，同样按照上述“大国一致”方式决定，并非按比例投票通过。因此，选项D错误。

17.【答案】B

【逐项分析】战争开始使交战国之间的法律关系发生重大变化。战争开始后，交战国间的外交关系和领事关系一般自动断绝。交战国关闭其在敌国的使、领馆。接受国有一般的义务尊重馆舍财产和档案安全。交战国的外交代表和领事官员以及使、领馆的有关人员有返回其派遣国的权利。这些人员在离境前的合理期限内，一般仍享有外交特权与豁免。因此，选项A错误。

选项B为重点干扰项。战争开始后，条约关系发生变化。交战国与非交战国为当事国的多边条约的效力有两种情况：一种情况是，条约本身明文规定，该条约在战时中止其效力，如1944年《国际民用航空公约》就作出了这种规定。另一种情况是，普遍性的多边条约或有关卫生、医药的条约不因战争开始而终止，但其中与交战行为相冲突的条款，可中止执行，待到战争结束后再恢复执行。因此，选项B正确。

选项C涉及有关战争规范的条约的效力。凡规定战争行为规范的条约于战争开始后不仅有效，而且必须适用，当事国应严格遵守。因此，选项C错误。

仅以交战国为当事国的条约效力根据以下情况决定：（1）凡以维持共同政治行动或友好关系为前提的条约，如同盟条约、互助条约或和平友好条约立即废止。（2）一般的政治和经济类条约，如引渡条约、商务条约等，除条约另有规定外，也停止效力。这类条约战后的效力如何，一般由缔约方在这类条约中或在和约中明确。（3）关于规定缔约国间固定或永久状态的条约，如边界条约、割让条约等一般应继续维持，除非这类条约另有规定，或缔约方另有协议。因此，选项D错误。

18.【答案】B

【逐项分析】《人民检察院组织法》第21条规定，人民检察院行使《人民检察院组织法》第20条规定的法律监督职权，可以进行调查核实，并依法提出抗诉、纠正意见、检察建议。据此，目前检察院行使法律监督职权的方式是依法提出抗诉、纠正意见、检察建议。选项A遗漏了纠正意见，表述错误。

《人民检察院组织法》第33条规定，检察委员会讨论案件，检察官对其汇报的事实负责，检察委员会委员对本人发表的意见和表决负责。检察委员会的决定，检察官应当执行。据此，案件经检委会讨论，检察官和检委会委员应分别就案件事实以及发布意见、表决负责。选项B为正确答案。

《人民检察院组织法》第28条规定，人民检察院办理案件，根据案件情况可以由1名检察官独任办理，也可以由2名以上检察官组成办案组办理。第29条规定，检察官在检察长领导下开展工作，重大办案事项由检察长决定。据此，检察官办案不同于法官合议，并不实行少数服从多数原则，遇有重大办案事项交由检察长决定。因此，办理案件检察官的数量不一定为单数。选项C表述错误。

《人民检察院组织法》第31条规定，最高人民检察院对属于检察工作中具体应用法律的问题进行解释、发布指导性案例，应当由检察委员会讨论通过。据此，检察院指导性案例应由最高检检委会讨论通过，检察委员会不同于审判委员会，并无全体会议和专业会议之别。选项D表述错误。

19.【答案】C

【逐项分析】《关于建立健全禁止法官、检察官与律师不正当接触交往制度机制的意见》第3条第5项规定，非因工作需要且未经批准，擅自参加律师事务所或者律师举办的讲座、座谈、研讨、培训、论坛、学术交流、开业庆典等活动；以提供法律咨询、法律服务等名义接受律师事务所或者律师输送的相关利益。据此，法官、检察官因工作需要且经过批准，可以参加律师事务所或者律师举办的研讨会。选项 A 不属于完全禁止的行为，不应选。

《关于建立健全禁止法官、检察官与律师不正当接触交往制度机制的意见》第 3 条第 2 项规定，接受律师或者律师事务所请托，过问、干预或者插手其他法官、检察官正在办理的案件，为律师或者律师事务所请托说情、打探案情、通风报信；为案件承办法官、检察官私下会见案件辩护、代理律师牵线搭桥；非因工作需要，为律师或者律师事务所转递涉案材料；向律师泄露案情、办案工作秘密或者其他依法依规不得泄露的情况；违规为律师或律师事务所出具与案件有关的各类专家意见。据此，法官、检察官因工作需要，可以为律师或者律师事务所转递涉案材料。选项 B 不属于完全禁止的行为，不应选。

《关于建立健全禁止法官、检察官与律师不正当接触交往制度机制的意见》第 3 条第 3 项规定，为律师介绍案件；为当事人推荐、介绍律师作为诉讼代理人、辩护人；要求、建议或者暗示当事人更换符合代理条件的律师；索取或者收受案件代理费用或者其他利益。据此，法官、检察官不得暗示当事人更换符合代理条件的律师。选项 C 属于完全禁止的行为，为正确答案。

《关于建立健全禁止法官、检察官与律师不正当接触交往制度机制的意见》第 3 条第 1 项规定，在案件办理过程中，非因办案需要且未经批准在非工作场所、非工作时间与辩护、代理律师接触。据此，法官、检察官因办案需要且经过批准，可以在非工作时间接触代理、辩护律师。选项 D 不属于完全禁止的行为，不应选。

20.【答案】 D

【逐项分析】《中共中央全面推进依法治国若干重大问题的决定》提出，全面推进依法治国，必须大力提高法治工作队伍思想政治素质、业务工作能力、职业道德水准，着力建设一支忠于党、忠于国家、忠于人民、忠于法律的社会主义法治工作队伍，为加快建设社会主义法治国家提供强有力的组织和人才保障。据此，提高法治工作队伍的职业道德水准有助于全面推进依法治国。选项 A 表述正确，不选。

法律职业道德具有职业性，法律职业道德的内容与法律职业实践活动密切相连，反映着法律职业活动对从业人员行为的道德要求。因此，法律职业道德主要规范法律职业从业人员的职业内行为，但个别业外活动也要受到法律职业道德的约束。选项 B 表述正确，不选。

法律职业道德对于维护法律职业声誉、发挥法律功能和提高全社会的道德水平具有积极意义。因此，法律职业人员严格遵守职业道德，有利于维护法律职业形象和司法公信力。选项 C 表述正确，不选。

职业道德原则不仅是从业人员进行职业活动的根本指导思想，而且也是对每个从业人员的职业行为进行职业道德评价的最高标准。据此，法律职业道德也是评价法律职业从业人员道德水平的最高标准。选项 D 表述错误，为正确答案。

21.【答案】 B

【逐项分析】《律师业务推广行为规则（试行）》第 10 条第 8 项规定，律师、律师事务所进行业务推广时，不得不收费或者减低收费（法律援助案件除外）。袁某的行为违反了上述规定。A 项错误。

《律师业务推广行为规则（试行）》第 4 条第 2 款规定，公司律师、公职律师和公职律师事务所不得发布律师服务广告。但律师业务推广不限于律师服务广告形式，黄律师不得发布律师服务广告，但可以建立、注册和使用网站、博客、微信公众号等互联网媒介。选项 B 正确。

《律师业务推广行为规则（试行）》第 8 条规定，律师、律师事务所业务推广信息中载有荣誉称号的，应当载明该荣誉的授予时间和授予机构。据此，甲律所在使用网站进行业务推广时，应将其获得“全国优秀律所”的时间和机构一并载明。C 项错误。

《律师业务推广行为规则（试行）》第 9 条规定，律师、律师事务所可以宣传其专业法律服务领域，但不得自我宣称或者暗示其为公认的某一专业领域的专家或者专家单位。据此，乙律所的行为明显违反了上述规定。D 项错误。

22.【答案】 D

【逐项分析】《公证法》第 10 条规定，公证机构的负责人应当在有 3 年以上执业经历的公证员中推选产生，由所在地的司法行政部门核准，报省、自治区、直辖市人民政府司法行政部门备案。据此，王某担任公证机构负责人应由 C 市 D 区司法局核准，报 C 市司法局备案。A 项错误。

《公证员执业管理办法》第 15 条第 1 款规定，公证员变更执业机构，应当经所在公证机构同意和拟任用该公证员的公证机构推荐，报所在地司法行政机关同意后，报省、自治区、直辖市司法行政机关办理变更核准手续。据此，王某变更执业机构，应由 C 市司法局办理变更核准手续，无需报司法部备案。B 项错误。

《公证法》第 20 条第 2 项规定，因故意犯罪或者职务过失犯罪受过刑事处罚，不得担任公证员。据此，失火罪属于非职务过失犯罪，王某可以担任公证员，不能吊销其执业证书。C 项错误。

《公证法》第 24 条第 2 项规定，公证员年满 65 周岁或者因健康原因不能继续履行职务的，由所在地的司法行政部门报省、自治区、直辖市人民政府司法行政部门提请国务院司法行政部门予以免职。据此，王某年满 65 周岁，应由司法部予以免职。D 项正确。

23.【答案】 B

【逐项分析】 A 项是重点干扰项。考生可能会因《刑法》第 18 条第 4 款的规定而认为本项是正确的。醉酒分为生理性醉酒与病理性醉酒，生理性醉酒并非精神疾病，但病理性醉酒属于精神疾病。因此，在行为人完全没有认识可能的情形下第一次处于病理性醉酒状态，并因此而实施了相应的危害行为时，就不应认定为犯罪。A 项错误。

原因自由行为，是指故意或者过失地使自己陷入无刑事责任能力或者限制刑事责任能力的状态，并在该状态下实施了危害行为。此时，行为人尽管在实施危害行为的时点没有刑事责任能力，但是由于是行为人故意或过失地利用这种状态实施犯罪，便当然要承担刑事责任。乙属于典型的原因自由行为，应当负强奸罪的刑事责任。B 项正确。

题干明确说丙是为了抢劫而故意使自己陷入无责任能力状态，因此，丙的行为成立故意的原因自由行为。不过一定要注意的是，并非成立故意原因自由行为，行为人就要对所有在无责任能力状态下造成的结果负责，只有结果行为与行为人在实施原因行为时的故意内容一致时，才应承担故意犯罪既遂的责任。丙在实施原因自由行为时持的是抢劫故意，但在实施结果行为时却变成了强奸，由于实施强奸时没有责任能力，因而无论如何不应承担强奸罪的刑事责任。C 项错误。

间歇性精神病人在精神正常时着手犯罪，但在实行过程中丧失责任能力的，如果丧失责任能力前后实现的为同一个构成要件，在丧失责任能力状态下造成的结果就是行为人原先所意欲的，行为人也要负刑事责任。因此，丁应当承担抢劫罪既遂的刑事责任。D 项错误。

24.【答案】 A

【逐项分析】 甲前一阶段的行为属于失火行为，但是，甲在认识到火灾危险后，未及时扑灭，转化为故意犯罪，因此，甲成立放火罪，而非失火罪。A 项错误。

乙见贺某流血不止仍然不救助，似乎成立故意的不作为犯罪，但是，由于死亡结果不可避免，即便救助也无法避免发生死亡结果，意味着死亡结果不能算在后面的不作为头上，因此，死亡结果被评价为前面的过失行为造成即可，乙成立过失致人死亡罪。B 项正确。

从丙有将被害人积极送医救助的防果行为表现以及题目中交代的“教训”两字看，丙对死亡结果是过失心态，而非故意想造成被害人死亡。因此，丙成立故意伤害致人死亡。C 项正确。

成立过失犯罪，既要求行为人履行适当的结果预见义务，也要求履行结果回避义务，而从题干的表述看，事故的发生是由于林某突然变换车道造成，丁无法预见也无法避免，因此不成立交通肇事罪。D 项正确。

25.【答案】 B

【逐项分析】 A 项涉及的是假设的因果关系概念。假设的因果关系，是指即便没有行为人的行为，结果同样会因其他因素或其他的作用形式不可避免地发生。对于因果关系的认定来说，重要的是实际发生的行为与具体结果之间的因果流程关系，假设的因果流程并不排除因果关系的认定。据此，甲的杀人行为与张某因甲的行为而造成的具体死亡结果之间存在因果关系。A 项错误。

B 项的情形属于因果关系错误情形之一的事前的故意，即行为人误认为第一个行为已经造成结果，出于其他目的而实施第二个行为，结果却是由第二个行为所导致。一般认为，在事前的故意场合，第一个行为与结果之间的因果关系并没有中断，仍应肯定第一个行为与结果之间的因果关系。因此乙的行为和王某的死亡结果之间存在因果关系。B 项正确。

在判断介入因素对于因果关系的影响时需要注意：前行为人的行为导致结果发生的可能性越大，肯定因果关系的可能性越高；后介入情况的异常性越大，肯定前行为和结果之间因果关系的可能性越小；后介入因素对结果所起的作用越大，肯定前行为和结果之间因果关系的可能性越小。丙开枪打中李某的腿部，从题干的表述来看，只要经过正常的救治，李某就不会有死亡的风险，因此医生的重大疏忽属于介入因素。而相对于医生的重大疏忽，丙的行为对李某死亡结果所起的作用肯定相对更小。同时医生的重大疏忽一般来说是比较异常的现象，因此，丙的行为与李某的死亡结果之间不存在因果关系。C 项错误。

不具有结果避免可能性，意味着无论行为人选择合乎规范的行为抑或违背规范的行为，都无法避免结果的发生，这个时候仍然认为行为与结果之间存在因果关系，进而惩罚行为人，无异于是在惩罚人的不幸。因此，不具有结果避免可能性的行为与结果的发生之间不具有相当因果（归责）关系。由于题干明确告知事后鉴定即便丁以限速行驶，仍无法避免结果的发生，所以，丁的行为与赵某的死亡结果之间没有因果关系。D 项错误。

26.【答案】 B

【逐项分析】 只有严重威胁到人身安全的暴力犯罪才能适用特殊正当防卫制度，而并非是只要行为属于杀人、抢劫等罪的性质时便可以适用。因此，对于采取麻醉的方式抢劫、强奸的行为，由于不足以认定为严重危及人身安全的暴力犯罪，因此，不能适用无过当防卫。据此，甲属于以麻醉方式抢劫财物，不能被认定为正当防卫。A 项错误。

《刑法》第 20 条第 3 款规定的杀人、抢劫、强奸、绑架等并非指的特定罪名，因此抢劫枪支、弹药的行为如果严重危及人身安全，当然可以适用特殊正当防卫制度。B 项正确。

当动物被人为地唆使攻击他人时，此时的动物属于行为人不法攻击他人的工具，此时被侵害者将动物打死的，属于对唆使者不法攻击的防卫行为。因此，丙成立正当防卫，而非紧急避险。C 项错误。

我国刑法理论一般认为，成立紧急避险需要避险意图要件，而避险意图要件则要求行为人实施避险行为必须是为了保护合法利益，为了保护非法利益的，不允许实施紧急避险。据此，丁不能以紧急避险为由主张免除自己非法侵入住宅罪的责任。D 项错误。

27.【答案】 C

【逐项分析】 狭义的因果关系错误，指结果的发生不是按照行为人对因果流程的预设来实现的情形。如甲为了让乙被淹死，将乙从高处推下桥，结果乙的头部不慎撞上桥墩致死。狭义的因果关系错误中，行为人仅有一个行为，显然，魏某存在前后两个阶段的行为，不属于狭义的因果关系错误。A 项错误。

结果的提前实现，又称为犯罪构成的提前实现，是指行为人为实现犯罪目的打算通过前后相继的两个阶段的行为造成危害结果，希望通过第二个行为直接导致结果的发生，但事实上危害结果由前一阶段行为造成。B 项错误。

事前的故意，又称为结果的推迟发生，指行为人误以为自己的行为已经发生了预期的侵害结果，为达到另一目的，又实施了另一行为，事实上行为人所预期的结果是后一行为所造成的。一般认为，在事前的故意的场合，如果前行为特别危险，后行为的介入在经验上也不算异常，即前行为和后行为存在相当因果关系，就可以认为结果发生是由前行为引起，行为人对因果流程的认识错误无关紧要，成立相应故意犯罪的既遂。魏某前后两个阶段的行为均具有致死可能性，并且后一阶段的抛尸湮灭罪证在一般杀人犯罪中也并非罕见介入因素，因此成立故意杀人罪既遂。C 项正确。

一般认为，因果关系错误属于具体的事实认识错误。D 项错误。

28.【答案】 C

【逐项分析】 最高人民法院《关于处理自首和立功具体应用法律若干问题的解释》规定，并非出于犯罪嫌疑人主动，而是经亲友规劝、陪同投案的；公安机关通知犯罪嫌疑人的亲友，或者亲友主动报案后，将犯罪嫌疑人送去投案的，也应当视为自动投案。据此，张某应视为自动投案并如实供述主要犯罪事实，成立自首。A 项正确，不当选。

前述司法解释规定，罪行尚未被司法机关发觉，仅因形迹可疑，被有关组织或者司法机关盘问、教育后，主动交代自己的罪行的，应视为自动投案。因此庄某属于自动投案后如实供述犯罪事实，成立自首。B 项正确，不当选。

犯罪分子阻止他人犯罪活动，即便被阻止者未达刑事责任年龄而未被立案或被判决无罪，犯罪分子仍然属于阻止他人的客观不法行为，成立立功。C 项错误，当选。

司法解释明确规定，犯罪分子将本人以往查办犯罪职务活动中掌握的，或者将从负有查办犯罪、监管职责的国家工作人员处获取的他人犯罪线索予以检举揭发的，不能认定为有立功表现。严某告知监察部门的正属于自己查办犯罪职务活动中获知的犯罪线索，因此不成立立功。D 项正确，不当选。

29.【答案】 C

【逐项分析】 A 项比较容易排除，将无期徒刑减为有期徒刑时，显然是刑种的变更，而不再是刑期的减少。A 项错误。

《刑法》第 50 条第 2 款对减刑对象条件进行

了限制，只有被判处死缓的累犯以及因故意杀人、强奸、抢劫、绑架、放火、爆炸、投放危险物质或者有组织的暴力性犯罪被判处死缓的犯罪分子，人民法院根据犯罪情节等情况可以同时决定对其限制减刑。因此，因故意伤害致人重伤或死亡而被判处死刑缓期执行的犯罪人不在限制减刑的对象范围内。B 项错误。

《关于办理减刑、假释案件具体应用法律的规定》第 33 条明确规定，罪犯被裁定减刑后，刑罚执行期间因故意犯罪而数罪并罚时，经减刑裁定减去的刑期不计入已经执行的刑期。原判死刑缓期执行减为无期徒刑、有期徒刑，或者无期徒刑减为有期徒刑的裁定继续有效。C 项正确。

《关于办理减刑、假释案件具体应用法律的规定》第 34 条规定，罪犯被裁定减刑后，刑罚执行期间因发现漏罪而数罪并罚的，原减刑裁定自动失效。D 项错误。

30.【答案】B

【逐项分析】A 项涉及因正当原因经户主同意入户后临时起意实施盗窃，因被发现而当场实施暴力或者以暴力相威胁能否认定为入户抢劫的问题。最高人民法院《关于审理抢劫、抢夺刑事案件适用法律若干问题的意见》明确规定，进入他人住所必须以实施抢劫等犯罪为目的。抢劫行为虽然发生在户内，但行为人不以实施抢劫等犯罪为目的进入他人住所，而是在户内临时起意实施抢劫的，不属于“入户抢劫”。据此，甲是因正当理由入户而在户内临时起意实施了转化型抢劫，不能认定为入户抢劫。A 项错误。

首先，甲的行为显然属于抢劫。其次，认定是否成立抢劫致人死亡的关键在于被害人死亡的结果与抢劫行为之间是否有因果关系。应当说，被害人在被控制人身自由逃跑的过程中出现的坠楼致死与抢劫的基本行为之间存在着相当因果关系，人被剥夺自由后逃跑是自然的反应，逃跑过程中摔死并非被害人故意自杀，因此死亡结果不能由被害人自己负责，而应算在抢劫行为人的头上，据此，甲成立抢劫致人死亡。B 项正确。

按照最高人民法院《关于审理抢劫、抢夺刑事案件适用法律若干问题的意见》的规定，户指的是住所，其特征表现为供他人家庭生活和与外界相对隔离两个方面，前者是功能特征，后者是场所特征。甲实施抢劫的房屋确实是与外界相对隔离的房屋，但是，该房屋是待租房屋，在实施抢劫之前并没有人居住，不符合“户”的功能特征要求。入户抢劫之所以加重，不仅因为侵犯了财产权利与人身权利，还侵犯了公民的住宅与生活安宁，就此，在无人居住的待租房内抢劫，不可能侵犯公民的住宅与生活安宁，因此不成立入户抢劫。C 项错误。

最高人民法院《关于审理未成年人刑事案件具体应用法律若干问题的解释》第 10 条第 1 款规定：“已满十四周岁不满十六周岁的人盗窃、诈骗、抢夺他人财物，为窝藏赃物、抗拒抓捕或者毁灭罪证，当场使用暴力，故意伤害致人重伤或者死亡，或者故意杀人的，应当分别以故意伤害罪或者故意杀人罪定罪处罚。”按照上述司法解释的规定，相对刑事责任年龄者无法成立转化型抢劫，只能视情形成立故意伤害罪或故意杀人罪，不能定抢劫罪。D 项错误。

31.【答案】B

【逐项分析】生产、销售伪劣产品罪，是指生产者、销售者在产品中掺杂、掺假，以假充真，以次充好或者以不合格产品冒充合格产品，销售金额达 5 万元以上的行为。甲的行为显然属于在生产的产品中掺杂，并且以次充好，销售金额也满足了本罪的成立要求，因而构成生产、销售伪劣产品罪。A 项正确。

成立生产、销售伪劣农药、兽药、化肥、种子罪，要求给农业生产造成较大损失，换句话说，本罪是实害犯。由于题干明确说尚未销售给农户，因此，不应认定构成生产、销售伪劣化肥罪。但是，由于李某生产的伪劣化肥同样属于伪劣产品，且销售金额达到了 5 万元以上，成立生产、销售伪劣产品罪。B 项错误。

病死猪肉制品在实务中被认定为不符合安全标准的食品。胡某的行为成立生产、销售不符合安全标准的食品罪，但《刑法》第 149 条第 2 款规定，生产、销售本节第 141 条至第 148 条所列产品，构成各该条规定的犯罪，同时又构成生产、销售伪劣产品罪的，依照处罚较重的规定定罪处罚。题干明确说如按销售不符合安全标准的食品罪处理会导致处罚较轻，则应当认定为销售伪劣产品罪。C 项正确。

《刑法》第 141 条规定：“生产、销售假药的，处三年以下有期徒刑或者拘役，并处罚金；对人体健康造成严重危害或者有其他严重情节的，处三年以上十年以下有期徒刑，并处罚金；致人死亡或者有其他特别严重情节的，处十年以上有期徒刑、无期徒刑或者死刑，并处罚金或者没收财产。药品使用单位的人员明知是假药而提供给他人使用的，依照前款的规定处罚。”袁某系药品使用单位的人员，明知是假药而提供给病人使用，即使没有谋取利益，依然成立提供假药罪。D 项正确。

32.【答案】 B

【逐项分析】 根据《刑法》第 196 条第 3 款的规定，盗窃信用卡并使用的，无论是在机器上还是在特约商户或银行柜台使用的，都以盗窃罪定罪处罚。但是，适用该款规定的前提为信用卡必须是真实、有效的。由于王某将信件开拆时信用卡尚未激活，此时尚不属于有效的、具备信用卡功能的卡片，因而不应适用第 196 条第 3 款的规定，不成立盗窃罪。A 项错误。

激活在信用卡的申办流程中占据核心地位，信用卡透支等功能只有经过激活这一关键步骤才能最终实现。私自激活他人申领的尚未激活的信用卡，实质上与冒用他人信用卡无异，这也是我国司法实务的一贯立场。因而成立信用卡诈骗罪。B 项正确。

妨害信用卡管理罪的行为表现形式包括：明知是伪造的信用卡而持有、运输，或者明知是伪造的空白信用卡而持有、运输，数量较大的；非法持有他人信用卡，数量较大的；使用虚假的身份证明骗领信用卡的；出售、购买、为他人提供伪造的信用卡或者以虚假的身份证明骗领的信用卡的。王某的行为不符合上述任何一种表现方式，因此不成立本罪。C 项错误。

私自开拆、隐匿、毁弃邮件、电报罪为身份犯，其犯罪主体必须具备“邮政工作人员”这一特殊身份，王某显然不成立本罪。D 项错误。

33.【答案】 D

【逐项分析】《全国法院毒品犯罪审判工作座谈会纪要》指出，行为人为他人代购仅用于吸食的毒品，在交通、食宿等必要开销之外收取“介绍费”“劳务费”，或者以贩卖为目的收取部分毒品作为酬劳的，应视为从中牟利，属于变相加价贩卖毒品，以贩卖毒品罪定罪处罚。甲在出差时代为购买毒品并收取 5000 元酬劳，显然超过了必要开支的范围，应成立贩卖毒品罪。A 项错误。

成立运输毒品罪的前提为行为人意识到自己在运输毒品，而题干明确说乙对自己运送的货物中含有毒品不知情，因此，乙不成立运输毒品罪。B 项错误。

《全国部分法院审理毒品犯罪案件工作座谈会纪要》指出，盗窃、抢夺、抢劫毒品的，应当分别以盗窃罪、抢夺罪或者抢劫罪定罪，但不计犯罪数额，根据情节轻重予以定罪量刑。需要注意的是，只有在明知是毒品而盗窃、抢劫、抢夺后又持有的，一般才认为持有行为是不可罚的事后行为，只构成相应的财产犯罪。丙在列车上盗窃，显然是想盗窃普通财物，而非盗窃毒品。据此，丙本欲盗窃普通财物但盗窃了毒品，应成立盗窃罪。在盗窃普通财物后发现是毒品，仍然继续持有，侵犯了国家对毒品的严格管制制度，需要以非法持有毒品罪和盗窃罪数罪并罚。所以对丙应数罪并罚。C 项错误。

对于 D 项，首先，按照题干的描述，丁抢劫毒贩，意味着丁明知自己抢劫的是毒品，成立抢劫罪。而其在抢劫后又将其中的 80 克出卖，另成立贩卖毒品罪。由于是数个行为侵犯数个罪名和数个法益，因此，应当数罪并罚。至于丁持有的另外的 20 克毒品，属于抢劫的事后不可罚的行为。D 项正确。

34.【答案】 A

【逐项分析】 A 选项涉及几种特殊情况的管辖。《最高人民法院关于适用〈中华人民共和国刑事诉讼法〉的解释》（以下简称《法院解释》）第 13 条第 3 款规定：“罪犯在脱逃期间又犯罪的，由服刑地的人民法院管辖。但是，在犯罪地抓获罪犯并发现其在脱逃期间犯罪的，由犯罪地的人民法院管辖。”本案中，关某虽然是在犯罪地被抓获的，但是抓获时并没有发现其在脱逃期间犯罪，是押回后才发现的，因此不符合本款后半句的例外规定，即仍应由服刑地人民法院管辖。故而 A 正确。至于网络犯罪的管辖问题，其与其他犯罪一样，原则上都是由犯罪地人民法院管辖，但对于罪犯脱逃期间实施的网络犯罪，同样应当根据《法院解释》第 13 条第 3 款的规定确定管辖。

B 选项涉及级别管辖和移送管辖。《法院解释》第 14 条规定：“人民检察院认为可能判处无期徒刑、死刑，向中级人民法院提起公诉的案件，中级人民法院受理后，认为不需要判处无期徒刑、死刑的，应当依法审判，不再交基层人民法院审判。”可见 B 错误。

C 选项涉及移送管辖和指定管辖。《法院解释》第 17 条第 2 款规定：“基层人民法院对下列第一审刑事案件，可以请求移送中级人民法院审判：（一）重大、复杂案件；（二）新类型的疑难案件；（三）在法律适用上具有普遍指导意义的案件。”第 17 条第 3 款规定：“……中级人民法院……不同意移送的，应当下达不同意移送决定书，由请求移送的人民法院依法审判……”可见 C 错误。

D 选项涉及合并管辖中的“就高不就低”原则。《法院解释》第 15 条规定：“一人犯数罪、共同犯罪或者其他需要并案审理的案件，其中一人或者一罪属于上级人民法院管辖的，全案由上级人民法院管辖。”可见 D 错误。

35.【答案】B

【逐项分析】A 选项涉及回避的理由、回避的适用对象和有权申请回避的主体。《刑诉法》第 32 条第 2 款规定：“辩护人、诉讼代理人可以依照本章的规定要求回避、申请复议。”因此本案中，辩护人吴某有权提出回避申请。但是，关于回避的理由及所涉及的“近亲属”的范围，《法院解释》和 2011 年施行的《最高人民法院关于审判人员在诉讼活动中执行回避制度若干问题的规定》则有不同的规定。

《法院解释》第 27 条规定：“审判人员具有下列情形之一的，应当自行回避，当事人及其法定代理人有权申请其回避：（一）是本案的当事人或者是当事人的近亲属的；（二）本人或者其近亲属与本案有利害关系的；（三）担任过本案的证人、鉴定人、辩护人、诉讼代理人、翻译人员的；（四）与本案的辩护人、诉讼代理人有近亲属关系的；（五）与本案当事人有其他利害关系，可能影响公正审判的。”《法院解释》第 37 条规定：“本章所称的审判人员，包括人民法院院长、副院长、审判委员会委员、庭长、副庭长、审判员和人民陪审员。”因此，一方面，本选项中的人民陪审员属于回避的适用人员。但是另一方面，本选项中回避的理由是人民陪审员张某的舅舅也参与了寻衅滋事，实际上是张某的舅舅与本案有利害关系，那么，张某是否应当回避，就取决于张某的舅舅是否属于张某的“近亲属”，而根据《刑诉法》第 108 条的规定：“……‘近亲属’是指夫、妻、父、母、子、女、同胞兄弟姊妹。”舅舅显然不属于近亲属。因此得出的结论是张某不具有应当回避的理由，法院驳回回避申请的做法没有错误。

但是，《最高人民法院关于审判人员在诉讼活动中执行回避制度若干问题的规定》第 1 条规定：“审判人员具有下列情形之一的，应当自行回避，当事人及其法定代理人有权以口头或者书面形式申请其回避：（一）是本案的当事人或者与当事人有近亲属关系的；（二）本人或者其近亲属与本案有利害关系的；（三）担任过本案的证人、翻译人员、鉴定人、勘验人、诉讼代理人、辩护人的；（四）与本案的诉讼代理人、辩护人有夫妻、父母、子女或者兄弟姐妹关系的；（五）与本案当事人之间存在其他利害关系，可能影响案件公正审理的。本规定所称近亲属，包括与审判人员有夫妻、直系血亲、三代以内旁系血亲及近姻亲关系的亲属。”根据该条规定，三代以内旁系血亲也属于“本人或者其近亲属与本案有利害关系”中的“近亲属”，即审判人员的三代以内旁系血亲与本案有利害关系，该审判人员也应回避。舅舅属于三代以内旁系血亲。因此得出的结论是张某具有应当回避的理由，法院驳回回避申请的做法是错误的。

B 选项涉及回避的理由、回避的决定和回避决定的复议。《法院解释》第 35 条第 2 款规定：“当事人及其法定代理人申请回避被驳回的，可以在接到决定时申请复议一次。不属于刑事诉讼法第二十九条、第三十条规定情形的回避申请，由法庭当庭驳回，并不得申请复议。”而《刑诉法》第 29 条规定：“审判人员、检察人员、侦查人员有下列情形之一的，应当自行回避，当事人及其法定代理人也有权要求他们回避：（一）是本案的当事人或者是当事人的近亲属的；（二）本人或者他的近亲属和本案有利害关系的；（三）担任过本案的证人、鉴定人、辩护人、诉讼代理人的；（四）与本案当事人有其他关系，可能影响公正处理案件的。”《刑诉法》第 30 条规定：“审判人员、检察人员、侦查人员不得接受当事人及其委托的人的请客送礼，不得违反规定会见当事人及其委托的人。审判人员、检察人员、侦查人员违反前款规定的，应当依法追究法律责任。当事人及其法定代理人有权要求他们回避。”本案中，周某提出审判员江某对其存有偏见，显然不属于《刑诉法》第 29、30 条规定的情形，因此法庭当庭驳回并不允许其申请复议的做法是正确的。故而选择 B。

C 选项涉及回避的适用对象和有权决定回避的主体。本选项属于对检察人员提出回避申请的情况。《刑诉法》第 31 条第 1 款规定：“审判人员、检察人员、侦查人员的回避，应当分别由院长、检察长、公安机关负责人决定；院长的回避，由本院审判委员会决定；检察长和公安机关负责人的回避，由同级人民检察院检察委员会决定。”《法院解释》第 36 条规定：“当事人及其法定代理人申请出庭的检察人员回避的，人民法院应当区分情况作出处理：（一）属于刑事诉讼法第二十九条、第三十条规定情形的回避申请，应当决定休庭，并通知人民检察院尽快作出决定；（二）不属于刑事诉讼法第二十九条、第三十条规定情形的回避申请，应当当庭驳回，并不得申请复议。”本选项中为本案当事人推荐、介绍辩护人的情形属于法定的回避事由，因此本选项中合议庭当庭驳回回避申请的做法是错误的。

D 选项涉及回避适用的范围。《法院解释》第 29 条规定："参与过本案调查、侦查、审查起诉工作的监察、侦查、检察人员，调至人民法院工作的，不得担任本案的审判人员。在一个审判程序中参与过本案审判工作的合议庭组成人员或者独任审判员，不得再参与本案其他程序的审判。但是，发回重新审判的案件，在第一审人民法院作出裁判后又进入第二审程序、在法定刑以下判处刑罚的复核程序或者死刑复核程序的，原第二审程序、在法定刑以下判处刑罚的复核程序或者死刑复核程序中的合议庭组成人员不受本款规定的限制。"本选项即属于发回重新审判的案件在第一审人民法院作出裁判后又进入第二审程序的情形，这种情况实际上是原二审程序的继续，而不是一个新的程序，因此原二审合议庭应当继续审判，而不需要另组合议庭，原合议庭成员也不需要回避。因此 D 错误。

36.【答案】 A

【逐项分析】《法院解释》第 151 条规定："对下列被告人决定取保候审的，可以责令其提出一至二名保证人：（一）无力交纳保证金的；（二）未成年或者已满七十五周岁的；（三）不宜收取保证金的其他被告人。"A 选项正确。

《刑诉法》第 69 条第 1 项规定，保证人必须与本案无牵连。与本案无牵连并不意味着与被保证人无利害关系。B 选项错误。

根据《法院解释》第 554 条的规定，人民法院对无固定住所、无法提供保证人的未成年被告人适用取保候审的，应当指定合适成年人作为保证人，必要时可以安排取保候审的被告人接受社会观护。因此 C 选项错误。

保证金并不一定要以被取保候审人的个人财产交纳，D 选项错误。

37.【答案】 D

【选项分析】

A 选项涉及被害人对不立案决定的申请复议权。《刑诉法》第 112 条规定："人民法院、人民检察院或者公安机关对于报案、控告、举报和自首的材料，应当按照管辖范围，迅速进行审查，认为有犯罪事实需要追究刑事责任的时候，应当立案；认为没有犯罪事实，或者犯罪事实显著轻微，不需要追究刑事责任的时候，不予立案，并且将不立案的原因通知控告人。控告人如果不服，可以申请复议。"这里的控告人实际上就是指遭受犯罪侵害而提出控告的被害人，一般的报案人没有对不立案决定申请复议的权利。本案中，何某才是被害人，王某仅为报案人，因此王某没有对不立案决定申请复议的权利。故而 A 错误。

B 选项涉及被害人对公安机关不立案决定的申诉权。《刑诉法》第 113 条规定："……被害人认为公安机关对应当立案侦查的案件而不立案侦查，向人民检察院提出的，人民检察院应当要求公安机关说明不立案的理由……"可见，对公安机关不立案决定的申诉权也是由被害人，而非一般的报案人所享有的。故而 B 错误。

C 选项涉及立案监督的程序。《刑诉法》第 113 条规定："……人民检察院应当要求公安机关说明不立案的理由。人民检察院认为公安机关不立案理由不能成立的，应当通知公安机关立案，公安机关接到通知后应当立案。"即公安机关不能对人民检察院的立案通知提出异议和要求复议（但对人民检察院的撤案通知是可以要求复议的）。因此 C 错误。

D 选项涉及被害人对不起诉决定的申诉权。《刑诉法》第 180 条规定："对于有被害人的案件，决定不起诉的，人民检察院应当将不起诉决定书送达被害人。被害人如果不服，可以自收到决定书后七日以内向上一级人民检察院申诉……"而《检察规则》第 382 条规定："被害人不服不起诉决定，在收到不起诉决定书七日以后提出申诉的，由作出不起诉决定的人民检察院负责控告申诉检察的部门进行审查。经审查，认为不起诉决定正确的，出具审查结论直接答复申诉人，并做好释法说理工作；认为不起诉决定可能存在错误的，移送负责捕诉的部门进行复查。"因此 D 正确。

38.【答案】 B

【逐项分析】 A 选项考查讯问犯罪嫌疑人时对认罪认罚法律规定的告知义务。根据《刑诉法》第 120 条第 2 款的规定，侦查人员在讯问犯罪嫌疑人的时候，应当告知犯罪嫌疑人享有的诉讼权利，如实供述自己罪行可以从宽处理和认罪认罚的法律规定。所以 A 选项漏掉了告知认罪认罚，说法错误。

根据《人民检察院办理未成年人刑事案件的规定》第 17 条第 1 款规定："人民检察院办理未成年犯罪嫌疑人审查逮捕案件，应当讯问未成年犯罪嫌疑人，听取辩护律师的意见，并制作笔录附卷。"朱某系未成年人，所以 B 选项说法正确。

C 选项考查认罪认罚具结书的签署问题。根据

《刑诉法》第174条的规定："犯罪嫌疑人自愿认罪，同意量刑建议和程序适用的，应当在辩护人或者值班律师在场的情况下签署认罪认罚具结书。犯罪嫌疑人认罪认罚，有下列情形之一的，不需要签署认罪认罚具结书：（一）犯罪嫌疑人是盲、聋、哑人，或者是尚未完全丧失辨认或者控制自己行为能力的精神病人的；（二）未成年犯罪嫌疑人的法定代理人、辩护人对未成年人认罪认罚有异议的；（三）其他不需要签署认罪认罚具结书的情形。"注意，对于未成年人认罪认罚的，并不是必然签署具结书，如果其法定代理人、辩护人对认罪认罚有异议，即便未成年人本人认罪认罚，也无须签署认罪认罚具结书。因此，C选项中应当签署的说法错误。

D选项考查速裁程序与简易程序之间的区别。根据《刑诉法》第223条第2项的规定，被告人是未成年人的，不适用速裁程序。而D选项中的表述实际是未成年人适用简易程序的条件，考生要注意区分。D选项说法错误。

39.【答案】A

【逐项分析】根据《全国人民代表大会常务委员会关于〈中华人民共和国刑事诉讼法〉第七十九条第三款①的解释》的规定，对于被取保候审、监视居住的可能判处徒刑以下刑罚的犯罪嫌疑人、被告人，违反取保候审、监视居住规定，严重影响诉讼活动正常进行的，可以予以逮捕。本题中夏某涉嫌的危险驾驶罪即属于此种情况，因此A选项说法正确。

不管是速裁程序还是简易程序，适用的前提都是被告人认罪。因此，本案中夏某否认指控的犯罪事实，不能适用简易程序。B选项说法错误。

C选项有一定的迷惑性。根据《刑诉法》第223条第5项的规定，被告人与被害人或者其法定代理人没有就附带民事诉讼赔偿等事项达成调解或者和解协议的，不得适用速裁程序。但是，选项中的表述仅是提起了附带民事诉讼，并不意味着没有达成调解或者和解。所以，仅仅是提起附带民事诉讼，不构成不适用速裁程序的条件。C选项说法错误。

速裁程序的判决一样可以提起上诉或者抗诉。D选项说法错误。

40.【答案】C

【逐项分析】根据《刑诉法》第33条第3款的规定，被开除公职和被吊销律师、公证员执业证书的人，不得担任辩护人，但系犯罪嫌疑人、被告人的监护人、近亲属的除外。本案即属于例外情形，所以A选项说法错误。

考生须注意，虽然本案中张某可以担任辩护人，但由于其律师执业证书已经被吊销，所以只能以非律师身份担任辩护人。而在侦查阶段，只有辩护律师才能行使会见权。题干中"危害国家安全犯罪"以及选项中"须征得办案机关同意"是迷惑性表述，考点不在于会见权的限制，而在于侦查阶段只能聘请律师作为辩护人。因此张某在侦查阶段不是律师辩护人，无法行使会见权。B选项说法错误。

根据《刑诉法》第40条的规定，辩护律师自人民检察院对案件审查起诉之日起，可以查阅、摘抄、复制本案的案卷材料。其他辩护人经人民法院、人民检察院许可，也可以查阅、摘抄、复制上述材料。因此，在审查起诉阶段，张某作为其他辩护人，在得到检察院许可后，可以查阅本案的案卷。C选项说法正确。

根据《刑诉法》第43条第1款的规定，辩护律师经证人或者其他有关单位和个人同意，可以向他们收集与本案有关的材料，也可以申请人民检察院、人民法院收集、调取证据，或者申请人民法院通知证人出庭作证。所以能够自行调查取证的只限于辩护律师，张某系其他辩护人，所以D选项说法错误。

41.【答案】D

【逐项分析】在张某因间谍罪服刑期间，发现其曾参与抢劫，此系遗漏罪行，并非原审生效裁判有误，故不适用审判监督程序。因此，A、B选项说法错误。需要注意的是，关于罪犯在服刑期间发现漏罪的处理，根据《法院解释》第13条的规定，正在服刑的罪犯在判决宣告前还有其他罪没有判决的，由原审地人民法院管辖；由罪犯服刑地或者犯罪地的人民法院审判更为适宜的，可以由罪犯服刑地或者犯罪地的人民法院管辖。因此，即便由N市法院来审理，也不适用审判监督程序；且从题干来看，该案一审为M市基层法院，M市中院为二审法院，因此也不应该由N市中院来审理。

C选项的错误比较容易判断，M市中院是在二审程序中发现有遗漏的同案犯（正在服刑的张某），因此如果M市检察院直接追加起诉张某，相当于张某（抢劫的罪行）未经一审直接二审，这明显是错误的。

因为二审发现一审还有同案犯未起诉，属于

① 现为第81条第3款。

事实认定不清，可以裁定撤销原判发回重审，再追加张某为共同被告进行一审。D 选项正确。

42.【答案】 A

【逐项分析】 根据《刑诉法》第 206 条的规定，被告人患有严重疾病，无法出庭的可以裁定中止审理。A 选项说法正确。

根据《刑诉法》第 16 条的规定，庭审无法正常进行不是终止审理的情形。B 选项说法错误。

根据《刑诉法》第 302 条的规定，实施暴力行为，危害公共安全或者严重危害公民人身安全，经法定程序鉴定依法不负刑事责任的精神病人，有继续危害社会可能的，可以予以强制医疗。由此可见，强制医疗程序的启动除了须鉴定为依法不负刑事责任的精神病人之外，还须满足有继续危害社会可能的这一条件。所以 C 选项说法错误。

即便是本案符合强制医疗的条件，也不是退回检察院重新提起强制医疗的申请，法院可以直接启动强制医疗程序。D 选项说法错误。

43.【答案】 C

【逐项分析】 根据《法院解释》第 429 条的规定："最高人民法院复核死刑案件，应当按照下列情形分别处理：（一）原判认定事实和适用法律正确、量刑适当、诉讼程序合法的，应当裁定核准；（二）原判认定的某一具体事实或者引用的法律条款等存在瑕疵，但判处被告人死刑并无不当的，可以在纠正后作出核准的判决、裁定；（三）原判事实不清、证据不足的，应当裁定不予核准，并撤销原判，发回重新审判；（四）复核期间出现新的影响定罪量刑的事实、证据的，应当裁定不予核准，并撤销原判，发回重新审判；（五）原判认定事实正确、证据充分，但依法不应当判处死刑的，应当裁定不予核准，并撤销原判，发回重新审判；根据案件情况，必要时，也可以依法改判；（六）原审违反法定诉讼程序，可能影响公正审判的，应当裁定不予核准，并撤销原判，发回重新审判。"

根据前述规定第 5 项，原判认定事实正确、证据充分，但依法不应当判处死刑的，应当裁定不予核准，并撤销原判，发回重新审判；根据案件情况，必要时，也可以依法改判。因此，"应当改判"的说法错误。A 选项错误。

根据前述规定第 3 项，对于事实不清的案件，应当裁定不予核准，并撤销原判，发回重新审判，因此"可以裁定"这一说法错误。B 选项错误。

根据前述规定第 5 项，只有必要时可以改判。C 选项正确。

本案系中院一审，高院复核后报最高法院核准，因此最高法院裁定不予核准发回重审的，只能发回高院。D 选项错误。

44.【答案】 C

【逐项分析】《国务院行政机构设置和编制管理条例》第 6 条第 5 款规定："国务院办事机构协助国务院总理办理专门事项，不具有独立的行政管理职能。"根据该规定，A 选项说法错误。

《国务院行政机构设置和编制管理条例》第 8 条规定："国务院直属机构、国务院办事机构和国务院组成部门管理的国家行政机构的设立、撤销或者合并由国务院机构编制管理机关提出方案，报国务院决定。"据此规定可知，B 选项的说法错误。

《国务院行政机构设置和编制管理条例》第 19 条规定："国务院行政机构增加或者减少编制，由国务院机构编制管理机关审核方案，报国务院批准。"据此规定可知，C 选项的说法正确。

《国务院行政机构设置和编制管理条例》第 21 条规定，国务院办公厅、国务院组成部门、国务院直属机构、国务院办事机构的司级内设机构的领导职数为一正二副。故 D 选项说法错误。

45.【答案】 D

【逐项分析】《公务员法》第 34 条规定："新录用的公务员试用期为一年。试用期满合格的，予以任职；不合格的，取消录用。"据此可知，取消录用发生在录用程序之后，是在试用期间考察之后作出的决定；相对而言，不予录用则发生在录用程序之前，直接确定报考人员不符合《公务员法》规定的录用标准或条件。A 选项的说法错误。

《公务员法》第 67 条规定，机关对新录用人员应当在试用期内进行初任培训。据此，新录用人员的初任培训在试用期内进行，B 选项的说法错误。

《公务员法》第 103 条规定："聘任合同应当具备合同期限，职位及其职责要求，工资、福利、保险待遇，违约责任等条款。聘任合同期限为一年至五年。聘任合同可以约定试用期，试用期为一个月至十二个月。聘任制公务员实行协议工资制，具体办法由中央公务员主管部门规定。"据此，C 选项的说法错误。

《公务员法》第 48 条规定："公务员晋升领导职务的，应当按照有关规定实行任职前公示制度和任职试用期制度。"据此可知，D 选项的说法正确。

46.【答案】 C

【逐项分析】《行政法规制定程序条例》第16条规定："起草部门向国务院报送的行政法规草案送审稿（以下简称行政法规送审稿），应当由起草部门主要负责人签署。起草行政法规，涉及几个部门共同职责需要共同起草的，应当共同起草，达成一致意见后联合报送行政法规送审稿。几个部门共同起草的行政法规送审稿，应当由该几个部门主要负责人共同签署。"据此，A选项和B选项的表述正确，不当选。

《行政法规制定程序条例》第26条规定："行政法规草案由国务院常务会议审议，或者由国务院审批。国务院常务会议审议行政法规草案时，由国务院法制机构或者起草部门作说明。"对照上述规定，C选项的表述错误，当选。

《行政法规制定程序条例》第30条规定："行政法规在公布后的30日内由国务院办公厅报全国人民代表大会常务委员会备案。"据此，D选项表述正确，不当选。

47.【答案】 A

【逐项分析】 具体行政行为内容确定并经盖章作成书面决定后，在法律上即已成立，并对行政机关产生拘束力。但在书面决定送达相对人之前，该行为对其不发生效力。据此，选项A的说法正确。

选项B的表述具有一定的片面性。具体行政行为一旦被撤销，原则上将溯及既往地失效，但在特殊情况下，基于保护相对人信赖利益的考虑，有时也可使该行为面向未来失效，决定被撤销之前已经生成的法律关系不会发生变动。据此，选项B的说法错误。

行政许可决定的废止是指行政机关基于正当理由，出于公共利益的考虑而使已经作出的许可行为面向将来失去效力。依照《行政许可法》的规定，因行政许可废止导致相对人财产损失的，国家将给予补偿。据此，选项C的说法错误。

选项D中，县政府就土地权属纠纷作出的裁决只是客观上明确了争议土地的权属状况，并不具有要求双方当事人必须执行或者履行义务的内容，因此，该具体行政行为不具有被依法强制执行的内容。选项D的说法错误。

48.【答案】 D

【逐项分析】《立法法》第80条规定："国务院各部、委员会、中国人民银行、审计署和具有行政管理职能的直属机构，可以根据法律和国务院的行政法规、决定、命令，在本部门的权限范围内，制定规章。部门规章规定的事项应当属于执行法律或者国务院的行政法规、决定、命令的事项。没有法律或者国务院的行政法规、决定、命令的依据，部门规章不得设定减损公民、法人和其他组织权利或者增加其义务的规范，不得增加本部门的权力或者减少本部门的法定职责。"《行政处罚法》第13条规定："国务院部门规章可以在法律、行政法规规定的给予行政处罚的行为、种类和幅度的范围内作出具体规定。尚未制定法律、行政法规的，国务院部门规章对违反行政管理秩序的行为，可以设定警告、通报批评或者一定数额罚款的行政处罚。罚款的限额由国务院规定。"结合上述规定可知，A选项表述错误。

《行政许可法》第14条规定："本法第十二条所列事项，法律可以设定行政许可。尚未制定法律的，行政法规可以设定行政许可。必要时，国务院可以采用发布决定的方式设定行政许可。实施后，除临时性行政许可事项外，国务院应当及时提请全国人民代表大会及其常务委员会制定法律，或者自行制定行政法规。"据此，B选项的表述错误。

《行政许可法》第15条第1款规定："本法第十二条所列事项，尚未制定法律、行政法规的，地方性法规可以设定行政许可；尚未制定法律、行政法规和地方性法规的，因行政管理的需要，确需立即实施行政许可的，省、自治区、直辖市人民政府规章可以设定临时性的行政许可。临时性的行政许可实施满一年需要继续实施的，应当提请本级人民代表大会及其常务委员会制定地方性法规。"据此，C选项的表述错误。

《行政强制法》第9条规定："行政强制措施的种类：（一）限制公民人身自由；（二）查封场所、设施或者财物；（三）扣押财物；（四）冻结存款、汇款；（五）其他行政强制措施。"第10条规定："行政强制措施由法律设定。尚未制定法律，且属于国务院行政管理职权事项的，行政法规可以设定除本法第九条第一项、第四项和应当由法律规定的行政强制措施以外的其他行政强制措施。尚未制定法律、行政法规，且属于地方性事务的，地方性法规可以设定本法第九条第二项、第三项的行政强制措施。法律、法规以外的其他规范性文件不得设定行政强制措施。"据此，D选项的表述正确。

49.【答案】 A

【逐项分析】《行政强制法》第43条规定："行政机关不得在夜间或者法定节假日实施行政强

制执行。但是，情况紧急的除外。行政机关不得对居民生活采取停止供水、供电、供热、供燃气等方式迫使当事人履行相关行政决定。”根据该条规定，行政机关有权针对正在从事非法生产活动的企业采取停止供电等行政强制执行措施。A 选项的说法正确。

《行政强制法》第 19 条规定：“情况紧急，需要当场实施行政强制措施的，行政执法人员应当在二十四小时内向行政机关负责人报告，并补办批准手续。行政机关负责人认为不应当采取行政强制措施的，应当立即解除。”第 20 条规定：“依照法律规定实施限制公民人身自由的行政强制措施，除应当履行本法第十八条规定的程序外，还应当遵守下列规定：……（二）在紧急情况下当场实施行政强制措施的，在返回行政机关后，立即向行政机关负责人报告并补办批准手续；……”依照上述规定，当行政执法人员在执法现场采取限制公民人身自由的行政强制措施后，应当在返回机关后立即履行报告义务和补办批准手续。B 选项的说法错误。

《行政处罚法》第 56 条规定：“行政机关在收集证据时，可以采取抽样取证的方法；在证据可能灭失或者以后难以取得的情况下，经行政机关负责人批准，可以先行登记保存，并应当在七日内及时作出处理决定，在此期间，当事人或者有关人员不得销毁或者转移证据。”据此，C 选项的说法错误。

《行政许可法》第 32 条第 1 款规定：“行政机关对申请人提出的行政许可申请，应当根据下列情况分别作出处理：……（四）申请材料不齐全或者不符合法定形式的，应当当场或者在五日内一次告知申请人需要补正的全部内容，逾期不告知的，自收到申请材料之日起即为受理；（五）申请事项属于本行政机关职权范围，申请材料齐全、符合法定形式，或者申请人按照本行政机关的要求提交全部补正申请材料的，应当受理行政许可申请。”根据上述规定，在行政许可办理过程中，行政机关经审查，发现申请人的申请材料不齐全时，负有告知补正义务，并根据补正情况作出是否受理的决定。D 选项的表述错误。

50.【答案】A

【逐项分析】《治安管理处罚法》第 83 条规定：“对违反治安管理行为人，公安机关传唤后应当及时询问查证，询问查证的时间不得超过八小时；情况复杂，依照本法规定可能适用行政拘留处罚的，询问查证的时间不得超过二十四小时。公安机关应当及时将传唤的原因和处所通知被传唤人家属。”本题中，B 县公安局拟作出行政拘留的决定，其询问查证的时间可以超过 8 小时，A 选项表述错误，当选。

《治安管理处罚法》第 98 条规定：“公安机关作出吊销许可证以及处二千元以上罚款的治安管理处罚决定前，应当告知违反治安管理行为人有权要求举行听证；违反治安管理行为人要求听证的，公安机关应当及时依法举行听证。”对照该条规定可知，B 县公安局没有适用听证程序作出处罚决定的义务。B 选项表述正确，不当选。

《治安管理处罚法》第 94 条规定：“公安机关作出治安管理处罚决定前，应当告知违反治安管理行为人作出治安管理处罚的事实、理由及依据，并告知违反治安管理行为人依法享有的权利。违反治安管理行为人有权陈述和申辩。公安机关必须充分听取违反治安管理行为人的意见，对违反治安管理行为人提出的事实、理由和证据，应当进行复核；违反治安管理行为人提出的事实、理由或者证据成立的，公安机关应当采纳。公安机关不得因违反治安管理行为人的陈述、申辩而加重处罚。”《行政处罚法》第 45 条也规定：“当事人有权进行陈述和申辩。行政机关必须充分听取当事人的意见，对当事人提出的事实、理由和证据，应当进行复核；当事人提出的事实、理由或者证据成立的，行政机关应当采纳。行政机关不得因当事人陈述、申辩而给予更重的处罚。”依照上述规定可知，C 选项表述正确，不当选。

《行政诉讼法》第 18 条第 1 款规定：“行政案件由最初作出行政行为的行政机关所在地人民法院管辖。经复议的案件，也可以由复议机关所在地人民法院管辖。”第 19 条规定：“对限制人身自由的行政强制措施不服提起的诉讼，由被告所在地或者原告所在地人民法院管辖。”依据本题所述案情，有权管辖本诉讼案件的是 B 县人民法院以及 C 市公安局所在地的基层人民法院。因本题所涉行政行为为行政处罚，并非限制人身自由的行政强制措施，李某居住地的 A 县法院无管辖权。据此，D 选项表述正确，不当选。

二、多项选择题

51.【答案】AC

【逐项分析】行政处罚是指行政主体依照法定职权和程序对违反行政法规定但尚未构成犯罪的相对人给予行政制裁的具体行政行为。所以，行政处罚的目的是维护公共利益和社会秩序，保障国家安全和公民的权利。行政处罚应以严格执法、公正执法、为民执法为目标。“依罚行政”把处罚当作创收的手段，使行政处罚成为行政机构及其相关人员变相牟取经济利益的工具，背离了行政处罚的目的，是一种行政权的异化。A 选项正确。

在管理社会公共事务时，行政主体如果没有一定的处罚权限，相应的行为就难以达到预期效果。但是处罚只是执法的手段，而非目的。行政执法以罚款为目的，可能导致不该罚的也罚、处罚不公正、罚了不管、以罚代刑等问题。在以罚代刑后，会导致行政责任和刑事责任相脱节。党的十八届四中全会《决定》提出，“健全行政执法和刑事司法衔接机制，完善案件移送标准和程序，建立行政执法机关、公安机关、检察机关、审判机关信息共享、案情通报、案件移送制度，坚决克服有案不移、有案难移、以罚代刑现象，实现行政处罚和刑事处罚无缝对接”，就是为了解决实践中存在的这类问题。B 选项错误。

“依罚行政”容易导致行政部门只看到部门利益，全员上阵、分解任务，把罚款目标的完成当成行政执法的目标。执法人员则只看到完成罚款目标之后的各种奖励。这都会导致行政权的滥用，导致部门利益、个人利益凌驾于公共利益之上。C 选项正确。

法治思维是一种规则思维、程序思维，它以严守规则为基本要求，权力必须依法定程序在法定权限内行使。“依罚行政”没有考虑法律规定的处罚依据、标准、程序，是一种缺乏法治思维的表现。但是由于行政活动涉及的社会情况纷繁复杂，行政法律规范规定得再详细也无法穷尽。法律规范通常对处罚目的、范围、内容等作出原则性规定，将具体条件、标准、幅度、方式等留给行政机关自行裁量。因此，应赋予行政机关和执法人员一定的自由裁量权，只是这种裁量权必须在法定范围内行使。D 选项错误。

52.【答案】 ABC

【逐项分析】 党的十九届五中全会提出“加快构建以国内大循环为主体、国内国际双循环相互促进的新发展格局”重大战略部署，这是根据当前和今后一个时期我国发展阶段、环境、条件的变化提出来的战略举措。习近平总书记在第三届中国国际进口博览会上强调：“我们提出构建以国内大循环为主体、国内国际双循环相互促进的新发展格局。这决不是封闭的国内循环，而是更加开放的国内国际双循环，不仅是中国自身发展需要，而且将更好造福各国人民。”在这个过程中，中国始终坚持多边主义，坚持各国主权平等，倡导通过建立国际合作关系，相互协商解决问题，而单边主义只考虑一个国家或一个小团体的利益，忽视了国际平等与公正。A 选项故意混淆这两个概念，是错误的。

全面依法治国，要求协调推进国内治理和涉外治理。中国身处世界百年未有之大变局，“更多逆风逆水的外部环境”之下压力增大、挑战增多。统筹国内国际两个大局是我们党治国理政的基本理念和基本经验，在法治建设和法治发展领域，体现为统筹推进国内法治和涉外法治，更好维护国家主权、安全、发展利益。所以，国内治理和涉外治理不是相互割裂，而是相辅相成、互为补充、协同发展的，国内治理是涉外治理的基础和前提，涉外治理是国内治理的延伸和保障。B 选项没有正确理解二者的关系，是错误的。

坚持统筹推进国内法治和涉外法治，需要加强国际法治合作，其中包括提高我国依据国际法参与国际治理的能力，如规则制定能力、议程设置能力、舆论宣传能力、统筹协调能力等。我国要主动参与并努力引领国际规则制定，对不公正不合理、不符合国际格局演变大势的国际规则、国际机制提出中国的改革方案，推动形成公正、合理、透明的国际规则体系，提高我国在全球治理体系变革中的话语权和影响力。C 项中应是参与者、推动者和引领者，而不是领导者。这是因为，任何一个主权国家都不能领导其他主权国家，否则就是一种霸权主义的态度。C 选项故意进行混淆，是错误的。

坚持统筹推进国内法治和涉外法治，需要提高涉外法治工作能力。为此，需要尽快建设一支精通国内法治和涉外法治，既熟悉党和国家方针政策、了解我国国情，又具有全球视野、熟练运用外语、通晓国际规则、精通国际谈判的兼具国内与涉外法律知识的高水平人才队伍。涉外法治人才培养是一个系统工程，应当探索形成常态化、规范化的涉外法治人才培养机制，突破人才瓶颈，做好人才储备，为我国参与国际治理提供有力人才支撑。D 选项正确。

53.【答案】 ABCD

【逐项分析】 落实生态环境保护执法要求，需要依法严格规范进行。为此需要梳理生态环境保护领域依据法律、行政法规设定的行政处罚和行政强制事项，以及部门规章设定的警告、罚款的行政处罚事项。各地应根据法律、行政法规、部门规章立改废释和地方立法等情况，对执法事项进行补充、细化和完善，建立动态调整和长效管理机制。在此基础上，新增的执法事项，要依法逐条逐项进行合法性、合理性和必要性审查，这样在环境行政执法中才能贯彻合法性和合理性原则，做到有法可依。A 选项正确。

严格规范公正文明执法，需要“全面落实行政执法责任制，严格确定不同部门及机构、岗位执法人员执法责任和责任追究机制”，这样才能为行政执法提供制度保障。在环境行政执法中，也要坚持有权必有责、有责要担当、失责必追究，逐一厘清与行政执法权相对应的责任事项，明确责任主体、问责依据、追责情形和免责事由，健全问责机制。对不按要求履职尽责的单位和个人，依法追究责任。B 选项正确。

在法治政府建设中，要“建立健全行政裁量权基准制度，细化、量化行政裁量标准，规范裁量范围、种类、幅度”，从而防止执法人员滥用自由裁量权，同事不同罚，处罚畸重畸轻，保障行政执法适当、合理、公正。在环境行政执法中，也需要明确执法事项的工作程序、履职要求、办理时限、行为规范等，消除行政执法中的模糊条款，促进同一事项相同情形同标准处罚，保障执法公开透明高效。C 选项正确。

为了实现依法行政，需要强化对行政权力的制约和监督，加强民主监督、行政监督、司法监督、社会监督、舆论监督等制度建设，形成科学有效的权力运行制约和监督体系。在环境行政执法中，需要畅通投诉受理、跟踪查询、结果反馈渠道，鼓励支持市场主体、群众和社会组织、新闻媒体对行政执法行为进行监督。D 选项正确。

54.【答案】ABCD

【逐项分析】公职律师，是指任职于党政机关或者人民团体，依法取得司法行政机关颁发的公职律师证书，在本单位从事法律事务工作的公职人员；公司律师，是指与国有企业订立劳动合同，依法取得司法行政机关颁发的公司律师证书，在本企业从事法律事务工作的员工。两公律师队伍在全面依法治国进程中肩负着重要职责和使命，对提升依法执政、依法行政、依法经营、依法管理能力和水平，发挥重要作用。构建两公律师队伍，是推进国家治理体系和治理能力现代化的重要举措，充分发挥其在制度建设和制度执行方面的重要作用，有利于不断革除体制机制弊端，更好地把各方面的制度优势转化为国家治理和社会治理的效能，提高制度执行的能力和水平。A 选项正确。

公职律师的职责范围包括：（1）为所在单位讨论决定重大事项提供法律意见；（2）参与法律法规规章草案、党内法规草案和规范性文件送审稿的起草、论证；（3）参与合作项目洽谈、对外招标、政府采购等事务，起草、修改、审核重要的法律文书或者合同、协议；（4）参与信访接待、矛盾调处、涉法涉诉案件化解、突发事件处置、政府信息公开、国家赔偿等工作；（5）参与行政处罚审核、行政裁决、行政复议、行政诉讼等工作；（6）落实“谁执法谁普法”的普法责任制，开展普法宣传教育；（7）办理民事案件的诉讼和调解、仲裁等法律事务；（8）所在单位委托或者指派的其他法律事务。B 选项正确。

公司律师的职责范围包括：（1）为企业改制重组、并购上市、产权转让、破产重整等重大经营决策提供法律意见；（2）参与企业章程、董事会运行规则等企业重要规章制度的制定、修改；（3）参与企业对外谈判、磋商，起草、审核企业对外签署的合同、协议、法律文书；（4）组织开展合规管理、风险管理、知识产权管理、法治宣传教育培训、法律咨询等工作；（5）办理各类诉讼和调解、仲裁等法律事务；（6）所在单位委托或者指派的其他法律事务。C 选项正确。

两公律师的申请条件中，都有从事法律事务工作 2 年以上，或者曾经担任法官、检察官、律师 1 年以上。D 选项正确。注意，二者的禁止申请条件中，都有“正被列为失信联合惩戒对象的”。

55.【答案】BCD

【逐项分析】根据《立法法》第 90 条第 2 款规定，经济特区法规根据授权对法律、行政法规、地方性法规作变通规定的，在本经济特区适用经济特区法规的规定。这是为了更好发挥经济特区招商引资的作用作出的特殊规定，如特区对外资企业实行特殊的税收优惠。所以，考生要注意，这里可以变通的包括“法律、行政法规、地方性法规”。A 选项正确。

根据《立法法》第 90 条第 1 款规定，自治条例和单行条例依法对法律、行政法规、地方性法规作变通规定的，在本自治地方适用自治条例和单行条例的规定。这是考虑到民族自治地方特殊的民情、风俗、习惯作出的特殊规定。这里可以变通的包括“法律、行政法规、地方性法规”，不一致时适用自治条例和单行条例。B 选项没有说明“不一致”是因为作出了变通规定，还是因为作出了相抵触的规定，所以不能“都适用行政法规”。B 选项错误。

根据《立法法》第 95 条第 1 款第 2 项规定，地方性法规与部门规章之间对同一事项的规定不一致，不能确定如何适用时，由国务院提出意见，国务院认为应当适用地方性法规的，应当决定在该地方适用地方性法规的规定；认为应当适用部门规章的，应当提请全国人民代表大会常务委员会裁决。C 选项错误。

根据《立法法》第 95 条第 1 款第 3 项规定，部门规章之间对同一事项的规定不一致时，由国务院裁决（部门规章与地方政府规章之间对同一事项的规定不一致也一样）。为什么不能按照新法优于旧法的原则处理？这是因为，二者虽然都是部门规章，但是制定主体不同，因此不能直接适用新法优于旧法的原则，而是由二者共同的上级机关即国务院裁决。D 选项错误。

56.【答案】 AC

【逐项分析】 纳粹分子的申辩是军人服从命令是天职，命令以当时有效的法律法规为依据。他们执行命令是履行职务上的职责，是正义的，不应该为此承担责任。但是法官在判决中指出，纳粹分子执行命令所依据的法律法规是极端恶毒的、具有公共危害性的，它破坏和平，屠杀人类和进行种族灭绝，是恶的法律，是非正义的。这是在衡量正义时也考虑了道德的因素，并不是仅仅考虑是否符合法律规定，A 选项正确。

B 是干扰项。在对“法在本质上是否包含道德内涵”进行回答时，自然法学派肯定法与道德存在本质上的必然联系，认为法在本质上内含一定道德因素。而分析实证主义法学派否定法与道德存在本质上的必然联系，法学作为科学无力回答正义的标准问题，因而是不是法与是不是正义的法是两个必须分离的问题。B 选项故意进行混淆，是错误的。

自然法理念区分自然法和实在法，认为自然法代表着自然律令、真理和正义，自然法高于实在法。在理论取向上，自然法独立于实在法之外；实在法应当反映自然法；自然法的效力高于实在法，违背了自然法的法律就不再是法律。纽伦堡审判中体现的自然法原则是，为了掠夺资源和侵略他国而发动战争、屠杀人类和进行种族灭绝都是违反人类理性和良知的，是反人类的，是非法的法律。执行违法人类理性的邪恶法律，应当承担法律责任，受到法律的惩罚。因此，纳粹军政首领的行为即使没有违反当时的制定法，也构成“反人类罪”，这符合自然法的理念，C 选项正确。

排他性法律实证主义认为，道德标准对一个规范的法律身份而言既不是充分条件也不是必要条件，法律是什么不是什么，是社会事实问题。即相对于包容性法律实证主义，排他性法律实证主义坚持法律实证主义的一贯立场，坚持用权威性制定或社会实效作为定义法的要素，而否认内容的正确性。在审判中，纳粹军政首领辩解，将军服从命令是天职，作为将军没有权力对战争性质进行善恶判断，因此不应该为执行命令而承担法律责任。但是法官认为，基于人类理性和良知，在大多数国家法律都认定是犯罪的行为面前，纳粹军政首领不仅需要考虑要求作出该行为的是不是一个必须遵守的命令，还需要考虑是否实际存在着道德选择。这是考虑了法的道德标准，因此判决体现的不是排他性法律实证主义，D 选项错误。

57.【答案】 ABCD

【逐项分析】 委任性规则是和确定性规则、准用性规则并列的法律规则的分类。委任性规则，是指内容尚未确定，而只规定某种概括性指示，由相应国家机关通过相应途径或程序加以确定的法律规则，通常表述是，“××管理办法，由××部门依据本法另行制定”。《行政处罚法》第 42 条不是委任性规则，而是确定性规则。A 选项错误。

B 选项考查对法官运用的法律解释方法的判断。体系解释，是指将被解释的法律条文放在整部法律中乃至整个法律体系中，联系此法条与其他法条的相互关系来解释法律。从题干表述来看，无法看出法官运用了体系解释，而是主要运用了客观目的解释。客观目的解释依据“理性的目的”或“在有效的法秩序的框架中客观上所指示的”目的寻找法的客观目的并对法律进行解释。具体言之，一类涉及被规整之事物领域的结构；另一类是一些法伦理性的原则。法官在对第 42 条规定的“应当告知当事人有要求举行听证的权利”的具体情形进行解释时，分析了“责令停产停业、吊销许可证或者执照、较大数额罚款等行政处罚”的特点，即“对相对人权益产生较大影响”，并且强调了在这些情形下进行行政处罚，应当遵循“保证行政相对人充分行使陈述权和申辩权”的法律原则。因此，B 选项错误。

法律解释方法的适用模式具体包括单一适用模式、累积适用模式和冲突适用模式。在法律方法上，一个命题越是融贯的，该命题越可能是真的，越可能是正确的，越可能是有效的。达到融贯性要求的第一个标准是，一个命题应该得到尽可能多的命题的支持。为此，法官应该运用尽可能多的不同的法律解释规准对法律解释的结果进行证成。在法律解释时，单一适用模式只运用了一类解释方法，累积适用模式和冲突适用模式运用了多种解释方法，后两者更能保证法律解释结果的融贯性的要求。但是，冲突适用模式下，不同解释方法得出的解释结果不是相同的，而是相互对立的，这就需要确定不同解释结果的优先性关系，需要运用衡量的方法进行判断。从题干可以看出，法官运用了语义解释和客观目的解释的方法，二者之间并非相互冲突的，而是对“等”的不完全列举内容的明确，所以 C 选项错误。

法律适用的过程是一个法律证成的过程，“证成”是给一个决定提供充足理由的活动或过程。法律人适用法律的过程，无论是寻找法律规范并明确其含义即大前提，还是确定案件事实即小前提，还是法律裁判的作出，都是用来向法律决定提供支持程度不同的理由，即为法律决定提供充足理由的法律证成过程。因此，并非只有对“等”这类概括性立法进行解释时，才需要进行法律证成。D 选项错误。

58.【答案】ABC

【逐项分析】法作为文化现象，其发展表现为文化积累的过程。作为人类文明成果，不同的法所形成的法律形式、术语、概念、典籍、著作等，作为文化遗产一代一代相传下来。这也为法的发展的历史事实所验证。中国和西方的法律文化各具特点，如中国传统法律文化强调礼法结合、德主刑辅，等级有序、家族本位等；而西方传统法律文化中表现出，法律受宗教影响较大，强调个体的地位和价值等。A 选项正确。

B 选项是干扰项。法律意识是指人们关于法律现象的思想、观念、知识和心理的总称，它是社会意识的一种特殊形式。法律意识在结构上分为两个层次：第一个层次，法律心理是人们对法律现象表面的、直观的感性认识和情绪，是法律意识的初级形式和阶段；第二个层次，法律思想体系是法律意识的高级阶段，它以理性化、理论化、知识化和体系化为特征，是人们对法律现象进行理性认识的产物。因此考生不能仅从第一个层次来理解法律意识。正是因为考虑到法律意识的第二个层次，才可以说法律意识相对比较稳定，具有强有力的传承作用，可以使一个国家的法律传统得以延续。B 选项正确。

C 选项考查的是，中国法的现代化的特点。其中之一表现为法律制度变革在前，法律观念更新在后，思想领域斗争激烈。中国立法主导型的法的现代化在国家正式制度层面上，通过立法进行制度变革相对比较简单、容易，但是法律观念如果不是出自本土文化，被社会接受就需要一个相当漫长的过程。例如，“群众仍然愿意用传统古老的方式解决相互之间的纠纷，老百姓期待清官为自己做主，有些官员把法律看作对付老百姓的工具，以权代法等现象，都反映了法的现代化所面临任务的艰巨性”。C 选项正确。

法的现代化过程，根据动力来源不同，分为内发型法的现代化和外源型法的现代化。其中内发型法的现代化，来自特定社会自身力量产生的法的内部创新，是自发的、自下而上的、缓慢的、渐进变革的过程。因此并不会和传统产生激烈冲撞。而外源型法的现代化是在外部环境影响下，社会受外力冲击，引起思想、政治、经济领域的变革，最终导致法律文化领域的革新。这种现代化会“反映在正式法律制度与传统习惯、风俗、礼仪的激烈斗争中。传统的利益群体和传统观念相结合，一方面成为法的现代化的强大阻力，另一方面又使法的现代化进程呈现多样性”。所以，D 选项的表述是错误的。

59.【答案】AC

【逐项分析】A 选项考查地方各级人大的会议制度中召集和主持的主体。《地方各级人民代表大会和地方各级人民政府组织法》（以下简称《地方组织法》）第 15 条规定，县级以上的地方各级人大会议由本级人大常委会召集。第 17 条规定，县级以上的地方各级人大举行会议时，先举行预备会议选举本次会议的主席团和秘书长，通过本次会议的议程和其他准备事项的决定。正式举行会议的时候，则由主席团主持会议。A 选项故意将召集会议的主体和主持会议的主体相混同，内容错误，为当选项。

B 选项考查提案权的主体。《地方组织法》第 22 条规定：“地方各级人民代表大会举行会议的时候，主席团、常务委员会、各专门委员会、本级人民政府，可以向本级人民代表大会提出属于本级人民代表大会职权范围内的议案……县级以上的地方各级人民代表大会代表十人以上联名，乡、民族乡、镇的人民代表大会代表五人以上联名，可以向本级人民代表大会提出属于本级人民代表大会职权范围内的议案……”根据这一规定，人大代表在联名提出议案时，对不同层级的人大，要求的人大代表的人数是不一样，县级以上为 10 人以上，乡镇人大为 5 人以上。B 选项的陈述符合法律规定，不当选。

C 选项考查质询程序。《地方组织法》第 24 条规定："地方各级人民代表大会举行会议的时候，代表十人以上联名可以书面提出对本级人民政府和它所属各工作部门以及监察委员会、人民法院、人民检察院的质询案。……"由于质询案的提出程序比普通议案的提出程序更为严格（质询的性质通常较为严重），法律没有对乡镇人大代表的联名人数放宽要求，而是和县级以上人大代表的人数要求一样，均为 10 人以上。C 选项的陈述不符合法律规定，当选。

D 选项考查罢免程序。《地方组织法》第 31 条第 1 款规定："县级以上的地方各级人民代表大会举行会议的时候，主席团、常务委员会或者十分之一以上代表联名，可以提出对本级人民代表大会常务委员会组成人员、人民政府组成人员、监察委员会主任、人民法院院长、人民检察院检察长的罢免案，由主席团提请大会审议。"D 选项中的陈述删繁就简，仅仅拎出了对人民法院院长的罢免问题，其陈述符合法律规定，内容正确，不当选。——另外，考生需要注意，由于提出罢免案是性质非常严重的问题，对乡镇领导人员的罢免案，《地方组织法》第 31 条第 2 款规定了非常严格的代表联名人数要求，"主席团或者五分之一以上代表联名"可以提出对乡镇人大主席、副主席，乡长、副乡长，镇长、副镇长的罢免案。简言之，对于法考中的知识点，我们不仅需要"知其一"，也要"知其二"，甚至需要"知其三"，这样才能"战无不胜、攻无不克"。

60.【答案】AB

【逐项分析】A 选项考查省级行政区域的设立、撤销、更名。《宪法》第 62 条第 13 项规定，"全国人民代表大会行使下列职权：……（十三）批准省、自治区和直辖市的建置"。《行政区划管理条例》第 6 条规定："省、自治区、直辖市的设立、撤销、更名，报全国人民代表大会批准。"因此，A 选项正确，当选。

B 选项考查自治州、县、自治县、市、市辖区的设立、撤销、更名等问题。《宪法》第 89 条第 15 项规定，"国务院行使下列职权：……（十五）批准省、自治区、直辖市的区域划分，批准自治州、县、自治县、市的建置和区域划分"。对此，《行政区划管理条例》第 7 条又进一步规定："下列行政区划的变更由国务院审批：……（二）自治州、县、自治县、市、市辖区的设立、撤销、更名和隶属关系的变更以及自治州、自治县、设区的市人民政府驻地的迁移；……"因此，B 选项正确，当选。

C 选项考查行政区域变更中的"授权审批"。《行政区划管理条例》第 8 条规定："县、市、市辖区的部分行政区域界线的变更，县、不设区的市、市辖区人民政府驻地的迁移，国务院授权省、自治区、直辖市人民政府审批；批准变更时，同时报送国务院备案。"也就是说，县、市、市辖区的部分行政区域界线的变更，可以由省、自治区、直辖市人民政府审批，但需要由国务院进行授权。"授权审批"问题的考查频率很高，2013-1-24、2015-1-23 都专门考查过该问题。由于本题 C 选项的陈述与行政法规的规定不符，不当选。

D 选项考查行政公署的撤销、更名、驻地迁移。《行政区划管理条例》第 10 条规定："依照法律、国家有关规定设立的地方人民政府的派出机关的撤销、更名、驻地迁移、管辖范围的确定和变更，由批准设立该派出机关的人民政府审批。"设立行政公署由哪一级人民政府审批呢？根据《地方组织法》第 85 条第 1 款规定："省、自治区的人民政府在必要的时候，经国务院批准，可以设立若干派出机关。"因此，作为省、自治区的人民政府的派出机关，行政公署的撤销、更名、驻地迁移，需要由依法批准设立行政公署的国务院来审批。D 选项的陈述不符合法律规定，内容错误。——D 选项的判断需要综合运用两部法律法规，有一定难度。

61.【答案】ACD

【逐项分析】A 选项考查基本社会制度的含义。《宪法》第 1 条规定，社会主义制度是中华人民共和国的根本制度。据此，社会主义制度才是我国的根本制度。而基本社会制度是基于政治、经济、文化、社会、生态"五位一体"的社会主义建设的需要，在社会领域所建构的制度体系，不能跟国家的根本制度相提并论。A 选项错误，当选。

B 选项既考查基本社会制度的含义，也考查我国《宪法》关于基本社会制度的规定。基本社会制度有广义、中义和狭义之分。狭义的社会制度指的就是社会保障制度，社会保障制度是基本社会制度的核心内容。我国《宪法》第 14 条第 4 款、第 44 条、第 45 条、第 48 条、第 49 条第 1 款等都是关于社会保障制度的规定。B 选项正确，不当选。

C 选项考查我国《宪法》关于基本社会制度的规定。我国《宪法》第 14 条第 4 款规定："国家建立健全同经济发展水平相适应的社会保障制度。”由于社会保障制度主要是给公民提供衣食住行方面的服务，需要财政支出相关的费用，因此，社会保障制度的建立健全，应当与我国的经济发展水平相适应，C 选项前半段陈述正确，但其后半段“并保证社会福利增长高于经济发展速度”纯属于“无中生有”。C 选项错误，当选。

D 选项是重点干扰项。该选项考查我国的计划生育制度。我国《宪法》第 25 条规定：“国家推行计划生育，使人口的增长同经济和社会发展计划相适应。”这一条款规定的“计划生育制度”属于基本社会制度的内容。D 选项错误，当选。

62.【答案】 ACD

【逐项分析】 A 选项考查香港特别行政区维护国家安全的宪制责任。2020 年 5 月 28 日，十三届全国人大三次会议表决通过的《关于建立健全香港特别行政区维护国家安全的法律制度和执行机制的决定》（以下简称《决定》）第 3 条规定：“维护国家主权、统一和领土完整是香港特别行政区的宪制责任。……”《香港特别行政区维护国家安全法》第 3 条也明确规定：“中央人民政府对香港特别行政区有关的国家安全事务负有根本责任。香港特别行政区负有维护国家安全的宪制责任，应当履行维护国家安全的职责。……”A 选项的陈述符合法律规定，内容正确。

B 选项是干扰项，该选项考查《香港特别行政区维护国家安全法》的制定主体和法律性质。前述全国人大《决定》第 6 条授权全国人大常委会就建立健全香港特别行政区维护国家安全的法律制度和执行机制制定相关法律，切实防范、制止和惩治任何分裂国家、颠覆国家政权、组织实施恐怖活动等严重危害国家安全的行为和活动以及外国和境外势力干预香港特别行政区事务的活动。据此，2020 年 6 月 30 日，十三届全国人大常委会第二十次会议表决通过了《香港特别行政区维护国家安全法》。由此可见，《香港特别行政区维护国家安全法》的制定主体是全国人大常委会。B 选项的陈述不符合实际情况，内容错误。

C 选项考查《香港特别行政区维护国家安全法》的内容和基本原则。该法第 4 条规定：“香港特别行政区维护国家安全应当尊重和保障人权，依法保护香港特别行政区居民根据香港特别行政区基本法和《公民权利和政治权利国际公约》、《经济、社会与文化权利的国际公约》适用于香港的有关规定享有的包括言论、新闻、出版的自由，结社、集会、游行、示威的自由在内的权利和自由。”该法第 5 条规定：“防范、制止和惩治危害国家安全犯罪，应当坚持法治原则。法律规定为犯罪行为的，依照法律定罪处刑；法律没有规定为犯罪行为的，不得定罪处刑。任何人未经司法机关判罪之前均假定无罪。保障犯罪嫌疑人、被告人和其他诉讼参与人依法享有的辩护权和其他诉讼权利。任何人已经司法程序被最终确定有罪或者宣告无罪的，不得就同一行为再予审判或者惩罚。”C 选项的陈述内容正确。

D 选项考查《香港特别行政区维护国家安全法》的立法程序。根据前述全国人大《决定》第 6 条的要求，2020 年 6 月 30 日，十三届全国人大常委会第二十次会议表决通过了《香港特别行政区维护国家安全法》，并将其列入《香港特别行政区基本法》附件三，作为适用于香港特别行政区的全国性法律。D 选项的陈述符合法律规定，内容正确。

63.【答案】 BD

【逐项分析】 根据《联合国海洋法公约》，沿海国的大陆架是指其领海以外依其陆地领土的全部自然延伸，扩展到大陆边外缘的海底区域的海床和底土。如果从领海基线量起到大陆边外缘的距离不足 200 海里，则扩展至 200 海里；如果超过 200 海里，则不得超出从领海基线量起 350 海里，或不超出 2500 米等深线 100 海里。200 海里之外的大陆架如果存在，称为外大陆架。沿海国对于大陆架的权利不取决于有效或象征性的占领或任何明文公告。这点与专属经济区不同。专属经济区不是本身自然存在权利，需要国家以某种形式宣布建立并说明其宽度。此外，沿海国对 200 海里以外大陆架的非生物资源的开发，应缴付费用或实物。费用或实物应通过海底管理局缴纳。因此，选项 A 错误，选项 B 正确。

选项 C 为重点干扰项。专属经济区是领海以外毗邻领海的一定宽度的水域，根据《联合国海洋法公约》规定，它从领海基线量起不得超过 200 海里。专属经济区的制度不影响其上空和底土本身的法律地位。沿海国对大陆架的权利也不影响上覆水域或水域上空的法律地位。因此，选项 C 错误。

所有国家有权在其他国家的大陆架上铺设电缆和管道，但其线路的划定须经沿海国同意，并应顾及现有电缆和管道，不得加以损害。因此，选项 D 正确。

64.【答案】 ACD

【逐项分析】《法官法》第 39 条第 2 款规定，法官考评委员会主任由本院院长担任。据此，张副院长无权担任乙区法院考评委员会主任。选项 A 表述错误，应选。

《法官法》第 23 条规定，法官之间有夫妻关系、直系血亲关系、三代以内旁系血亲以及近姻亲关系的，不得同时担任下列职务：（1）同一人民法院的院长、副院长、审判委员会委员、庭长、副庭长；（2）同一人民法院的院长、副院长和审判员；（3）同一审判庭的庭长、副庭长、审判员；（4）上下相邻两级人民法院的院长、副院长。据此，张副院长之父可以担任上一级法院的审判委员会专职委员。选项 B 表述正确，不应选。

《人民法院组织法》第 38 条第 2 款规定，审判委员会会议由院长或者院长委托的副院长主持。《人民法院组织法》第 36 条第 3 款规定，中级以上人民法院根据审判工作需要，可以按照审判委员会委员专业和工作分工，召开刑事审判、民事行政审判等专业委员会会议。据此，张副院长可以主持审判委员会会议，但乙区法院不允许设立审判委员会专业委员会会议。选项 C 错误，应选。

《关于进一步规范法院、检察院离任人员从事律师职业的意见》第 4 条第 2 项规定，辞去公职或者退休的人民法院、人民检察院领导班子成员，四级高级及以上法官、检察官，四级高级法官助理、检察官助理以上及相当职级层次的审判、检察辅助人员在离职 3 年内，其他辞去公职或退休的人民法院、人民检察院工作人员在离职 2 年内，不得到原任职人民法院、人民检察院管辖地区内的律师事务所从事律师职业或者担任“法律顾问”、行政人员等，不得以律师身份从事与原任职人民法院、人民检察院相关的有偿法律服务活动。据此，张某担任副院长，属于法院领导班子成员，退休后 3 年内不得到乙区内的律师事务所从事律师职业。选项 D 错误，应选。

65.【答案】 AD

【逐项分析】“遵守纪律”要求检察官不违规会见案件当事人、诉讼代理人、辩护人及其他与案件有利害关系的人员。据此，宋检察官与申诉人的代理人一同调查取证显然违反了上述规定，A 项当选。

为避免不当影响，检察官不得兼任律师、法律顾问等职务，不私下为所办案件的当事人介绍辩护人或者诉讼代理人。古检察官的行为违反了职业道德中“廉洁”的要求，但未违反“公正”的要求。B 项不当选。

“忠于检察事业”要求检察官恪尽职守，乐于奉献，勤勉敬业，尽心竭力，不因个人事务及其他非公事由而影响职责的正常履行。据此，戴检察官放下手头工作为自己讨说法，属于因个人事务影响正常履行工作职责，其行为违反了“忠诚”的职业道德，但未违反“公正”的要求。C 项不当选。

“重视证据”要求检察官应当树立证据意识，依法客观全面收集、审查证据，不伪造、隐瞒、毁损证据，不先入为主、主观臆断，严格把好事实关、证据关。据此，高检察官虽然没有伪造、隐瞒、毁损证据，但在审查起诉时未能把好证据关，将有“疑点”的证据排除，其行为违反了“公正”的要求。D 项当选。

66.【答案】 ABC

【逐项分析】所谓的打击错误，是指因为实行行为的失误致使行为人原初锁定的攻击客体（目标客体）与实际的攻击客体（侵害客体）欠缺同一性。而对象错误则是行为人在实行行为之前便就对象的同一性产生了认识错误，但客观上在实行行为的时点并没有发生目标客体与侵害客体不一的问题。“写错姓名寄错了人”会让人误以为是打击错误，但是，按照目前我国刑法理论认定着手的时点，寄东西本身很清楚的只是故意杀人的预备行为，只有当被害人至少是接到包裹时，才能算是着手实行，因此，在寄包裹的时点，行为人就对主观想要的目标攻击客体和实际攻击客体产生了误认，在着手的时点其实已经不存在误认的问题，即着手的时点要打击的对象就是被害人汪某，因此是对象错误，而非打击错误。A、B 项均错误。

对于具体事实认识错误（实际发生与主观想象的事实在同一构成要件内）中的对象错误，无论是法定符合说还是具体符合说，都会得出成立故意杀人既遂的结论。具体符合说认为，在林某杀人的当时，其对要毒杀“汪某”并没有产生错误，客观上也确实毒杀了汪某，因此不阻却故意既遂的成立。C 项错误。

对于对象错误，法定符合说认为，行为人所认识的事实和现实具体发生的事实在故意杀人这一法定构成要件的范围内一致，因而成立故意既遂。D 项正确。

67.【答案】 ABC

【逐项分析】教唆犯实施教唆之后，在他人着手之前产生中止的意思，并将该意思传递给被教唆者的，原则上就可以成立预备阶段的中止。但是，如果教唆的是重罪，或者教唆犯给予对方一旦事情成功即会获得报酬的承诺的场合，要成立犯罪中止，仅仅传达中止犯罪的意思给被教唆者，即使得到被教唆者的承诺，对于成立中止仍不足够，还必须在此之外采取告知被害人、撤回许诺、报告警方等措施阻止被教唆人犯罪，我国实务判决也是采此立场。据此，甲仅是告知实行犯不要再实行，甚至实行犯未明确表示不再实行，便不能认定甲成立犯罪中止。A 项错误。

显然，乙与何某属于共同正犯。对于处于实行阶段的共同正犯来说，要成立中止，不仅必须自己停止实行，切断自己的行为贡献和其他共犯者的因果关系，还必须积极阻止其他正犯的实行，否则要承担其他正犯造成既遂结果的风险。就此，乙未阻止何某继续实行，不成立犯罪中止。B 项错误。

按照弗兰克公式，“能达目的而不欲”是中止，“欲达目的而不能”是未遂。而能与不能要从行为人自己主观上的想法来判断，如果在行为人看来，没有任何客观障碍，要继续实施犯罪完全可以，但自己放弃犯罪的，是中止。如果客观障碍实际上并不在，但行为人误以为存在障碍而停止犯罪的，就是未遂。就此，C 项属于行为人主观上误以为“不能”，因而是犯罪未遂，而非犯罪中止。C 项错误。

成立中止只要求出于自主意愿放弃，至于动机是否出于忏悔等，不影响中止的成立。丁基于内心真诚忏悔放弃继续奸淫，成立强奸中止。D 项正确。

68.【答案】ABD

【逐项分析】A 项是重点干扰项。考生可能会认为范某成立职务侵占罪。单位内部人员窃取本单位财物的，是成立职务侵占罪、贪污罪还是盗窃罪的关键在于是否利用了职务上的便利。利用职务上的便利，是指利用自己主管、管理、经手、经营财物的便利条件。尽管范某是成本核算会计，但题干清楚交代其不经手单位的现金，所以其才偷配了财务室的保险柜钥匙。因此，其不属于利用职务便利窃取本单位财物，不成立职务侵占罪，而是成立盗窃罪。A 项错误，当选。

盗窃罪是采取平和的手段破坏他人对财物的占有，建立自己对财物的占有关系。盗窃罪和侵占罪的关键区别在于财物到底由谁占有：变他人占有为自己占有为盗窃，变自己占有为自己所有为侵占。对于占有的判断，不能仅根据事实性因素，还必须考虑社会一般观念。尽管车主未将车上锁，但毫无疑问地应当认为此时的车还是由车主占有，不是无主物或者抛弃物，因而韦某成立盗窃罪，而非成立侵占罪。B 项错误，当选。

最高人民法院《关于审理扰乱电信市场管理秩序案件具体应用法律若干问题的解释》第 7 条规定，将电信卡非法充值后使用，造成电信资费损失数额较大的，依照《刑法》第 264 条的规定，以盗窃罪定罪处罚。程某将某移动公司计算机系统中已经销售的充值卡账号重新设置为未销售账号，并且自行设置充值卡密码后予以销售，其行为本质就属于将不能使用的充值卡进行非法充值后予以使用，成立盗窃罪。C 项正确，不当选。

车辆尽管属于孙某所有，但是薛某通过质押获得了合法的占有权，此时的所有权不得对抗合法的占有权，因此，孙某的行为属于变他人占有为自己占有的盗窃行为，成立盗窃罪。D 项错误，当选。

69.【答案】CD

【逐项分析】税务机关的处理程序是追究行为人逃税罪刑事责任的必经前置程序，马某未经税务机关的行政处理，因此不成立逃税罪。A 项错误。

逃税罪的事实处罚阻却事由在适用时有例外规定，即 5 年内因逃避缴纳税款受过刑事处罚或者被税务机关给予 2 次以上行政处罚的除外。这里规定的“2 次以上行政处罚”中的“2 次”，是指因逃税受到两次行政处罚后又逃税，即第三次再逃税的，才不适用处罚阻却事由。范某仅受过一次行政处罚，因此追究其逃税罪的刑事责任仍然应当适用处罚阻却事由，由于税务机关未向其追缴应当补缴的税款和滞纳金，据此，范某不成立逃税罪。B 项错误。

黄某作为公司法定代表人负责经营管理，逃避缴纳税款数额较大并且占应纳税额 10% 以上，且经税务机关依法下达追缴通知后仍然未补缴，成立逃税罪。C 项正确。

丁某的两个行为分别符合逃税罪与买卖、非法使用武装部队专用标志罪的犯罪构成，应当数罪并罚。D 项正确。

70.【答案】ACD

【逐项分析】非法获取计算机信息系统数据罪指违反国家规定，侵入国家事务、国防建设、尖端科学技术领域以外的计算机信息系统或者采用其他技术手段，获取该计算机信息系统中存储、处理或者传输的数据，情节严重的行为。根据《关于办理危害计算机信息系统安全刑事案件应用法律若干问题的解释》第 1 条的规定，非法获取计算机信息系统中支付结算、证券交易、期货交易等网络金融服务的身份认证信息 10 组以上的，便属于非法获取计算机信息系统数据情节严重。A项正确。

非法侵入计算机信息系统罪，是指自然人或单位违反国家规定，侵入国家事务、国防建设、尖端科学技术领域的计算机信息系统的行为。韦某显然不成立本罪，而是构成非法获取计算机信息系统数据罪。B项错误。

《刑法》第286条规定的破坏计算机信息系统罪的行为方式有下列三种：（1）对计算机信息系统功能进行删除、修改、增加、干扰，造成计算机信息系统不能正常运行；（2）对计算机信息系统中存储、处理或者传输的数据和应用程序进行删除、修改、增加的操作，后果严重；（3）故意制造、传播计算机病毒等破坏性程序，影响计算机系统正常运行，后果严重。孙某的行为属于对计算机信息系统中存储的数据进行删除操作，成立本罪。C项正确。

提供侵入、非法控制计算机信息系统程序、工具罪，是指自然人或者单位提供专门用于侵入、非法控制计算机信息系统的程序、工具，或者明知他人实施侵入、非法控制计算机信息系统的违法犯罪行为而为其提供程序、工具，情节严重的行为。《关于办理危害计算机信息系统安全刑事案件应用法律若干问题的解释》第2条规定，具有下列情形之一的程序、工具，应当认定为"专门用于侵入、非法控制计算机信息系统的程序、工具"：（1）具有避开或者突破计算机信息系统安全保护措施，未经授权或者超越授权获取计算机信息系统数据的功能；（2）具有避开或者突破计算机信息系统安全保护措施，未经授权或者超越授权对计算机信息系统实施控制的功能的；（3）其他专门设计用于侵入、非法控制计算机信息系统、非法获取计算机信息系统数据的程序、工作。据此，邓某提供的软件账户使得本来无法访问特定外国网站这一安全保护措施形同虚设，实质上是对计算机信息系统进行控制，因而成立本罪。D项正确。

71.【答案】 AD

【逐项分析】 村民委员会、居民委员会等基层组织协助人民政府从事行政管理工作时，滥用职权、玩忽职守构成犯罪的，应当依照刑法关于渎职罪的规定追究刑事责任。滥用职权罪的一种表现形式为以权谋私、假公济私，不正确地履行职责。因此，林某成立滥用职权罪。A项错误。

冯某的行为属于典型的以权谋私，不正确履行职责，成立滥用职权罪。B项正确。

童某的行为是典型的严重不负责任，不正确履职，造成恶劣的社会影响，意味着导致了国家和人民利益遭受重大损失。因此，成立玩忽职守罪。C项正确。

丢失枪支不报罪，是指依法配备公务用枪的人员违反枪支管理规定，丢失枪支不及时报告，造成严重后果的行为。玩忽职守罪的主体身份为国家机关工作人员，而赵某为某军工企业的武装押送警卫，尽管其枪支为依法配备，但其显然不属于国家机关工作人员，因此不成立玩忽职守罪，仅成立丢失枪支不报罪。只有依法配备枪支的国家机关工作人员丢失枪支不报且造成严重后果的，才有可能成立丢失枪支不报罪和玩忽职守罪的想象竞合。D项错误。

72.【答案】 CD

【逐项分析】 A选项涉及技术侦查的适用对象和条件。《刑诉法》第150条规定："公安机关在立案后，对于危害国家安全犯罪、恐怖活动犯罪、黑社会性质的组织犯罪、重大毒品犯罪或者其他严重危害社会的犯罪案件，根据侦查犯罪的需要，经过严格的批准手续，可以采取技术侦查措施……"可见，技术侦查的适用要在立案后，且仅适用于重大毒品犯罪，而不适用于一般的毒品犯罪。本案中，容留吸毒不构成重大毒品犯罪，是否存在毒品交易则还不确定，因此不能适用技术侦查。故而A错误。

B选项涉及隐匿身份侦查的适用条件。《刑诉法》第153条规定："为了查明案情，在必要的时候，经公安机关负责人决定，可以由有关人员隐匿其身份实施侦查。但是，不得诱使他人犯罪，不得采用可能危害公共安全或者发生重大人身危险的方法……"本案中，沈某的行为属于诱使他人犯罪的行为。故而B错误。

C选项涉及技术侦查批准决定的有效期限。《刑诉法》第151条规定："批准决定应当根据侦查犯罪的需要，确定采取技术侦查措施的种类和适用对象。批准决定自签发之日起三个月以内有效。对于不需要继续采取技术侦查措施的，应当及时解除；对于复杂、疑难案件，期限届满仍有必要继续采取技术侦查措施的，经过批准，有效期可以延长，每次不得超过三个月。"可见C正确。

D选项涉及对通过特殊侦查措施所收集到的证据的使用。《刑诉法》第154条规定："依照本节规定采取侦查措施收集的材料在刑事诉讼中可以作为证据使用。如果使用该证据可能危及有关人员的人身安全，或者可能产生其他严重后果的，应当采取不暴露有关人员身份、技术方法等保护措施，必要的时候，可以由审判人员在庭外对证据进行核实。”因此 D 正确。

73.【答案】 CD

【逐项分析】 A 选项涉及强制证人出庭程序。《刑诉法》第 193 条规定：“经人民法院通知，证人没有正当理由不出庭作证的，人民法院可以强制其到庭，但是被告人的配偶、父母、子女除外。证人没有正当理由拒绝出庭或者出庭后拒绝作证的，予以训诫，情节严重的，经院长批准，处以十日以下的拘留。被处罚人对拘留决定不服的，可以向上一级人民法院申请复议。复议期间不停止执行。”本选项没有给出“情节严重”的条件，而且增加了“罚款”措施，因此 A 错误。

B 选项不出庭证人的庭前证言的效力。根据上述《刑诉法》第 193 条的规定，对被告人的配偶确实不能强制其到庭。那么，不出庭证人的证言能否用作定案的根据？对此，可通过两种方法判断：第一，《法院解释》第 91 条第 3 款规定：“经人民法院通知，证人没有正当理由拒绝出庭或者出庭后拒绝作证，法庭对其证言的真实性无法确认的，该证人证言不得作为定案的根据。”这里的“证人证言”只能是证人的庭前证言，即经人民法院通知，证人虽无正当理由拒绝出庭或者出庭后拒绝作证的，如果有其他方法可以确认证人庭前证言的真实性，则该证人证言仍可作为定案的根据。因此 B 错误。第二，《刑诉法》第 192 条规定：“……经人民法院通知，鉴定人拒不出庭作证的，鉴定意见不得作为定案的根据。”该条并没有规定经人民法院通知，证人拒不出庭作证的，证人证言不得作为定案的根据。因此 B 错误。

C 选项涉及警察出庭程序及庭前证言的效力。《刑诉法》第 192 条规定：“公诉人、当事人或者辩护人、诉讼代理人对证人证言有异议，且该证人证言对案件定罪量刑有重大影响，人民法院认为证人有必要出庭作证的，证人应当出庭作证。人民警察就其执行职务时目击的犯罪情况作为证人出庭作证，适用前款规定。公诉人、当事人或者辩护人、诉讼代理人对鉴定意见有异议，人民法院认为鉴定人有必要出庭的，鉴定人应当出庭作证。经人民法院通知，鉴定人拒不出庭作证的，鉴定意见不得作为定案的根据。”可见，并非所有证人、鉴定人均需出庭作证。法律仅规定拒不出庭作证的鉴定人的鉴定意见不得作为定案根据，言下之意，人民法院认为没有必要出庭的鉴定人的鉴定意见是可以作为定案根据的。至于对证人证言的立场则更为宽松，法院认为没有必要出庭的证人的庭前证言，只要有别的证据印证，通过其他方法可以确认其真实性，是可以采信的。故而 C 正确。

D 选项涉及有专门知识的人出庭制度。《法院解释》第 250 条规定：“公诉人、当事人及其辩护人、诉讼代理人申请法庭通知有专门知识的人出庭，就鉴定意见提出意见的，应当说明理由。法庭认为有必要的，应当通知有专门知识的人出庭。申请有专门知识的人出庭，不得超过二人。有多种类鉴定意见的，可以相应增加人数。”由此可知 D 正确。

74.【答案】 AD

【逐项分析】 A 选项涉及违法所得没收程序的审理方式。《法院解释》第 619 条第 2 款规定：“利害关系人申请参加或者委托诉讼代理人参加诉讼的，应当开庭审理。没有利害关系人申请参加诉讼的，或者利害关系人及其诉讼代理人无正当理由拒不到庭的，可以不开庭审理。”因此 A 选项正确。

B 选项涉及违法所得没收程序的终止。《法院解释》第 625 条规定：“在审理申请没收违法所得的案件过程中，在逃的犯罪嫌疑人、被告人到案的，人民法院应当裁定终止审理。人民检察院向原受理申请的人民法院提起公诉的，可以由同一审判组织审理。”因此 B 选项错误。

C 选项涉及违法所得没收程序的审限。《法院解释》第 627 条规定：“审理申请没收违法所得案件的期限，参照公诉案件第一审普通程序和第二审程序的审理期限执行。公告期间和请求刑事司法协助的时间不计入审理期限。”《刑诉法》第 208 条关于第一审普通程序审理期限的规定为：“人民法院审理公诉案件，应当在受理后二个月以内宣判，至迟不得超过三个月……”因此 C 选项错误。

D 选项涉及违法所得没收程序的救济措施。《法院解释》第 628 条第 1 款规定：“没收违法所得裁定生效后，犯罪嫌疑人、被告人到案并对没收裁定提出异议，人民检察院向原作出裁定的人民法院提起公诉的，可以由同一审判组织审理。”因此 D 选项正确。

75.【答案】 AC

【逐项分析】 根据《关于办理刑事案件收集提取和审查判断电子数据若干问题的规定》第 6 条的规定，初查过程中收集、提取的电子数据，以及通过网络在线提取的电子数据，可以作为证据使用。A 选项说法正确。

对硬盘等存储介质应采用封存而不是冻结的

方式。B 选项说法错误。

根据前述规定第 15 条第 2 款的规定，针对同一现场多个计算机信息系统收集、提取电子数据的，可以由一名见证人见证。C 选项说法正确。

根据前述规定第 14 条的规定，收集、提取电子数据，应当制作笔录，记录案由、对象、内容、收集、提取电子数据的时间、地点、方法、过程，并附电子数据清单，注明类别、文件格式、完整性校验值等，由侦查人员、电子数据持有人（提供人）签名或者盖章；电子数据持有人（提供人）无法签名或者拒绝签名的，应当在笔录中注明，由见证人签名或者盖章。有条件的，应当对相关活动进行录像。因此，并非应当录像，而是有条件时进行。D 选项说法错误。

76.【答案】 AC

【逐项分析】 根据《公安规定》第 222 条的规定，为了收集犯罪证据、查获犯罪人，经县级以上公安机关负责人批准，侦查人员可以对犯罪嫌疑人以及可能隐藏罪犯或者犯罪证据的人的身体、物品、住处和其他有关的地方进行搜查。由此可知，我国刑事程序中搜查的范围是非常广泛的，既包括对人身的搜查，也包括对场所、物品的搜查；既可以针对犯罪嫌疑人，也可以针对可能隐藏罪犯或者犯罪证据的人。A 选项中犯罪嫌疑人的同居女友属于可能隐藏犯罪证据的人，因此在搜查犯罪嫌疑人的住处时一并对其搜查是正确的。

根据《公安规定》第 225 条的规定，进行搜查时，应当有被搜查人或者他的家属、邻居或者其他见证人在场。第 226 条规定，搜查的情况应当制作笔录，由侦查人员和被搜查人或者他的家属，邻居或者其他见证人签名。如果被搜查人拒绝签名，或者被搜查人在逃，他的家属拒绝签名或者不在场的，侦查人员应当在笔录中注明。由此可见，搜查时不能只有侦查人员在场，必须要有被搜查人或者其家属、邻居、见证人之一在场。注意，不要把搜查时必须要有其他人在场的规定，与见证人不在场的例外情形混同。B 选项错误。

根据《公安规定》第 246 条的规定，对冻结的债券、股票、基金份额等财产，应当告知当事人或者其法定代理人、委托代理人有权申请出售。权利人书面申请出售被冻结的债券、股票、基金份额等财产，不损害国家利益、被害人、其他权利人利益，不影响诉讼正常进行的，以及冻结的汇票、本票、支票的有效期即将届满的，经县级以上公安机关负责人批准，可以依法出售或者变现，所得价款应当继续冻结在其对应的银行账户中；没有对应的银行账户的，所得价款由公安机关在银行指定专门账户保管，并及时告知当事人或者其近亲属。由此可见，C 选项中将冻结的股票变现并继续冻结所得价款的做法是正确的。

根据《公安规定》第 236 条的规定，在侦查期间，对于易损毁、灭失、腐烂、变质而不宜长期保存，或者难以保管的物品，经县级以上公安机关主要负责人批准，可以在拍照或者录音录像后委托有关部门变卖、拍卖，变卖、拍卖的价款暂予保存，待诉讼终结后一并处理。因此，在侦查阶段即可变卖、拍卖的涉案物品限于“易损毁、灭失、腐烂、变质而不宜长期保存”及“难以保管”的财物。D 选项中涉及的汽车不属于此种情形，因此是错误的。

77.【答案】 AB

【逐项分析】 因为附带民事诉讼原告提起了上诉，根据二审全面审查的原则，没有上诉和抗诉的刑事部分也应当进行审查。A 选项说法正确。

选项中专门说明，仅是附带民事诉讼部分有误，因此应当按照二审程序进行审理。B 选项说法正确。

C 选项是本题的难点所在。如前面“命题和解题思路”所述，此时刑事部分应进行复核；附带民事诉讼部分是按照二审程序进行审理，那么如何处理复核与二审程序的关系呢？最高人民法院在 2010 年作出的《关于对被判处死刑的被告人未提出上诉、共同犯罪的部分被告人或者附带民事诉讼原告人提出上诉的案件应适用何种程序审理的批复》（法释〔2010〕6 号）中明确提出，中级人民法院一审判处死刑的案件，被判处死刑的被告人未提出上诉，仅附带民事诉讼原告人提出上诉的，高级人民法院应当适用第二审程序对附带民事诉讼依法审理，并由同一审判组织对未提出上诉的被告人的死刑判决进行复核，作出是否同意判处死刑的裁判。因此 C 选项中适用审判监督程序的做法明显错误。即便不知道这个批复，其实也可以判断，死刑立即执行的判决须最高院核准，因此核准之前判决是没有生效的，所以也不可能用审判监督程序来纠正错误。

根据《法院解释》第 410 条的规定，第二审期间，第一审附带民事诉讼原告人增加独立的诉讼请求或者第一审附带民事诉讼被告人提出反诉的，第二审人民法院可以根据自愿、合法的原则进行调解；调解不成的，告知当事人另行起诉。因此，应当先调解，调解不成再告知另行起诉。D 选项说法错误。

78.【答案】ABC

【逐项分析】根据《刑诉法》第 291 条的规定，对于贪污贿赂犯罪案件，以及需要及时进行审判，经最高人民检察院核准的严重危害国家安全犯罪、恐怖活动犯罪案件，犯罪嫌疑人、被告人在境外，监察机关、公安机关移送起诉，人民检察院认为犯罪事实已经查清，证据确实、充分，依法应当追究刑事责任的，可以向人民法院提起公诉。人民法院进行审查后，对于起诉书中有明确的指控犯罪事实，符合缺席审判程序适用条件的，应当决定开庭审判。A 选项的错误在于，对于贪污贿赂案件不需要经过最高检核准。A 选项说法错误。

根据前述第 291 条规定，B 选项的错误在于，组织、领导黑社会性质组织罪并不是缺席审判的案件范围。B 选项说法错误。

《刑诉法》第 296 条规定，因被告人患有严重疾病无法出庭，中止审理超过六个月，被告人仍无法出庭，被告人及其法定代理人、近亲属申请或者同意恢复审理的，人民法院可以在被告人不出庭的情况下缺席审理，依法作出判决。C 选项的错误在于，缺少了经被告人及其法定代理人、近亲属申请或者同意恢复审理的这一条件。C 选项说法错误。

《刑诉法》第 297 条第 2 款规定，人民法院按照审判监督程序重新审判的案件，被告人死亡的，人民法院可以缺席审理，依法作出判决。因此 D 选项说法正确。

79.【答案】BCD

【逐项分析】《公务员法》第 88 条规定："公务员有下列情形之一的，予以辞退：……（五）旷工或者因公外出、请假期满无正当理由逾期不归连续超过十五天，或者一年内累计超过三十天的。"依照该条规定可知，选项 A 的说法错误。

《公务员法》第 85 条规定："公务员辞去公职，应当向任免机关提出书面申请。任免机关应当自接到申请之日起三十日内予以审批，其中对领导成员辞去公职的申请，应当自接到申请之日起九十日内予以审批。"据此，选项 B 的说法正确。

《公务员法》第 91 条规定："公务员辞职或者被辞退，离职前应当办理公务交接手续，必要时按照规定接受审计。"据此，选项 C 的说法正确。

《公务员法》第 86 条规定："公务员有下列情形之一的，不得辞去公职：……（四）正在接受审计、纪律审查、监察调查，或者涉嫌犯罪，司法程序尚未终结的；……"据此，选项 D 的说法正确。

80.【答案】BD

【逐项分析】《行政许可法》第 69 条规定："有下列情形之一的，作出行政许可决定的行政机关或者其上级行政机关，根据利害关系人的请求或者依据职权，可以撤销行政许可：（一）行政机关工作人员滥用职权、玩忽职守作出准予行政许可决定的；（二）超越法定职权作出准予行政许可决定的；（三）违反法定程序作出准予行政许可决定的；（四）对不具备申请资格或者不符合法定条件的申请人准予行政许可的；（五）依法可以撤销行政许可的其他情形。被许可人以欺骗、贿赂等不正当手段取得行政许可的，应当予以撤销。依照前两款的规定撤销行政许可，可能对公共利益造成重大损害的，不予撤销。依照本条第一款的规定撤销行政许可，被许可人的合法权益受到损害的，行政机关应当依法给予赔偿。依照本条第二款的规定撤销行政许可的，被许可人基于行政许可取得的利益不受保护。"《行政许可法》第 70 条规定："有下列情形之一的，行政机关应当依法办理有关行政许可的注销手续：（一）行政许可有效期届满未延续的；（二）赋予公民特定资格的行政许可，该公民死亡或者丧失行为能力的；（三）法人或者其他组织依法终止的；（四）行政许可依法被撤销、撤回，或者行政许可证件依法被吊销的；（五）因不可抗力导致行政许可事项无法实施的；（六）法律、法规规定的应当注销行政许可的其他情形。"

选项 A 中，某企业被吊销执照是因为其在获得行政许可后实施了违法经营活动，作为一种制裁方式被吊销营业执照，吊销后其经营资格自然消灭，应当依照《行政许可法》第 70 条第 3 项规定，办理行政许可的注销手续，不适用撤销制度，故为错误选项。

选项 B 符合《行政许可法》第 69 条第 2 款的规定，属于相对人通过不正当手段获得行政许可，应当予以撤销的情形，为正确选项。

选项 C 中，某地质勘察设计院的测绘资质证书超过 5 年有效期未申请延续的行为，将导致已经获得的行政许可自然失去效力，依照《行政许可法》第 70 条第 1 项的规定，属于应当办理行政许可注销手续的情况，为错误选项。

选项 D 中，某区公安分局为不符合条件的典当公司颁发特种行业许可证，符合上述《行政许可法》第 69 条第 1 款第 4 项规定的情形，属于正确选项。

81.【答案】ABD

【逐项分析】《行政强制法》第19条规定："情况紧急，需要当场实施行政强制措施的，行政执法人员应当在二十四小时内向行政机关负责人报告，并补办批准手续。行政机关负责人认为不应当采取行政强制措施的，应当立即解除。"第20条规定："依照法律规定实施限制公民人身自由的行政强制措施，除应当履行本法第十八条规定的程序外，还应当遵守下列规定：（一）当场告知或者实施行政强制措施后立即通知当事人家属实施行政强制措施的行政机关、地点和期限；（二）在紧急情况下当场实施行政强制措施的，在返回行政机关后，立即向行政机关负责人报告并补办批准手续；（三）法律规定的其他程序。实施限制人身自由的行政强制措施不得超过法定期限。实施行政强制措施的目的已经达到或者条件已经消失，应当立即解除。"本题中，A县公安局交警支队执法人员实施的扣车行为，不属于限制人身自由的行政强制措施，执法人员在返回机关后应依法在24小时内履行报批义务，A选项的说法错误，当选。

《行政诉讼法》第18条第1款规定："行政案件由最初作出行政行为的行政机关所在地人民法院管辖。经复议的案件，也可以由复议机关所在地人民法院管辖。"第19条规定："对限制人身自由的行政强制措施不服提起的诉讼，由被告所在地或者原告所在地人民法院管辖。"根据上述规定，普通行政诉讼案件的地域管辖法院是作出被诉行政行为的行政机关所在地法院，限制人身自由的行政强制措施被诉的，被告行政机关所在地以及原告所在地的法院均有管辖权。本题中，扣留机动车的行为不属于限制人身自由的行政强制措施，由此引发诉讼，应由被诉A县基层法院管辖。B选项的说法错误，当选。

《行政强制法》第25条第1、2款规定："查封、扣押的期限不得超过三十日；情况复杂的，经行政机关负责人批准，可以延长，但是延长期限不得超过三十日。法律、行政法规另有规定的除外。延长查封、扣押的决定应当及时书面告知当事人，并说明理由。"本题中，即使存在延长扣车时间的特殊情况，被告的扣车期限也已经超过60日，因此，选项C说法正确，不当选。

《行政诉讼法》第74条第2款规定："行政行为有下列情形之一，不需要撤销或者判决履行的，人民法院判决确认违法：（一）行政行为违法，但不具有可撤销内容的；（二）被告改变原违法行政行为，原告仍要求确认原行政行为违法的；（三）被告不履行或者拖延履行法定职责，判决履行没有意义的。"本题中，在人民法院作出裁判之前，被告的行政行为已经失去效力，即使存在违法之处，也不能适用撤销判决，而应适用确认违法判决。据此，D选项说法错误，当选。

82.【答案】BCD

【逐项分析】《治安管理处罚法》第三章将违反治安管理的行为分为四种不同类型，即：扰乱公共秩序、妨害公共安全、侵犯人身权利和财产权利以及妨害社会管理，每类行为又分为各种不同的具体表现形式。在此基础上，该法针对不同种类、不同违法形式的行为分别规定了相应处罚。驱使动物伤害他人的行为规定在该法第75条，即："饲养动物，干扰他人正常生活的，处警告；警告后不改正的，或者放任动物恐吓他人的，处二百元以上五百元以下罚款。驱使动物伤害他人的，依照本法第四十三条第一款的规定处罚。"从该条在《治安管理处罚法》中所处的章节位置来看，驱使动物伤害他人的行为被归入了妨害社会管理的行为。因此，该种行为虽然客观上侵害他人人身权利，但立法者并未将其归入侵犯他人人身权利的违法行为，只是规定依照侵害他人人身权利的相关规定给予处罚。据此，选择A的说法错误。

《行政诉讼法》第27条："当事人一方或者双方为二人以上，因同一行政行为发生的行政案件，或者因同类行政行为发生的行政案件、人民法院认为可以合并审理并经当事人同意的，为共同诉讼。"本题涉及的行政行为为同一行为，起诉人一方为二人，符合该条有关共同诉讼的规定，选项B的说法正确。

《行政诉讼法》第32条规定："代理诉讼的律师，有权按照规定查阅、复制本案有关材料，有权向有关组织和公民调查，收集与本案有关的证据。对涉及国家秘密、商业秘密和个人隐私的材料，应当依照法律规定保密。当事人和其他诉讼代理人有权按照规定查阅、复制本案庭审材料，但涉及国家秘密、商业秘密和个人隐私的内容除外。"据此可知，代理诉讼的律师与其他诉讼代理人的取证权利不同，选项C的说法是正确的。

《行政诉讼法》第77条规定："行政处罚明显不当，或者其他行政行为涉及对款额的确定、认定确有错误的，人民法院可以判决变更。人民法院判决变更，不得加重原告的义务或者减损原告的权益。但利害关系人同为原告，且诉讼请求相反的除外。"本题中，杨某、朱某互为利害关系人，且均提起行政诉讼，其诉求内容相反，故法院依法可以作出变更加重判决。选项D说法正确。

83.【答案】 AD

【逐项分析】《政府信息公开条例》第30条规定："政府信息公开申请内容不明确的，行政机关应当给予指导和释明，并自收到申请之日起7个工作日内一次性告知申请人作出补正，说明需要补正的事项和合理的补正期限。答复期限自行政机关收到补正的申请之日起计算。申请人无正当理由逾期不补正的，视为放弃申请，行政机关不再处理该政府信息公开申请。"据此，A选项的说法正确。

《政府信息公开条例》第33条规定："行政机关收到政府信息公开申请，能够当场答复的，应当当场予以答复。行政机关不能当场答复的，应当自收到申请之日起20个工作日内予以答复；需要延长答复期限的，应当经政府信息公开工作机构负责人同意并告知申请人，延长的期限最长不得超过20个工作日。行政机关征求第三方和其他机关意见所需时间不计算在前款规定的期限内。"据此，B选项的说法错误。

《政府信息公开条例》第42条规定："行政机关依申请提供政府信息，不收取费用。但是，申请人申请公开政府信息的数量、频次明显超过合理范围的，行政机关可以收取信息处理费。行政机关收取信息处理费的具体办法由国务院价格主管部门会同国务院财政部门、全国政府信息公开工作主管部门制定。"据此，修改后的《政府信息公开条例》对依申请公开政府信息的情况，原则上不再收取费用，除非申请人存在申请数量、频次明显超过合理范围的事实，据此，C选项表述错误。

《行政诉讼法》第18条第1款规定："行政案件由最初作出行政行为的行政机关所在地人民法院管辖。经复议的案件，也可以由复议机关所在地人民法院管辖。"据此，经复议的案件，原行为作出机关所在地的法院以及复议机关所在地的法院均享有地域管辖权。另依据《最高人民法院关于适用〈中华人民共和国行政诉讼法〉的解释》（以下简称《行诉法解释》）第134条第3款规定，复议机关作共同被告的案件，以作出原行政行为的行政机关确定案件的级别管辖。该条规定的是复议维持案件的级别管辖法院确定方式。结合上述规定，本题中，首先省政府所在地的法院享有地域管辖权，同时省政府所在地的基层法院享有级别管辖权。D选项的表述正确。

84.【答案】 ACD

【逐项分析】 选项A涉及原告对规范性文件提出一并审查申请的时间。《行诉法解释》第146条规定："公民、法人或者其他组织请求人民法院一并审查行政诉讼法第五十三条规定的规范性文件，应当在第一审开庭审理前提出；有正当理由的，也可以在法庭调查中提出。"据此，相对人请求审查规范性文件合法性的时间，一为第一审开庭审理之前，一为法庭调查阶段。因此，A选项的表述错误，当选。

《行诉法解释》第147条规定："人民法院在对规范性文件审查过程中，发现规范性文件可能不合法的，应当听取规范性文件制定机关的意见。制定机关申请出庭陈述意见的，人民法院应当准许。行政机关未陈述意见或者未提供相关证明材料的，不能阻止人民法院对规范性文件进行审查。"据此，在法庭审理期间，人民法院需要就规范性文件是否合法问题听取其制定机关的意见，B选项的表述正确，不当选。

《行诉法解释》第149条第1款规定，人民法院经审查认为行政行为所依据的规范性文件合法的，应当作为认定行政行为合法的依据；经审查认为规范性文件不合法的，不作为人民法院认定行政行为合法的依据，并在裁判理由中予以阐明。据此，人民法院在审查认定规范性文件不合法的情况下，需要在裁判理由部分加以阐明，而非在裁判主文中直接作出违法确认，C选项的说法错误，当选。

《行诉法解释》第150条规定："人民法院认为规范性文件不合法的，应当在裁判生效后报送上一级人民法院进行备案。涉及国务院部门、省级行政机关制定的规范性文件，司法建议还应当分别层报最高人民法院、高级人民法院备案。"据此，就违法规范性文件层报最高人民法院、高级人民法院备案，是针对国务院部门、省级行政机关制定的规范性文件。本题中被告为W区政府，应由市中级人民法院管辖，涉及违法的规范性文件由设区的A市政府制定，只需报送市中级人民法院的上一级法院即省高级人民法院备案，无需层报最高人民法院备案。D选项的说法错误，当选。

85.【答案】 BD

【逐项分析】《国家赔偿法》第21条规定："行使侦查、检察、审判职权的机关以及看守所、监狱管理机关及其工作人员在行使职权时侵犯公民、法人和其他组织的合法权益造成损害的，该机关为赔偿义务机关。对公民采取拘留措施，依照本法的规定应当给予国家赔偿的，作出拘留决定的机关为赔偿义务机关。对公民采取逮捕措施后决定撤销案件、不起诉或者判决宣告无罪的，作出逮捕决定的机关为赔偿义务机关。再审改判无罪的，作出原生效判决的人民法院为赔偿义务机关。二审改判无罪，以及二审发回重审后作无罪处理的，作出一审有罪判决的人民法院为赔偿义务机关。”《最高人民法院、最高人民检察院关于办理刑事赔偿案件适用法律若干问题的解释》第11条规定：“对公民采取拘留措施后又采取逮捕措施，国家承担赔偿责任的，作出逮捕决定的机关为赔偿义务机关。”根据上述规定，本题中的赔偿义务机关应为区检察院。选项A的说法错误。

《国家赔偿法》第17条规定：“行使侦查、检察、审判职权的机关以及看守所、监狱管理机关及其工作人员在行使职权时有下列侵犯人身权情形之一的，受害人有取得赔偿的权利：（一）违反刑事诉讼法的规定对公民采取拘留措施的，或者依照刑事诉讼法规定的条件和程序对公民采取拘留措施，但是拘留时间超过刑事诉讼法规定的时限，其后决定撤销案件、不起诉或者判决宣告无罪终止追究刑事责任的；（二）对公民采取逮捕措施后，决定撤销案件、不起诉或者判决宣告无罪终止追究刑事责任的；（三）依照审判监督程序再审改判无罪，原判刑罚已经执行的；（四）刑讯逼供或者以殴打、虐待等行为或者唆使、放纵他人以殴打、虐待等行为造成公民身体伤害或者死亡的；（五）违法使用武器、警械造成公民身体伤害或者死亡的。”据此可知，当事人被取保候审期间并未被实际羁押，不属于国家赔偿范围，选项B说法正确。

《国家赔偿法》第24条规定：“赔偿义务机关在规定期限内未作出是否赔偿的决定，赔偿请求人可以自期限届满之日起三十日内向赔偿义务机关的上一级机关申请复议。赔偿请求人对赔偿的方式、项目、数额有异议的，或者赔偿义务机关作出不予赔偿决定的，赔偿请求人可以自赔偿义务机关作出赔偿或者不予赔偿决定之日起三十日内，向赔偿义务机关的上一级机关申请复议。赔偿义务机关是人民法院的，赔偿请求人可以依照本条规定向其上一级人民法院赔偿委员会申请作出赔偿决定。”据此可知，选项C说法错误。

《国家赔偿法》第35条规定：“有本法第三条或者第十七条规定情形之一，致人精神损害的，应当在侵权行为影响的范围内，为受害人消除影响，恢复名誉，赔礼道歉；造成严重后果的，应当支付相应的精神损害抚慰金。”结合前述第17条规定可知，本案中王某有权提出恢复名誉、赔礼道歉的请求，选项D说法正确。

三、不定项选择题

86.【答案】 AC

【逐项分析】 公正司法要体现人民利益和公众合理诉求。要改进司法工作作风，通过热情服务，切实解决好老百姓打官司过程中遇到的各种难题，特别是要加大对困难群众维护合法权益的法律援助，加大司法公开力度，以回应人民群众对司法公正公开的关注和期待。审判工作“进农村、进社区、进企业、进学校”和征询旁听庭审公民代表对案件裁判工作的意见建议工作，既能回应公众对司法公开的期待，也能更好地体现社会监督对司法实践的意义，是公正司法的体现。选项A正确。

司法体制改革需要紧紧抓住影响司法公正、制约司法能力的深层次问题，加强党对司法工作的领导，确保审判机关、检察机关依法独立公正行使审判权、检察权，全面落实司法责任制。健全公安机关、检察机关、审判机关、司法行政机关各司其职，侦查权、检察权、审判权、执行权相互配合相互制约的体制机制，以保障公正审判，提高司法公信力。公安局、检察院、法院召开联席会议，对犯罪嫌疑人的定罪量刑问题进行商讨，违背了侦查权、检察权和审判权相互制约、审判机关独立行使审判权的基本原则，与公正司法理念相冲突。选项B错误。

司法机关在打造营商环境的过程中发挥着积极的作用。通过公正审判营商类民事刑事案件，可以依法平等保护各类市场主体合法权益。司法机关应当严格落实罪刑法定、疑罪从无、证据裁判等原则，依法惩处侵害企业家人身和财产安全的犯罪，依法规制垄断和不正当竞争行为，强化知识产权司法保护，依法保护行政相对人合法权益。破产案件繁简分流机制将案件难易与程序繁简进行匹配，根据不同案件类型适用相应的审理规则并确定相应等级的管理人，进一步提高破产审判质效，是打造营商环境的重要司法举措。选项C正确。

公正司法要求对诉讼当事人和参与人的司法权利进行充分保障，严格遵循司法程序，实现实体正义和程序正义的结合。应当强化诉讼过程中当事人和其他诉讼参与人的知情权、陈述权、辩护辩论权、申请权、申诉权的制度保障，加强对刑事诉讼、民事诉讼、行政诉讼的法律监督。犯罪嫌疑人的犯罪手段残忍，应当受到刑罚严惩，但其诉讼权利应当得到充分保障，而不能以手段残忍为由加以否定。选项 D 错误。

87.【答案】 BC

【逐项分析】《关于刑事诉讼法律援助工作的规定》第 2 条第 2 款第 4 项规定，案件具有重大社会影响，犯罪嫌疑人、被告人没有委托辩护人，可以申请法律援助。此时，法律援助机构无须审查犯罪嫌疑人、被告人的经济状况。据此，因本案社会关注度高，李某申请法律援助，无需审查其经济状况。A 项做法符合规定，不当选。

《律师执业行为规范（试行）》第 42 条规定，律师接受委托后，无正当理由不得拒绝辩护或者代理、或以其他方式终止委托。委托事项违法、委托人利用律师提供的服务从事违法活动或者委托人故意隐瞒与案件有关的重要事实的，律师有权告知委托人并要求其整改，有权拒绝辩护或者代理、或以其他方式终止委托，并有权就已经履行事务取得律师费。据此，范律师拒绝辩护的理由不符合上述规定，B 项当选。

检察官应运用证据和法律反驳被告人的辩解意见，但不能对被告人进行人身攻击，这是维护检察官职业形象和检察权公信力的基本要求。顾检察官在法庭上怒骂被告人，其行为违反了“忠诚”的检察官职业道德。C 项当选。

《法官职业道德基本准则》第 12 条规定，认真贯彻司法公开原则，尊重人民群众的知情权，自觉接受法律监督和社会监督，同时避免司法审判受到外界的不当影响。据此，审判长刘某的行为符合上述规定，D 项不当选。

88.【答案】 ABCD

【逐项分析】《律师事务所管理办法》第 15 条第 2 款规定，合伙律师事务所的负责人，应当从本所合伙人中经全体合伙人选举产生。据此，甲律所属于合伙律师事务所，其负责人应当从该所合伙人中经全体合伙人选举产生，而非全体律师选举产生。选项 A 错误，当选。

《律师事务所管理办法》第 53 条第 2 款规定，特殊的普通合伙律师事务所一个合伙人或者数个合伙人在执业活动中因故意或者重大过失造成律师事务所债务的，应当承担无限责任或者无限连带责任，其他合伙人以其在律师事务所中的财产份额为限承担责任；合伙人在执业活动中非因故意或者重大过失造成的律师事务所债务，由全体合伙人承担无限连带责任。据此，汪某对该债务应承担无限责任，其他合伙人承担有限责任，而非其他合伙人不承担责任。选项 B 错误，当选。

《律师事务所管理办法》第 36 条规定，律师事务所申请设立分所，由拟设立分所所在地设区的市级或者直辖市区（县）司法行政机关受理并进行初审，报省、自治区、直辖市司法行政机关审核，决定是否准予设立分所。据此，甲律所申请设立分所，应当报 B 省司法行政部门审核决定。选项 C 错误，当选。

《律师事务所管理办法》第 33 条第 2 款规定，律师事务所及其分所受到停业整顿处罚期限未满的，该所不得申请设立分所；律师事务所的分所受到吊销执业许可证处罚的，该所自分所受到处罚之日起 2 年内不得申请设立分所。据此，律所及其分所受到停业整顿处罚期间不得申请设立分所，但处罚期限已届满则不受限制。因此，甲律所受过停业整顿处罚，如果处罚期间已满，可以申请设立分所。选项 D 错误，当选。

89.【答案】 BD

【逐项分析】 如果否认承继的共同犯罪概念，则需要个别性地考查后加入行为人的个人行为与结果之间的因果关系。由于无法查清是否由乙的行为造成了死亡结果，因此乙无需承担故意伤害致死的责任。A 项错误。

否认承继的共犯概念，由于无法查清王某的死亡结果是否确实由乙造成，完全可能由甲的行为造成，因此，乙无需承担故意伤害致死的责任。B 项正确。

如果承认承继的共犯概念，那么乙需要对自己加入之后造成的不法结果负责，而无需对自己加入之前的不法结果负责。由于无法查清死亡结果到底是在乙加入之前或之后造成，根据事实存疑有利于被告的原则，需要推定死亡结果在乙加入之前便造成。据此，即便承认承继的共犯概念，乙也不需要负故意伤害致死的责任。C 项错误。

如果承认承继的共犯概念，则甲无论如何都要承担故意伤害致死的责任，因为王某的死亡后果只能是两种情形：如果王某的死亡结果在乙加入之前便造成，则甲成立故意伤害致死；如果王某的死亡结果是在乙加入之后造成，由于甲与乙在乙加入阶段属于共同犯罪，不法结果当然要归责于甲，所以甲也成立故意伤害致死。因此，无论如何甲都成立故意伤害致死。D 项正确。

90.【答案】 C

【逐项分析】 张某并非在强奸过程中为压制反

抗而杀害女孩，显然不应只论以强奸致人死亡。A项错误。

想象竞合是指一行为触犯数个罪名，侵害了数个法益的情形。张某在强奸既遂之后才产生杀人的故意并实施杀人行为，存在两个清楚可分的行为，因而不成立想象竞合。B项错误。

共同抢劫过程中另起犯意实施强奸，强奸既遂后出于灭口、报复等动机故意杀人的，存在三个行为、侵害了三个法益，应当数罪并罚。C项正确。

所谓的共犯过剩，是指部分实行者的行为超出了共同犯罪故意的范围，其他共犯者对于超出的部分并不知情的情形。对于共犯过剩，未参与过剩部分的共犯并不需要负责。由于王某与张某只是谋议实施抢劫，王某成立抢劫罪的共同犯罪，但张某的强奸与杀人行为显然超出了二人共同故意的范围，因此，王某并不需要对张某的强奸、杀人行为负责。D项错误。

91.【答案】ABCD

【逐项分析】最高人民法院《关于处理自首和立功具体应用法律若干问题的解释》第1条规定，犯罪嫌疑人自动投案并如实供述自己的罪行后，又翻供的，不能认定为自首，但在一审判决前又能如实供述的，应当认定为自首。所以如实供述罪行后又翻供，只有在一审判决前重新如实供述，才应认定为自首。在二审期间才重新如实供述的，不应认定为自首。据此，常某不成立自首。A项错误。

在参与双方都会受到处罚的对向犯（典型的如行贿罪与受贿罪）的场合，揭发他人的事实属于如实供述自己犯罪事实的当然组成部分，是揭发者本人成立自首或者坦白的必要条件，根据前述司法解释的规定，常某的行为不成立自首。B项错误。

立功，是指揭发他人犯罪事实经查证属实，或者提供重要线索，从而得以侦破其他案件的行为。他人的"犯罪"，是指客观的法益侵害事实，所以揭发了他人的"犯罪行为"，但是该犯罪行为已超过追诉时效的，也不影响立功的成立。C项错误。

根据前述司法解释的规定，重大立功是犯罪分子检举、揭发他人重大犯罪行为，经查证属实；提供侦破其他重大案件的重要线索，经查证属实；阻止他人重大犯罪活动；协助司法机关抓捕其他重大犯罪嫌疑人（包括同案犯）；对国家和社会有其他重大贡献等表现。所称"重大犯罪""重点案件""重大犯罪嫌疑人"的标准，一般是指犯罪嫌疑人、被告人可能被判处无期徒刑以上刑罚或者案件在本省、自治区、直辖市或者全国范围内有较大影响等情形。受贿10万元的事实显然不属于重大犯罪，因此，应认定为立功，但不成立重大立功。D项错误。

92.【答案】D

【逐项分析】我国刑法理论对于着手的判断标准采用的是实质的客观危险理论，即仅在对法益造成了紧迫的危险时才属于着手。由于制造保险事故尚未向保险公司理赔，还不能说对保险公司的财产法益造成了紧迫危险，因此，制造人身伤害事故在理论上还属于保险诈骗的预备行为。A项错误。

由于法律并不禁止人自杀与自残，因此唆使他人伤害自己的，不成立故意伤害罪。B项错误。

尽管得到了被害人蔡某的承诺，但是，我国刑法理论通说认为，对于重伤害和生命的承诺而言，被害人承诺是无效的，得到承诺的故意重伤害和故意杀人，仍然成立相应的犯罪。因此，王某成立故意伤害罪。C项错误。

首先，如上所述，王某成立故意伤害罪的实行犯。其次，王某明知蔡某是为了实施保险诈骗行为，为了利益仍然予以协助，成立保险诈骗罪（预备）的帮助犯。最后，由于王某只有一个伤害行为，因此属于一个行为触犯数个罪名的想象竞合犯。需要注意的是，尽管《刑法》第198条规定，投保人、受益人故意造成被保险人死亡、伤残或者疾病骗取保险金，同时构成其他犯罪的，依照数罪并罚的规定处罚，但是王某并非投保人，也非被保险人，并且王某毕竟只有一个行为，因此应论以想象竞合，而非数罪并罚。D项正确。

93.【答案】ABCD

【逐项分析】甲组织黑社会性质组织，属于犯罪集团的首要分子，而犯罪集团的首要分子要对集团的所有罪行负责，尽管甲非卖淫活动的组织者，但是骨干成员组织的卖淫活动将获利全数上缴组织，意味着组织卖淫也在犯罪集团的概括犯意内，对甲应以组织黑社会性质组织罪和组织卖淫罪数罪并罚。A项错误，当选。

《关于办理组织、强迫、引诱、容留、介绍卖淫刑事案件适用法律若干问题的解释》第3条规定，对被组织卖淫的人有引诱、容留、介绍卖淫行为的，依照处罚较重的规定定罪处罚。但是，对被组织卖淫的人以外的其他人有引诱、容留、介绍卖淫行为的，应当分别定罪，实行数罪并罚。乙属于对被组织卖淫的人有引诱卖淫的，不应数罪并罚。B项错误，当选。

引诱、容留、介绍他人卖淫不以营利目的为要件，因此，丙即便没有营利目的，也成立容留卖淫罪。C项错误，当选。

《关于办理组织、强迫、引诱、容留、介绍卖淫刑事案件适用法律若干问题的解释》第12条规定，明知自己患有艾滋病或者感染艾滋病病毒而卖淫、嫖娼的，依照《刑法》第360条的规定，以传播性病罪定罪，从重处罚。D项错误，当选。

94.【答案】C

【逐项分析】利用影响力受贿罪，是指国家工作人员的近亲属或者其他与该国家工作人员关系密切的人，以及离职的国家工作人员或者其近亲属以及其他与其关系密切的人，利用影响力收受请托人财物，数额较大或者有其他较重情节的行为。利用影响力受贿罪同样是受贿犯罪，侵犯的是职务行为的不可收买性，因此如果国家工作人员根本没有许诺为请托人谋取利益，由于不存在职务行为与财物的交换性，便不成立本罪。并且，赵某谎称吴某是其同学意味着其根本不认识吴某，因此不应认定为利用影响力受贿罪。A项错误。

敲诈勒索罪，是指以非法占有为目的，对财物所有人、占有人使用恐吓或要挟的方法，索取数额较大的公私财物，或者多次敲诈勒索的行为。赵某并没有采取恐吓、要挟的方式要求曹某交付其财物，当然不成立敲诈勒索罪。B项错误。

赵某一开始便没有打算通过吴某的职权行为为曹某谋取利益，而是通过虚假许诺的方式骗取曹某的钱款，成立诈骗罪。C项正确。

由于赵某根本不构成利用影响力受贿罪，当然不成立利用影响力受贿罪与诈骗罪的想象竞合。D项错误。

95.【答案】D

【逐项分析】根据《监察法》第44条的规定，对被调查人采取留置措施后，应当在24小时以内，通知被留置人员所在单位和家属，但有可能毁灭、伪造证据，干扰证人作证或者串供等有碍调查情形的除外。有碍调查的情形消失后，应当立即通知被留置人员所在单位和家属。因此，A选项说法错误。

根据《监察法》第43条的规定，监察机关采取留置措施，应当由监察机关领导人员集体研究决定。设区的市级以下监察机关采取留置措施，应当报上一级监察机关批准。省级监察机关采取留置措施，应当报国家监察委员会备案。留置时间不得超过3个月。在特殊情况下，可以延长一次，延长时间不得超过3个月。省级以下监察机关采取留置措施的，延长留置时间应当报上一级监察机关批准。监察机关发现采取留置措施不当的，应当及时解除。本题中，甲市监察机关需要延长留置期限的，应报上一级监察机关批准，所以B选项说法错误。

徇私舞弊减刑属于可以由检察院立案侦查的案件，但根据《检察规则》第17条的规定，人民检察院办理直接受理侦查的案件，发现犯罪嫌疑人同时涉嫌监察机关管辖的职务犯罪线索的，应当及时与同级监察机关沟通。经沟通，认为全案由监察机关管辖更为适宜的，人民检察院应当将案件和相应职务犯罪线索一并移送监察机关；认为由监察机关和人民检察院分别管辖更为适宜的，人民检察院应当将监察机关管辖的相应职务犯罪线索移送监察机关，对依法由人民检察院管辖的犯罪案件继续侦查。由此可见，由于王某已处于监察委立案调查阶段，检察机关应当将线索移送监察机关，但是并不意味着监察机关应当一并立案调查，如果监察机关认为由检察机关立案侦查更为适宜的，也可以由检察院立案侦查，在侦查终结和调查结束时，协调移送。C选项说法错误。

根据《监察法》第48条的规定，监察机关在调查贪污贿赂、失职渎职等职务犯罪案件过程中，被调查人逃匿或者死亡，有必要继续调查的，经省级以上监察机关批准，应当继续调查并作出结论。被调查人逃匿，在通缉一年后不能到案，或者死亡的，由监察机关提请人民检察院依照法定程序，向人民法院提出没收违法所得的申请。因此，由甲市监察委向甲市检察院提出没收违法的申请是正确的。D选项说法正确。

96.【答案】AB

【逐项分析】根据最高人民法院、最高人民检察院、公安部、国家安全部、司法部《关于办理刑事案件严格排除非法证据若干问题的规定》（以下简称《严格排非规定》）第17条的规定，审查逮捕、审查起诉期间，犯罪嫌疑人及其辩护人申请排除非法证据，并提供相关线索或者材料的，人民检察院应当调查核实。调查结论应当书面告知犯罪嫌疑人及其辩护人。从题干可知，辩护律师提供了涉嫌非法取证的线索，因此调查结论应当书面告知犯罪嫌疑人及其辩护律师。A选项说法正确。

根据《严格排非规定》第4条的规定，采用非法拘禁等非法限制人身自由的方法收集的犯罪嫌疑人、被告人供述，应当予以排除。本案中拘传时间长达96小时，远超过法定最长24小时的限制，属于非法限制人身自由的情形，因此获得的供述应当作为非法证据予以排除。B 选项说法正确。

根据《严格排非规定》第 5 条的规定，采用刑讯逼供方法使犯罪嫌疑人、被告人作出供述，之后犯罪嫌疑人、被告人受该刑讯逼供行为影响而作出的与该供述相同的重复性供述，应当一并排除。但是要注意的是，重复性供述仅限于因刑讯逼供行为所致，本案的非法取证行为是第 4 条规定的非法限制人身自由，所以 C 选项说法错误。

本案尚处于提请批准逮捕阶段，因此作出不批准逮捕后，人民检察院并没有自行调查取证的权力，只有在案件移送审查起诉阶段，检察机关才有自行补充侦查的权力。根据《严格排非规定》第 17 条第 2 款的规定，人民检察院在审查起诉期间发现侦查人员以刑讯逼供等非法方法收集证据的，应当依法排除相关证据并提出纠正意见，必要时人民检察院可以自行调查取证。据此也可以判断 D 选项说法错误。

97.【答案】AD

【逐项分析】A 选项涉及分案处理原则。《人民检察院办理未成年人刑事案件的规定》第 51 条规定："人民检察院审查未成年人与成年人共同犯罪案件，一般应当将未成年人与成年人分案起诉。但是具有下列情形之一的，可以不分案起诉：(一) 未成年人系犯罪集团的组织者或者其他共同犯罪中的主犯的……" 因此，A 选项正确。

B 选项涉及合适成年人到场制度。《人民检察院办理未成年人刑事案件的规定》第 17 条第 5 款规定："未成年犯罪嫌疑人明确拒绝法定代理人以外的合适成年人到场，人民检察院可以准许，但应当另行通知其他合适成年人到场。"未成年犯罪嫌疑人只能拒绝法定代理人以外的成年人到场，不能拒绝法定代理人到场，因此，B 选项错误。

C 选项涉及法定代理人的权利。《法院解释》第 577 条规定："未成年被告人最后陈述后，法庭应当询问其法定代理人是否补充陈述。"因此，C 选项错误。

D 选项涉及犯罪记录封存制度。《刑诉法》第 286 条第 1 款规定："犯罪的时候不满十八周岁，被判处五年有期徒刑以下刑罚的，应当对相关犯罪记录予以封存。" "以下"包含本数，因此，D 选项正确。

98.【答案】BCD

【逐项分析】最高法院《行诉法解释》第 103 条规定："适用简易程序审理的行政案件，人民法院可以用口头通知、电话、短信、传真、电子邮件等简便方式传唤当事人、通知证人、送达裁判文书以外的诉讼文书。以简便方式送达的开庭通知，未经当事人确认或者没有其他证据证明当事人已经收到的，人民法院不得缺席判决。" 根据上述规定可知，A 选项的表述正确，不当选。因判决书属于重要的裁判文书，按前述规定不能采用简便方式送达。D 选项的表述错误，当选。

《行政诉讼法》第 83 条规定："适用简易程序审理的行政案件，由审判员一人独任审理，并应当在立案之日起四十五日内审结。" 据此可知，C 选项的表述错误，当选。

除《行政诉讼法》第 83 条规定外，《行政诉讼法》第 82 条规定："人民法院审理下列第一审行政案件，认为事实清楚、权利义务关系明确、争议不大的，可以适用简易程序：(一) 被诉行政行为是依法当场作出的；(二) 案件涉及款额二千元以下的；(三) 属于政府信息公开案件的。除前款规定以外的第一审行政案件，当事人各方同意适用简易程序的，可以适用简易程序。发回重审、按照审判监督程序再审的案件不适用简易程序。"第 84 条规定："人民法院在审理过程中，发现案件不宜适用简易程序的，裁定转为普通程序。" 上述规定并未规定适用简易程序审理的案件应当当庭宣判，B 选项的说法错误，当选。

99.【答案】ACD

【逐项分析】《行政复议法实施条例》第 21 条规定："有下列情形之一的，申请人应当提供证明材料：(一) 认为被申请人不履行法定职责的，提供曾经要求被申请人履行法定职责而被申请人未履行的证明材料；(二) 申请行政复议时一并提出行政赔偿请求的，提供受具体行政行为侵害而造成损害的证明材料；(三) 法律、法规规定需要申请人提供证据材料的其他情形。"依照上述规定，曹某在提出复议申请时，需要履行初步证明责任，就申请城管局履行职责的事实举证。A 选项的说法正确。

《行政复议法实施条例》第 48 条规定："有下列情形之一的，行政复议机关应当决定驳回行政复议申请：(一) 申请人认为行政机关不履行法定职责申请行政复议，行政复议机关受理后发现该行政机关没有相应法定职责或者在受理前已经履行法定职责的；(二) 受理行政复议申请后，发现该行政复议申请不符合行政复议法和本条例规定的受理条件的。上级行政机关认为行政复议机关驳回行政复议申请的理由不成立的，应当责令其恢复审理。" 本题中，城管局受理曹某举报后，在

11 月 1 日立案查处，至曹某于 11 月 8 日申请复议时，查处程序尚在进行期间，曹某申请不符合复议受理条件，A 市政府作出驳回其申请的决定合法。B 选项的说法错误。

《行政诉讼法》第 15 条规定："中级人民法院管辖下列第一审行政案件：（一）对国务院部门或者县级以上地方人民政府所作的行政行为提起诉讼的案件；（二）海关处理的案件；（三）本辖区内重大、复杂的案件；（四）其他法律规定由中级人民法院管辖的案件。"本题中，被告为 A 市政府，依法应当由中级人民法院管辖。C 选项的说法正确。

《行政诉讼法》第 69 条规定："行政行为证据确凿，适用法律、法规正确，符合法定程序的，或者原告申请被告履行法定职责或者给付义务理由不成立的，人民法院判决驳回原告的诉讼请求。"本题中，被诉的 A 市政府的不予受理决定正确，即使法院受理曹某的起诉，也不能支持其诉讼请求，故法院应当判决驳回其诉讼请求。D 选项的说法正确。

100.【答案】 ACD

【逐项分析】 行政确认是指行政机关依法对相对人的法律地位、法律关系或者有关法律事实进行甄别、判断并加以宣告的行政行为。该行为具有非处分性、中间性、羁束性等特征。本题中涉及的工伤认定行为具备上述特征，属于行政确认行为的一种典型形式。A 选项说法正确。

行政奖励是指行政机关依法对为国家和社会做出突出贡献的相对人给予物质和精神鼓励的行政行为。本题中，罗某的行为属于见义勇为行为，依照相关规定属于应受行政奖励的行为。但是，行政奖励的主体必须是国家相关行政机关，其所在的企业对其进行的表彰只是企业自身的行为，不属于行政法上的行政奖励行为。B 选项说法错误。

《最高人民法院关于行政诉讼撤诉若干问题的规定》第 2 条规定："被告改变被诉具体行政行为，原告申请撤诉，符合下列条件的，人民法院应当裁定准许：（一）申请撤诉是当事人真实意思表示；（二）被告改变被诉具体行政行为，不违反法律、法规的禁止性规定，不超越或者放弃职权，不损害公共利益和他人合法权益；（三）被告已经改变或者决定改变被诉具体行政行为，并书面告知人民法院；（四）第三人无异议。"本案中，当区人社局撤销其 1 号工伤认定书，物业公司申请撤诉时，法院应当征询第三人罗某的意见，C 选项说法正确。

《行诉法解释》第 68 条规定："《行政诉讼法》第四十九条第三项规定的有具体的诉讼请求是指：（一）请求判决撤销或者变更行政行为；（二）请求判决行政机关履行特定法定职责或者给付义务；（三）请求判决确认行政行为违法；（四）请求判决确认行政行为无效；（五）请求判决行政机关予以赔偿或者补偿；（六）请求解决行政协议争议；（七）请求一并审查规章以下规范性文件；（八）请求一并解决相关民事争议；（九）其他诉讼请求。……当事人未能正确表达诉讼请求的，人民法院应当要求其明确诉讼请求。"根据上述规定，当事人在起诉时，应当正确表达诉讼请求，必要时，法院应予以指导。本题中，区工伤保险管理服务中心的行为构成不履行法定支付职责的行为，物业公司需要直接请求法院判决该中心履行支付职责，单纯请求确认该中心行政不作为违法并不能达到申请司法救济的目的。为此，法院需要指导其选择正确的诉讼请求，D 选项说法正确。

2022

国家统一法律职业资格考试

客观题考前冲刺2套卷

第一套 试卷二

法考客观题实战模拟黄金套卷，依据2022年新大纲命制

参照法考命题标准，针对重点热点问题设计试题，助力法考应试通关

扫码进入模拟机考演练

中国法制出版社

CHINA LEGAL PUBLISHING HOUSE

试卷二

一、单项选择题。每题所设选项中只有一个正确答案，多选、错选或不选均不得分。本部分含1-50题，每题1分，共50分。

1. 关于代理，下列哪一选项是正确的？

A. 甲与乙约定某日办理离婚手续，甲因故委托丙与乙办理离婚手续。丙的代理行为有效

B. 甲离职后私刻老千妈公司的印章，与企鹅公司签订合同并加盖该印章。如果老千妈公司不认可该合同，企鹅公司无权要求老千妈公司履行合同

C. 甲公司内部规章规定采购员采购金额不得超过5万元，采购员乙向不知情的丙公司采购价值6万元的原材料，乙的代理行为效力待定

D. 甲授权13岁的乙为其选购一台苹果手机。甲的授权行为需要其父母追认才有效

2. 甲、乙于2015年结婚并生育一子丙（12岁）。2018年4月1日，甲、乙在旅游途中意外遭遇翻船事故，二人下落不明。5月1日，经多方搜救无果后，政府公开宣布此次事故所有失踪人员已几乎无生还可能。5月20日，甲、乙的近亲属向法院提出对甲、乙的宣告死亡申请。法院作出了宣告死亡的判决。对此，下列哪一说法是正确的？

A. 法院作出宣告死亡判决之日为甲、乙的死亡日期

B. 丙的祖父母、外祖父母可以协议确定丙的监护人，但需尊重丙的意愿

C. 若相关当事人对丙的监护人存在争议，只能向法院申请指定丙的监护人

D. 若法院指定丙的外祖父母担任丙的监护人，则丙的外祖父母可以在生前通过遗嘱再指定丙的监护人

3. 甲公司是一家房地产公司，拥有A地块的建设用地使用权。甲公司为了房地产开发向乙银行贷款2亿元，以A地块的建设用地使用权抵押，双方签订抵押合同并办理了抵押权登记。甲公司获得贷款后在A地块上新建一栋写字楼C，同时将现有的写字楼B整体出租给丙公司作为办公场所，租期5年。写字楼C建成后，甲公司资金链断裂，多方筹资无果。现乙银行的债权到期，甲公司无力偿还。对此，下列哪一说法是正确的？

A. 甲公司与乙银行之间的抵押合同自抵押权登记时生效

B. 乙银行无权就写字楼B拍卖所得的价款优先受偿

C. 乙银行无权就写字楼C拍卖所得的价款优先受偿

D. 丙公司的租赁权可以对抗乙银行的抵押权

4. 甲公司向乙公司购买设备一台，价款为100万元。双方约定甲公司的价款分五期支付，每期20万元，待甲公司价款支付完毕后取得设备所有权。合同签订后一周，乙公司将设备交付给甲公司，但其保留的所有权未登记。甲公司支付第二期价款后，将设备出租给不知情的丙公司并交付。第三期价款到期后，甲公司因陷入经营困难而未按时支付。对此，下

列哪一说法是错误的？

A. 甲、乙公司之间的买卖属于分期付款买卖

B. 乙公司有权直接解除买卖合同

C. 乙公司保留的所有权不能对抗丙公司

D. 乙公司无权请求丙公司支付租金

5. 甲向乙银行贷款 100 万元用于创业，约定 3 年后偿还，在这 3 年内甲可以因创业向乙银行继续贷款，甲抵押一套房屋作担保，丙以自己的汽车提供抵押担保。丁作为保证人与乙银行签订了《最高额保证合同》，合同采用的是银行预先拟定的格式条款，其中第五条约定："无论债权人对主合同项下的债权是否拥有其他担保，无论上述其他担保何时成立、是否有效、债权人是否向其他担保人提出权利主张，保证人在本合同项下的保证责任均不因此减免。" 对于这一条款，乙银行并未提示丁注意。3 年后甲创业失败，借款到期不能偿还。对此，下列哪一选项是正确的？

A. 乙银行应先要求丁承担保证责任，然后再行使抵押权

B. 若乙银行放弃对甲房屋的抵押权，则丙可主张在甲房屋价值范围内免除担保责任

C. 乙银行应先就抵押物行使权利，然后再请求保证人丁承担保证责任

D. 丁可以申请撤销《最高额保证合同》第五条

6. 甲将一幅古画出租给乙使用，租赁期间甲意外死亡。甲去世前立有遗嘱，其遗产由两个儿子丙和丁继承，遗嘱还指定丁为遗嘱执行人。因丙一直在外地工作，故同意古画由丁代为保管，暂不进行遗产分割。后来乙将古画卖给不知情的戊，并完成交付。对此，下列哪一说法是正确的？

A. 若丁知情并同意乙的出卖行为，则乙无需经丙的同意即可出卖古画

B. 甲死亡后，丙、丁对于古画成立直接占有

C. 乙出卖古画后，丙、丁可以向乙主张占有返还请求权

D. 丙、丁无权向戊主张返还原物请求权

7. 2020 年 7 月 1 日，黄某将自己的一套房屋出租给徐某，合同约定租期 2 年。7 月 15 日，黄某在未通知徐某的情况下，与方某签订房屋买卖合同，约定待方某付款后即办理房屋过户手续。未等付款过户，黄某得知其外甥女谢某因结婚急于购买一套房子，于是在 8 月 1 日又与谢某签订了一份房屋买卖合同，将该房屋卖与谢某并办理了房屋过户登记。徐某与方某得知后，遂起纷争。对此，下列哪一说法是正确的？

A. 7 月 15 日，黄某出卖房屋侵害了徐某的优先购买权

B. 8 月 1 日，黄某出卖房屋时，徐某不享有优先购买权

C. 徐某可以优先购买权受到妨害为由主张黄某与谢某的房屋买卖合同无效

D. 谢某取得房屋所有权，并有权要求徐某即刻腾房

8. 甲公司向乙公司订购一批家具，价款为 100 万元，双方约定乙公司在 3 个月内将家具运送至甲公司住所地的仓库中，甲公司先支付 40 万元的定金，乙公司按约交付后 1 周内支付余款。甲公司支付 40 万元定金后变更了住所地，但并未通知乙公司，致使乙公司履行困难。对此，下列哪一说法是错误的？

A. 甲、乙之间约定的 40 万元定金均可发生定金效力

B. 乙公司无权直接解除买卖合同

C. 乙公司有权中止履行或者将标的物提存

D. 乙公司提存后，标的物毁损灭失的风险由甲公司负担

9. 甲委托乙为其购买一辆豪华轿车，并要求乙以自己的名义签合同。乙与丙汽车销售公司签订轿车买卖合同后，由于甲并未提供购车资金，导致乙不能按照约定向丙公司支付购车款。对此，下列哪一说法是正确的？

A. 该合同可以直接约束甲和丙公司

B. 乙应当向丙公司披露委托人甲及受托购车实情

C. 丙公司知道委托人并请求甲支付购车款不能获得清偿时，方可请求乙支付购车款

D. 丙公司可主张甲与乙承担连带责任

10. 甲向乙借用一匹母马，借用期 1 年。在借用期间甲意外死亡，妻子丙并不知道母马非属甲所有而继承。不久，母马产下一匹小马。借用期满后，乙要求丙归还母马及小马，丙至此才知道真相，但此时小马因丙管理不善已死。对此，下列哪一说法是错误的？

A. 甲、乙的借用合同对丙具有约束力

B. 乙可基于所有权人的身份请求丙返还母马

C. 借用期满前丙对母马的占有属于善意的自主占有

D. 小马归乙所有

11. 甲、乙结婚多年，乙一直未怀孕，甲及其父母甚为焦虑。后经医治，乙成功怀孕。某日夫妻因家事发生争吵，乙离家出走，并擅自在某医院做了终止妊娠手术。甲以某医院和乙侵害其生育权并造成婚姻破裂为由，将二者诉诸法院主张权利。对此，下列哪一说法是正确的？

A. 某医院在丈夫不知情的情况下对妻子实施终止妊娠手术，侵害了甲的生育权

B. 若甲不离婚，仅以妻子侵害其生育权为由主张精神损害赔偿，法院应当支持

C. 若甲提出离婚，法院不能以乙侵害生育权导致婚姻破裂为由判决离婚

D. 若甲提出离婚，甲不得向乙主张离婚损害赔偿

12. 明星甲与女粉丝乙在某海滩游玩时遭到李某偷拍，李某擅自将偷拍的照片在某网络平台上曝光。甲的经纪人王某发现后通知该网络平台及时删除了涉事照片，但这批照片仍被大量网友转发议论。对此，下列哪一说法是错误的？

A. 李某构成对甲名誉权的侵害

B. 李某侵害了甲的隐私权

C. 李某侵害了甲的肖像权

D. 该网络平台不承担侵权责任

13. 李某因意外事故受伤昏迷，被送往某医院紧急救治。经会诊，李某亲属被告知须马上对李某实施截肢手术。因亲属意见不一，迟迟不能签字同意。主治医生报请院长后决定实施手术。因血浆不够，志愿者张某主动献血，经医院检验，血型匹配，立即采血实施手术。手术虽然顺利，但由于张某的血液携带乙肝病毒（张某并不知情），导致李某受感染。据此，下列哪一表述是正确的？

A. 医院未取得李某同意，决定对其实施截肢手术，侵害了患者的知情同意权

B. 若李某亲属迟迟不签字同意，错过最佳治疗时机造成患者损害，医院不承担责任

C. 张某捐献带病毒血液造成李某损害，张某应承担医疗损害赔偿责任

D. 张某捐献带病毒血液造成李某损害，医院应承担医疗损害赔偿责任

14. 甲生育三个孩子乙、丙和丁，但均在外地工作生活。甲与其领养的 8 岁的戊一起生活，未办理收养登记手续。后甲因交通事故死亡，留有房屋一套、存款 5 万元、事故赔偿金 10 万元。另据戊回忆，甲生前曾口头表明要供戊上完大学。得知甲死亡后，乙表示放弃继承遗产，甲的债权人张三主张 2 万元的债权。对此，下列哪一说法是错误的？

A. 戊作为依靠甲生活的无劳动能力的人，在分割遗产时可以适当分得份额

B. 乙已经表示放弃继承，可以不必承担甲对张三的债务

C. 丙、丁应当及时推选遗产管理人，如未推选，可由丙、丁共同担任

D. 戊可以依据甲的承诺主张在遗产中预留其今后上大学的费用

15. 陈某是《中国古代法律制度汇编》丛书主编，应邀在法制史年会上介绍汇编工作的进展。陈某拟定发言稿提纲，交由汇编工作委员会成员刘某、赵某共同起草，陈某修改定稿后以个人名义在年会上做报告。关于发言稿的著作权，下列哪一说法是正确的？

A. 属于刘某和赵某

B. 属于刘某、赵某和陈某

C. 属于陈某

D. 属于该丛书的编纂委员会

16. 甲于 2017 年 2 月 5 日发明了一种新式发动机，8 月 15 日在中国政府主办的某国际博览会上展出。12 月 12 日，甲向专利局邮寄申请文件，信封上邮戳不清，专利局于 12 月 15 日收到申请文件。美国人乙于 2017 年 12 月 13 日就同样的发动机在美国提出专利申请，又于 2018 年 5 月 8 日向中国提交申请。对此，下列哪一说法是正确的？

A. 甲申请日为 2017 年 12 月 12 日，乙申请日为 2017 年 12 月 13 日，甲申请在先

B. 甲申请日为 2017 年 12 月 15 日，乙申请日为 2017 年 12 月 13 日，乙申请在先

C. 甲申请日为 2017 年 8 月 15 日，乙申请日为 2018 年 5 月 8 日，甲申请在先

D. 甲申请日为 2017 年 8 月 15 日，乙申请日为 2017 年 12 月 13 日，甲申请在先

17. 甲于 2018 年 9 月 7 日申请在铅笔、钢笔、毛笔等商品上注册“神雕”图形商标，2019 年 2 月 5 日初步审定公告。乙认为该商标侵犯了自己的著作权，于 2019 年 5 月 2 日提出异议。丙是一家专门生产钢笔的企业，希望甲能转让在钢笔种类上的“神雕”商标权。对此，下列哪一说法是正确的？

A. 若至 2019 年 5 月 5 日无人对商标提出异议，则商标权自 2019 年 2 月 5 日起生效

B. 若商标局认定乙的异议不成立，商标权的取得自 2019 年 5 月 5 日起生效

C. 若甲和丙协商一致，可仅转让钢笔种类上的“神雕”商标权

D. 商标转让应由甲和丙共同向商标局申请，自申请核准之日起丙享有商标权

18. 大湖矿业公司拟增资 1000 万元，明确表示由德利公司认缴。德利公司和大湖矿业签订了增资扩股协议后，因资金原因，又与甲、乙、丙三人签订了协议书，约定：甲、乙、丙三人将 500 万元委托给德利公司定向投资于大湖矿业，该信托为自益信托等。2022 年 5 月 10

日，甲、乙、丙三人将500万元款项汇入德利公司账户。德利公司于6月1日自该账户汇出1000万元至大湖矿业。7月，德利公司破产。据此，下列哪一说法是正确的？

A. 甲、乙、丙就该500万元对应的股权享有信托受益权

B. 因德利公司被宣告破产，该信托终止

C. 甲、乙、丙得就500万元向德利公司的管理人申报债权

D. 该信托因实际导致甲、乙、丙获得大湖公司股权而无效

19. 亿霖股份有限公司于2018年3月成功上市。2019年1月，发起人赵某由于资金问题将所持公司股份20万股中的10万股转让。董事孙某因在国外定居，于2019年4月辞去董事职务，并在2019年7月将所持公司股份全部卖出。监事李某在2019年1月2日以均价每股8元的价格购买公司5万股股票，并在2019年4月5日以均价每股15元的价格将上述股票全部卖出。对此，下列哪一说法是正确的？

A. 发起人赵某可以将10万股转让

B. 董事孙某可以将全部股票卖出

C. 监事李某的行为构成内幕交易

D. 监事李某所获收益归公司所有

20. 瑞祥有限公司于2019年6月召开股东会，就公司章程修改事宜作出了决议。在会议召开过程中，董事长林某因身体不适无法继续主持会议，但公司董事会尚未设副董事长。对此，下列哪一说法符合法律规定？

A. 该决议须经半数以上表决权的股东通过

B. 由出资最多的股东继续主持会议

C. 由半数以上董事共同推选一名董事继续主持会议

D. 由半数以上表决权的股东共同推选一名董事继续主持会议

21. 2015年10月，鑫冉有限公司成立，以装修装饰为主要经营范围。2017年2月，程明通过受让股权的方式成为公司股东，持股比例5%，公司经营情况良好，但公司财务报告上一直显示没有任何盈利。程明提出查阅财务会计账簿的请求，遭到拒绝。后经程明调查取证，是董事长吴嘉和财务总监冯园恶意串通隐匿并销毁了部分财务原始凭证等文件。2018年10月，程明因为其他债务纠纷被法院强制执行了在鑫冉公司中的全部股权。2019年1月，程明欲以知情权受损为由提起诉讼。对此，下列哪一说法是正确的？

A. 程明可以要求查阅和复制公司的会计账簿

B. 由于程明在起诉时不具有公司股东资格，法院应当驳回起诉

C. 公司章程可以约定持有股份5%以下的股东无权查阅财务会计账簿

D. 程明可以向吴嘉和冯园主张民事赔偿责任

22. 甲以林某为付款人签发一张汇票给乙。乙将该汇票背书给丙，载明“不得转让”。丙将汇票背书给丁，丁不慎丢失，被戊拾得，戊伪造签名后将汇票赠送给庚。庚又将汇票背书给付款人林某，载明林某完成目标任务时该背书才生效。汇票到期前，甲发现甲与乙之间的购货合同因违反法律强制性规定而无效。下列哪一说法是错误的？

A. 甲不能以购货合同无效为由对抗丙

B. 乙对丁不承担票据责任

C. 庚有权要求丙承担票据责任

D. 庚与林某之间的背书有效

23. 甲、乙、丙、丁四人设立一家有限公司，注册资本 100 万元。甲、丁以货币出资分别占 20%和 30%股权，均约定 5 年内分 5 次缴足，乙以知识产权出资占 20%股权，丙以机器设备出资占 30%股权。公司成立一年后，戊以货币出资 100 万元加入公司。此后 1 个月，公司发现丙的出资作价不实。下列哪一选项是正确的？

A. 丙应当补足机器设备的差额部分，戊无需对此承担连带责任

B. 乙在公司设立中以自己名义对外签订的合同，公司成立后须享有利益才承担责任

C. 甲如未按约定足额缴纳出资，股东会可决议剥夺其新股优先认购权

D. 公司成立第一年如有可供分配的利润，甲、乙、丙、丁按照 2：2：3：3 的比例分取

24. 上市公司众兴股份公司注册资本 1 亿元，每股 1 元，流通股股东持股占比 80%。2019 年年报显示公司连续五年盈利，该年度税后利润为 5000 万元，法定公积金 5000 万元。公司董事会召集了股东大会年会，并在年会上提出了利润分配的方案。据此，该公司的下列哪一做法是错误的？

A. 可直接就 5000 万元进行分配

B. 可再提取公积金 4000 万元再行分配

C. 可按照每股配一股的方式向股东“发红股”

D. 对流通股东的利润分配形式须按章程规定包含现金

25. 回兴公司开发了一项“智慧法律机器人”的专有技术，虽未申请专利，但实施了严格的保密措施。根据《反不正当竞争法》，以下哪一种情况不属于侵犯商业秘密的行为？

A. 李某利用爬虫技术侵入回兴公司网络系统读取了该机密资料

B. 戴某高薪挖取回兴公司的技术人员陶某并引诱其透漏了回兴公司的该机密资料

C. 回兴公司技术主管钱某携带该机密资料离职，并将其转让给某公司

D. 王某通过软件分析破译了该机器人的核心算法

26. “免费视频服务+增值广告服务”是我国网络视频行业的通行商业模式。猎虎公司提供的浏览器能够将悠悠网的视频广告屏蔽，短时间内获得大量下载和使用。关于本案，下列哪一说法是正确的？

A. 猎虎公司主要提供杀毒软件服务，悠悠网主要从事网络游戏运营，二者不是竞争对手，不存在竞争关系

B. 猎虎公司的行为构成引人误解的虚假宣传行为

C. 猎虎公司的行为构成恶意屏蔽的不正当竞争行为

D. 猎虎公司的行为损害了消费者的公平交易权

27. 甲网络交易平台的《“正品保障”服务规则》规定，买家认定已购产品为假货时，有权投诉并申请赔付，赔付金额为买家支付价款的“退一赔四+邮费”。张某在甲平台购买乙公司销售的手机 1 部，收货后发现配置与宣传不符，向甲平台投诉。甲平台向张某提供了乙公司的真实名称、地址和有效联系方式，并马上采取下架侵权商品、暂扣保证金等措施，同时无条件退货。对此，下列哪一说法是正确的？

A. 张某只能主张支付 3 倍价款的惩罚性赔偿金

B. 甲平台应对张某承担先行赔付责任

C. 甲平台如不能证明自己不明知或不应知乙公司售假行为，则承担连带赔偿责任

D. 甲平台提供了销售者的有关信息，并及时采取多项措施，无需承担赔偿责任

28. 陈某向甲公司转让股权并取得收入，应申报缴纳印花税但未申报，应申报缴纳个人所得税但申报少了。陈某所在地税务局作出税务处理决定，责令其限期补交印花税和个人所得税，并从滞纳之日起至实际缴纳之日止，按日加收滞纳金。对此，下列哪一选项是错误的？

A. 甲公司应扣而未扣的个人所得税款，税务局有权向陈某追缴税款及滞纳金

B. 税务局对陈某少缴的税款可以无限期追征

C. 如陈某对税务处理决定不服，须先申请复议，对复议决定不服才能提起行政诉讼

D. 如陈某未在规定期限内缴纳税款及滞纳金或提供相应担保，复议机关有权不予受理其复议申请

29. 申某系甲银行公主坟支行客户经理，在担任个人客户经理期间，私自在银行贵宾室内，通过该行 POS 机付款方式向邵某等 43 人销售非该行的理财产品。此后，产品到期不能兑付，邵某等人将该行诉至法院。该行认为其销售的理财产品均在官网进行公示，理财协议文本及说明书等文件均加盖银行印章，并附有经办业务人员签字，且多次对员工进行培训禁止员工充当中介，已经尽到相应义务。对此，下列哪一选项是正确的？

A. 公主坟支行具有法人资格，在总行拨付营运资金范围内独立承担民事责任

B. 邵某等人应当以甲银行为被告提起诉讼

C. 公主坟支行的内部管理违反了审慎经营规则，存在过错

D. 甲银行经营理财业务应报中国人民银行批准

30. 甲公司无法按期偿还乙商业银行的贷款，向某小贷公司借款用于偿还银行贷款，并约定待银行重新放贷后立即还款。小贷公司为规避风险，要求乙银行为借款提供担保，行长姚某为避免银行贷款出现逾期，且担保金额在总行授权范围内，遂私自以银行的名义出具保函，约定保证方式为无条件、不可撤销的连带责任保证，并加盖了银行公章。乙银行重新发放贷款后，甲公司并未归还小贷公司借款。根据《商业银行法》和《银行业监督管理法》，以下哪一说法是错误的？

A. 乙银行有权拒绝任何单位和个人强令要求其提供担保

B. 乙银行未经当地银保监局批准不得对外提供担保

C. 当地银保监局有权禁止姚某一定期限直至终身从事银行业工作

D. 乙银行对甲公司在小贷公司的借款承担连带责任

31. 高某与某房地产开发公司签订的《预售商品房认购书》约定：公司为高某预留所选房屋，双方于公司取得商品房预售许可证时正式签订商品房预售合同；高某缴纳“保证金”1 万元，该款于签订预售合同时自动转为合同定金。公司取得预售许可证后即通知高某，双方签订了商品房预售合同，高某缴纳了首期购房款 80 万元。此后，该套房屋被公司以更高价格出售给第三人。对此，以下哪一说法是错误的？

A. 取得商品房预售许可证是签订《预售商品房认购书》的必备条件之一

B. 双方签订商品房预售合同时公司已具备商品房预售的法定条件，该预售合同有效

C. 登记备案是商品房预售人的法定义务，但不是合同的生效条件，该预售合同应受法律保护

D. 开发商违约，高某有权请求返还 80 万元首期房款本息并双倍返还定金

32. 关于依法应暂予免征环境保护税的情形，下列哪一选项是正确的？

A. 某农村家庭将生活垃圾直接倾倒在村里的废弃地

B. 某个体户经营的洗车行直接排放废水

C. 某运输公司大批汽车在运输时排放尾气

D. 某学校的生活污水经管道排放给为社会公众提供生活污水处理服务的场所

33. 某县林业主管部门在宣传活动中强调，现代森林经营管理理念之一即为重视森林经营规划和方案的作用。对此，下列哪一宣传是错误的？

A. 县林业主管部门已结合本地实际，编制了森林经营专项规划

B. 国有、集体林业企业均应当编制森林经营方案，明确森林培育和管护的经营措施

C. 依法编制的森林经营方案，报县级以上林业主管部门批准后实施

D. 违反规定未编制森林经营方案的，由县级以上林业主管部门责令限期改正

34. 某工厂准备安排职工赵某在 5 月 1 日和 2 日两天加班（2 日是休息日）。关于加班及加班工资，下列哪一选项是错误的？

A. 该厂由于生产经营需要，经与工会和劳动者协商后可以安排加班

B. 5 月 1 日加班应首先安排补休，不能补休的应支付不低于工资的 300%的工资报酬

C. 5 月 2 日加班应首先安排补休，补休时间应等同于加班时间

D. 5 月 2 日加班应首先安排补休，不能补休的应支付不低于工资的 200%的工资报酬

35. 重庆锦江公司《重要客户手册》是其商业秘密，该公司与知悉商业秘密的销售员华某签订了《保密和竞业限制协议》，约定：华某在职期间以及离职之后的 5 年内负有保密及竞业限制义务。华某离职后，该公司未支付保密和竞业限制的任何补偿。对此，下列哪一说法是正确的？

A. 华某在职期间保密且竞业限制的约定违法

B. 华某离职之后的 5 年内保密且竞业限制的约定合法

C. 华某离职后，该公司应支付保密的经济补偿

D. 华某离职后，该公司应支付竞业限制的经济补偿

36. 沈阳某医院接收虚假病人，办理虚假住院，骗取医保基金。关于医疗保障主管部门对其的处罚，下列哪一选项是错误的？

A. 责令退回骗取的医疗保险金

B. 处以骗取金额 2 倍以上 5 倍以下的罚款

C. 解除医保服务协议，取消医保定点医院资格

D. 责令该医院限期改正，对直接负责的主管人员和其他直接责任人员予以行政处分

37. 我国 A 公司与甲国 B 公司在我国合资设立 C 公司。近日，A 公司与 B 公司在我国境内发生合营合同履行纠纷，涉案标的达 2 亿元人民币。关于本案管辖权与法律适用，在两公司协商一致的情况下，下列哪一说法是正确的？

A. 可提交国际商事法庭解决　　B. 可提交甲国法院解决

C. 可提交乙国仲裁机构解决　　D. 可适用乙国法

38. 甲国人迈克和罗丝七年前在中国上海相识并结婚，婚后一直居住在上海。近日，罗丝向人民法院提出申请，要求宣告迈克失踪。关于宣告迈克失踪应适用的法律，下列哪一说法是正确的？

A. 适用迈克本国法，即甲国法

B. 适用迈克经常居所地法，即中国法

C. 适用法院地法，即中国法

D. 适用迈克和罗丝共同国籍国法，即甲国法

39. 甲、乙两国均为《国际铁路货物联运协定》参加国。甲国 A 公司向乙国 B 公司出售一批大豆，运输由甲国 C 公司和乙国 D 公司承担。货到后 D 公司留置了货物，声称 A 公司未付清运费，而 A 公司则声称运输过程中承运人管理货物不当造成了货损。A、C 两公司将争议提交甲国法院。对此，下列哪一说法是正确的？

A. 如发生货损，则货方应区分运输区段分别追究 C、D 两公司责任

B. 如发生货损，C、D 两公司可享有责任限制

C. 承运人管理货物不当造成货损可免责

D. 货物留置的效力以乙国法为依据

40. 甲国 A 公司从乙国 B 公司购进一批木材，采用 CIP（Incoterms2020）贸易术语。货物由乙国 C 公司“东岩”号货轮承运。运输途中，“东岩”号因为遭遇雷电导致部分木材落海。之后，“东岩”号试图救援一艘遇难船舶时触礁，导致又有部分木材落海。甲、乙两国均为《海牙规则》缔约国。对此，下列哪一说法是错误的？

A. C 公司应就触礁造成的木材落海损失向 A 公司承担赔偿责任

B. 如果 A 公司和 B 公司之间没有约定，遭遇雷电导致的木材落海损失属于 CIP 投保险别赔偿范围

C. 木材落海损失的风险应由 A 公司承担

D. 木材运输合同由 B 公司和 C 公司签订

41. 萧某因不当得利纠纷起诉马某。庭审过程中，马某得知本案书记员何某接受萧某宴请，遂申请何某回避。关于本案的回避，下列哪一表述是正确的？

A. 马某可在一审判决作出前提出申请

B. 何某的回避应由本案审判长决定

C. 法院可以口头或者书面形式作出决定

D. 马某对法院决定不服可申请复核一次

42. 周某因资金周转困难向吴某借款 80 万元，由郑某提供保证。借款合同约定，如发生

纠纷，应向吴某所在的 A 区法院起诉。郑某与吴某签订的保证合同约定，如发生纠纷，向合同签订地的 B 区法院起诉，双方未约定保证方式。后因周某未按期还款发生纠纷。关于本案，下列哪一说法是正确的？

A. 吴某起诉周某，可将郑某列为第三人

B. 吴某起诉周某，可追加郑某为共同被告

C. 吴某可向 A 区法院起诉周某和郑某

D. 吴某可向 B 区法院起诉周某和郑某

43. 五洋公司在不符合债券发行条件的情况下，通过制作虚假财务报表欺诈发行两只公募债券，债券投资者陆续向 H 市中级法院起诉，请求五洋公司及相关责任人偿付债券本息及逾期利息。法院确定 5 名投资者作为代表人，适用代表人诉讼制度予以审理。关于本案，下列哪一说法是正确的？

A. 本案属于证券特别代表人诉讼

B. 经上级法院批准，本案可交由基层法院审理

C. 代表人与被告进行调解，应当经全体原告同意

D. 判决仅对参加诉讼的投资者具有既判力

44. 秦某创作的某国画作品，被甲公司擅自使用，制成贺卡销售，秦某起诉甲公司要求赔偿 3 万元损失。因事实清楚、权利义务关系明确、争议不大，法院决定适用小额诉讼程序审理。关于本案，下列哪一表述是正确的？

A. 本案为著作权纠纷，不应适用小额诉讼程序审理

B. 仅秦某同意，法院不可通过网络平台在线审理

C. 秦某对程序适用有异议，法院审查后可口头驳回

D. 经双方当事人同意，法院可不开庭审理后作出判决

45. 胡某在 A 国（未与我国订立有关证明手续的条约）留学时与该国公民汤姆领证结婚，学成归国后和汤姆一直在我国甲市乙区居住生活。后因性格不合，胡某起诉与汤姆离婚。经法院调解，双方达成离婚协议。关于本案的表述，下列哪一选项是错误的？

A. 结婚证必须由我国驻 A 国使领馆认证

B. 汤姆不得委托 A 国律师作为诉讼代理人

C. 汤姆应在收到起诉状副本后 15 日内提交答辩状

D. 如胡某要求制发判决书，法院可予准许

46. 王某向李某借款 100 万元，由张某提供连带保证。因王某未及时偿还借款，李某起诉张某，要求其承担连带担保责任。诉讼过程中，法院发现王某涉嫌非法吸收公众存款罪，已被公安机关拘留。关于法院对本案的处理，下列哪一说法是正确的？

A. 应裁定诉讼中止

B. 应决定延期审理

C. 应继续审理本案

D. 应裁定驳回起诉

47. 张某因商品质量纠纷起诉甲公司获得胜诉判决，甲公司不服提起上诉。二审法庭辩论终结后，甲公司分立为乙公司和丙公司。关于对本案的处理，下列哪一做法是正确的？

A. 依自愿组织调解，调解不成，裁定撤销原判、发回重审

B. 依自愿组织调解，调解不成，告知张某另行起诉

C. 将乙公司和丙公司列为上诉人直接作出判决

D. 将乙公司和丙公司列为上诉人重新审理后作出判决

48. 甲区的赵某雇请乙区的陈某为其砍伐杉木，约定砍伐完毕后，赵某一次性付清用工款。陈某完成砍伐任务后，赵某声称杉木亏本，拖延支付用工款。经丙区人民调解委员会调解，双方达成调解协议。为确保调解协议的效力，双方拟向法院申请司法确认。关于本案调解协议的司法确认，下列哪一表述是正确的？

A. 应由赵某和陈某本人共同提出申请

B. 应向丙区法院提出申请

C. 应向法院提出书面申请

D. 司法确认裁定不具有既判力

49. 甲公司遗失汇票一张，向法院申请公示催告，法院审查后受理案件并发布公告。在公告期间，乙公司持被公示催告的汇票向法院申报权利。经查验，甲公司申请公示催告的票据与乙公司出示的票据一致。关于本案的处理，下列哪一说法是错误的？

A. 甲公司应向票据支付地基层法院提出申请

B. 乙公司申报权利应当出示票据

C. 应裁定终结公示催告程序

D. 法院应将案件转入诉讼程序审理

50. 古某拖欠章某借款 20 万元，章某多次催要无果向法院起诉，法院判决古某偿还借款本息共计 22 万元。判决生效后古某拒不履行，章某申请强制执行。在执行过程中，由黄某为古某的债务提供担保，法院暂缓执行 6 个月。期限届满后，古某仍未履行还款义务。关于本案的处理，下列哪一说法是正确的？

A. 黄某应当向执行法院提交保证书

B. 章某应当向法院出具书面同意意见

C. 黄某应当向执行法院提供担保财产

D. 法院应当将古某和黄某均列为被执行人

二、多项选择题。每题所设选项中至少有两个正确答案，多选、少选、错选或不选均不得分。本部分含 51-85 题，每题 2 分，共 70 分。

51. 甲从二手车经销商某公司购买一辆二手车。价目牌上写有如下说明：丰田凯美瑞，制造年份 2015 年，38000 公里，10 万元。事实上，该车已经行驶了 8 万公里，仅值 5 万元。该公司的销售人员乙未告知甲实情，与甲签订了该二手车的买卖合同，价款 10 万元。交易完成 2 个月后，甲将该车借给好友丙使用，丙的配偶丁在驾驶过程中违反交通规则将路人戊撞伤，花费治疗费用5000 元。又过了一个月，甲得知二手车的真实公里数。对此，下列哪些说法是正确的？

A. 甲可依据重大误解向法院起诉撤销二手车买卖合同

B. 甲可依据欺诈向法院起诉撤销二手车买卖合同

C. 甲可依据显失公平向法院起诉撤销二手车买卖合同

D. 5000 元的治疗费用应由丁来承担

52. 关于人格权侵权，下列哪些说法是正确的？

A. 网红主播孙某擅自将其与富二代王某的微信聊天记录发布在微博上，导致王某的社会评价降低，孙某侵害了王某的名誉权

B. 甲创作了一本玄幻小说《沧澜之神》，为了提升小说的点击量，甲发布该小说时使用另一著名玄幻作家乙的笔名“唐家十三少”，甲并未侵犯乙的姓名权

C. 画家张某按照李某的形象创作了一幅人物画，钱某购买了该画，仅征得张某同意后就将该画用于展览，钱某侵害了李某的肖像权

D. 某社交平台在未取得用户同意的情形下擅自将用户信息与其他公司共享，该平台侵害了用户的个人信息权

53. 关于诉讼时效，下列哪些选项是正确的？

A. 赵某捏造同学张某出轨的谣言并四处散播，造成张某的名誉评价降低，张某请求恢复名誉的权利不适用诉讼时效的规定

B. 甲、乙、丙三人出资设立一家公司，其中甲的出资期限届至后迟迟不缴纳，公司针对甲出资的请求权不适用诉讼时效的规定

C. 甲、乙系夫妻，育有一子丙，二人离婚后 7 岁的丙由甲抚养，丙对乙的抚养费请求权不适用诉讼时效的规定

D. 甲有一养女丙，甲多次酗酒后对丙实施性侵，丙对甲的损害赔偿请求权不适用诉讼时效的规定

54. 甲、乙、丙三人按相等出资份额共同投资购买了一个商铺形成共有，商铺的所有权登记在甲的名下。据此，下列哪些说法是正确的？

A. 若甲擅自将商铺以个人名义出卖给不知情的丁，丁随即转赠给戊，则乙、丙不能对戊行使物权请求权

B. 若甲擅自将自己的商铺份额转让给丁，乙、丙可以侵害优先购买权为由仅主张该转让合同无效

C. 若甲准备内部转让共有份额，则甲可以在乙、丙之间自由选择受让人

D. 若甲向丁转让商铺份额，乙、丙均主张优先购买且协商不成，则应按照转让时的共有份额比例行使优先购买权

55. 村民颜某经过邻居赵某家，偶然发现屋里烟雾缭绕，并听到赵某发出怪叫，以为其遭遇危难，便破门而入准备施救。进屋才发现是一场虚惊！原来赵某刚加入某教派，在燃香烧纸，扮演“仙人”，请神驱邪。事后，颜某将赵某扮“仙人”的事情在村里散播，赵某因此遭受村人耻笑。双方遂起纠纷。对此，下列哪些说法是正确的？

A. 颜某构成紧急避险，其避险措施并非不当或超过必要限度，故不承担责任

B. 颜某属于紧急救助行为，即使损坏屋门，也不承担赔偿责任

C. 颜某公开传播赵某扮“仙人”一事，导致赵某遭受村人耻笑，构成名誉权侵害

D. 颜某公开泄露赵某的个人信息，构成个人信息权益的侵害

56. 某整容医院未经当事人同意，向一家照相馆购买了一批优质照片用作医院给客户的整容参考。甲来到医院接受整容手术时参考了乙的照片，手术很成功，医院并无违规操作行为，整容完成后甲在街上偶遇乙的仇人丙，丙将甲误认成乙并将其打伤。对此，下列哪些说法是正确的？

A. 丙虽出现认识错误，仍应对甲承担侵权责任

B. 医院的整容导致甲被错认，甲有权要求医院承担责任

C. 照相馆出售了乙的照片，乙有权要求照相馆承担责任

D. 医院使用了乙的照片，乙有权要求医院承担责任

57. 在下列哪些情形下，行为方需承担违反安全保障义务的侵权责任？

A. 甲在乘电梯时遇一老人吸烟便劝阻，导致老人因情绪激动突发心梗死亡

B. 乙商场防滑警示标志设置不明显，导致一进商场躲雨的妇女摔倒受伤

C. 丙邀约朋友饮酒，虽未极力劝酒，但该朋友因饮酒过量而触发心脏病死亡

D. 丁公司主办一场摇滚演唱会，散场时因指示疏导错误导致发生踩踏事件，二人受伤

58. 已故著名摄影家曾某于1940年深入抗战一线拍摄了一幅珍贵的摄影作品《卢沟的眼泪》，并于1993年在国内首次发表。2005年甲公司未经许可也未署名，以《卢沟的眼泪》作为封面，制作并销售抗战影视片《卢沟烽火》。乙网络平台购买该片后擅自将其上传其网站供客户点击欣赏。曾某之女丙作为继承人起诉，要求甲公司和乙网络平台承担侵权责任。据此，以下哪些说法是正确的？

A. 曾某故去后，其著作权无受侵害的可能

B. 甲公司侵犯了曾某的发表权和署名权

C. 甲公司侵犯了丙的著作财产权

D. 乙网络平台侵害了甲公司和丙的著作权

59. 在以下哪些情形中，甲不构成侵犯专利权？

A. 达力公司就某药品在中国享有专利权，康泰公司欲生产销售仿制药，为收集行政审批所需信息委托甲制造数批专利药品

B. 美森公司就某药品在中国、美国享有专利权，该药品在印度的专利权人为巴塔公司，甲从印度购买合法生产的药品在中国销售

C. 甲商船定期往返于中日之间，该商船上使用了他人未经我国专利权人永辉公司许可而制造、销售的新式发动机

D. 腾飞公司拥有某新式烧烤架的专利权，甲在不知情的情况下以合理对价从某大型超市购买了他人未经许可制造、销售的烧烤架并在商铺中销售

60. 2010年，甲公司在服装、鞋、帽等商品上注册了“耐迪”商标，广受好评，自2013年起多次被认定为驰名商标。2014年，乙公司在儿童玩具上注册“耐迪”商标，并开始生产销售玩具。2018年，甲公司发现了乙公司的上述行为。对此，下列哪些说法是错误的？

A. 甲公司不得在商品上标注“驰名商标”，但可在广告宣传中表明系“驰名商标”

B. 若甲公司起诉乙公司商标侵权，法院应不予受理，告知向商标行政管理部门申请商标无效

C. 若甲公司起诉乙公司商标侵权，即使乙公司商标仍有效，法院也可禁止其使用该商标

D. 若乙公司注册超过 5 年，甲公司无权请求宣告乙公司商标无效

61. 2019 年 4 月 10 日，某法院受理了甲公司的破产申请。在破产债权申报期间，下列哪些情形债权人可以作为破产债权申报？

A. 因欠缴 2019 年 5 月份劳动保险金而产生的滞纳金

B. 因未履行在 2018 年 7 月 5 日生效的判决书而产生的加倍支付的迟延利息

C. 甲公司此前作为一般保证人保证的于 2020 年 3 月底到期的债务

D. 客户乙因一时大意在 2019 年 5 月错向甲公司汇出的 50 万元款项

62. 2019 年 10 月 8 日，张某为妻子投保“健康天使”疾病保险。2021 年 11 月 10 日，张妻患病住院，花费医疗费 5 万元，张某遂通知保险公司理赔，保险公司以张某违反如实告知义务为由拒赔并主张解除合同。张某诉至法院。对此，下列哪些说法是正确的？

A. 张某可以妻子在合同订立时已根据要求在指定医疗机构进行体检为由免除如实告知义务

B. 如保险公司在合同订立时知晓张某妻子的体检结果，则无权以投保人未就相关情况履行如实告知义务为由解除合同

C. 如保险公司在合同订立时已发现张某故意不履行告知义务，则其无权解除合同

D. 如保险公司在办理理赔手续时才发现张某故意不履行告知义务，则其有权解除合同

63. 张某、刘某和赵某准备在武汉成立一家从事医药研发业务的健乐有限公司。在公司成立过程中，张某以自己名义与庄某签订厂房租赁合同，公司成功设立并使用该厂房进行生产。由于生产经营良好，公司成立后第三年，于重庆和贵阳设立分公司；成立后第五年，100%控股了一家医药销售有限公司。对此，下列哪些说法是正确的？

A. 健乐有限公司只能采取发起设立的方式

B. 如健乐公司拖欠租赁费，由于公司已成功设立，庄某不能向张某请求承担责任

C. 在重庆和贵阳设立分公司，不需要领取分公司营业执照

D. 健乐有限公司 100%控股的医药销售有限公司经营范围可以与健乐有限公司不同

64. 欧某是一家计算机有限公司的股东，持股 9%。2019 年，该公司与另一公司合并，欧某通过股权置换获得合并后的公司 12%的股权。但合并后的公司自 2019 年起至 2021 年，一直无法召开股东会，欧某寻求内部救济无果，遂起诉要求判决解散公司。对此，下列哪些选项是正确的？

A. 两家公司合并时，债权人有权要求公司提前清偿债务

B. 两家公司合并时应当进行清算，清理所有的债权债务

C. 欧某可能因未满足连续持股 90 天以上的要求而无权提起解散公司的诉讼

D. 欧某不能以利润分配请求权受到损害为由，提起解散公司的诉讼

65. 永泰有限公司主要从事手机生产制造业务，因为手机市场长期低迷，公司持续亏损，决定召开股东会解散公司并进行清算。下列哪些说法是错误的？

A. 公司自行清算由全体股东组成清算组，如法院指定清算则由股东和债权人共同组成清算组

B. 公司清算组在清算期间应继续为公司扩展业务，力争提高销售业绩

C. 公司清算组在债权申报期间，不得清偿债务

D. 公司依法清算结束并办理注销登记前，由清算组代表公司参加有关公司的民事诉讼

66. 甲公司中标了某市人社局的医保支付软件，测试成功后人社局下文要求市内两定机构（定点药店和定点医疗机构）安装使用，于是两定机构纷纷使用该软件。后甲公司全资设立乙公司，并将全部社保业务转交给乙公司。乙公司为扩大销售收入，与两定机构签订合同，要求必须购买加密键盘和读卡器，否则不安装该软件。关于本案，下列哪些说法是正确的？

A. 本案所涉及的相关商品市场应确定为医保支付软件市场

B. 本案所涉及的相关地域市场应确定为某市

C. 甲、乙公司共同构成滥用市场支配地位的行为

D. 人社局下文要求两定机构安装使用该软件，构成行政性垄断行为

67. 甲在乙汽车销售公司购买一辆轿车，总价款40万元，采用分期付款方式，首付款20万元。甲听闻所购车型属于召回范围，但销售人员坚决否认并称车辆无质量问题。甲提车次日发现发动机漏油，认为汽车有质量问题，要求乙退货退款，并按合同价款的3倍支付惩罚性赔偿120万元。经鉴定，该车发动机存在装配质量缺陷，漏油系该车发动机缸体右侧破损，破损源于装配时将机油防溅板固定螺栓遗落在发动机内。关于乙公司拒绝退货和赔偿的理由，下列哪些说法不能成立？

A. 甲需要证明漏油是汽车的质量问题所致，因为漏油可能是甲操作不当引起

B. 根据《汽车三包规定》，甲无权要求退货，只能要求修理、更换发动机

C. 召回是指汽车产品生产者对其已售出的汽车产品采取措施消除缺陷的活动，生产者宣布召回公告时涉案车辆并未销售，销售前缺陷已排除，故涉案车辆并不属于召回车辆

D. 乙公司不存在欺诈，且甲只支付了首付款20万元，无权按合同约定价款要求惩罚性赔偿

68. 美籍华人朱某2011年起在北京甲信息公司任首席财务官，2012年在新疆H市W区注册乙公司。2018年度朱某在中国居住183天，在美国居住182天，从甲信息公司取得工资收入，从乙公司取得投资分红，另在美国取得劳务收入、专利许可收入。北京某税务局在审核中发现W区某税务所出具的朱某税收完税证明，表明朱某在2018年1月至2018年6月期间共计在W区某税务所申报缴纳10笔个人所得税，合计5200多万元，单笔税额最高达3100万元。经调查，H市政府基于招商引资的目的，出台了各种税收优惠或奖励政策，其中针对个人缴纳所得税地方留成部分的税收予以返还。根据《个人所得税法》，以下哪些说法是正确的？

A. 朱某为居民个人，应就境内境外全部所得缴纳个人所得税

B. 朱某取得的各项收入实行综合课征，应合并纳税

C. 该税务局有权按照合理方法对朱某在W区缴纳的个人所得税进行纳税调整

D. 朱某在W区不合理缴纳个人所得税的行为构成偷税，税收机关有权无限期追征

69. 某基金会向法院提起环境公益诉讼，状告某公司将超标废水直接排入蒸发池，造成沙漠严重污染。该基金会章程所规定的宗旨为："广泛动员全社会关心和支持生物多样性保护和

绿色发展事业，保护国家战略资源，促进生态文明建设和人与自然和谐"，基金会从事举办环保研讨会、组织生态考察、开展环保宣传等活动。关于本案，下列哪些选项是正确的？

A. 该基金会对依法登记、无违法记录等负举证责任

B. 该基金会对起诉时未超过 3 年诉讼时效负举证责任

C. 从该基金会的宗旨可看出，其属于"专门从事环境保护公益活动"的社会组织

D. 该基金会从事的活动表明，其属于"专门从事环境保护公益活动"的社会组织

70. 田某系某航空公司乘务员，被医院确诊患有精神病，该公司将其调整至地勤岗位，但实际上长期处于只领薪不上班状态。后田某以该公司监督员的名义多次在该公司航班上喧哗吵闹，给公司荣誉造成严重损害。关于田某劳动合同的解除，下列哪些选项是正确的？

A. 如该公司规章制度合法有效且明文规定，劳动者给公司荣誉造成严重损害的属于严重违反规章制度，则公司有权解除劳动合同

B. 如田某医疗期满后不能从事地勤岗位也不能从事该公司任何岗位的工作，该公司有权预告解除劳动合同

C. 如田某属于严重违反规章制度，该公司解除劳动合同无需支付经济补偿金

D. 田某在规定的医疗期内，该公司不得解除田某劳动合同

71. 吴某自 2006 年 1 月起在某公司工作。2016 年 1 月，劳动合同到期，吴某要求公司订立无固定期限劳动合同，公司以 2008 年《劳动合同法》生效之日起开始计算，吴某工作时间不满 10 年为由拒绝。2018 年 1 月，双方签订无固定期限劳动合同。2019 年 5 月，吴某申请仲裁，要求公司支付 2 倍工资。关于本案，下列哪些说法是正确的？

A. 2016 年 1 月，吴某依法有权要求该公司签订无固定期限劳动合同

B. 用人单位应当订立而不订立无固定期限劳动合同的，自应当订立之日起每月支付 2 倍工资

C. 吴某申请仲裁时，请求公司支付 2 倍工资已超过仲裁时效

D. 吴某主张 2 倍工资的请求不受仲裁时效的限制

72. 王某是某公司职工，该公司一直谎称已参加工伤保险。王某在发生工伤后才发现真相，就此事咨询某律师。该律师的下列哪些说法是正确的？

A. 王某要享受工伤待遇，应先向有关社保行政部门申请认定工伤

B. 王某如对工伤认定不服的，有权申请仲裁；对仲裁裁决不服的，有权提起诉讼

C. 王某因工伤要求该公司赔偿工伤保险待遇的纠纷，属于劳动争议

D. 如法院裁判了该公司赔偿的工伤保险待遇数额，但该公司拒不支付的，王某有权要求从工伤保险基金中先行支付

73. 甲国 A 公司民航客机在我国某机场降落时突发事故偏离跑道，与我国一家货运企业 B 公司的货机相撞。B 公司将 A 公司诉至我国法院，并申请扣押了该客机。法院审理期间甲国 C 银行要求参加诉讼，主张对 A 公司该客机享有抵押权。根据我国法律，下列哪些说法是正确的？

A. B 公司对 A 公司的损害赔偿，应适用中国法

B. B 公司对 A 公司的损害赔偿，应适用甲国法

C. C 银行对该客机的抵押权，应适用中国法

D. C 银行对该客机的抵押权，应适用甲国法

74. 甲国人苏珊和莎娃曾经同在上海一所大学留学，关系不睦。三年前两人毕业，苏珊回国，莎娃留在上海经营一家服装店。近日，苏珊上网时看到莎娃的服装店宣传广告，可以辨析出一款 T 恤印有自己的头像，遂在中国法院起诉莎娃侵权。关于本案的法律适用，下列哪些说法是正确的？

A. 适用被侵权人经常居所地法，即甲国法

B. 如二人没有协议，适用侵权行为地法，即中国法

C. 适用两人的共同国籍国法，即甲国法

D. 两人可以协议选择本案适用的法律

75. 我国 A 公司和新加坡 B 公司因买卖合同发生争议，A 公司主张依仲裁协议将案件提交瑞典斯德哥尔摩商会仲裁院在英国伦敦仲裁解决。B 公司提出抗辩，主张仲裁协议无效。关于确认仲裁协议效力应当适用的法律，下列哪些说法是正确的？

A. 适用双方当事人协议选择的法律

B. 如当事人无选择，适用合同准据法确认仲裁协议效力

C. 如当事人无选择，适用英国法

D. 如当事人无选择，既可以适用瑞典法，也可以适用英国法

76. 中国甲公司与法国乙公司因合同争议在中国法院提起诉讼，合同中双方协议选择了法国法作为合同准据法。关于该案的法律适用，下列哪些选项是正确的？

A. 因本案在中国法院审理，时效问题适用法院地法即中国法

B. 法院应当查明法国法的内容

C. 如本案涉及中国公共卫生问题，该问题适用中国法

D. 法院在确定应当适用的中国法律时，无须通过冲突规范的指引

77. 国内 6 家造纸企业向商务部提起反倾销调查。在调查过程中，6 家企业多次对调查进程和结果表示质疑。根据我国《反倾销条例》以及有关司法解释，下列哪些说法是正确的？

A. 6 家企业既可以依法申请行政复议，也可以依法向人民法院提起诉讼

B. 针对倾销及倾销幅度、损害及损害程度的初裁决定，6 家企业可以提起行政诉讼

C. 反倾销行政诉讼由被告所在地高级人民法院或其指定的中级人民法院管辖

D. 6 家企业在反倾销调查中无正当理由拒不提供商务部要求的证据，人民法院在诉讼中应不予采纳

78. 甲、乙两国均为《多边投资担保机构公约》缔约国。甲国 A 公司与乙国 B 公司在乙国境内合资设立 C 公司从事实木家具生产，A 公司还特许 C 公司使用其“红杉”牌商标。乙国木材产量很低，C 公司所用木材多从丙国进口。后丙国发生内战，C 公司木材来源中断且未找到经济可行的替代渠道。A 公司的投资已向多边投资担保机构投保。根据《多边投资担保机构公约》，下列哪些说法是正确的？

A. A 公司特许权收入不属于股权投资，不能向机构投保

B. A 公司特许权收入尽管不属于股权投资，也可以向机构投保

C. 战争发生在丙国，给 C 公司造成的损失不属于战争内乱险承保范围

D. 尽管战争发生在丙国，给 C 公司造成的损失也属于战争内乱险承保范围

79. 我国 A 公司承建乙国 B 公司试验大楼。应 B 公司要求，A 公司向我国 C 银行申请开立了以 B 公司为受益人的履约保函。项目完工后，B 公司提交了认定项目存在“施工不良”等内容的《项目工程检验报告》，要求 C 银行赔付。A 公司则提交一份认定 B 公司存在违约行为的仲裁裁决，主张 B 公司保函欺诈，要求 C 银行止付。B 公司将 C 银行诉至我国法院。对此，下列哪些说法是正确的？

A. 《项目工程检验报告》如系伪造，B 公司构成保函欺诈

B. B 公司与 C 银行如无约定，两者之间的争议适用中国法

C. 仲裁裁决认定 B 公司存在违约行为，B 公司构成保函欺诈

D. 如仲裁裁决未认定 A 公司不承担赔偿责任，B 公司不构成保函欺诈

80. 关于我国对两用物项、军品、核以及其他与维护国家安全和利益、履行防扩散等国际义务相关的货物、技术、服务等物项（以下统称管制物项）的出口管制，根据我国相关规定，下列哪些说法是错误的？

A. 管制物项，只包含实体事项，不包括物项相关的技术资料等数据

B. 国家实行统一的出口管制制度是通过实施出口许可方式进行管理的

C. 为加强管制物项出口管理，防范管制物项出口违法风险，国家出口管制管理部门可以采取监管谈话、出具警示函等措施

D. 有关组织或者个人对国家出口管制管理部门的不予许可决定不服的，可以依法申请行政复议。对行政复议决定不服的，可依法提起行政诉讼

81. 住所地在 A 市 Y 区的王某，趁网络购物节打折优惠，在丁丁网自营书店购买一批图书送给住所地在 D 市 F 区的侄子，送货方式是免费包邮。王某和丁丁网未约定合同履行地。丁丁公司的主要办事机构在 B 市 C 区，该批书的发货地点是 S 市 T 区。收货后，发现部分图书缺页、漏印，协商退货赔偿无果后，王某拟向法院提起诉讼。关于本案，下列哪些法院享有管辖权？

A. A 市 Y 区法院

B. D 市 F 区法院

C. B 市 C 区法院

D. S 市 T 区法院

82. 关于诉的分类，下列哪些说法是错误的？

A. 丰庆公司诉请法院解除其与宋某之间的买卖合同，属于变更之诉

B. 赵某诉请法院确认其丈夫杜某为失踪人，属于确认之诉

C. 徐某起诉张某归还欠款，诉讼中徐某死亡，原告变更为其子小徐，属于变更之诉

D. 楼上邻居擅改公共管道，胡某诉请恢复原状，属于给付之诉

83. 孙某与多彩公司签订室内装修合同，后因装修质量发生纠纷，孙某将多彩公司诉至法院。多彩公司聘请向律师作为代理人，代理权限为特别授权。在庭审中，经法院主持双方达成调解协议，且双方同意在调解协议上签名调解即发生法律效力。关于本案的调解，下列

哪些表述是错误的?

A. 法院可在开庭前对本案进行调解

B. 调解协议应由孙某和多彩公司签名

C. 双方请求法院制作调解书，法院可予准许

D. 如多彩公司拒签调解书，法院应及时作出判决

84. A 区的甲公司认为 B 区的乙公司生产的给料机侵犯其商业秘密，为保全证据，向乙公司仓库所在的 C 区法院申请查封了仓库中 3 台给料机。机器查封 10 日后，甲公司向 B 区法院起诉，B 区法院受理了案件。关于本案的证据保全，下列哪些说法是正确的?

A. C 区法院应当责令甲公司提供担保

B. C 区法院应当主动将查封的给料机移交 B 区法院

C. C 区法院查封时可要求甲公司派员到场

D. 如乙公司认为查封错误受到损失，应向 C 区法院起诉

85. 甲公司与乙公司签订药材买卖合同。双方书面约定：如合同履行发生纠纷，向 C 仲裁委员会申请仲裁。在合同履行过程中，甲公司认为药材质量不合格拒付货款，乙公司遂向 C 仲裁委员会申请仲裁。经仲裁庭主持调解，双方自愿达成调解协议。关于仲裁调解，下列哪些表述是错误的?

A. 仲裁庭可依据调解协议制作仲裁裁决书或仲裁调解书

B. 仲裁调解书应当由仲裁庭全体成员签名

C. 经双方当事人同意，在调解协议上签字调解即发生法律效力

D. 应当事人的要求，仲裁调解书可仅写明协议结果

三、不定项选择题。每题所设选项中至少有一个正确答案，多选、少选、错选或不选均不得分。本部分含 86-100 题，每题 2 分，共 30 分。

86. 吴青从小峰处购得一幅价值 60 万元的画，已支付 30 万元，并答应将该画借给小峰用 3 天，待取画时再付清余款。为此，吴青向好友老蔡借款 30 万元，并以该画作为抵押，老蔡也见过此画，于是表示同意，但未办理抵押登记。之后，吴青又将该画以 70 万元价格卖给不知情的张洁，并当即钱货两清。对此，下列说法正确的是:

A. 吴青将该画设立抵押，构成无权处分

B. 抵押合同有效，但因抵押物未登记，故抵押权不成立

C. 抵押合同有效，抵押权已成立

D. 老蔡不能向张洁主张抵押权

87. 2021 年 4 月 1 日，甲将一台电脑出租给丙，双方未约定租赁期限。5 月 1 日，甲和乙约定将该电脑出卖给乙。5 月 8 日，甲同意将其对丙享有的电脑返还请求权让与给乙，以代交付。甲于 6 月 1 日才将此事告知丙。对此，下列表述正确的是:

A. 甲、乙之间的买卖合同不影响租赁合同的效力

B. 5 月 1 日，乙取得该电脑的所有权

C. 5 月 8 日，乙取得该电脑的所有权

D. 6 月 1 日，乙有权要求丙交付电脑

88. 甲公司与乙公司订立融资租赁合同，甲公司为出租人，乙公司为承租人，甲公司购买设备后将设备出租给乙公司，约定租期 5 年。在租赁合同履行到第 3 年时，租赁设备因不可抗力毁损，且不能修复或者确定替代物。经评估，设备毁损时（经折旧后）的价值为 1000 万元。关于两公司之间的权利义务，下列说法正确的是：

A. 若两公司均未通知对方解除合同，甲公司有权请求乙公司继续按照约定支付剩余 2 年的租金

B. 甲公司有权通知乙公司解除合同，并请求乙公司继续按照约定支付剩余 2 年的租金

C. 甲公司有权通知乙公司解除合同，并请求乙公司向自己补偿标的物残值 1000 万元，但不能同时请求乙公司继续按照约定支付剩余 2 年的租金

D. 乙公司有权通知甲公司解除合同，并拒绝继续按照约定支付剩余 2 年的租金，但乙公司有义务向甲公司补偿 1000 万元

89. 甲的宠物小狗不慎走失，未成年人乙拾得该狗，因找不到失主，便暂带回家饲养，期间为小狗购买食品药品花费近 800 元。某日，小狗伺机逃出，在逃逸期间将张某咬伤，给张某造成 2000 元损失。后来甲找到了乙并将小狗领回。对此，下列说法正确的是：

A. 甲与乙之间成立无因管理之债

B. 乙有权请求甲返还为饲养小狗花费的 800 元

C. 张某有权请求乙赔偿 2000 元的损失

D. 张某有权要求甲赔偿 2000 元的损失

90. 张海与李红于 2017 年 4 月登记结婚，不久两人关系产生裂痕。次年 12 月，双方的孩子张河出生。2020 年 1 月，两人准备协议离婚。3 月，张海发现李红与多名网友发生过不正当关系，同时发现李红可能暗中转移夫妻共有财产。5 月，张海将李红诉至法院请求离婚。离婚诉讼期间，张海发现李红擅自将夫妻共同投资的商铺转移至第三人名下，经查属实。该离婚诉讼中，当事人可以得到法院支持的主张是：

A. 张海以李红多次出轨为由主张离婚损害赔偿

B. 若李红 2020 年 3 月转移财产的行为属实，张海可以直接主张分割共同财产

C. 离婚分割共同财产时，张海主张对李红不分或少分财产

D. 张海以李红婚内“出轨”为由，主张李红不宜抚养张河

91. 下列可适用无过错侵权责任的是：

A. 甲突发重病，送至某医院抢救无效身亡。家属向医院主张甲死亡赔偿责任

B. 乙患病接受医院手术治疗，因医疗器械缺陷受到损害。乙向医院主张损害赔偿责任

C. 某医院对患者丙实施手术治疗失败。家属认为医院在诊疗中存在过失主张赔偿，而院方拒绝提供与治疗过程有关的病历资料

D. 丁某在某超市购买了一只电饭煲，由于质量问题，电饭煲在使用时突然爆炸，丁某受重伤。丁某向某超市请求赔偿

92. 佳美有限公司因为股东间矛盾重重，已经连续 5 年无法召开股东会。股东陈某和潘某分别持股 5%，均希望转让股权离开公司，却无人购买。下列能解决这种困境的做法是：

A. 请求公司按照合意的价格收购其股权

B. 对股东会提起代表诉讼，请求召开股东会会议
C. 将其出资取回，退出公司
D. 请求法院解散公司

93. 融通股份公司系上市公司，定于 2020 年 8 月公开发行可转债 8000 万元，约定两年后可按 2∶1 的比例转化为公司股份（通过收购股份方式）。公司发行公告中载明：公司 2017 年可分配利润为 400 万元，2018 年可分配利润为 900 万元，2019 年可分配利润为-100 万元。对此，以下表述正确的是：
A. 该公司本次发行的债券年利率不得高于 5%
B. 该公司债券募集资金用于非生产性支出
C. 该公司注册资本应当在 4 亿元以上
D. 债券受托管理人在债券未能兑付时可以自己的名义起诉融通股份公司

94. 甲、乙、丙、丁为某普通合伙企业的合伙人。2018 年 3 月，该合伙企业向银行借款 10 万元，6 个月后到期。2018 年 5 月，甲经其他合伙人一致同意将其份额转让给戊，各合伙人在合伙协议中明确约定戊对加入前合伙企业的债务不承担责任。2018 年 7 月，乙和丙在出差途中遭遇车祸，乙因抢救无效死亡，丙因此变成植物人。2018 年 9 月，银行请求该合伙企业清偿到期债务。对此，下列说法错误的是：
A. 由于甲退伙时该债务尚未到期，故甲对该合伙企业未清偿的银行债务不承担责任
B. 由于合伙协议中明确约定戊不承担入伙前企业负担的债务，故戊对该合伙企业未清偿的银行债务不承担责任
C. 乙的配偶自乙死亡之日起取得合伙人资格
D. 丙自被认定为植物人时转为有限合伙人

95. 楼某对姜某享有 80 万元到期债权，姜某无力清偿，遂将其一套商品房以 30 万元卖给程某，因房价明显低于市场价格，楼某遂提起撤销权诉讼，将程某列为无独立请求权第三人。关于本案，下列说法正确的是：
A. 法院可以依法通知程某参加诉讼
B. 法院组织调解，应当经程某同意
C. 程某无权提出管辖权异议
D. 程某经传票传唤无正当理由拒不到庭，应延期审理

96. 某市甲区崔某向乙区彭某借款 200 万元，未约定合同履行地。崔某逾期未还欠款，彭某向乙区法院起诉，乙区法院受理后将案件移送被告住所地的甲区法院，甲区法院判决彭某胜诉。判决生效后，因崔某在丙区有一套商品房，遂向丙区法院申请执行。在丙区法院执行中，两人达成和解协议，约定将该套商品房抵偿欠彭某的 230 万元借款本息。关于本案，下列说法错误的是：
A. 乙区法院将案件移送甲区法院审理符合法律规定
B. 双方达成执行和解协议，丙区法院审查后制发调解书
C. 彭某请求丙区法院依和解协议作出以物抵债裁定，法院不予准许
D. 如房价大涨，崔某拒不履约，彭某可向甲区法院起诉要求崔某履行和解协议

97. 沈某是某航空公司飞行员，因欲单方解除劳动合同被拒绝，遂诉至法院。法院生效判决确定解除沈某与航空公司的劳动合同，航空公司在 10 日内为沈某办理档案和社会保险关系转移手续。航空公司一直拒绝履行判决，沈某向法院申请强制执行。对此，法院可以采取的执行措施是：

A. 查封航空公司的财产

B. 要求航空公司支付迟延履行金

C. 将航空公司负责人列入失信被执行人名单

D. 对航空公司负责人予以罚款、拘留

98. 关于当事人的上诉，下列法院不应受理的情形是：

A. 孙某因买卖纠纷起诉周某，胜诉后申请法院执行，周某对法院扣押其生活必需品提出异议被驳回。周某提起上诉

B. 戴某因贾某拖欠借款 2000 元起诉，法院适用小额诉讼程序审理。审理中法院发现戴某并非适格原告，遂裁定驳回起诉。戴某提起上诉

C. 张某因支票遗失向法院申请公示催告，公告期间利害关系人吴某申报权利被驳回。吴某提起上诉

D. 罗某诉请法院认定与冯某婚姻无效，法院审查发现二人属重婚，遂判决二人婚姻无效。冯某提起上诉

99. 韩某购买云洲药业生产的药品致使身体遭受损害，遂向 L 省 D 市中级法院起诉索赔。云洲药业不服，提起上诉。判决生效后，云洲药业根据新的证据申请再审。再审法院裁定撤销一、二审判决，发回 L 省 D 市中级法院重审。重审时，云洲药业提出管辖权异议。关于本案，下列说法正确的是：

A. 云洲药业可直接对二审生效判决申请抗诉

B. L 省 D 市中级法院应适用一审程序重审此案

C. 法院应不予审查管辖权异议申请

D. 重审时云洲药业提出反诉，法院应予准许

100. A 区的陶某以 15 万元价格向 B 区的甲公司购买一辆货车，合同约定：陶某支付所有货款之前，货车的所有权仍属甲公司；双方发生纠纷应向 A 区法院起诉。后陶某未按约定支付购车尾款 8 万元，甲公司主张取回货车。经协商无果，甲公司向 B 区法院起诉。陶某提交答辩状时提出管辖异议。在庭审中，陶某主张拍卖货车，扣除 8 万元尾款及拍卖费后返还余款。关于本案，下列说法正确的是：

A. 陶某的主张可以反诉的方式提出

B. 陶某的主张可以抗辩的方式提出

C. B 区法院应将案件移送 A 区法院审理

D. 甲公司亦可申请适用实现担保物权程序

答案及详解

一、单项选择题

1.【答案】B

【逐项分析】选项A考查代理制度的适用范围。代理制度原则上适用于所有的民事法律行为（《民法典》第161条第1款），但也有一些不适用代理制度的例外。《民法典》第161条第2款规定："依照法律规定、当事人约定或者民事法律行为的性质，应当由本人亲自实施的民事法律行为，不得代理。"据此，不得代理的行为包括：（1）依照法律规定不能代理的民事法律行为；（2）当事人约定不能代理的民事法律行为；（3）依照性质不能代理的民事法律行为。《民法典》第1076条第1款规定："夫妻双方自愿离婚的，应当签订书面离婚协议，并亲自到婚姻登记机关申请离婚登记。"据此可知，离婚行为是不允许代理的。选项A错误。

选项B考查表见代理。《民法典》第172条规定："行为人没有代理权、超越代理权或者代理权终止后，仍然实施代理行为，相对人有理由相信行为人有代理权的，代理行为有效。"据此，表见代理的构成要件有：（1）代理人无代理权；（2）存在代理权外观；（3）被代理人具有可归责性；（4）相对方善意。结合本题，甲离职后私刻老千妈公司的印章，对该代理权外观的形成，老千妈公司并无可归责性，其无法预见也无法控制此种风险，要件（3）不满足。甲的行为不是表见代理行为，而是狭义的无权代理行为。依据《民法典》第171条，如果老千妈公司不追认，则企鹅公司无权要求老千妈公司履行合同。选项B正确。

选项C考查职务代理。《民法典》第170条规定："执行法人或者非法人组织工作任务的人员，就其职权范围内的事项，以法人或者非法人组织的名义实施的民事法律行为，对法人或者非法人组织发生效力。法人或者非法人组织对执行其工作任务的人员职权范围的限制，不得对抗善意相对人。"结合本题，乙作为采购员在职务范围内可以从事代理行为，公司内部对其代理权的限制不得对抗善意的丙公司。因此乙的采购行为是有效的。选项C错误。

选项D考查代理权的授予。代理权授予行为是单方民事法律行为，乙作为该意思表示的受领人无需具备完全民事行为能力，只需有限制民事行为能力即可。本题中，13岁的乙具有限制民事行为能力，可以有效受领授权的意思表示，因此该授权行为是有效的，无需乙的父母追认。选项D错误。

2.【答案】B

【逐项分析】选项A考查宣告死亡中死亡日期的确定。《民法典》第46条规定："自然人有下列情形之一的，利害关系人可以向人民法院申请宣告该自然人死亡：（一）下落不明满四年；（二）因意外事件，下落不明满二年。因意外事件下落不明，经有关机关证明该自然人不可能生存的，申请宣告死亡不受二年时间的限制。"结合本题，甲、乙在旅游途中意外遭遇翻船事故，且政府公开宣布此次事故所有失踪人员已几乎无生还可能，已经满足宣告死亡的条件，甲、乙的利害关系人可以向法院申请宣告死亡。关于死亡日期，《民法典》第48条规定："被宣告死亡的人，人民法院宣告死亡的判决作出之日视为其死亡的日期；因意外事件下落不明宣告死亡的，意外事件发生之日视为其死亡的日期。"据此，翻船事故发生之日为甲、乙的死亡日期。选项A错误。

选项B考查协议监护。丙的父母均被宣告死亡后，需要为丙确定新的监护人。《民法典》第27条第2款规定："未成年人的父母已经死亡或者没有监护能力的，由下列有监护能力的人按顺序担任监护人：（一）祖父母、外祖父母；（二）兄、姐；（三）其他愿意担任监护人的个人或者组织，但是须经未成年人住所地的居民委员会、村民委员会或者民政部门同意。"据此应先由丙的祖父母、外祖父母担任监护人。与此同时，《民法典》第30条规定："依法具有监护资格的人之间可以协议确定监护人。协议确定监护人应当尊重被监护人的真实意愿。"该条是关于协议监护的规定。

据此，丙的祖父母、外祖父母可以协议确定丙的监护人，但需要尊重丙的意愿。选项B正确。

选项C考查指定监护。《民法典》第31条第1款规定："对监护人的确定有争议的，由被监护人住所地的居民委员会、村民委员会或者民政部门指定监护人，有关当事人对指定不服的，可以向人民法院申请指定监护人；有关当事人也可以直接向人民法院申请指定监护人。"据此，对监护人的确定有争议时，被监护人住所地的居民委员会、村民委员会、民政部门以及人民法院都有权指定监护人。选项C错误。

选项D考查遗嘱监护。《民法典》第29条规定："被监护人的父母担任监护人的，可以通过遗嘱指定监护人。"该条规定了遗嘱监护，但是有权通过遗嘱指定监护人的主体仅限于被监护人的父母。其他主体当监护人时不能通过遗嘱指定监护人。选项D错误。

3.【答案】C

【逐项分析】选项A考查物权变动中合同效力与物权公示的区分原则。《民法典》第215条规定："当事人之间订立有关设立、变更、转让和消灭不动产物权的合同，除法律另有规定或者当事人另有约定外，自合同成立时生效；未办理物权登记的，不影响合同效力。"据此，甲、乙之间的抵押合同不以抵押权登记为生效要件。选项A错误。

选项BC均考查房地一并抵押。《民法典》第397条规定："以建筑物抵押的，该建筑物占用范围内的建设用地使用权一并抵押。以建设用地使用权抵押的，该土地上的建筑物一并抵押。抵押人未依据前款规定一并抵押的，未抵押的财产视为一并抵押。"《民法典》第417条规定："建设用地使用权抵押后，该土地上新增的建筑物不属于抵押财产。该建设用地使用权实现抵押权时，应当将该土地上新增的建筑物与建设用地使用权一并处分。但是，新增建筑物所得的价款，抵押权人无权优先受偿。"据此，甲以A地块的建设用地使用权抵押时，该土地上已有的建筑物即写字楼B一并抵押，乙的抵押权客体包括写字楼B，乙有权就写字楼B拍卖所得的价款优先受偿。选项B错误。但是乙的抵押权客体不包括抵押权设立后新增的建筑物即写字楼C，乙无权就写字楼C拍卖所得的价款优先受偿。选项C正确。

选项D考查先抵押后租赁的冲突规则。《民法典》第405条仅针对先租赁后抵押的冲突问题作出规定，并未就先抵押后租赁的冲突问题作出规定。在先抵押后租赁的情形下，抵押权已经登记的，产生物权的对抗效力，可以对抗在后的相关交易相对人，包括租赁权人。因此，先抵押后租赁时，如果抵押权已经登记，则抵押权可以对抗租赁权人。《最高人民法院关于审理城镇房屋租赁合同纠纷案件具体应用法律若干问题的解释》第14条规定："租赁房屋在承租人按照租赁合同占有期限内发生所有权变动，承租人请求房屋受让人继续履行原租赁合同的，人民法院应予支持。但租赁房屋具有下列情形或者当事人另有约定的除外：（一）房屋在出租前已设立抵押权，因抵押权人实现抵押权发生所有权变动的；（二）房屋在出租前已被人民法院依法查封的。"据此，在先抵押后租赁的情形下，已经登记的抵押权可以对抗租赁权。因此本题中，乙的抵押权可以对抗丙的租赁权。选项D错误。

4.【答案】B

【逐项分析】选项AB均考查分期付款买卖。选项A具体涉及分期付款买卖的界定。《最高人民法院关于审理买卖合同纠纷案件适用法律问题的解释》（以下简称《买卖合同解释》）第27条第1款规定："民法典第六百三十四条第一款规定的'分期付款'，系指买受人将应付的总价款在一定期限内至少分三次向出卖人支付。"据此可知，分期付款买卖的构成要求买受人的总价款在一定期限内至少分三次向出卖人支付。本题中，甲、乙双方约定甲公司的价款支付义务分五期支付，符合分期付款买卖的定义。选项A正确。选项B涉及分期付款买卖的解除。《民法典》第634条第1款规定："分期付款的买受人未支付到期价款的数额达到全部价款的五分之一，经催告后在合理期限内仍未支付到期价款的，出卖人可以请求买受人支付全部价款或者解除合同。"据此结合本题，甲公司未按时支付第三期的价款，已经达到全部价款的五分之一。但乙公司解除合同须以催告为前提，乙公司不得直接解除合同。选项B错误。

选项C考查所有权保留，具体涉及出卖人保留所有权的登记对抗。本题中甲、乙之间的设备买卖合同是典型的所有权保留买卖。《民法典》第641条第2款规定："出卖人对标的物保留的所有权，未经登记，不得对抗善意第三人。"据此结合本题，乙公司保留的所有权未登记，不得对抗善意第三人。对于这里善意第三人的范围，《民法典担保制度解释》第 67 条规定：“在所有权保留买卖、融资租赁等合同中，出卖人、出租人的所有权未经登记不得对抗的‘善意第三人’的范围及其效力，参照本解释第五十四条的规定处理。”而《民法典担保制度解释》第 54 条规定：“动产抵押合同订立后未办理抵押登记，动产抵押权的效力按照下列情形分别处理：（一）抵押人转让抵押财产，受让人占有抵押财产后，抵押权人向受让人请求行使抵押权的，人民法院不予支持，但是抵押权人能够举证证明受让人知道或者应当知道已经订立抵押合同的除外；（二）抵押人将抵押财产出租给他人并移转占有，抵押权人行使抵押权的，租赁关系不受影响，但是抵押权人能够举证证明承租人知道或者应当知道已经订立抵押合同的除外；（三）抵押人的其他债权人向人民法院申请保全或者执行抵押财产，人民法院已经作出财产保全裁定或者采取执行措施，抵押权人主张对抵押财产优先受偿的，人民法院不予支持；（四）抵押人破产，抵押权人主张对抵押财产优先受偿的，人民法院不予支持。”本题中，丙公司是善意的已经取得设备占有的承租人，乙公司保留的所有权不能对抗丙公司。选项 C 正确。

选项 D 考查合同的相对性原则。本题中设备租赁合同的当事人是甲公司与丙公司，乙公司并非该合同的当事人，其自然无权请求丙公司支付租金。选项 D 正确。

5.【答案】B

【逐项分析】选项 AC 考查共同担保中债权人的选择权。《民法典》第 392 条规定：“被担保的债权既有物的担保又有人的担保的，债务人不履行到期债务或者发生当事人约定的实现担保物权的情形，债权人应当按照约定实现债权；没有约定或者约定不明确，债务人自己提供物的担保的，债权人应当先就该物的担保实现债权；第三人提供物的担保的，债权人可以就物的担保实现债权，也可以请求保证人承担保证责任。提供担保的第三人承担担保责任后，有权向债务人追偿。”据此，关于共同担保中债权人的选择权，约定优先，如果没有约定，债务人自己提供物保时，债权人应先实现债务人自己提供的物保；在第三人提供的担保（人保或物保）之间，债权人可以自由选择。本题中，债务人甲自己提供了房屋抵押，乙银行应先实现该抵押权。选项 C 表述不够准确，本题中抵押权有两个，应先实现债务人提供的抵押权而非第三人丙提供的抵押权。选项 AC 均错误。

选项 B 考查债权人放弃担保权利时的法律效果。《民法典》第 409 条第 2 款规定：“债务人以自己的财产设定抵押，抵押权人放弃该抵押权、抵押权顺位或者变更抵押权的，其他担保人在抵押权人丧失优先受偿权益的范围内免除担保责任，但是其他担保人承诺仍然提供担保的除外。”结合本题，若乙银行放弃对甲房屋的抵押权，则其他担保人丙和丁在甲房屋价值范围内免除担保责任。选项 B 正确。

选项 D 考查格式条款的效力判断问题。《民法典》第 496 条第 2 款规定：“采用格式条款订立合同的，提供格式条款的一方应当遵循公平原则确定当事人之间的权利和义务，并采取合理的方式提示对方注意免除或者减轻其责任等与对方有重大利害关系的条款，按照对方的要求，对该条款予以说明。提供格式条款的一方未履行提示或者说明义务，致使对方没有注意或者理解与其有重大利害关系的条款的，对方可以主张该条款不成为合同的内容。”结合本题，《最高额保证合同》第五条作为格式条款，该条对丁有重大利害关系，而格式条款提供方乙银行未尽到提示或者说明义务，丁可以主张该条款不成为合同的内容，而非请求撤销该条款。选项 D 错误。

6.【答案】D

【逐项分析】选项 A 考查共有物的处分。作为前置问题需要先判断共有的类型。甲死后，在遗产分割之前，丙和丁对于甲的遗产形成共同共有。《民法典》第 301 条规定：“处分共有的不动产或者动产以及对共有的不动产或者动产作重大修缮、变更性质或者用途的，应当经占份额三分之二以上的按份共有人或者全体共同共有人同意，但是共有人之间另有约定的除外。”据此，共同共有中，处分共有财产须经全体共同共有人的同意，因此，本题中乙出卖古画必须经过丙和丁同意，未经丙的同意构成无权处分。选项 A 错误。

选项 B 考查占有的种类。间接占有的特点在于间接占有人与直接占有人间存在特定的占有媒介关系。基于这种占有媒介关系，间接占有人对于直接占有人享有返还请求权，对标的物实现间接的管领与控制。被继承人甲生前将古画出租给乙使用，甲死亡后租赁关系不变（即成立法定合同权利概括移转），其财产归继承人丙、丁所有，乙对古画处于直接占有状态，丙、丁属于间接占有。选项 B 错误。

选项 C 考查占有返还请求权。《民法典》第 462 条第 1 款规定："占有的不动产或者动产被侵占的，占有人有权请求返还原物；对妨害占有的行为，占有人有权请求排除妨害或者消除危险；因侵占或者妨害造成损害的，占有人有权依法请求损害赔偿。"该条规定了占有返还请求权。占有返还请求权的构成要件之一是存在侵夺占有的事实，并且该请求权只能向现时的占有人主张。但是本题中乙出卖古画并交付后，就不再是古画的占有人，丙、丁不能向其主张占有返还请求权。选项 C 错误。

选项 D 考查返还原物请求权。戊对于古画的取得符合《民法典》第 311 条善意取得的构成要件，成为古画的所有权人，丙、丁的所有权随之消灭，自然无权向戊主张返还原物请求权。选项 D 正确。

7.【答案】 A

【逐项分析】 选项 ABC 考查承租人的优先购买权。《民法典》合同编租赁合同一章中第 726-728 条对承租人的优先购买权作出了具体规定。

《民法典》第 726 条第 1 款规定："出租人出卖租赁房屋的，应当在出卖之前的合理期限内通知承租人，承租人享有以同等条件优先购买的权利；但是，房屋按份共有人行使优先购买权或者出租人将房屋出卖给近亲属的除外。"本题中，徐某作为承租人享有优先购买权。7 月 15 日，黄某在未通知徐某的情况下，于承租期间将房屋出卖给方某，侵害了承租人徐某的优先购买权。选项 A 正确。

依据《民法典》第 726 条，出租人将房屋出卖给近亲属时，承租人不享有优先购买权。依据《民法典》第 1045 条第 2 款，近亲属包括配偶、父母、子女、兄弟姐妹、祖父母、外祖父母、孙子女和外孙子女。结合本题，8 月 1 日黄某与谢某签订了一份房屋买卖合同，谢某是黄某的外甥女，并非近亲属。此时承租人仍享有优先购买权。选项 B 错误。

关于承租人优先购买权的效力，《民法典》第 728 条规定："出租人未通知承租人或者有其他妨害承租人行使优先购买权情形的，承租人可以请求出租人承担赔偿责任。但是，出租人与第三人订立的房屋买卖合同的效力不受影响。"据此，承租人的优先购买权仅具有相对效力，其不影响出租人与他人的房屋买卖合同效力。选项 C 错误。

选项 D 考查买卖不破租赁规则。《民法典》第 725 条规定："租赁物在承租人按照租赁合同占有期限内发生所有权变动的，不影响租赁合同的效力。"这是关于买卖不破租赁的规则。结合本题，谢某取得房屋所有权，但是徐某的租赁合同效力不受影响，谢某无权要求承租人徐某即刻腾房。选项 D 错误。

8.【答案】 A

【逐项分析】 选项 A 考查定金。《民法典》第 586 条第 2 款规定："定金的数额由当事人约定；但是，不得超过主合同标的额的百分之二十，超过部分不产生定金的效力。实际交付的定金数额多于或者少于约定数额的，视为变更约定的定金数额。"据此可知，定金的数额不得超过主合同标的额的 20%，在本题中即 20 万元（100 万元×20%），而双方约定了 40 万元的定金，其中只有 20 万元可以发挥定金效力。选项 A 错误。

选项 B 考查合同的解除。本题中债权人甲公司变更住所地并未通知债务人乙公司，该行为并非严重的根本违约行为，不能产生法定解除权。乙公司无权直接解除合同。选项 B 正确。

选项 C 考查合同的履行。《民法典》第 529 条规定："债权人分立、合并或者变更住所没有通知债务人，致使履行债务发生困难的，债务人可以中止履行或者将标的物提存。"据此结合本题，债务人乙公司有权中止履行或者将标的物提存。选项 C 正确。

选项 D 考查买卖合同，具体涉及风险负担。《民法典》第 573 条规定："标的物提存后，毁损、灭失的风险由债权人承担。提存期间，标的物的孳息归债权人所有。提存费用由债权人负担。"据此结合本题，乙公司提存后，标的物毁损、灭失的风险由债权人甲公司负担。选项 D 正确。

9.【答案】 B

【逐项分析】 选项 A 考查隐名代理与间接代理的区分。《民法典》第 925 条规定："受托人以自己的名义，在委托人的授权范围内与第三人订立的合同，第三人在订立合同时知道受托人与委托人之间的代理关系的，该合同直接约束委托人和第三人；但是，有确切证据证明该合同只约束受托人和第三人的除外。"结合本题，订立合同时，题干并未交代丙在签订轿车买卖合同时知道甲、乙之间的代理关系，因此，该合同不能直接约束甲和丙。选项 A 错误。

选项 BCD 考查间接代理中的委托人披露与第三人的选择权。《民法典》第 926 条第 2 款规定："受托人因委托人的原因对第三人不履行义务，受托人应当向第三人披露委托人，第三人因此可以选择受托人或者委托人作为相对人主张其权利，但是第三人不得变更选定的相对人。"结合本题，受托人乙因甲的原因无法向丙履行义务，应当向丙公司披露甲。选项 B 正确。在披露甲以后，丙可以选择甲或者乙作为相对人主张权利，但是选择作出后不得变更。可见，甲、乙并不会承担连带责任。选项 CD 均错误。

10.【答案】C

【逐项分析】选项 A 考查合同权利的概括移转。《民法典》第 1161 条规定："继承人以所得遗产实际价值为限清偿被继承人依法应当缴纳的税款和债务。超过遗产实际价值部分，继承人自愿偿还的不在此限。"据此，继承是一种法定的合同权利义务概括移转的情形。甲死亡后，甲订立的借用合同由其继承人丙概括继受，甲乙的借用合同对丙也具有拘束力。选项 A 正确，不当选。

选项 B 考查物权请求权中的返还原物请求权。首先需要明确的是，母马的所有权始终属于乙，并未发生过变动。借用合同到期后，丙的占有变为无权占有。《民法典》第 235 条规定："无权占有不动产或者动产的，权利人可以请求返还原物。"据此，乙可以基于所有权人的身份要求返还母马。选项 B 正确，不当选。

选项 C 考查占有的种类。这一选项主要涉及两种分类：善意占有与恶意占有；自主占有与他主占有。善意占有与恶意占有是对无权占有的进一步区分，而借用期满前丙对母马的占有是有权占有，与善意占有还是恶意占有无关。丙误以为母马是从甲那里继承来的，具有自己为所有权人的意思，因此构成自主占有。选项 C 错误，当选。

选项 D 考查孳息所有权的归属。《民法典》第 321 条第 1 款规定："天然孳息，由所有权人取得；既有所有权人又有用益物权人的，由用益物权人取得。当事人另有约定的，按照其约定。"本题中并无用益物权人，因此小马应归属于乙。选项 D 正确，不当选。

11.【答案】D

【逐项分析】选项 ABC 考查生育权。《最高人民法院关于适用〈中华人民共和国民法典〉婚姻家庭编的解释（一）》（以下简称《民法典婚姻家庭编解释一》）第 23 条规定："夫以妻擅自中止妊娠侵犯其生育权为由请求损害赔偿的，人民法院不予支持；夫妻双方因是否生育发生纠纷，致使感情确已破裂，一方请求离婚的，人民法院经调解无效，应依照民法典第一千零七十九条第三款第五项的规定处理。"据此，夫妻双方均有生育自由，女方中止妊娠并不会侵犯男方的生育权，男方也不得以此为由主张损害赔偿，但是夫妻双方因是否生育发生纠纷，致使感情确已破裂可以作为诉讼离婚的法定事由。选项 ABC 错误。

选项 D 考查离婚损害赔偿请求权。《民法典》第 1091 条规定："有下列情形之一，导致离婚的，无过错方有权请求损害赔偿：（一）重婚；（二）与他人同居；（三）实施家庭暴力；（四）虐待、遗弃家庭成员；（五）有其他重大过错。"乙擅自终止妊娠的行为并非"有其他重大过错"的情形，甲不得主张损害赔偿。选项 D 正确。

12.【答案】A

【逐项分析】选项 A 考查名誉权。《民法典》第 1024 条规定："民事主体享有名誉权。任何组织或者个人不得以侮辱、诽谤等方式侵害他人的名誉权。名誉是对民事主体的品德、声望、才能、信用等的社会评价。"据此，侵害名誉权要求通过侮辱、诽谤等方式使得他人的社会评价降低。结合本题，李某没有实施侮辱或者诽谤行为，只是真实展现其活动足迹，而且也没有造成甲或乙的社会评价降低，不构成对甲名誉权的侵害。选项 A 错误。

选项 B 考查隐私权。《民法典》第 1032 条规定："自然人享有隐私权。任何组织或者个人不得以刺探、侵扰、泄露、公开等方式侵害他人的隐私权。隐私是自然人的私人生活安宁和不愿为他人知晓的私密空间、私密活动、私密信息。"《民法典》第 1033 条列举了侵害隐私权的具体行为，其中包括"拍摄、窥视、窃听、公开他人的私密活动"，本题中李某的行为就符合这一情形，因此李某侵害甲的隐私权。选项 B 正确。

选项 C 考查肖像权。《民法典》第 1019 条规定："任何组织或者个人不得以丑化、污损，或者利用信息技术手段伪造等方式侵害他人的肖像权。未经肖像权人同意，不得制作、使用、公开肖像权人的肖像，但是法律另有规定的除外。未经肖像权人同意，肖像作品权利人不得以发表、复制、发行、出租、展览等方式使用或者公开肖像权人的肖像。”结合本题，李某未经许可，偷拍甲的照片并在网络上公开，构成对甲肖像权的侵害。选项 C 正确。

选项 D 考查网络侵权责任。《民法典》第 1195 条第 1 款、第 2 款规定：“网络用户利用网络服务实施侵权行为的，权利人有权通知网络服务提供者采取删除、屏蔽、断开链接等必要措施。通知应当包括构成侵权的初步证据及权利人的真实身份信息。网络服务提供者接到通知后，应当及时将该通知转送相关网络用户，并根据构成侵权的初步证据和服务类型采取必要措施；未及时采取必要措施的，对损害的扩大部分与该网络用户承担连带责任。”结合本题，网络平台在收到通知后及时删除了涉事照片，无需承担侵权责任。选项 D 正确。

13.【答案】D

【逐项分析】选项 AB 考查紧急情况下医疗机构的治疗权。《民法典》第 1220 条规定：“因抢救生命垂危的患者等紧急情况，不能取得患者或者其近亲属意见的，经医疗机构负责人或者授权的负责人批准，可以立即实施相应的医疗措施。”结合本题，在患者李某情况紧急时，又无法取得其本人或其近亲属的意见，可以直接决定采取医疗措施，此时并不构成侵权，并未侵害患者的知情同意权。选项 A 错误。根据上述规定，医院在紧急情况下不仅有权立即实施相应的医疗措施，而且有义务实施未经同意的紧急治疗。医院若怠于实施相应医疗措施造成损害，需要承担责任。选项 B 错误。

选项 CD 考查的是血液缺陷的赔偿责任。《民法典》第 1223 条规定：“因药品、消毒产品、医疗器械的缺陷，或者输入不合格的血液造成患者损害的，患者可以向药品上市许可持有人、生产者、血液提供机构请求赔偿，也可以向医疗机构请求赔偿。患者向医疗机构请求赔偿的，医疗机构赔偿后，有权向负有责任的药品上市许可持有人、生产者、血液提供机构追偿。”该条在性质上属于产品责任。结合本题，李某受感染是因为输入了不合格的血液，李某可以请求医疗机构赔偿，或者请求血液提供机构赔偿，但是不能请求献血者张某赔偿。选项 C 错误，选项 D 正确。

14.【答案】D

【逐项分析】选项 A 考查收养关系的成立时间和酌情分得遗产规则。首先需要确定的是，甲与戊是否成立合法的收养关系。《民法典》第 1105 条第 1 款、第 2 款规定：“收养应当向县级以上人民政府民政部门登记。收养关系自登记之日起成立。收养查找不到生父母的未成年人的，办理登记的民政部门应当在登记前予以公告。”据此，由于甲和戊未办理收养登记手续，未形成合法的收养关系，戊不能作为甲第一顺位的法定继承人参与继承。不过，《民法典》第 1131 条规定：“对继承人以外的依靠被继承人扶养的人，或者继承人以外的对被继承人扶养较多的人，可以分给适当的遗产。”戊可以依据此条适当分得遗产。选项 A 正确。

选项 B 考查继承的放弃。《民法典》第 1161 条规定：“继承人以所得遗产实际价值为限清偿被继承人依法应当缴纳的税款和债务。超过遗产实际价值部分，继承人自愿偿还的不在此限。继承人放弃继承的，对被继承人依法应当缴纳的税款和债务可以不负清偿责任。”结合本题，乙已经表示放弃继承，因此可以不必承担甲对张三的债务。选项 B 正确。

选项 C 考查遗产管理人的确定。《民法典》第 1145 条规定：“继承开始后，遗嘱执行人为遗产管理人；没有遗嘱执行人的，继承人应当及时推选遗产管理人；继承人未推选的，由继承人共同担任遗产管理人；没有继承人或者继承人均放弃继承的，由被继承人生前住所地的民政部门或者村民委员会担任遗产管理人。”本题中，丙、丁作为遗产继承人，应当及时推选遗产管理人；继承人未推选的，由继承人共同担任遗产管理人。选项 C 正确。

选项 D 考查口头遗嘱。《民法典》第 1138 条规定：“遗嘱人在危急情况下，可以立口头遗嘱。口头遗嘱应当有两个以上见证人在场见证。危急情况消除后，遗嘱人能够以书面或者录音录像形式立遗嘱的，所立的口头遗嘱无效。”本题中，甲在生前所做的声明并不符合口头遗嘱的法定要件，甲的口头声明不能作为遗嘱。因此戊不能主张获得其大学学费。选项 D 错误。

15.【答案】C

【逐项分析】《著作权纠纷解释》第13条规定："除著作权法第十一条第三款规定的情形外，由他人执笔，本人审阅定稿并以本人名义发表的报告、讲话等作品，著作权归报告人或者讲话人享有。著作权人可以支付执笔人适当的报酬。"该条体现了创作者原则，"本人审阅定稿"表明，稿件尽管由他人代笔，但仍是由讲话人、报告人最终确定，故一定意义上仍可看作是讲话人、报告人情感、意志、观点的表达和外化。此外，该条要求以报告人、讲话人的名义发表，可见系由报告人、讲话人对稿件的内容负责。因此，发言稿的著作权由陈某享有。选项C正确，当选。

选项A是将发言稿误判为委托作品。《著作权法》第19条规定："受委托创作的作品，著作权的归属由委托人和受托人通过合同约定。合同未作明确约定或者没有订立合同的，著作权属于受托人。"本题中，刘某、赵某虽为起草人，但确定发言稿提纲、定稿的都是陈某，刘某、赵某只是按要求充实作品，并非受托创作。选项A错误，不当选。

选项B是将发言稿误判为合作作品。《著作权法》第14条第1款规定："两人以上合作创作的作品，著作权由合作作者共同享有。没有参加创作的人，不能成为合作作者。"据此，合作作品的要件包括：（1）共同创作的意图；（2）共同创作的事实。本题中三人并无共同创作的主观意愿。选项B错误，不当选。

选项D是将发言稿误判为法人作品，属于《著作权纠纷解释》第13条所提及的例外情形。《著作权法》第11条第3款规定："由法人或者非法人组织主持，代表法人或者非法人组织意志创作，并由法人或者非法人组织承担责任的作品，法人或者非法人组织视为作者。"本题中，发言稿的创作并非由法人主持，也非由法人承担责任。选项D错误，不当选。

16.【答案】B

【逐项分析】先看甲涉及的时间点：2017年2月5日为发明时间，但没有申请。2017年8月15日的展览行为涉及"宽限期"或"不丧失新颖性"的例外规定。对此，《专利法》第24条规定："申请专利的发明创造在申请日以前六个月内，有下列情形之一的，不丧失新颖性：（一）在国家出现紧急状态或者非常情况时，为公共利益目的首次公开的；（二）在中国政府主办或者承认的国际展览会上首次展出的；（三）在规定的学术会议或者技术会议上首次发表的；（四）他人未经申请人同意而泄露其内容的。"据此，甲于2017年8月15日（即申请日之前的半年内）在中国政府主办的某国际博览会上展出并不导致其新颖性丧失。需要注意的是，宽限期与优先权的法律效果不同，前者只豁免某些行为使其不丧失新颖性，并未将申请日提前。《专利法》第28条规定："国务院专利行政部门收到专利申请文件之日为申请日。如果申请文件是邮寄的，以寄出的邮戳日为申请日。"《专利法实施细则》第4条第1款规定："向国务院专利行政部门邮寄的各种文件，以寄出的邮戳日为递交日；邮戳日不清晰的，除当事人能够提出证明外，以国务院专利行政部门收到日为递交日。"2017年12月12日、2017年12月15日分别是甲申请文件的寄出日与送达日，又因甲所寄申请文件信封上邮戳不清，故甲的申请日为2017年12月15日。

乙的申请日的确定主要涉及国际优先权。《专利法》第29条第1款规定："申请人自发明或者实用新型在外国第一次提出专利申请之日起十二个月内，或者自外观设计在外国第一次提出专利申请之日起六个月内，又在中国就相同主题提出专利申请的，依照该外国同中国签订的协议或者共同参加的国际条约，或者依照相互承认优先权的原则，可以享有优先权。"《专利法实施细则》第11条第1款规定："除专利法第二十八条和第四十二条规定的情形外，专利法所称申请日，有优先权的，指优先权日。"美国与中国同属巴黎公约成员国、TRIPs协定的成员国，二者有关于国际优先权的规定。乙在美国的申请日为2017年12月13日，一年内又向我国申请专利，故乙可以享有国际优先权。据此，优先权日即2017年12月13日视为乙在中国的申请日。

综上所述，甲的申请日为2017年12月15日，乙的申请日为2017年12月13日，乙申请在先。选项B正确，当选；选项A、C、D均错误，不当选。

17.【答案】B

【逐项分析】选项A、B考查商标审查和核准程序中的异议制度和商标专用权的生效时点。

《商标法》第33条规定："对初步审定公告的商标，自公告之日起三个月内，在先权利人、利害关系人认为违反本法第十三条第二款和第三款、

第十五条、第十六条第一款、第三十条、第三十一条、第三十二条规定的，或者任何人认为违反本法第四条、第十条、第十一条、第十二条、第十九条第四款规定的，可以向商标局提出异议。公告期满无异议的，予以核准注册，发给商标注册证，并予公告。”商标权的确立在我国采取注册取得制，商标权一经产生即有排除他人使用的效力，注册取得的商标权即为“商标专用权”，若未核准注册并公告就产生禁用权是不合理的。据此，商标权应从核准注册之日起取得。选项 A 错误，不当选。

《商标法》第 36 条第 2 款规定：“经审查异议不成立而准予注册的商标，商标注册申请人取得商标专用权的时间自初步审定公告三个月期满之日起计算。自该商标公告期满之日起至准予注册决定做出前，对他人在同一种或者类似商品上使用与该商标相同或者近似的标志的行为不具有追溯力；但是，因该使用人的恶意给商标注册人造成的损失，应当给予赔偿。”据此，若乙的异议不成立，则商标权应从初步审定公告三个月期满之日起产生。本题中，商标于 2019 年 2 月 5 日初步审定公告，满三个月为 2019 年 5 月 5 日。选项 B 正确，当选。

选项 C 考查商标权的转让问题。《商标法》第 42 条第 2 款规定：“转让注册商标的，商标注册人对其在同一种商品上注册的近似的商标，或者在类似商品上注册的相同或者近似的商标，应当一并转让。”据此，铅笔、毛笔等类似商品上的“神雕”商标应一并转让。考生若不熟悉该规定，可依据商标侵权的相关规定反推答案。根据《商标法》第 57 条第 2 项的规定，未经商标注册人许可，在类似商品上使用与其注册商标相同或者近似的商标，容易导致混淆的，构成商标侵权。类似商品上的相同商标属于不同主体，必然会造成消费者无法正确识别商品来源，应被禁止。选项 C 错误，不当选。

选项 D 同样涉及商标权的转让问题。《商标法》第 42 条第 4 款规定：“转让注册商标经核准后，予以公告。受让人自公告之日起享有商标专用权。”商标权来自国家授权，并需要公示，商标转让的效力自然也应当自公告之日起产生。选项 D 错误，不当选。

18.【答案】 C

【逐项分析】 从命题和解题思路分析，该信托由于缺少明确的信托财产，未能设立，甲、乙、丙等人自然也就不是信托受益人，不享有信托受益权。因此 A 选项错误，不当选。

同样，基于信托未能设立，德利公司也并非受托人。而且，即使信托设立，受托人被宣告破产的，也仅产生更换受托人的效果，并不使信托终止，因此 B 选项错误，不当选。

信托未能设立，因此也就不产生信托财产的独立性问题。甲、乙、丙仅得主张返还，因此得就 500 万元债权向管理人进行债权申报。C 选项正确，当选。

D 选项考查的是信托目的和信托无效。《信托法》第 11 条规定，信托目的违反法律、行政法规或者损害社会公共利益的，信托无效。考生结合《最高人民法院关于适用〈中华人民共和国公司法〉若干问题的规定（三）》（以下简称《公司法司法解释（三）》）的规定可知，股权代持在不违反法律强制性规定时并不当然无效，同理，该信托的股权投资也并未违反法律强制性规定，因此并不当然无效。因此 D 选项错误，不当选。

19.【答案】 D

【逐项分析】 A 选项考查上市公司发起人股权转让的限制。《公司法》第 141 条第 1 款规定：“发起人持有的本公司股份，自公司成立之日起一年内不得转让。公司公开发行股份前已发行的股份，自公司股票在证券交易所上市交易之日起一年内不得转让。”亿霖股份有限公司于 2018 年 3 月上市，发起人赵某在 2019 年 1 月将其所持有的股份部分转让，尚处于公司股票在证券交易所上市交易之日起一年内，赵某不得转让，A 选项错误。

B 选项考查公司董事股权转让的限制。《公司法》第 141 条第 2 款规定：“公司董事、监事、高级管理人员应当向公司申报所持有的本公司的股份及其变动情况，在任职期间每年转让的股份不得超过其所持有本公司股份总数的百分之二十五；所持本公司股份自公司股票上市交易之日起一年内不得转让。上述人员离职后半年内，不得转让其所持有的本公司股份。公司章程可以对公司董事、监事、高级管理人员转让其所持有的本公司股份作出其他限制性规定。”亿霖股份有限公司的上市时间为 2018 年 3 月，董事孙某于 2019 年 4 月辞去董事职务，并在 2019 年 7 月转让所持公司全部股份。虽然转让股票的时间已经超过公司股票上市交易之日起 1 年，但由于作为董事的孙某辞去董事职务时间与转让股票的时间间隔不到半年，其所持有的股票不得转让，B 选项错误。

C 选项考查证券内幕交易行为的认定。《证券法》第 50 条规定：“禁止证券交易内幕信息的知情人和非法获取内幕信息的人利用内幕信息从事证券交易活动。”尽管监事李某买入股票后 6 个月内将该股票卖出，但其行为并不代表李某利用内幕信息从事内幕交易行为，故选项 C 错误。

D 选项考查证券短线交易的情形。《证券法》第 44 条第 1 款规定：“上市公司、股票在国务院批准的其他全国性证券交易场所交易的公司持有百分之五以上股份的股东、董事、监事、高级管理人员，将其持有的该公司的股票或者其他具有股权性质的证券在买入后六个月内卖出，或者在卖出后六个月内又买入，由此所得收益归该公司所有，公司董事会应当收回其所得收益。但是，证券公司因购入包销售后剩余股票而持有百分之五以上股份，以及有国务院证券监督管理机构规定的其他情形的除外。”该法条主要目的是限制公司的董事、监事、高级管理人员和大股东从事短线交易。监事李某买入公司股票 6 个月内又将该股票卖出，买入和卖出行为频繁且间隔时间较短，交易行为较异常，存在利用监事身份谋取私利的嫌疑，符合《证券法》中短线交易的情形，故监事李某因此而获得的收益归亿霖公司所有。选项 D 正确，当选。

20.【答案】C

【逐项分析】A 选项考查股东会的特别决议事项。《公司法》第 43 条第 2 款规定：“股东会会议作出修改公司章程、增加或者减少注册资本的决议，以及公司合并、分立、解散或者变更公司形式的决议，必须经代表三分之二以上表决权的股东通过。”由于该决议涉及公司章程修改事宜，应当经代表三分之二以上表决权的股东通过。A 选项错误，不选。

B 选项、C 选项和 D 选项考查股东会会议的主持情况。《公司法》第 38 条规定：“首次股东会会议由出资最多的股东召集和主持，依照本法规定行使职权。”第 40 条第 1 款规定：“有限责任公司设立董事会的，股东会会议由董事会召集，董事长主持；董事长不能履行职务或者不履行职务的，由副董事长主持；副董事长不能履行职务或者不履行职务的，由半数以上董事共同推举一名董事主持。”瑞祥公司召开股东会，题目中未说明为首次股东会，同时由于董事会没有设副董事长职位，董事长林某由于身体不适无法继续主持股东会时，只能由半数以上董事共同推举一名董事来主持。选项 B 和 D 错误，不选。选项 C 正确，当选。

21.【答案】D

【逐项分析】A 考查股东的知情权内容。《公司法》第 33 条第 2 款规定：“股东可以要求查阅公司会计账簿。股东要求查阅公司会计账簿的，应当向公司提出书面请求，说明目的。公司有合理根据认为股东查阅会计账簿有不正当目的，可能损害公司合法利益的，可以拒绝提供查阅，并应当自股东提出书面请求之日起十五日内书面答复股东并说明理由。公司拒绝提供查阅的，股东可以请求人民法院要求公司提供查阅。”会计账簿作为公司核心财务资料，若允许股东随意复制，易导致内部信息泄露，进而给公司经营带来损害风险，故程明不得复制会计账簿，A 选项错误。

B 考查股东行使知情权起诉的条件。《最高人民法院关于适用〈中华人民共和国公司法〉若干问题的规定（四）》（以下简称《公司法司法解释（四）》）第 7 条第 2 款规定：“公司有证据证明前款规定的原告在起诉时不具有公司股东资格的，人民法院应当驳回起诉，但原告有初步证据证明在持股期间其合法权益受到损害，请求依法查阅或者复制其持股期间的公司特定文件材料的除外。”B 选项太过于绝对，错误。

C 选项考查股东知情权的限制。《公司法》第 33 条第 2 款规定：“股东可以要求查阅公司会计账簿。股东要求查阅公司会计账簿的，应当向公司提出书面请求，说明目的。公司有合理根据认为股东查阅会计账簿有不正当目的，可能损害公司合法利益的，可以拒绝提供查阅，并应当自股东提出书面请求之日起十五日内书面答复股东并说明理由。公司拒绝提供查阅的，股东可以请求人民法院要求公司提供查阅。”《公司法司法解释（四）》第 9 条规定：“公司章程、股东之间的协议等实质性剥夺股东依据公司法第三十三条、第九十七条规定查阅或者复制公司文件材料的权利，公司以此为由拒绝股东查阅或者复制的，人民法院不予支持。”查阅财务会计账簿是股东享有的权利，公司只有有合理根据认为股东查阅会计账簿有不正当目的，可能损害公司合法利益的，才能拒绝提供查阅，现有规定不存在章程约定排除查阅财务会计账簿的情形，选项 C 错误。

D 选项考查股东知情权被侵害的救济。《公司法司法解释（四）》第 12 条规定：“公司董事、高级管理人员等未依法履行职责，导致公司未依法制作或者保存公司法第三十三条、第九十七条规定的公司文件材料，给股东造成损失，股东依法请求负有相应责任的公司董事、高级管理人员承担民事赔偿责任的，人民法院应当予以支持。”由于董事长吴嘉和财务总监冯园恶意串通隐匿并销毁了部分财务原始凭证等文件导致程明的知情权受损，则程明可以请求吴嘉和冯园承担民事赔偿责任，选项 D 正确。

22.【答案】C

【逐项分析】A 选项考查票据的无因性和抗辩。《票据法》第 13 条第 1 款规定：“票据债务人不得以自己与出票人或者与持票人的前手之间的抗辩事由，对抗持票人。但是，持票人明知存在抗辩事由而取得票据的除外。”甲作为出票人不能以自己与乙之间的购货合同无效为由对抗乙的后手丙，且根据票据的无因性理论，尽管购货合同无效，但票据本身的效力不受影响。A 选项正确。

B 选项考查禁止转让的背书。《票据法》第 34 条规定：“背书人在汇票上记载‘不得转让’字样，其后手再背书转让的，原背书人对后手的被背书人不承担保证责任。”乙在背书给丙时记载“不得转让”字样，所产生的效果是乙对丙的后手不承担保证责任。B 选项表述正确。

C 选项考查无偿取得票据的情形。《票据法》第 11 条第 1 款规定：“因税收、继承、赠与可以依法无偿取得票据的，不受给付对价的限制。但是，所享有的票据权利不得优于其前手的权利。”无偿取得票据的庚所享有的权利不得优于其前手戊，由于戊是伪造人，不享有票据权利，故庚也不享有票据权利，无权要求丙承担票据责任。C 选项错误。

D 选项考查附条件的背书。《票据法》第 33 条第 1 款规定：“背书不得附有条件。背书时附有条件的，所附条件不具有汇票上的效力。”可见，背书附条件的后果是所附条件不具有汇票上的效力，但背书本身的效力不受影响。D 选项正确。

23.【答案】A

【逐项分析】A 选项考查股东瑕疵出资责任问题。《公司法》第 30 条规定：“有限责任公司成立后，发现作为设立公司出资的非货币财产的实际价额显著低于公司章程所定价额的，应当由交付该出资的股东补足其差额；公司设立时的其他股东承担连带责任。”连带责任的承担限于公司设立时的其他股东，戊为后续加入的股东，故无需为丙的出资不实承担连带责任。A 选项正确。

B 选项考查发起人的责任。《公司法司法解释（三）》第 2 条规定：“发起人为设立公司以自己名义对外签订合同，合同相对人请求该发起人承担合同责任的，人民法院应予支持；公司成立后合同相对人请求公司承担合同责任的，人民法院应予支持。”乙在公司设立过程中以自己的名义对外签订合同，该合同责任在公司成立后即应由公司承担。B 选项错误。

C 选项考查股东权利的限制问题。《公司法司法解释（三）》第 16 条规定：“股东未履行或者未全面履行出资义务或者抽逃出资，公司根据公司章程或者股东会决议对其利润分配请求权、新股优先认购权、剩余财产分配请求权等股东权利作出相应的合理限制，该股东请求认定该限制无效的，人民法院不予支持。”可见，对于未履行或者未全面履行出资义务的股东，公司通过股东会可以限制其新股优先认购权，但不能完全剥夺其新股优先认购权。C 选项错误。

D 选项考查股东的利润分配请求权。根据《公司法》第 34 条规定，股东按照实缴的出资比例分取红利。甲和丁的货币出资约定为 5 年内分 5 次缴足，可见公司成立后第一年，甲和丁实缴的份额并不等于认缴的份额，故分红应当按照实缴的比例进行。D 选项错误。

24.【答案】C

【逐项分析】A、B 选项考查公司利益分配的强制性规定。《公司法》第 166 条规定，公司分配当年税后利润时，应计提法定公积金，但累计法定公积金为注册资本百分之五十以上的，可以不再提取。因此，这也就意味着公司可以不提取，也可以继续提取。因此，A、B 选项的做法都正确，不当选。

C 选项考查的是“发红股”的形式。考生需要了解“红股”是什么。所谓“红股”，指的是股票股利，即以发行股票的方式进行利润分配。因此，需要同时满足股票的发行条件和公司利益分配条件。结合题干可知，当年公司可分配利润为 5000 万元，而按照选项中的表述，需要发行 8000

万股。这就造成了发行价格低于股票的票面价值，构成折价发行。根据《公司法》第127条的规定，股票发行价格不得低于票面金额。因此，选项C错误，当选。

D选项考查的是《证券法》新修订的内容。根据《证券法》第91条第2款规定，上市公司当年税后利润，在弥补亏损及提取公积金后有盈余的，应当按照公司章程的规定分配现金股利。这是强制现金分配制度，需要考生注意。因此，D选项正确，不当选。

25.【答案】D

【逐项分析】《反不正当竞争法》第9条第1~3款规定："经营者不得实施下列侵犯商业秘密的行为：（一）以盗窃、贿赂、欺诈、胁迫、电子侵入或者其他不正当手段获取权利人的商业秘密；（二）披露、使用或者允许他人使用以前项手段获取的权利人的商业秘密；（三）违反保密义务或者违反权利人有关保守商业秘密的要求，披露、使用或者允许他人使用其所掌握的商业秘密；（四）教唆、引诱、帮助他人违反保密义务或者违反权利人有关保守商业秘密的要求，获取、披露、使用或者允许他人使用权利人的商业秘密。经营者以外的其他自然人、法人和非法人组织实施前款所列违法行为的，视为侵犯商业秘密。第三人明知或者应知商业秘密权利人的员工、前员工或者其他单位、个人实施本条第一款所列违法行为，仍获取、披露、使用或者允许他人使用该商业秘密的，视为侵犯商业秘密。"

据此，利用爬虫技术侵入回兴公司网络系统读取了机密资料属于第1项中的"以电子侵入手段获取权利人的商业秘密"，故李某侵犯了商业秘密。A项错误。

戴某属于第4项引诱他人违反保密义务披露商业秘密，属于侵犯商业秘密的行为。B项错误。

钱某属于第3项违反保密义务披露商业秘密，属于侵犯商业秘密的行为。C项错误。

王某通过正当的软件分析破译了该机器人的核心算法，属于合法的反向工程，不属于侵犯商业秘密的行为。D项正确。

26.【答案】C

【逐项分析】《反不正当竞争法》第12条第2款规定："经营者不得利用技术手段，通过影响用户选择或者其他方式，实施下列妨碍、破坏其他经营者合法提供的网络产品或者服务正常运行的行为：（一）未经其他经营者同意，在其合法提供的网络产品或者服务中，插入链接、强制进行目标跳转；（二）误导、欺骗、强迫用户修改、关闭、卸载其他经营者合法提供的网络产品或者服务；（三）恶意对其他经营者合法提供的网络产品或者服务实施不兼容；（四）其他妨碍、破坏其他经营者合法提供的网络产品或者服务正常运行的行为。"

根据上述规定，猎虎公司和悠悠网虽然不是竞争对手，没有直接竞争关系，但两家互联网公司都在争夺消费者的关注度，存在广义竞争关系，即最高人民法院《关于适用〈中华人民共和国反不正当竞争法〉若干问题的解释》第2条规定的"在生产经营活动中存在可能的争夺交易机会、损害竞争优势等关系"。A项错误。

猎虎公司的行为是通过屏蔽别人的视频广告，借此获得消费者的关注，并因而短时间获得大量下载和使用，不存在商业宣传行为，而是属于《反不正当竞争法》第12条第2款第4项"其他妨碍、破坏其他经营者合法提供的网络产品或者服务正常运行的行为"。B项错误，C项正确。

猎虎公司通过损害悠悠网的利益，让消费者从中获得好处，以此来获取消费者的关注，消费者从中没有受到损害。D项错误。

27.【答案】D

【逐项分析】《消费者权益保护法》第44条规定："消费者通过网络交易平台购买商品或者接受服务，其合法权益受到损害的，可以向销售者或者服务者要求赔偿。网络交易平台提供者不能提供销售者或者服务者的真实名称、地址和有效联系方式的，消费者也可以向网络交易平台提供者要求赔偿；网络交易平台提供者作出更有利于消费者的承诺的，应当履行承诺。网络交易平台提供者赔偿后，有权向销售者或者服务者追偿。网络交易平台提供者明知或者应知销售者或者服务者利用其平台侵害消费者合法权益，未采取必要措施的，依法与该销售者或者服务者承担连带责任。"本规定明确了电商平台的如下法律责任：

一是平台做出有利于消费者的承诺应当履行承诺。本题中甲平台做出了"退一赔四+邮费"的承诺，比《消费者权益保护法》关于欺诈消费者的3倍惩罚性赔偿责任更有利于消费者，应当履行，乙公司是甲平台的签约商家，应当遵守平台的规则，也应履行“退一赔四+邮费”的承诺。A 项错误。

二是平台因无法提供售假商家真实名称、联系方式而承担先行赔偿责任。甲平台提供了销售者的真实名称、地址和有效联系方式，甲平台对张某没有先行赔付的责任。B 项错误。

三是平台若明知或应知商家售假却未采取必要措施的，要承担连带赔偿责任。平台是否明知或应知，应当由消费者承担举证责任。C 项错误。

该平台向消费者提供了销售者的真实名称、地址和有效联系方式，且消费者未提供证据证明该平台明知或者应知销售者利用其平台侵害消费者合法权益而未采取必要措施，该平台不承担民事责任。D 项正确。

28.【答案】 B

【逐项分析】《税收征收管理法》第 32 条规定：“纳税人未按照规定期限缴纳税款的，扣缴义务人未按照规定期限解缴税款的，税务机关除责令限期缴纳外，从滞纳税款之日起，按日加收滞纳税款万分之五的滞纳金。”第 69 条规定：“扣缴义务人应扣未扣、应收而不收税款的，由税务机关向纳税人追缴税款，对扣缴义务人处应扣未扣、应收未收税款百分之五十以上三倍以下的罚款。”因此，税务局对纳税人陈某有权追缴税款和滞纳金。A 项正确。

《税收征收管理法》第 52 条第 2、3 款规定：“因纳税人、扣缴义务人计算错误等失误，未缴或者少缴税款的，税务机关在三年内可以追征税款、滞纳金；有特殊情况的，追征期可以延长到五年。对偷税、抗税、骗税的，税务机关追征其未缴或者少缴的税款、滞纳金或者所骗取的税款，不受前款规定期限的限制。”陈某虽少缴税款，但并非偷税，也不存在抗税、骗税。B 项错误。

《税收征收管理法》第 88 条第 1 款规定：“纳税人、扣缴义务人、纳税担保人同税务机关在纳税上发生争议时，必须先依照税务机关的纳税决定缴纳或者解缴税款及滞纳金或者提供相应的担保，然后可以依法申请行政复议；对行政复议决定不服的，可以依法向人民法院起诉。”C、D 项正确。

29.【答案】 C

【逐项分析】《商业银行法》第 22 条第 2 款规定，商业银行分支机构不具有法人资格，在总行授权范围内依法开展业务，其民事责任由总行承担。A 项错误。

《民事诉讼法》第 51 条规定：“公民、法人和其他组织可以作为民事诉讼的当事人。法人由其法定代表人进行诉讼。其他组织由其主要负责人进行诉讼。”最高人民法院《关于适用〈中华人民共和国民事诉讼法〉的解释》第 52 条将“其他组织”定义为：“合法成立、有一定的组织机构和财产，但又不具备法人资格的组织”。具体包括依法设立并领取营业执照的商业银行、政策性银行和非银行金融机构的分支机构等。故公主坟支行有诉讼主体资格。B 项错误。

《商业银行法》第 52 条规定：“商业银行的工作人员应当遵守法律、行政法规和其他各项业务管理的规定，不得有下列行为：……（五）违反法律、行政法规和业务管理规定的其他行为。”《商业银行理财业务监督管理办法》附件“商业银行管理产品销售管理要求”中规定，商业银行应当建立异常销售的监控、记录、报告和处理制度，重点关注理财产品销售业务中的不当销售和误导销售行为。银行虽然履行了一定的审慎经营义务，但是银行的客户经理申某在银行贵宾室内通过 POS 机付款方式多次销售非法理财产品，该银行未能通过有效的内部控制措施发现并纠正员工的私售行为，其内部管理有违审慎经营规则，存在过错。C 项正确。

《商业银行法》第 11 条第 2 款规定，未经国务院银行业监督管理机构批准，任何单位和个人不得从事吸收公众存款等商业银行业务。D 项错误。

30.【答案】 B

【逐项分析】《商业银行法》第 41 条规定：“任何单位和个人不得强令商业银行发放贷款或者提供担保。商业银行有权拒绝任何单位和个人强令要求其发放贷款或者提供担保”。A 项正确，不当选。

《商业银行法》第 3 条第 2 款规定：“经营范围由商业银行章程规定，报国务院银行业监督管理机构批准。”第 22 条第 2 款规定：“商业银行分支机构不具有法人资格，在总行授权范围内依法开展业务，其民事责任由总行承担。”可见，乙银行应当在总行授权范围内开展担保业务，而不需要经当地银保监局批准。B 项错误，当选。

《银行业监督管理法》第 48 条规定，银行业金融机构违反法律、行政法规以及国家有关银行业监督管理规定的，银行业监督管理机构除依照本法第 44 条至第 47 条规定处罚外，还可以区别不同情形，采取下列措施：……（3）取消直接负责的董事、高级管理人员一定期限直至终身的任职资格，禁止直接负责的董事、高级管理人员和其他直接责任人员一定期限直至终身从事银行业工作。C 项正确，不当选。

乙银行行长以银行的名义向小贷公司出具保函，约定保证方式为无条件、不可撤销的连带责任保证，并加盖了银行公章，非个人行为，该银行当然应与借款人承担连带责任。D 项正确，不当选。

31.【答案】A

【逐项分析】《城市房地产管理法》第 45 条第 1 款规定："商品房预售，应当符合下列条件：（一）已交付全部土地使用权出让金，取得土地使用权证书；（二）持有建设工程规划许可证；（三）按提供预售的商品房计算，投入开发建设的资金达到工程建设总投资的百分之二十五以上，并已经确定施工进度和竣工交付日期；（四）向县级以上人民政府房产管理部门办理预售登记，取得商品房预售许可证明。"本规定说明，取得商品房预售许可证是商品房预售的必备条件之一，但《预售商品房认购书》属于预约，不是商品房预售合同，不以取得商品房预售许可证为条件。A 项错误，当选。

最高人民法院《关于审理商品房买卖合同纠纷案件适用法律若干问题的解释》第 2 条规定："出卖人未取得商品房预售许可证明，与买受人订立的商品房预售合同，应当认定无效，但是在起诉前取得商品房预售许可证明的，可以认定有效。"B 项正确，不当选。

《城市房地产管理法》第 45 条第 2 款规定："商品房预售人应当按照国家有关规定将预售合同报县级以上人民政府房产管理部门和土地管理部门登记备案。"所以登记备案是商品房预售人的法定义务。但是，最高人民法院《关于审理商品房买卖合同纠纷案件适用法律若干问题的解释》第 6 条第 1 款规定："当事人以商品房预售合同未按照法律、行政法规规定办理登记备案手续为由，请求确认合同无效的，不予支持。"故登记备案并非预售合同的生效条件。C 项正确，不当选。

最高人民法院《关于审理商品房买卖合同纠纷案件适用法律若干问题的解释》第 4 条规定，出卖人通过认购、订购、预订等方式向买受人收受定金作为订立商品房买卖合同担保的，如果因当事人一方原因未能订立商品房买卖合同，应当按照法律关于定金的规定处理。《民法典》第 587 条规定，收受定金的一方不履行债务或者履行债务不符合约定，致使不能实现合同目的的，应当双倍返还定金。D 项正确，不当选。

32.【答案】C

【逐项分析】《环境保护税法》第 2 条规定："在中华人民共和国领域和中华人民共和国管辖的其他海域，直接向环境排放应税污染物的企业事业单位和其他生产经营者为环境保护税的纳税人，应当依照本法规定缴纳环境保护税。"因此，环境保护税的纳税人是相应的企事业单位和个体户，不包括个人或家庭。A 项错误。

《环境保护税法》第 12 条第 1 款规定，下列情形，暂予免征环境保护税：（1）农业生产（不包括规模化养殖）排放应税污染物的；（2）机动车、铁路机车、非道路移动机械、船舶和航空器等流动污染源排放应税污染物的；（3）依法设立的城乡污水集中处理、生活垃圾集中处理场所排放相应应税污染物，不超过国家和地方规定的排放标准的；（4）纳税人综合利用的固体废物，符合国家和地方环境保护标准的；（5）国务院批准免税的其他情形。个体洗车行排污，属于第 2 条规定的应税范围，且不属于第 12 条规定的暂予免征环境保护税的情形。B 项错误。

根据上述第 12 条第 2 项的规定，机动车排放应税污染物的，暂予免征环境保护税。C 项正确。

《环境保护税法》第 4 条规定，有下列情形之一的，不属于直接向环境排放污染物，不缴纳相应污染物的环境保护税：（1）企业事业单位和其他生产经营者向依法设立的污水集中处理、生活垃圾集中处理场所排放应税污染物的；……本条所规定的污水集中处理场所，是指为社会公众提供生活污水处理服务的场所，不包括为工业园区、开发区等工业聚集区域内的企业事业单位和其他生产经营者提供污水处理服务的场所，以及企业事业单位和其他生产经营者自建自用的污水处理场所。D 项错误。

33.【答案】B

【逐项分析】《森林法》第 26 条规定，县级以上人民政府林业主管部门可以结合本地实际，编制林地保护利用、造林绿化、森林经营、天然林保护等相关专项规划。A 项正确。

《森林法》第 53 条第 1、2 款规定，国有林业企业事业单位应当编制森林经营方案，明确森林培育和管护的经营措施，……国家支持、引导其他林业经营者编制森林经营方案。因此，仅国有林业企业负有编制森林经营方案的义务，而集体林业企业等编制森林经营方案属于支持、引导之列。B 项错误，当选。

《森林法》第 53 条第 1 款规定，国有林业企业事业单位应当编制森林经营方案，明确森林培育和管护的经营措施，报县级以上人民政府林业主管部门批准后实施。重点林区的森林经营方案由国务院林业主管部门批准后实施。C 项正确。

《森林法》第 72 条规定，违反本法规定，国有林业企业事业单位未履行保护培育森林资源义务、未编制森林经营方案或者未按照批准的森林经营方案开展森林经营活动的，由县级以上人民政府林业主管部门责令限期改正，对直接负责的主管人员和其他直接责任人员依法给予处分。D 项正确。

34.【答案】 B

【逐项分析】《劳动法》第 41 条规定："用人单位由于生产经营需要，经与工会和劳动者协商后可以延长工作时间，一般每日不得超过一小时；因特殊原因需要延长工作时间的，在保障劳动者身体健康的条件下延长工作时间每日不得超过三小时，但是每月不得超过三十六小时。" A 项正确。

5 月 1 日为国际劳动节。《劳动法》第 44 条规定，有下列情形之一的，用人单位应当按照下列标准支付高于劳动者正常工作时间工资的工资报酬：……（2）休息日安排劳动者工作又不能安排补休的，支付不低于工资的 200% 的工资报酬；（3）法定休假日安排劳动者工作的，支付不低于工资的 300%的工资报酬。法定休假日是没有补休规定的。B 项错误，当选；C、D 项正确。

35.【答案】 D

【逐项分析】《劳动合同法》第 23 条和第 24 条规定了离职后的竞业限制，不能简单地认为，法律仅认可离职后的竞业限制，而在职期间的竞业限制为法律所禁止。离职后的竞业限制对劳动者自由择业权、生存权有极大影响，所以法律设置了若干限制性规定，而在职期间的竞业限制对劳动者上述权利基本没有影响，所以法律就未作任何限制性规定，双方可自由约定。A 项错误。

《劳动合同法》第 24 条第 2 款规定，在解除或者终止劳动合同后，前款规定的人员到与本单位生产或者经营同类产品、从事同类业务的有竞争关系的其他用人单位，或者自己开业生产或者经营同类产品、从事同类业务的竞业限制期限，不得超过 2 年。而双方约定为 5 年。B 项错误。

劳动者的保密义务属于附随义务，不以用人单位支付对价为前提。C 项错误。

《劳动合同法》第 23 条第 2 款规定，对负有保密义务的劳动者，用人单位可以在劳动合同或者保密协议中与劳动者约定竞业限制条款，并约定在解除或者终止劳动合同后，在竞业限制期限内按月给予劳动者经济补偿。D 项正确。

36.【答案】 D

【逐项分析】《社会保险法》第 87 条规定，社会保险经办机构以及医疗机构、药品经营单位等社会保险服务机构以欺诈、伪造证明材料或者其他手段骗取社会保险基金支出的，由社会保险行政部门责令退回骗取的社会保险金，处骗取金额 2 倍以上 5 倍以下的罚款；属于社会保险服务机构的，解除服务协议；直接负责的主管人员和其他直接责任人员有执业资格的，依法吊销其执业资格。故 A、B、C 项正确；D 项错误，当选。

37.【答案】 C

【逐项分析】 2018 年最高人民法院《关于设立国际商事法庭若干问题的规定》第 2 条规定："国际商事法庭受理下列案件：（一）当事人依照民事诉讼法第三十四条①的规定协议选择最高人民法院管辖且标的额为人民币 3 亿元以上的第一审国际商事案件；……" 根据该规定第 1 项，涉案标的额应在人民币 3 亿元以上。因此，A 选项错误。

C 选项为重点干扰项。因在我国履行的中外合资经营企业合同、中外合作经营企业合同、中外合作勘探开发自然资源合同发生的纠纷提起的诉讼，我国法院有专属管辖权。根据《民诉解释》第 529 条规定，属于中华人民共和国人民法院专属管辖的案件，当事人不得用协议选择外国法院管辖，但协议选择仲裁的除外。因此，B 选项错误，

① 现为 2021 年《民事诉讼法》第 35 条。

C 选项正确。

《民法典》第 467 条第 2 款规定："在中华人民共和国境内履行的中外合资经营企业合同、中外合作经营企业合同、中外合作勘探开发自然资源合同，适用中华人民共和国法律。"也就是说，不允许 A 公司与 B 公司协商适用乙国法。因此，选项 D 错误。

38.【答案】B

【逐项分析】我国《涉外民事关系法律适用法》第 13 条规定："宣告失踪或者宣告死亡，适用自然人经常居所地法律。"本案中，迈克经常居所地在中国，故应适用中国法。因此，B 选项正确，A、D 选项错误。尽管选项 C 也是适用中国法，但其理由不正确。因此，C 选项也是错误选项。D 选项为重点干扰项。

39.【答案】D

【逐项分析】选项 A 为重点干扰项。国际铁路货物运输涉及两个以上承运人。《国际铁路货物联运协定》(以下简称《协定》)第 46 条第 2 项规定："赔偿请求应附有相应依据并注明款额，由发货人向缔约承运人，收货人向交付货物的承运人提出。赔偿请求以纸质形式提出，当运送参加方之间有协议时，以电子形式提出。"第 46 条第 7 项规定："承运人必须在收到赔偿请求书之日起的 180 天内对其进行审查，并给赔偿请求人以答复。在全部或部分承认赔偿请求时，向赔偿请求人支付应付的款额。"《协定》"办事细则"第 9.1.1 点规定："根据国际货协第 46 条'赔偿请求'的承运人，为受理承运人。"因此，在收货人或发货人提出赔偿请求时，统一由"受理承运人"受理和作出赔偿。受理承运人在赔付后，可向"责任承运人"追偿。在责任无法判定的情况下，根据《协定》第 36 条规定，承运人间的责任按该批货物在各承运人进行运送时实际行经的运价公里比例分担，但能够证明损失不是由其过失所造成的承运人除外。因此，A 选项错误。

《协定》在货损的赔偿上基本采用了足额赔偿的方法，依公约的规定，铁路对货物损失的赔偿金额在任何情况下，不得超过货物全部灭失时的金额。因此，B 选项错误。

《协定》规定了承运人可以免责的情况，主要包括铁路不能预防和不能消除的情况；货物的自然性质引起的货损；货方的过失；铁路规章许可的敞车运送；承运时无法发现的包装缺点；发货人不正确地托运违禁品；规定标准内的途耗等。可见，在国际铁路货物运输方面没有类似于海上货物运输的"航行过失免责"制度。因此，C 选项错误。

依《协定》规定，为了保证核收运输合同项下的一切费用，铁路当局对货物可行使留置权。留置权的效力以货物交付地国家的法律为依据。本题中，乙国为货物交付地，货物留置权的效力应以乙国法为准。因此，D 选项正确。

40.【答案】A

【逐项分析】选项 A 为重点干扰项。《海牙规则》规定的承运人的免责共有 17 项。根据第 4 条，对由于救助或企图救助海上人命或财产引起或造成的货物的灭失或损害，承运人不负责任。"东岩"号触礁造成货物损失是因企图救助海上人命或财产所致，承运人免责。因此，A 选项说法错误，当选。

选项 B 为《国际贸易术语解释通则 2020》新增知识点。《国际贸易术语解释通则 2020》CIP 贸易术语对卖方有义务取得保险的要求有所提高，相当于我国的"一切险"。遭遇雷电导致部分木材属于"单独海损"，保险公司应当承担责任。除非双方当事人自行商定较低的保险级别，比如平安险（单独海损不赔）。因此，B 选项说法正确，不当选。

《国际贸易术语解释通则 2020》和《国际贸易术语解释通则 2010》相同的一点：CIP 贸易术语下，货物的风险在货交承运人时转移。也就是说，木材落海损失的风险应由买方 A 公司承担。因此，C 选项说法正确，不当选。

《国际贸易术语解释通则 2020》和《国际贸易术语解释通则 2010》相同的一点：CIP 贸易术语下，卖方将货物在指定地点交给（第一）承运人，并支付运费和保险费。因此，D 选项说法正确，不当选。

41.【答案】C

【逐项分析】《民事诉讼法》第 48 条第 1 款规定，当事人提出回避申请，应当说明理由，在案件开始审理时提出；回避事由在案件开始审理后知道的，也可以在法庭辩论终结前提出。据此，马某在庭审过程中得知回避事由，可在法庭辩论终结前提出，而非一审判决作出前提出。选项 A 错误。

《民事诉讼法》第 49 条规定，院长担任审判长或者独任审判员时的回避，由审判委员会决定；审判人员的回避，由院长决定；其他人员的回避，由审判长或者独任审判员决定。《最高人民法院关于适用〈中华人民共和国民事诉讼法〉的解释》（以下简称《民诉解释》）第 49 条规定，书记员和执行员适用审判人员回避的有关规定。据此，书记员何某的回避应由院长决定。选项 B 错误。

《民事诉讼法》第 50 条规定，人民法院对当事人提出的回避申请，应当在申请提出的 3 日内，以口头或者书面形式作出决定。据此，选项 C 为正确答案。

《民事诉讼法》第 50 条规定，申请人对决定不服的，可以在接到决定时申请复议一次。据此，马某可以申请复议，而非复核。选项 D 错误。

42.【答案】C

【逐项分析】《民法典》第 686 条规定，保证的方式包括一般保证和连带责任保证。当事人在保证合同中对保证方式没有约定或者约定不明确的，按照一般保证承担保证责任。据此，本案中郑某提供的是一般保证。《民法典担保制度解释》第 26 条第 1 款规定，一般保证中，债权人以债务人为被告提起诉讼的，人民法院应予受理。债权人未就主合同纠纷提起诉讼或者申请仲裁，仅起诉一般保证人的，人民法院应当驳回起诉。据此，债权人吴某仅起诉债务人周某，法院应予受理，不必追加郑某为共同被告，郑某也不属于第三人。选项 A 和选项 B 均错误。

《民法典担保制度解释》第 21 条第 2 款规定，债权人一并起诉债务人和担保人的，应当根据主合同确定管辖法院。据此，吴某一并起诉周某和郑某，应根据借款合同确定管辖法院，应向 A 区法院起诉。选项 C 正确，选项 D 错误。

43.【答案】D

【逐项分析】《最高人民法院关于证券纠纷代表人诉讼若干问题的规定》（以下简称《证券纠纷规定》）第 32 条第 1 款规定，人民法院已经根据《民事诉讼法》第 57 条第 1 款、《证券法》第 95 条第 2 款的规定发布权利登记公告的，投资者保护机构在公告期间受 50 名以上权利人的特别授权，可以作为代表人参加诉讼。据此，证券特别代表人诉讼的代表人是投资者保护机构，而证券普通代表人诉讼的代表人是投资者。本案的诉讼代表人是债券投资者，属于证券普通代表人诉讼。选项 A 错误。

《证券纠纷规定》第 2 条第 1 款规定，证券纠纷代表人诉讼案件，由省、自治区、直辖市人民政府所在的市、计划单列市和经济特区中级人民法院或者专门人民法院管辖。据此，证券纠纷代表人诉讼案件应由中级法院管辖，不存在管辖权下移的例外规定。选项 B 错误。

《证券纠纷规定》第 19 条规定，人民法院经初步审查，认为调解协议草案不存在违反法律、行政法规的强制性规定、违背公序良俗以及损害他人合法权益等情形的，应当自收到申请书后 10 日内向全体原告发出通知。据此，代表人与被告调解后达成协议，无须事先征得全体原告同意。对协议有异议的原告，可向法院提交退出调解的申请，调解对其无效，法院继续审理后作出判决。选项 C 错误。

《证券纠纷规定》第 16 条第 2 款规定，原告可以自公告之日起 10 日内向人民法院申请撤回权利登记，并可以另行起诉。据此，普通代表人诉讼的裁判效力只及于参加诉讼的当事人，未参加诉讼的投资者可以另行起诉，因此判决仅对参加诉讼的投资者具有既判力。选项 D 正确。

44.【答案】C

【逐项分析】《民事诉讼法》第 166 条规定，人民法院审理下列民事案件，不适用小额诉讼的程序：（1）人身关系、财产确权案件；（2）涉外案件；（3）需要评估、鉴定或者对诉前评估、鉴定结果有异议的案件；（4）一方当事人下落不明的案件；（5）当事人提出反诉的案件；（6）其他不宜适用小额诉讼的程序审理的案件。据此，知识产权纠纷并不在小额诉讼程序限制适用之列，选项 A 错误，不当选。

《民事诉讼法》第 16 条第 1 款规定，经当事人同意，民事诉讼活动可以通过信息网络平台在线进行。据此，法院在线上开展民事诉讼活动，无须双方当事人同意。一方当事人同意，法院即可在线开展民事诉讼活动，另一方当事人可到法院线下参与庭审。选项 B 错误，不当选。

《民诉解释》第 279 条规定，当事人对按照小额诉讼案件审理有异议的，应当在开庭前提出。人民法院经审查，异议成立的，适用简易程序的其他规定审理或者裁定转为普通程序；异议不成立的，裁定驳回。裁定以口头方式作出的，应当记入笔录。据此，法院可口头裁定驳回秦某的异议，记入笔录即可。选项 C 正确，当选。

无论适用普通程序、简易程序还是小额诉讼程序，第一审程序必须开庭审理。程序具有法定性，即使双方当事人同意也不能不开庭审理后作出判决。选项 D 错误，不当选。

45.【答案】B

【逐项分析】《民事证据规定》第 16 条第 2 款规定，中华人民共和国领域外形成的涉及身份关系的证据，应当经所在国公证机关证明并经中华人民共和国驻该国使领馆认证，或者履行中华人民共和国与该所在国订立的有关条约中规定的证明手续。据此，胡某和汤姆在 A 国领取的结婚证属于涉及身份关系的证据，而 A 国与我国订立的条约并无证明手续的规定，因此应当经 A 国公证机关证明并经我国驻 A 国使领馆认证。选项 A 正确，不选。

《民诉解释》第 526 条规定，涉外民事诉讼中的外籍当事人，可以委托本国人为诉讼代理人，也可以委托本国律师以非律师身份担任诉讼代理人。据此，汤姆可委托 A 国律师以非律师身份担任诉讼代理人。选项 B 错误，应选。

《民事诉讼法》第 275 条规定，被告在中华人民共和国领域内没有住所的，人民法院应当将起诉状副本送达被告，并通知被告在收到起诉状副本后 30 日内提出答辩状。据此，被告在我国没有住所的涉外民事诉讼案件，被告的答辩期是 30 日。而本案中汤姆在我国有住所，并不适用上述规定，应适用《民事诉讼法》第 128 条规定的 15 日答辩期。选项 C 正确，不选。

《民诉解释》第 528 条规定，涉外民事诉讼中，经调解双方达成协议，应当制发调解书。当事人要求发给判决书的，可以依协议的内容制作判决书送达当事人。据此，本案为涉外民事诉讼案件，当事人要求发给判决书，法院可以依据调解协议内容制作判决书送达当事人。选项 D 正确，不选。

46.【答案】C

【逐项分析】《最高人民法院关于在审理经济纠纷案件中涉及经济犯罪嫌疑若干问题的规定》第 10 条规定，人民法院在审理经济纠纷案件中，发现与本案有牵连，但与本案不是同一法律关系的经济犯罪嫌疑线索、材料，应将犯罪嫌疑线索、材料移送有关公安机关或检察机关查处，经济纠纷案件继续审理。据此，本案中，李某起诉张某要求其承担连带担保责任，与王某涉嫌非法吸收公众存款罪属于不同法律关系，即便王某触犯非法吸收公众存款罪，也并不必然导致借款合同无效，因此，案件应继续审理。选项 C 为正确答案，其余选项均错误。

47.【答案】C

【逐项分析】《民诉解释》第 334 条规定，在第二审程序中，作为当事人的法人或者其他组织分立的，人民法院可以直接将分立后的法人或者其他组织列为共同诉讼人；合并的，将合并后的法人或者其他组织列为当事人。据此，甲公司分立为乙公司和丙公司，二审法院应将乙公司和丙公司列为上诉人。甲公司参与的诉讼行为，对乙公司和丙公司有拘束力，无须重新审理，可直接作出判决。选项 C 为正确答案，其余选项均错误。

48.【答案】D

【逐项分析】《民诉解释》第 351 条规定，申请司法确认调解协议的，双方当事人应当本人或者由符合《民事诉讼法》第 61 条规定的代理人依照《民事诉讼法》第 201 条的规定提出申请。据此，申请调解司法确认并非只能由本人申请，亦可由代理人共同申请，选项 A 错误，不当选。

《民事诉讼法》第 201 条第 2 项规定，调解组织自行开展调解的，向当事人住所地、标的物所在地、调解组织所在地的基层人民法院提出；调解协议所涉纠纷应当由中级人民法院管辖的，向相应的中级人民法院提出。据此，双方当事人的住所地甲区、乙区以及调解组织所在地的丙区法院均享有管辖权，当事人均可提出申请。选项 B 错误，不当选。

《民诉解释》第 353 条规定，当事人申请司法确认调解协议，可以采用书面形式或者口头形式。当事人口头申请的，人民法院应当记入笔录，并由当事人签名、捺印或者盖章。据此，当事人申请司法确认并非只能书面申请，选项 C 错误，不当选。

既判力，是指判决生效后所具有的确定效力，可分为形式上的确定力和实质上的确定力。前者是指判决一经生效，当事人就不得以此法律上的事实提起诉讼或者提起上诉。后者是指生效判决确定的实体权利义务不得争执，不容改变。据此，既判力的适用对象是生效判决，司法确认裁定不具有既判力。选项 D 正确，当选。

49.【答案】 D

【逐项分析】《民事诉讼法》第 225 条规定，按照规定可以背书转让的票据持有人，因票据被盗、遗失或者灭失，可以向票据支付地的基层人民法院申请公示催告。据此，甲公司向票据支付地法院申请公示催告程序符合法律规定，选项 A 正确，不当选。

《民诉解释》第 449 条规定，利害关系人申报权利，人民法院应当通知其向法院出示票据，并通知公示催告申请人在指定的期间查看该票据。据此，乙公司申报权利应当出示票据符合法律规定，选项 B 正确，不当选。

《民事诉讼法》第 228 条第 2、3 款规定，人民法院收到利害关系人的申报后，应当裁定终结公示催告程序，并通知申请人和支付人。申请人或者申报人可以向人民法院起诉。据此，甲公司申请公示催告的票据与乙公司出示的票据一致，这属于有效权利申报，应当裁定终结公示催告程序，选项 C 正确，不当选。

公示催告程序终结后，申请人甲公司或者申报人乙公司可以向法院起诉，而非将公示催告程序转入诉讼程序。选项 D 错误，当选。

50.【答案】 A

【逐项分析】《执行担保规定》第 3 条规定，被执行人或者他人提供执行担保的，应当向人民法院提交担保书，并将担保书副本送交申请执行人。据此，担保人黄某必须向法院提交担保书。选项 A 正确。

《执行担保规定》第 6 条规定，被执行人或者他人提供执行担保，申请执行人同意的，应当向人民法院出具书面同意意见，也可以由执行人员将其同意的内容记入笔录，并由申请执行人签名或者盖章。据此，原则上申请执行人应出具书面同意意见，但也允许口头提出。选项 B 错误。

《执行担保规定》第 2 条规定，执行担保可以由被执行人提供财产担保，也可以由他人提供财产担保或者保证。据此，黄某可以提供财产担保，也可以保证人身份提供执行担保。选项 C 错误。

《执行担保规定》第 11 条规定，暂缓执行期限届满后被执行人仍不履行义务，或者暂缓执行期间担保人有转移、隐藏、变卖、毁损担保财产等行为的，人民法院可以依申请执行人的申请恢复执行，并直接裁定执行担保财产或者保证人的财产，不得将担保人变更、追加为被执行人。据此，不得将黄某列为被执行人。选项 D 错误。

二、多项选择题

51.【答案】 ABD

【逐项分析】 选项 A 考查重大误解。《民法典》第 147 条规定："基于重大误解实施的民事法律行为，行为人有权请求人民法院或者仲裁机构予以撤销。"本题中，甲以为该二手车的公里数为 38000 公里，而真实的公里数为 8 万公里，产生了性质上的认识错误，该误解对交易十分重要，可以基于重大误解撤销。选项 A 正确。

选项 B 考查欺诈。虽然本题二手车买卖涉及甲、某公司与乙三方主体，但是其中涉及的欺诈并非第三人欺诈，而是相对方欺诈。《民法典》第 148 条规定："一方以欺诈手段，使对方在违背真实意思的情况下实施的民事法律行为，受欺诈方有权请求人民法院或者仲裁机构予以撤销。"本题中，乙在二手车销售中未告知真实的公里数，属于一种消极欺诈行为，导致甲陷入认识错误并在此基础上缔结了二手车买卖合同。甲有权依据欺诈向法院起诉撤销二手车买卖合同。选项 B 正确。

选项 C 考查显失公平。《民法典》第 151 条规定："一方利用对方处于危困状态、缺乏判断能力等情形，致使民事法律行为成立时显失公平的，受损害方有权请求人民法院或者仲裁机构予以撤销。"据此，显失公平须满足主客观两方面的要件：（1）主观方面：利用对方处于危困状态、缺乏判断能力等情形；（2）客观方面：民事法律行为成立时显失公平。结合本题，主观要件并不满足，甲并不存在危困状态、缺乏判断能力等情形。因此本题不构成显失公平，选项 C 错误。

选项 D 考查机动车交通事故责任。《民法典》第 1209 条规定："因租赁、借用等情形机动车所有人、管理人与使用人不是同一人时，发生交通事故造成损害，属于该机动车一方责任的，由机动车使用人承担赔偿责任；机动车所有人、管理人对损害的发生有过错的，承担相应的赔偿责任。"结合本题，5000 元的医疗费应由机动车的使用人——丁来承担。选项 D 正确。

52.【答案】 CD

【逐项分析】 选项 A 考查隐私权与名誉权。

《民法典》第 1024 条规定："民事主体享有名誉权。任何组织或者个人不得以侮辱、诽谤等方式侵害他人的名誉权。名誉是对民事主体的品德、声望、才能、信用等的社会评价。"本题中，孙某的行为并非以侮辱、诽谤等方式侵害王某的名誉权。《民法典》第 1032 条规定："自然人享有隐私权。任何组织或者个人不得以刺探、侵扰、泄露、公开等方式侵害他人的隐私权。隐私是自然人的私人生活安宁和不愿为他人知晓的私密空间、私密活动、私密信息。"孙某与王某的微信聊天记录是王某的私密信息，孙某将其公开在微博上，侵害了王某的隐私权。选项 A 错误。

选项 B 考查姓名权。《民法典》第 1014 条规定："任何组织或者个人不得以干涉、盗用、假冒等方式侵害他人的姓名权或者名称权。"《民法典》第 1017 条规定："具有一定社会知名度，被他人使用足以造成公众混淆的笔名、艺名、网名、译名、字号、姓名和名称的简称等，参照适用姓名权和名称权保护的有关规定。"据此，甲盗用乙的笔名构成对乙姓名权的侵害，选项 B 错误。

选项 C 考查肖像权。《民法典》第 1019 条第 2 款规定："未经肖像权人同意，肖像作品权利人不得以发表、复制、发行、出租、展览等方式使用或者公开肖像权人的肖像。"据此，钱某要展览该画，需经肖像权人李某的同意。钱某未经其同意就展览该画，侵害了李某的肖像权。选项 C 正确。

选项 D 考查个人信息的保护。《民法典》第 1038 条第 1 款规定："信息处理者不得泄露或者篡改其收集、存储的个人信息；未经自然人同意，不得向他人非法提供其个人信息，但是经过加工无法识别特定个人且不能复原的除外。"据此，该社交平台在未取得用户同意的情形下擅自将用户信息与其他公司共享，侵害了用户的个人信息权。选项 D 正确。

53.【答案】 ABC

【逐项分析】《民法典》第 995 条规定："人格权受到侵害的，受害人有权依照本法和其他法律的规定请求行为人承担民事责任。受害人的停止侵害、排除妨碍、消除危险、消除影响、恢复名誉、赔礼道歉请求权，不适用诉讼时效的规定。"据此，张某请求恢复名誉的权利不适用诉讼时效的规定。选项 A 正确。

《最高人民法院关于审理民事案件适用诉讼时效制度若干问题的规定》（以下简称《诉讼时效规定》）第 1 条规定："当事人可以对债权请求权提出诉讼时效抗辩，但对下列债权请求权提出诉讼时效抗辩的，人民法院不予支持：（一）支付存款本金及利息请求权；（二）兑付国债、金融债券以及向不特定对象发行的企业债券本息请求权；（三）基于投资关系产生的缴付出资请求权；（四）其他依法不适用诉讼时效规定的债权请求权。"据此，公司对股东的出资缴付请求权不适用诉讼时效。选项 B 正确。

《民法典》第 196 条规定："下列请求权不适用诉讼时效的规定：（一）请求停止侵害、排除妨碍、消除危险；（二）不动产物权和登记的动产物权的权利人请求返还财产；（三）请求支付抚养费、赡养费或者扶养费；（四）依法不适用诉讼时效的其他请求权。"据此，丙对乙的抚养费请求权不适用诉讼时效的规定。选项 C 正确。

《民法典》第 191 条规定："未成年人遭受性侵害的损害赔偿请求权的诉讼时效期间，自受害人年满十八周岁之日起计算。"据此，未成年人遭受性侵害时，并非不适用诉讼时效规定，而是有特殊的诉讼时效起算点。选项 D 错误。

54.【答案】 ACD

【逐项分析】选项 A 考查按份共有时共有物的处分与善意取得。甲乙丙三人对商铺形成按份共有，每人各占 1/3 的份额。依据《民法典》第 301 条，处分共有物需要 2/3 以上按份共有人同意。若甲擅自将商铺以个人名义出卖给不知情的丁，构成无权处分，结合《民法典》第 311 条，丁构成善意取得。丁再转让给戊，就变成有权处分了，戊可以基于合法有效的交易取得商铺所有权，乙丙对商铺就不再享有所有权了，自然不能主张物权请求权。选项 A 正确。

选项 BCD 均考查按份共有人对外转让份额时其他按份共有人的优先购买权。

选项 B 考查其他按份共有人优先购买权的法律效力。《最高人民法院关于适用〈中华人民共和国民法典〉物权编的解释（一）》（以下简称《民法典物权编解释一》）第 12 条规定："按份共有人向共有人之外的人转让其份额，其他按份共有人根据法律、司法解释规定，请求按照同等条件优先购买该共有份额的，应予支持。其他按份共有人的请求具有下列情形之一的，不予支持：（一）未在本解释第十一条规定的期间内主张优先购买，或者虽主张优先购买，但提出减少转让价款、增加转让人负担等实质性变更要求；（二）以其优先购买权受到侵害为由，仅请求撤销共有份额转让合同或者认定该合同无效。”据此，若甲擅自将自己的商铺份额转让给丁，乙、丙不能以优先购买权受侵害为由仅确认转让合同无效。选项 B 错误。

选项 C 考查其他按份共有人优先购买权的行使前提。《民法典物权编解释一》第 13 条规定：“按份共有人之间转让共有份额，其他按份共有人主张依据民法典第三百零五条规定优先购买的，不予支持，但按份共有人之间另有约定的除外。”据此，共有人之间内部转让共有份额时，其他按份共有人原则上没有优先购买权。本题中，若甲准备内部转让共有份额，则甲可以在乙、丙之间自由选择受让人。选项 C 正确。

选项 D 考查多个按份共有人主张优先购买权时的处理。《民法典》第 306 条第 2 款规定：“两个以上其他共有人主张行使优先购买权的，协商确定各自的购买比例；协商不成的，按照转让时各自的共有份额比例行使优先购买权。”据此，若甲向丁转让商铺份额，乙、丙均主张优先购买的，双方可以先自行协商，协商不成的，依据转让时的共有份额比例行使优先购买权。选项 D 正确。

55.【答案】 BD

【逐项分析】 选项 A 考查紧急避险。《民法典》第 182 条第 3 款规定：“紧急避险采取措施不当或者超过必要的限度，造成不应有的损害的，紧急避险人应当承担适当的民事责任。”本题中，颜某为了挽救邻居赵某的生命财产破门而入，属于紧急救助行为，而非紧急避险。选项 A 错误。

选项 B 考查紧急救助行为。《民法典》第 184 条规定：“因自愿实施紧急救助行为造成受助人损害的，救助人不承担民事责任。”本题中，颜某为了挽救邻居赵某的生命财产破门而入，属于紧急救助行为，即使损坏屋门，也不承担赔偿责任。选项 B 正确。

选项 C 考查名誉权。《民法典》第 1024 条规定：“民事主体享有名誉权。任何组织或者个人不得以侮辱、诽谤等方式侵害他人的名誉权。名誉是对民事主体的品德、声望、才能、信用等的社会评价。”据此，侵害名誉权的行为表现为以侮辱、诽谤等方式造成他人社会评价降低，本题中颜某只是讲述了事实，并未虚构、捏造事实对赵某实施侮辱、诽谤行为，故不成立名誉权侵害。选项 C 错误。

选项 D 考查个人信息的保护。《民法典》第 1034 条规定，自然人的个人信息受法律保护。个人信息中的私密信息同时适用隐私权保护的有关规定。《民法典》第 1032 条第 1 款规定：“自然人享有隐私权。任何组织或者个人不得以刺探、侵扰、泄露、公开等方式侵害他人的隐私权。”结合本题，赵某信教并扮演“仙人”，请神驱邪，此种信息属于赵某的个人信息，赵某享有个人信息的合法权益。颜某擅自公开这些信息，构成对赵某个人信息合法权益的侵害。选项 D 正确。

56.【答案】 ACD

【逐项分析】 选项 A 考查过错责任原则。丙将甲误认成乙并将其打伤，这一情形并非特殊侵权，属于一般侵权，应适用一般的过错责任。尽管丙出现了认识错误，但仍需要承担侵权责任。选项 A 正确。

选项 B 考查过错责任的构成要件。医院的整容行为是基于和甲之间的整容合同而为的合法行为，并非侵权行为，其整容行为与甲被打伤之间也没有因果关系，因此甲无权要求医院承担责任。选项 B 错误。

选项 CD 均考查肖像权侵权问题。《民法典》第 1018 条第 1 款规定：“自然人享有肖像权，有权依法制作、使用、公开或者许可他人使用自己的肖像。”《民法典》第 1019 条第 1 款规定：“任何组织或者个人不得以丑化、污损，或者利用信息技术手段伪造等方式侵害他人的肖像权。未经肖像权人同意，不得制作、使用、公开肖像权人的肖像，但是法律另有规定的除外。”本题中，照相馆出售乙的照片，医院使用乙的照片，都是对乙肖像权的侵害，乙有权要求照相馆和医院承担责任。选项 CD 正确。

57.【答案】 BD

【逐项分析】 选项 A 中，甲对老人并无安全保障义务，并不构成违反安全保障义务的侵权责任。该选项来自于“电梯吸烟劝阻案”，与安全保障义务无关。选项 A 不当选。

选项 B 中，乙商场对躲雨的妇女是有安全保障义务的，其防滑警示标志设置不明显，导致躲雨的妇女摔倒受伤，属于违反了安全保障义务而致人损害的情形，应承担违反安全保障义务的侵权责任。选项 B 当选。

选项 C 有一定的迷惑性。丙约人饮酒，因邀约这一在先行为会产生积极的作为义务，即顾及受邀朋友的生命健康安全，其虽未极力劝酒，但该朋友因饮酒过量而触发心脏病死亡，可能构成侵权。但是，这一侵权责任不属于违反安全保障义务的侵权责任，只是普通侵权。选项 C 不当选。

选项 D 中，作为演唱会的主办方，丁公司负有安全保障义务，散场时因指示疏导错误导致发生踩踏事件，属于违反了安全保障义务，导致二人受伤，应承担违反安全保障义务的侵权责任。选项 D 当选。

58.【答案】CD

【逐项分析】选项 A 考查著作权的保护期限。《著作权法》第 22 条规定："作者的署名权、修改权、保护作品完整权的保护期不受限制。"据此，自然人死亡后，其著作人身权并不当然消灭，仍有被侵害的可能。选项 A 错误，不当选。

选项 B 考查著作人身权中的署名权与发表权侵权。署名权属于著作人身权，而且该权利依据《著作权法》第 22 条没有保护期限制。2005 年甲公司使用曾某的摄影作品却没有署名，侵犯了曾某的署名权。但曾某在 1993 年首次发表，发表权"一次用尽"，不可能再受侵害。选项 B 错误，不当选。

选项 C 考查著作财产权的继承。《著作权法》第 21 条第 1 款规定："著作权属于自然人的，自然人死亡后，其本法第十条第一款第五项至第十七项规定的权利在本法规定的保护期内，依法转移。"据此，曾某过世后，其著作财产权通过继承转移至其女丙。甲公司使用摄影作品创作影视作品，未经丙许可，侵犯了丙的著作财产权。选项 C 正确，当选。

选项 D 考查信息网络传播权侵权。根据《著作权法》第 10 条第 1 款第 12 项的规定，信息网络传播权，即以有线或者无线方式向公众提供，使公众可以在其选定的时间和地点获得作品的权利。乙网络平台擅自使用甲公司的影视作品进行网络传播，侵害了甲公司的信息网络传播权。同时，该影视作品中包含《卢沟的眼泪》这一摄影作品，也构成对丙的信息网络传播权的侵害。选项 D 正确，当选。

59.【答案】AC

【逐项分析】选项 A、B、C 考查《专利法》第 75 条不视为侵犯专利权的情形。《专利法》第 75 条规定："有下列情形之一的，不视为侵犯专利权：（一）专利产品或者依照专利方法直接获得的产品，由专利权人或者经其许可的单位、个人售出后，使用、许诺销售、销售、进口该产品的；（二）在专利申请日前已经制造相同产品、使用相同方法或者已经作好制造、使用的必要准备，并且仅在原有范围内继续制造、使用的；（三）临时通过中国领陆、领水、领空的外国运输工具，依照其所属国同中国签订的协议或者共同参加的国际条约，或者依照互惠原则，为运输工具自身需要而在其装置和设备中使用有关专利的；（四）专为科学研究和实验而使用有关专利的；（五）为提供行政审批所需要的信息，制造、使用、进口专利药品或者专利医疗器械的，以及专门为其制造、进口专利药品或者专利医疗器械的。"

选项 A 中，甲制造并向某公司提供专利药品，虽侵犯了专利权人的制造权、销售权，但其目的系帮助某公司获得行政审批所需的信息，依据《专利法》第 75 条第 5 项属于不视为侵犯专利权的特殊情形。选项 A 正确，当选。

选项 B 涉及对《专利法》第 75 条第 1 项的理解与适用。该项是关于专利权穷尽的规定。与著作权领域的发行权穷尽（首次销售原则）类似，专利权的穷尽是因为在同一载体上既存在专利权，也存在受让人的所有权，在专利权已经行使过一次（由专利权人或者经其许可的单位、个人售出后）的前提下，考虑到所有权人的利益及商品自由流通的需要，专利产品的使用、许诺销售、销售、进口不再受专利权人控制。以产品专利为例，专利权穷尽有两个条件：一是专利产品合法生产；二是专利产品合法进入流通领域。进口权穷尽的前提是专利权人已行使过一次权利，选项 B 中，该药品在印度的专利权人为巴塔公司，甲从印度购买合法生产的药品，表明巴塔公司行使了制造权、销售权，但中国的专利权人美森公司并未在中国实施（制造、销售）过专利权，印度的专利在印度因制造、销售构成专利权穷尽，并不必然导致在中国构成专利权穷尽。故甲为在中国销售，从印度进口的行为侵犯了美森公司的进口权。选项 B 错误，不当选。

选项 C 涉及对《专利法》第 75 条第 3 项的理解与适用。该项是源自《巴黎公约》的"临时过境"使用。"临时过境"既包括偶然进入，也包括定期通过。选项 C 中，甲商船上使用他人未经我国专利权人永辉公司许可而制造、销售的新式发动机，侵犯了永辉公司的制造权、销售权，但该商船定期往返中日之间，符合临时过境使用的条件，不视为侵犯专利权。选项 C 正确，当选。

选项 D 考查《专利法》第 77 条合法来源抗辩规则。《专利法》第 77 条规定："为生产经营目的使用、许诺销售或者销售不知道是未经专利权人许可而制造并售出的专利侵权产品，能证明该产品合法来源的，不承担赔偿责任。"需要注意的是，该条的法律后果是"不承担赔偿责任"，这与《专利法》第 75 条规定的"不视为侵犯专利权"有本质区别。最高人民法院关于审理侵犯专利权纠纷案件应用法律若干问题的解释（二）（以下简称《侵犯专利权纠纷解释二》）第 25 条第 1 款进一步规定："为生产经营目的的使用、许诺销售或者销售不知道是未经专利权人许可而制造并售出的专利侵权产品，且举证证明该产品合法来源的，对于权利人请求停止上述使用、许诺销售、销售行为的主张，人民法院应予支持，但被诉侵权产品的使用者举证证明其已支付该产品的合理对价的除外。"可见，如果不知情、能证明合法来源且支付了合理对价，侵权人不仅不需要赔偿，甚至不需要停止使用。然而，这并不能改变行为本身构成专利侵权的性质。选项 D 中，甲不知情、从合法渠道购买且支付了合理对价，故不需要停止销售，但该行为仍构成侵权。选项 D 错误，不当选。

60.【答案】 ABD

【逐项分析】 选项 A 考查驰名商标的使用问题。《商标法》第 14 条第 5 款规定："生产、经营者不得将'驰名商标'字样用于商品、商品包装或者容器上，或者用于广告宣传、展览以及其他商业活动中。"对驰名商标的特别保护，无论是《商标法》第 13 条的禁止同类混淆、跨类混淆，还是《最高人民法院关于审理涉及驰名商标保护的民事纠纷案件应用法律若干问题的解释》（以下简称《驰名商标保护解释》）第 9 条的禁止淡化，都是基于其为相关公众所熟知的事实。驰名商标保护并不关乎价值认定、荣誉评判，其仅在个案中有效，因此《商标法》禁止将其作为广告宣传的手段。无论是在商品上标注驰名商标，或者将之作为广告宣传，均在禁止之列。选项 A 错误，当选。

选项 B、C 考查驰名商标的特殊保护措施。《驰名商标保护解释》第 11 条规定："被告使用的注册商标违反商标法第十三条的规定，复制、摹仿或者翻译原告驰名商标，构成侵犯商标权的，人民法院应当根据原告的请求，依法判决禁止被告使用该商标，但被告的注册商标有下列情形之一的，人民法院对原告的请求不予支持：（一）已经超过商标法第四十五条第一款规定的请求宣告无效期限的；（二）被告提出注册申请时，原告的商标并不驰名的。"据此，驰名商标所有人甲起诉乙的注册商标侵权，法院应予受理，且可以依法判决禁止被告使用其有效的商标。选项 B 错误，当选；选项 C 正确，不当选。

选项 D 考查注册商标的无效宣告。《商标法》第 45 条第 1 款规定："已经注册的商标，违反本法第十三条第二款和第三款、第十五条、第十六条第一款、第三十条、第三十一条、第三十二条规定的，自商标注册之日起五年内，在先权利人或者利害关系人可以请求商标评审委员会宣告该注册商标无效。对恶意注册的，驰名商标所有人不受五年的时间限制。"据此，对恶意注册驰名商标的，驰名商标所有人提起无效宣告请求不受 5 年的期限限制。注册商标因侵犯他人在先权利而被申请确认无效的，应自商标注册之日 5 年内提出。但恶意注册驰名商标的，可不受 5 年的期限限制。若乙公司注册已超过 5 年，甲公司才提出宣告无效，甲公司的申请不受该 5 年限制。选项 D 错误，当选。

61.【答案】 BC

【逐项分析】 A 选项考查破产申请受理后发生的滞纳金认定。《破产法司法解释（三）》第 3 条规定："破产申请受理后，债务人欠缴款项产生的滞纳金，包括债务人未履行生效法律文书应当加倍支付的迟延利息和劳动保险金的滞纳金，债权人作为破产债权申报的，人民法院不予确认。"甲公司被受理破产申请的时间为 2019 年 4 月 10 日，而因欠缴 5 月份劳动保险金而产生的滞纳金发生在受理破产申请之后，则该债权不能作为破产债权申报，选项 A 不当选。

B 选项考查破产申请受理后基于受理前未履行生效判决书而产生的迟延利息认定。《破产法司法解释（三）》第 3 条规定："破产申请受理后，债务人欠缴款项产生的滞纳金，包括债务人未履行生效法律文书应当加倍支付的迟延利息和劳动保险金的滞纳金，债权人作为破产债权申报的，人民法院不予确认。”由于未履行的生效判决的事实发生在甲公司被受理破产申请之前，故该债权可以作为破产债权申请，选项 B 当选。

C 选项考查破产申请受理后未到期债务的认定。《破产法司法解释（三）》第 4 条第 2 款规定：“主债务未到期的，保证债权在保证人破产申请受理时视为到期。一般保证的保证人主张行使先诉抗辩权的，人民法院不予支持，但债权人在一般保证人破产程序中的分配额应予提存，待一般保证人应承担的保证责任确定后再按照破产清偿比例予以分配。”由于债务于 2020 年 3 月底到期，虽然在保证人甲破产申请被受理时尚未到期，但视为到期，债权人有权申请破产债权，故选项 C 当选。

D 选项考查破产申请后发生的不当得利认定。《企业破产法》第 42 条规定：“人民法院受理破产申请后发生的下列债务，为共益债务：……（三）因债务人不当得利所产生的债务；……”客户乙因一时大意错将 50 万元汇至甲公司，甲公司获得利益没有合法依据，并且导致了乙的损失，构成不当得利，同时人民法院受理甲公司破产申请的时间在 2019 年 4 月，早于乙汇错款的时间，故该 50 万元为共益债务，而不属于破产债权，选项 D 不当选。

62.【答案】BC

【逐项分析】A 和 B 选项考查体检与投保人如实告知义务的关系。《最高人民法院关于适用〈中华人民共和国保险法〉若干问题的解释（三）》（以下简称《保险法司法解释（三）》）第 5 条规定：“保险合同订立时，被保险人根据保险人的要求在指定医疗服务机构进行体检，当事人主张投保人如实告知义务免除的，人民法院不予支持。保险人知道被保险人的体检结果，仍以投保人未就相关情况履行如实告知义务为由要求解除合同的，人民法院不予支持。”故 A 选项错误，不选；B 选项正确，当选。

C 和 D 选项考查保险人法定解除权的限制。《保险法》第 16 条规定，投保人故意不履行告知义务的，保险公司有权解除合同，但该解除权受到多重限制，合同订立时保险公司已发现投保人故意未如实告知的，保险公司无论何时均无权解除，因此 C 项正确，当选。合同成立后才发现投保人故意未如实告知的，自发现之日起超过 30 日不行使解除权的，解除权消灭；但合同成立超过两年才发现解除事由的，无论何时均无权解除。该案中，合同成立已超过两年，因此无权解除，D 项错误，不当选。

63.【答案】AD

【逐项分析】A 选项考查有限责任公司的设立方式。有限责任公司只能采取发起设立的方式，选项 A 正确。

B 选项考查公司设立阶段发起人订立合同的责任承担。《公司法司法解释（三）》第 2 条规定，发起人为设立公司以自己名义对外签订合同，合同相对人请求该发起人承担合同责任的，人民法院应予支持。《民法典》第 75 条第 2 款规定：“设立人为设立法人以自己的名义从事民事活动产生的民事责任，第三人有权选择请求法人或者设立人承担。”由于张某和庄某为厂房租赁合同的当事人，无论健乐公司是否成立，庄某都可以向张某请求承担责任，选项 B 错误。

C 选项考查分公司营业执照的问题。《公司法》第 14 条第 1 款规定：“公司可以设立分公司。设立分公司，应当向公司登记机关申请登记，领取营业执照。分公司不具有法人资格，其民事责任由公司承担。”设立分公司，应当向公司登记机关申请登记，领取营业执照，选项 C 错误。

D 选项考查母子公司经营范围的关系。《公司法》第 14 条第 2 款规定：“公司可以设立子公司，子公司具有法人资格，依法独立承担民事责任。”子公司具有法人资格，依法独立承担民事责任，可以与母公司的经营范围不同，选项 D 正确。

64.【答案】AD

【逐项分析】A 选项考查公司合并中的债权人保护程序。《公司法》第 173 条规定：“公司合并，应当由合并各方签订合并协议，并编制资产负债表及财产清单。公司应当自作出合并决议之日起十日内通知债权人，并于三十日内在报纸上公告。债权人自接到通知书之日起三十日内，未接到通知书的自公告之日起四十五日内，可以要求公司清偿债务或者提供相应的担保。”A 选项正确。

B 选项考查公司合并是否需要清算的问题。《公司法》第 183 条规定：“公司因本法第一百八十条第（一）项、第（二）项、第（四）项、第（五）项规定而解散的，应当在解散事由出现之日起十五日内成立清算组，开始清算。……”其中空缺的第 180 条第（三）项正是关于“因公司合并或者分立需要解散”的规定。B 选项错误。

C 选项考查司法解散请求权的原告主体资格。《公司法》第 182 条规定：“公司经营管理发生严重困难，继续存续会使股东利益受到重大损失，通过其他途径不能解决的，持有公司全部股东表决权百分之十以上的股东，可以请求人民法院解散公司。”该条并未对股东的持股时间作出要求，故欧某不会因为持股时间不足而无权提起解散公司的诉讼。C 选项错误。

D 选项考查司法解散公司的诉由。《最高人民法院关于适用〈中华人民共和国公司法〉若干问题的规定（二）》（以下简称《公司法司法解释（二）》）第 1 条第 2 款：“股东以知情权、利润分配请求权等权益受到损害，或者公司亏损、财产不足以偿还全部债务，以及公司被吊销企业法人营业执照未进行清算等为由，提起解散公司诉讼的，人民法院不予受理。”D 选项正确。

65.【答案】ABD

【逐项分析】A 选项考查清算组组成人员的范围。《公司法》第 183 条规定：“公司因本法第一百八十条第（一）项、第（二）项、第（四）项、第（五）项规定而解散的，应当在解散事由出现之日起十五日内成立清算组，开始清算。有限责任公司的清算组由股东组成，股份有限公司的清算组由董事或者股东大会确定的人员组成。逾期不成立清算组进行清算的，债权人可以申请人民法院指定有关人员组成清算组进行清算。人民法院应当受理该申请，并及时组织清算组进行清算。”《公司法司法解释（二）》第 8 条规定：“人民法院受理公司清算案件，应当及时指定有关人员组成清算组。清算组成员可以从下列人员或者机构中产生：（一）公司股东、董事、监事、高级管理人员；（二）依法设立的律师事务所、会计师事务所、破产清算事务所等社会中介机构；（三）依法设立的律师事务所、会计师事务所、破产清算事务所等社会中介机构中具备相关专业知识并取得执业资格的人员。”永泰公司为有限责任公司，故其自行清算时，清算组成员为股东；当法院指定清算时，清算组成员不包括债权人，选项 A 错误，当选。

B 选项考查清算组的职权。《公司法》第 184 条规定：“清算组在清算期间行使下列职权：（一）清理公司财产，分别编制资产负债表和财产清单；（二）通知、公告债权人；（三）处理与清算有关的公司未了结的业务；（四）清缴所欠税款以及清算过程中产生的税款；（五）清理债权、债务；（六）处理公司清偿债务后的剩余财产；（七）代表公司参与民事诉讼活动。”公司清算的目的是处理公司未了结业务。为公司扩展业务属于新业务，不属于清算组在清算期间的职权，选项 B 错误，当选。

C 选项考查债权申报的限制。《公司法》第 185 条第 3 款规定：“在申报债权期间，清算组不得对债权人进行清偿。”选项 C 正确，不选。

D 选项考查公司清算期间涉及民事诉讼的代表人。《公司法司法解释（二）》第 10 条规定：“公司依法清算结束并办理注销登记前，有关公司的民事诉讼，应当以公司的名义进行。公司成立清算组的，由清算组负责人代表公司参加诉讼；尚未成立清算组的，由原法定代表人代表公司参加诉讼。”永泰公司由于成立了清算组，则应当由清算组负责人代表公司参加诉讼，而不是清算组。选项 D 错误，当选。

66.【答案】AB

【逐项分析】本案中，甲公司中标了某市人社局的医保支付软件，在该市医保支付软件上拥有了市场支配地位。《反垄断法》第 15 条第 2 款规定：“本法所称相关市场，是指经营者在一定时期内就特定商品或者服务（以下统称商品）进行竞争的商品范围和地域范围。”因此本案中该商品范围为医保支付软件、该地域范围为某市。A、B 项正确。

《反垄断法》第 22 条规定：“禁止具有市场支配地位的经营者从事下列滥用市场支配地位的行为：……（五）没有正当理由搭售商品，或者在交易时附加其他不合理的交易条件；……”因此本案中乙公司强制搭售的行为构成滥用市场支配地位的行为，甲、乙公司虽系母子公司，但也是两个独立的市场主体，甲公司并无滥用市场支配地位行为。C 项错误。

某市人社局通过招投标公开选择了甲公司的医保支付软件，且两定机构安装使用并无其他不合理限制条件，从行政性垄断的构成要件分析，虽主体符合，但人社局既未实施滥用行政权力的行为，也没有产生破坏市场机制、损害公平竞争秩序、排除或限制竞争的严重后果。D 项错误。

67.【答案】 ABCD

【逐项分析】《消费者权益保护法》第 23 条第 3 款规定，经营者提供的机动车、计算机、电视机、电冰箱、空调器、洗衣机等耐用商品或者装饰装修等服务，消费者自接受商品或者服务之日起 6 个月内发现瑕疵，发生争议的，由经营者承担有关瑕疵的举证责任。故由消费者举证的理由不能成立。A 项当选。

《产品质量法》第 26 条规定："生产者应当对其生产的产品质量负责。产品质量应当符合下列要求：（一）不存在危及人身、财产安全的不合理的危险，有保障人体健康和人身、财产安全的国家标准、行业标准的，应当符合该标准；……"《消费者权益保护法》第 54 条规定："依法经有关行政部门认定为不合格的商品，消费者要求退货的，经营者应当负责退货。"交付质量合格产品是经营者的义务，而三包是售后义务。B 项当选。

《消费者权益保护法》第 19 条规定，经营者发现其提供的商品或者服务存在缺陷，有危及人身、财产安全危险的，应当立即向有关行政部门报告和告知消费者，并采取停止销售、警示、召回、无害化处理、销毁、停止生产或者服务等措施。所以召回车辆是指有缺陷的汽车产品。C 项当选。

涉案汽车属于召回汽车，虽然该缺陷已经消除，乙公司亦应告知消费者车辆维修情况。乙隐瞒汽车被召回维修的事实进行销售，构成《消费者权益保护法》上的欺诈行为，消费者有权根据《消费者权益保护法》第 55 条规定获得 3 倍价款的赔偿。D 项当选。

68.【答案】 AC

【逐项分析】《个人所得税法》第 1 条第 1 款规定："在中国境内有住所，或者无住所而一个纳税年度内在中国境内居住累计满 183 天的个人，为居民个人。居民个人从中国境内和境外取得的所得，依照本法规定缴纳个人所得税。"A 项正确。

《个人所得税法》第 2 条第 2 款规定，居民个人取得前款第一项至第四项所得（以下称综合所得），按纳税年度合并计算个人所得税。此四项所得为：工资、薪金所得；劳务报酬所得；稿酬所得；特许权使用费所得。朱某取得的所得中的投资分红所得不属于综合所得，不能合并纳税。B 项错误。

《个人所得税法》第 8 条第 1 款规定："有下列情形之一的，税务机关有权按照合理方法进行纳税调整：（一）个人与其关联方之间的业务往来不符合独立交易原则而减少本人或者其关联方应纳税额，且无正当理由；（二）居民个人控制的，或者居民个人和居民企业共同控制的设立在实际税负明显偏低的国家（地区）的企业，无合理经营需要，对应当归属于居民个人的利润不作分配或者减少分配；（三）个人实施其他不具有合理商业目的的安排而获取不当税收利益。"朱某为获得税收返还在 H 地巨额纳税不合理，税务机关有权调整。C 项正确。

《税收征收管理法》第 63 条第 1 款规定，纳税人伪造、变造、隐匿、擅自销毁帐簿、记帐凭证，或者在帐簿上多列支出或者不列、少列收入，或者经税务机关通知申报而拒不申报或者进行虚假的纳税申报，不缴或者少缴应纳税款的，是偷税。朱某不存在上述情形，不构成偷税。D 项错误。

69.【答案】 ACD

【逐项分析】《环境保护法》第 58 条第 1 款规定："对污染环境、破坏生态，损害社会公共利益的行为，符合下列条件的社会组织可以向人民法院提起诉讼：（一）依法在设区的市级以上人民政府民政部门登记；（二）专门从事环境保护公益活动连续五年以上且无违法记录。"A 项正确。

《环境保护法》第 66 条规定，提起环境损害赔偿诉讼的时效期间为 3 年，从当事人知道或者应当知道其受到损害时起计算。因此。法律只对环境损害赔偿诉讼要求了诉讼时效，而对环境公益诉讼并未要求诉讼时效。B 项错误。

《环境保护法》第 30 条规定："开发利用自然资源，应当合理开发，保护生物多样性，保障生态安全，依法制定有关生态保护和恢复治理方案并予以实施。引进外来物种以及研究、开发和利用生物技术，应当采取措施，防止对生物多样性的破坏。"可见，生物多样性保护是环境保护的重要内容，亦属维护环境公共利益的重要组成部分。该基金会的宗旨符合《环境保护法》保护生物多样性的要求，"促进生态文明建设"等内容契合绿色发展理念，亦与环境保护密切相关，属于维护环境公共利益的范畴。C 项正确。

环境保护公益活动，不仅包括植树造林、濒危物种保护、节能减排、环境修复等直接改善生态环境的行为，还包括与环境保护有关的宣传教育、研究培训、学术交流、法律援助、公益诉讼等有利于完善环境治理体系，提高环境治理能力，促进全社会形成环境保护广泛共识的活动。D 项正确。

70.【答案】ABC

【逐项分析】《劳动合同法》第 39 条规定："劳动者有下列情形之一的，用人单位可以解除劳动合同：……（二）严重违反用人单位的规章制度的；……"A 项正确。

《劳动合同法》第 40 条规定，有下列情形之一的，用人单位提前 30 日以书面形式通知劳动者本人或者额外支付劳动者 1 个月工资后，可以解除劳动合同：（1）劳动者患病或者非因工负伤，在规定的医疗期满后不能从事原工作，也不能从事由用人单位另行安排的工作的；……B 项正确。

《劳动合同法》第 46 条规定了用人单位应当向劳动者支付经济补偿的情形，而用人单位依照第 39 条规定解除劳动合同并未列入。C 项正确。

《劳动合同法》第 42 条规定，劳动者有下列情形之一的，用人单位不得依照《劳动合同法》第 40 条、第 41 条的规定解除劳动合同：……（3）患病或者非因工负伤，在规定的医疗期内的；……但用人单位依据第 39 条仍可解除劳动合同。D 项错误。

71.【答案】ABC

【逐项分析】《劳动合同法》第 14 条第 2 款规定，……有下列情形之一，劳动者提出或者同意续订、订立劳动合同的，除劳动者提出订立固定期限劳动合同外，应当订立无固定期限劳动合同：（1）劳动者在该用人单位连续工作满 10 年的；……《劳动合同法实施条例》第 9 条规定，《劳动合同法》第 14 条第 2 款规定的连续工作满 10 年的起始时间，应当自用人单位用工之日起计算，包括《劳动合同法》施行前的工作年限。A 项正确。

《劳动合同法》第 82 条第 2 款规定："用人单位违反本法规定不与劳动者订立无固定期限劳动合同的，自应当订立无固定期限劳动合同之日起向劳动者每月支付二倍的工资。"B 项正确。

工资的法律性质是劳动的对价，因此，应订立而未订立无固定期限劳动合同所支付的 2 倍工资在法律性质上属于惩罚性赔偿，《劳动争议调解仲裁法》第 27 条规定，劳动争议申请仲裁的时效期间为 1 年。仲裁时效期间从当事人知道或者应当知道其权利被侵害之日起计算。……劳动关系存续期间因拖欠劳动报酬发生争议的，劳动者申请仲裁不受本条第 1 款规定的仲裁时效期间的限制；但是，劳动关系终止的，应当自劳动关系终止之日起 1 年内提出。C 项正确，D 项错误。

72.【答案】ACD

【逐项分析】享受工伤保险待遇的前提条件是职工受伤属于工伤，这就需要先进行工伤认定，《工伤保险条例》也因此规定了申请人及申请时限。A 项正确。

《劳动争议调解仲裁法》第 2 条规定："中华人民共和国境内的用人单位与劳动者发生的下列劳动争议，适用本法：……"本规定强调劳动争议发生于用人单位与劳动者之间，而 B 项涉及的是社保行政部门与劳动者之间的纠纷，不属于劳动争议，应申请行政复议或提起行政诉讼。B 项错误。

《社会保险法》第 83 条第 3 款规定，个人与所在用人单位发生社会保险争议的，可以依法申请调解、仲裁，提起诉讼。C 项正确（根据《劳动争议调解仲裁法》第 2 条也可得出此结论）。

《社会保险法》第 41 条第 1 款规定，职工所在用人单位未依法缴纳工伤保险费，发生工伤事故的，由用人单位支付工伤保险待遇。用人单位不支付的，从工伤保险基金中先行支付。D 项正确。

73.【答案】AD

【逐项分析】我国《民用航空法》第 189 条规定："民用航空器对地面第三人的损害赔偿，适用侵权行为地法律。民用航空器在公海上空对水面第三人的损害赔偿，适用受理案件的法院所在地法律。"侵权行为地在中国，B 公司对 A 公司的损害赔偿，应适用中国法。因此，A 选项正确，B 选项错误。

《民用航空法》第 186 条规定："民用航空器抵押权适用民用航空器国籍登记国法律。"可见，C 银行对该客机的抵押权，应适用甲国法。因此，C 选项错误，D 选项正确。

74.【答案】BD

【逐项分析】我国《涉外民事关系法律适用法》第 44 条规定："侵权责任，适用侵权行为地法律，但当事人有共同经常居所地的，适用共同经常居所地法律。侵权行为发生后，当事人协议选择适用法律的，按照其协议。”因此，B、D 选项正确。适用被侵权人经常居所地法、共同国籍国法于法无据，因此，A、C 选项错误。

75.【答案】 AD

【逐项分析】《涉外民事关系法律适用法》第 18 条规定，当事人可以协议选择仲裁协议适用的法律。当事人没有选择的，适用仲裁机构所在地法律或者仲裁地法律。因此，A、D 选项正确，C 选项错误。

《最高人民法院关于审理仲裁司法审查案件若干问题的规定》（以下简称《仲裁司法审查规定》）第 13 条规定，当事人协议选择确认涉外仲裁协议效力适用的法律，应当作出明确的意思表示，仅约定合同适用的法律，不能作为确认合同中仲裁条款效力适用的法律。因此 B 选项错误。

76.【答案】 CD

【逐项分析】《涉外民事关系法律适用法》第 7 条规定：“诉讼时效，适用相关涉外民事关系应当适用的法律。”

《涉外民事关系法律适用法》第 10 条第 1 款规定：“涉外民事关系适用的外国法律，由人民法院、仲裁机构或者行政机关查明。当事人选择适用外国法律的，应当提供该国法律。”

《最高人民法院关于适用〈中华人民共和国涉外民事关系法律适用法〉若干问题的解释（一）》（以下简称《涉外民事关系法律适用法司法解释（一）》）第 8 条规定：“有下列情形之一，涉及中华人民共和国社会公共利益、当事人不能通过约定排除适用、无需通过冲突规范指引而直接适用于涉外民事关系的法律、行政法规的规定，人民法院应当认定为涉外民事关系法律适用法第四条规定的强制性规定：（一）涉及劳动者权益保护的；（二）涉及食品或公共卫生安全的；（三）涉及环境安全的；（四）涉及外汇管制等金融安全的；（五）涉及反垄断、反倾销的；（六）应当认定为强制性规定的其他情形。”因而 A、B 选项错误，C、D 选项正确。

77.【答案】 ACD

【逐项分析】我国《反倾销条例》第 53 条规定：“对依照本条例第二十五条作出的终裁决定不服的，对依照本条例第四章作出的是否征收反倾销税的决定以及追溯征收、退税、对新出口经营者征税的决定不服的，或者对依照本条例第五章作出的复审决定不服的，可以依法申请行政复议，也可以依法向人民法院提起诉讼。”因此，A 选项正确。

2002 年《最高人民法院关于审理反倾销行政案件应用法律若干问题的规定》第 1 条规定：“人民法院依法受理对下列反倾销行政行为提起的行政诉讼：（一）有关倾销及倾销幅度、损害及损害程度的终裁决定；……”因此，B 选项错误。

前述司法解释第 5 条规定：“第一审反倾销行政案件由下列人民法院管辖：（一）被告所在地高级人民法院指定的中级人民法院；（二）被告所在地高级人民法院。”因此，C 选项正确。

D 选项为重点干扰项。前述司法解释第 8 条第 2 款规定：“被告在反倾销行政调查程序中依照法定程序要求原告提供证据，原告无正当理由拒不提供、不如实提供或者以其他方式严重妨碍调查，而在诉讼程序中提供的证据，人民法院不予采纳。”因此，D 选项正确。

78.【答案】 BD

【逐项分析】根据《多边投资担保机构公约》，合格投资包括股权投资、非股权投资，经机构董事会特别多数同意，可将担保投资的范围扩大到其他任何形式的中长期投资。但出口信贷不在 MIGA 的担保范围之内。非股权直接性投资包括：合作生产合同；分享收益合同；管理合同；商标、专利技术、特许协议和技术协助合同；专利特许协议；交锁匙合同；3 年以上期限的租赁合同；次位债券；其他形式的非股权直接投资。因此，A 选项错误，B 选项正确。

依多边投资担保机构《业务规则》第 1.50 条的规定，“军事行动或内乱如果毁灭、损害或破坏位于东道国境内的投资项目的有形资产或干扰了投资项目的营运，即使其主要发生在东道国境外，仍可视其在东道国境内发生而具有被担保的资格”。可见，战争和内乱险的发生并不以东道国是否为一方或是否发生在东道国领土内为前提。即使战争发生在投资东道国的邻国，但影响投资项目的正常营运或造成了某些破坏，则投资人仍可从多边投资担保机构取得赔偿。因此，C 选项错误，D 选项正确。

79.【答案】 ABD

【逐项分析】2016 年《最高人民法院关于审理独立保函纠纷案件若干问题的规定》第 12 条规

定："具有下列情形之一的，人民法院应当认定构成独立保函欺诈：……（三）法院判决或仲裁裁决认定基础交易债务人没有付款或赔偿责任的；……"《项目工程检验报告》如系伪造，属于前述第 3 种情形，构成独立保函欺诈。因此，A 选项正确。法院判决或仲裁裁决认定基础交易债务人没有付款或赔偿责任的，才构成独立保函欺诈；仅认定受益人存在违约行为，尚不足以构成独立保函欺诈。因此，C 选项错误，D 选项正确。

前述司法解释第 22 条第 1 款规定："涉外独立保函未载明适用法律，开立人和受益人在一审法庭辩论终结前亦未就适用法律达成一致的，开立人和受益人之间因涉外独立保函而产生的纠纷适用开立人经常居所地法律；独立保函由金融机构依法登记设立的分支机构开立的，适用分支机构登记地法律。"本题中开立人 C 银行经常居所地在中国，B 公司与 C 银行之间的争议应适用中国法。因此，B 选项正确。

80.【答案】 ABD

【逐项分析】《出口管制法》第 2 条第 1、2 款规定："国家对两用物项、军品、核以及其他与维护国家安全和利益、履行防扩散等国际义务相关的货物、技术、服务等物项（以下统称管制物项）的出口管制，适用本法。前款所称管制物项，包括物项相关的技术资料等数据。"因此，A 选项错误。

第 4 条规定："国家实行统一的出口管制制度，通过制定管制清单、名录或者目录（以下统称管制清单）、实施出口许可等方式进行管理。"由此可以看出，国家并非仅通过实施出口许可的单一方式进行管理，因此 B 选项错误。

第 30 条规定："为加强管制物项出口管理，防范管制物项出口违法风险，国家出口管制管理部门可以采取监管谈话、出具警示函等措施。"因此 C 选项正确。

第 41 条规定："有关组织或者个人对国家出口管制管理部门的不予许可决定不服的，可以依法申请行政复议。行政复议决定为最终裁决。"因此 D 选项错误。

81.【答案】 BC

【逐项分析】 本案属于网络买卖合同纠纷，根据《民事诉讼法》第 24 条规定，因合同纠纷提起的诉讼，由被告住所地或者合同履行地人民法院管辖。因此，确定本案的管辖法院，只需逐一明确被告住所地和合同履行地即可。《民诉解释》第 3 条规定，公民的住所地是指公民的户籍所在地，法人或者其他组织的住所地是指法人或者其他组织的主要办事机构所在地。据此，本案的被告住所地应为丁丁公司的主要办事机构所在地 B 市 C 区。选项 C 正确。

又根据《民诉解释》第 20 条规定，以信息网络方式订立的买卖合同，通过信息网络交付标的的，以买受人住所地为合同履行地；通过其他方式交付标的的，收货地为合同履行地。合同对履行地有约定的，从其约定。据此，本案采用包邮方式交付图书，属于采用其他方式交付标的，合同履行地应为收货地 D 市 F 区。选项 B 正确。

82.【答案】 ABC

【逐项分析】 变更之诉，是指原告请求法院以判决改变或消灭既存的某种民事法律关系的诉。形成之诉必须是原告基于形成诉权（如撤销权）提起的诉讼，而一般形成权（如解除权）并不需要通过诉讼方式行使，只要单方意思表示到达对方即可发生效力。合同解除诉讼的本质不是通过判决来解除合同，而是要求法院对已解除的合同状态予以确认，因此丰庆公司请求法院解除其与宋某之间的买卖合同，属于确认之诉。选项 A 错误，当选。

诉的分类理论仅适用于诉讼案件。选项 B 是宣告失踪案件，属于民事非讼案件，不适用诉的分类理论。虽然选项中出现了"确认"两字，但其与确认之诉风马牛不相及。选项 B 错误，当选。

变更之诉，是指原告请求法院以判决改变或消灭既存的某种民事法律关系的诉。选项 C 是因诉讼承担而变更当事人，这并非改变或消灭原有的借贷法律关系，因此不属于变更之诉。选项 C 错误，当选。

给付之诉是指原告请求法院判令被告向其履行某种特定给付义务的诉讼。将公共管道恢复原状属于积极的行为给付，该案属于给付之诉。选项 D 正确，不当选。

83.【答案】 BD

【逐项分析】《民事诉讼法》第 136 条第 2 项规定，人民法院对受理的案件，开庭前可以调解的，采取调解方式及时解决纠纷。据此，选项 A 正确，不选。

《民诉解释》第147条第1款规定，人民法院调解案件时，当事人不能出庭的，经其特别授权，可由其委托代理人参加调解，达成的调解协议，可由委托代理人签名。据此，向律师作为代理人可以参加调解并在调解协议上签名。选项B错误，应选。

《民诉解释》第151条规定，根据《民事诉讼法》第101条第1款第4项规定，当事人各方同意在调解协议上签名或者盖章后即发生法律效力的，经人民法院审查确认后，应当记入笔录或者将调解协议附卷，并由当事人、审判人员、书记员签名或者盖章后即具有法律效力。前款规定情形，当事人请求制作调解书的，人民法院审查确认后可以制作调解书送交当事人。当事人拒收调解书的，不影响调解协议的效力。据此，双方当事人请求法院制作调解书，法院可以准许，选项C正确，不选；当事人拒收调解书的，不影响调解协议的效力，法院不能再作出判决，选项D错误，应选。

84.【答案】AC

【逐项分析】《民事证据规定》第26条第1款规定，当事人或者利害关系人申请采取查封、扣押等限制保全标的物使用、流通等保全措施，或者保全可能对证据持有人造成损失的，人民法院应当责令申请人提供相应的担保。据此，C区法院查封了乙公司的给料机，法院应当责令申请人甲公司提供担保。选项A正确。

《民事证据规定》第29条规定，人民法院采取诉前证据保全措施后，当事人向其他有管辖权的人民法院提起诉讼的，采取保全措施的人民法院应当根据当事人的申请，将保全的证据及时移交受理案件的人民法院。据此，C区法院是采取证据保全措施的法院，应当根据甲公司的申请，将保全的证据及时移交B区法院。C区法院不能主动依职权移交保全证据。选项B错误。

《民事证据规定》第27条第1款规定，人民法院进行证据保全，可以要求当事人或者诉讼代理人到场。选项C正确。

《民事证据规定》第28条规定，申请证据保全错误造成财产损失，当事人请求申请人承担赔偿责任的，人民法院应予支持。《民事诉讼法》第84条第3款规定，证据保全的其他程序，参照适用本法第九章保全的有关规定。据此，证据保全错误索赔应参照其他保全制度的规定。又根据《民诉解释》第27条第2款规定，当事人申请诉前保全后在法定期间内起诉或者申请仲裁，被申请人、利害关系人因保全受到损失提起的诉讼，由受理起诉的人民法院或者采取保全措施的人民法院管辖。据此，如乙公司因证据保全受到损失起诉，应由受理案件的B区法院或者采取保全措施的C区法院管辖。选项D错误。

85.【答案】CD

【逐项分析】《仲裁法》第51条第2款规定，调解达成协议的，仲裁庭应当制作调解书或者根据协议的结果制作裁决书。调解书与裁决书具有同等法律效力。选项A表述正确，不选。

《仲裁法》第52条第1款第2句规定，调解书由仲裁员签名，加盖仲裁委员会印章，送达双方当事人。据此，仲裁调解书是双方当事人行使处分权的结果，不存在持不同意见的仲裁员可以不签名的情况。选项B表述正确，不选。

《仲裁法》第52条第2款规定，调解书经双方当事人签收后，即发生法律效力。据此，不同于诉讼调解，仲裁调解不存在双方当事人在调解协议上签字即生效的情形，仲裁调解必须制作仲裁调解书或仲裁裁决书。选项C错误，应选。

《仲裁法》第52条第1款第1句规定，调解书应当写明仲裁请求和当事人协议的结果。据此，仲裁调解书仅写明协议结果不符合规定。选项D错误，应选。

三、不定项选择题

86.【答案】CD

【逐项分析】选项A考查动产交付。吴青将该画设立抵押是否为无权处分取决于其是否已经成为画的所有权人，这又取决于画是否已经交付。《民法典》第228条规定："动产物权转让时，当事人又约定由出让人继续占有该动产的，物权自该约定生效时发生效力。"该条是关于占有改定的规定。本题中，吴青已通过占有改定方式取得该画的所有权，再以该画抵押显然是有权处分。选项A错误。

选项BC考查动产抵押权的设立。《民法典》第403条规定："以动产抵押的，抵押权自抵押合同生效时设立；未经登记，不得对抗善意第三人。"据此，动产抵押权自抵押合同生效时设立，登记不是抵押权设立的前提。选项B错误，选项C正确。

选项 D 考查动产抵押权登记的效力。依据《民法典》第 403 条，动产抵押权未经登记时，不能对抗善意第三人。就“善意第三人”的范围，《民法典担保制度解释》第 54 条规定：“动产抵押合同订立后未办理抵押登记，动产抵押权的效力按照下列情形分别处理：（一）抵押人转让抵押财产，受让人占有抵押财产后，抵押权人向受让人请求行使抵押权的，人民法院不予支持，但是抵押权人能够举证证明受让人知道或者应当知道已经订立抵押合同的除外；（二）抵押人将抵押财产出租给他人并移转占有，抵押权人行使抵押权的，租赁关系不受影响，但是抵押权人能够举证证明承租人知道或者应当知道已经订立抵押合同的除外；（三）抵押人的其他债权人向人民法院申请保全或者执行抵押财产，人民法院已经作出财产保全裁定或者采取执行措施，抵押权人主张对抵押财产优先受偿的，人民法院不予支持；（四）抵押人破产，抵押权人主张对抵押财产优先受偿的，人民法院不予支持。”据此可知，动产抵押权未登记不能对抗的“善意第三人”包括已经取得占有的善意买受人。本题中，吴青将该画以 70 万元价格卖给不知情的张洁，且已经交付（“当即钱货两清”），因此张洁构成《民法典》第 403 条意义上的善意第三人。抵押权消灭，老蔡不能向张洁主张抵押权。选项 D 正确。

87.【答案】 AC

【逐项分析】 选项 A 考查租赁合同中的买卖不破租赁规则。《民法典》第 725 条规定：“租赁物在承租人按照租赁合同占有期限内发生所有权变动的，不影响租赁合同的效力。”据此，甲、乙之间的买卖合同不影响租赁合同的效力。选项 A 正确。

选项 BC 考查动产所有权的变动。《民法典》第 227 条规定：“动产物权设立和转让前，第三人占有该动产的，负有交付义务的人可以通过转让请求第三人返还原物的权利代替交付。”该条是关于指示交付的规定。结合本题，5 月 8 日，甲同意将其对丙享有的电脑返还请求权让与给乙，以代交付。甲通过指示交付的方式完成了交付，乙取得了电脑的所有权。选项 B 错误，选项 C 正确。

选项 D 考查租赁合同的任意解除。《民法典》第 730 条规定：“当事人对租赁期限没有约定或者约定不明确，依据本法第五百一十条的规定仍不能确定的，视为不定期租赁；当事人可以随时解除合同，但是应当在合理期限之前通知对方。”据此，租赁合同虽不受甲、乙之间的买卖合同影响，但是该租赁合同为不定期租赁，乙可以随时解除租赁合同，但应在合理期限之前通知对方。因此，甲于 6 月 1 日才将此事告知丙，即使乙于当日通知丙解除租赁合同，也需要给予对方合理期限，因此 6 月 1 日，乙无权要求丙交付电脑。选项 D 错误。

88.【答案】 ACD

【逐项分析】 四个选项都涉及融资租赁合同的解除，可以先一并分析。《民法典》第 754 条规定，租赁物因不可归责于当事人的原因毁损、灭失，且不能修复或确定替代物，则出租人或承租人可以解除融资租赁合同。据此，甲、乙双方都享有解除权。四个选项前半句关于合同解除的判断都是正确的。在此基础上对四个选项的其他部分展开分析。

选项 A 考查融资租赁期间租赁物毁损、灭失时的租金支付义务。《民法典》第 751 条规定：“承租人占有租赁物期间，租赁物毁损、灭失的，出租人有权请求承租人继续支付租金，但是法律另有规定或者当事人另有约定的除外。”据此，租赁物的毁损、灭失原则上不影响承租人的租金支付义务。选项 A 正确。

选项 BCD 都考查融资租赁合同解除的法律效果。《民法典》第 566 条第 1 款规定：“合同解除后，尚未履行的，终止履行；已经履行的，根据履行情况和合同性质，当事人可以请求恢复原状或者采取其他补救措施，并有权请求赔偿损失。”据此，合同解除后尚未履行的合同义务终止履行，如果甲解除合同，则无权再要求乙继续按照约定支付剩余 2 年的租金。选项 B 错误。《民法典》第 756 条规定：“融资租赁合同因租赁物交付承租人后意外毁损、灭失等不可归责于当事人的原因解除的，出租人可以请求承租人按照租赁物折旧情况给予补偿。”据此，如果甲或乙解除合同，出租人甲有权请求承租人乙按照租赁物折旧情况给予补偿。选项 CD 均正确。

89.【答案】 ABD

【逐项分析】 选项 AB 考查无因管理。无因管理是债的发生原因之一。《民法典》第 979 条规定，管理人没有法定的或约定的义务，为避免他人利益受损失而管理他人事务的，可以请求受益人偿还因管理事务而支出的必要费用。据此，乙拾得甲走失的动物，为失主的利益主动进行管理，并支出了必要的管理费用，成立无因管理之债。乙有权请求甲返还为饲养小狗花费的800元。选项AB均正确。

选项CD考查饲养动物损害责任。《民法典》第1245条规定："饲养的动物造成他人损害的，动物饲养人或者管理人应当承担侵权责任；但是，能够证明损害是因被侵权人故意或者重大过失造成的，可以不承担或者减轻责任。"据此，饲养动物损害奉行的是无过错责任原则。关于责任主体，《民法典》第1249条规定："遗弃、逃逸的动物在遗弃、逃逸期间造成他人损害的，由动物原饲养人或者管理人承担侵权责任。"结合本题，甲作为原饲养人是责任主体。选项C错误，不当选；选项D正确。

90.【答案】 ABC

【逐项分析】 选项A考查离婚损害赔偿请求权。《民法典》第1091条规定："有下列情形之一，导致离婚的，无过错方有权请求损害赔偿：（一）重婚；（二）与他人同居；（三）实施家庭暴力；（四）虐待、遗弃家庭成员；（五）有其他重大过错。"本题中，李红与多名网友发生过不正当关系属于本条中的"有其他重大过错"，张海以李红多次出轨为由主张离婚损害赔偿应得到支持。选项A正确。

选项B考查婚内财产分割请求权。《民法典》第1066条规定，婚姻关系存续期间，一方有隐藏、转移、变卖、毁损、挥霍夫妻共同财产或者伪造夫妻共同债务等严重损害夫妻共同财产利益行为的，夫妻一方可以向人民法院请求分割共同财产。据此，若李红2020年3月转移财产的行为属实，则张海可以直接主张分割共同财产。选项B正确。

选项C考查离婚财产分割。《民法典》第1092条规定："夫妻一方隐藏、转移、变卖、毁损、挥霍夫妻共同财产，或者伪造夫妻共同债务企图侵占另一方财产的，在离婚分割夫妻共同财产时，对该方可以少分或者不分。离婚后，另一方发现有上述行为的，可以向人民法院提起诉讼，请求再次分割夫妻共同财产。"结合本题，离婚诉讼期间，张海发现李红擅自将夫妻共同投资的商铺转移至第三人名下，经查属实。张海有权要求对李红不分或少分财产。选项C正确。

选项D考查离婚后的子女抚养问题。《民法典》第1084条规定，父母与子女间的关系，不因父母离婚而消除。离婚后，不满2周岁的子女，以由母亲抚养为原则。本题中，张河不满2周岁，原则上由母亲抚养。选项D错误。需要注意的是，婚内出轨的过错行为与子女的抚养没有直接关联，此种理由不足以影响抚养权的归属判决。

91.【答案】 BD

【逐项分析】 选项A考查医疗损害责任的归责原则。《民法典》第1218条规定："患者在诊疗活动中受到损害，医疗机构或者其医务人员有过错的，由医疗机构承担赔偿责任。"据此，现行法上医疗机构的医疗损害责任适用的是过错责任。选项A不当选。

选项B考查医疗器械损害责任的归责原则。《民法典》第1223条规定："因药品、消毒产品、医疗器械的缺陷，或者输入不合格的血液造成患者损害的，患者可以向药品上市许可持有人、生产者、血液提供机构请求赔偿，也可以向医疗机构请求赔偿。患者向医疗机构请求赔偿的，医疗机构赔偿后，有权向负有责任的药品上市许可持有人、生产者、血液提供机构追偿。"据此，医疗器械损害责任事实上是一种产品责任，奉行的是无过错原则。选项B当选。

选项C考查医疗损害责任中的过错推定责任。《民法典》第1222条规定："患者在诊疗活动中受到损害，有下列情形之一的，推定医疗机构有过错：（一）违反法律、行政法规、规章以及其他有关诊疗规范的规定；（二）隐匿或者拒绝提供与纠纷有关的病历资料；（三）遗失、伪造、篡改或者违法销毁病历资料。"据此，院方拒绝提供与治疗过程有关的病历资料的情形，属于过错推定适用的情形，并非无过错责任。选项C不当选。

选项D考查产品责任的归责原则。《民法典》第1203条第1款规定："因产品存在缺陷造成他人损害的，被侵权人可以向产品的生产者请求赔偿，也可以向产品的销售者请求赔偿。"据此，产品责任奉行的是无过错原则。选项D当选。

92.【答案】 AD

【逐项分析】 A选项考查异议股东请求公司回购的情形。《最高人民法院关于适用〈中华人民共和国公司法〉若干问题的规定（五）》（以下简称《公司法司法解释（五）》）第5条规定，当事人协商一致以下列方式解决分歧，且不违反法律、行政法规的强制性规定的，人民法院应予支持，其中第 1 项即为公司回购部分股东股份，选项 A 当选。

B 选项考查股东代表诉讼的情形。《公司法》第 149 条规定："董事、监事、高级管理人员执行公司职务时违反法律、行政法规或者公司章程的规定，给公司造成损失的，应当承担赔偿责任。"第 151 条第 1 款和第 2 款规定："董事、高级管理人员有本法第一百四十九条规定的情形的，有限责任公司的股东、股份有限公司连续一百八十日以上单独或者合计持有公司百分之一以上股份的股东，可以书面请求监事会或者不设监事会的有限责任公司的监事向人民法院提起诉讼；监事有本法第一百四十九条规定的情形的，前述股东可以书面请求董事会或者不设董事会的有限责任公司的执行董事向人民法院提起诉讼。监事会、不设监事会的有限责任公司的监事，或者董事会、执行董事收到前款规定的股东书面请求后拒绝提起诉讼，或者自收到请求之日起三十日内未提起诉讼，或者情况紧急、不立即提起诉讼将会使公司利益受到难以弥补的损害的，前款规定的股东有权为了公司的利益以自己的名义直接向人民法院提起诉讼。"佳美有限公司连续 5 年无法召开股东会，不符合股东代表诉讼的情形，选项 B 不选。

C 选项考查公司独立法人的地位。《公司法》第 3 条规定："公司是企业法人，有独立的法人财产，享有法人财产权。公司以其全部财产对公司的债务承担责任。有限责任公司的股东以其认缴的出资额为限对公司承担责任；股份有限公司的股东以其认购的股份为限对公司承担责任。"佳美有限公司为独立法人，具有独立的法人财产，陈某和潘某在出资后，仅持有佳美公司的股权，股东出资的财产归属佳美公司所有，故选项 C 不选。

D 选项考查股东请求解散公司的情形。《公司法》第 182 条规定："公司经营管理发生严重困难，继续存续会使股东利益受到重大损失，通过其他途径不能解决的，持有公司全部股东表决权百分之十以上的股东，可以请求人民法院解散公司。"《公司法司法解释（二）》第 1 条第 1 款规定："单独或者合计持有公司全部股东表决权百分之十以上的股东，以下列事由之一提起解散公司诉讼，并符合公司法第一百八十二条规定的，人民法院应予受理：（一）公司持续两年以上无法召开股东会或者股东大会，公司经营管理发生严重困难的；（二）股东表决时无法达到法定或者公司章程规定的比例，持续两年以上不能做出有效的股东会或者股东大会决议，公司经营管理发生严重困难的；（三）公司董事长期冲突，且无法通过股东会或者股东大会解决，公司经营管理发生严重困难的；（四）经营管理发生其他严重困难，公司继续存续会使股东利益受到重大损失的情形。"佳美有限公司因为股东间矛盾重重，已经连续 5 年无法召开股东会，符合公司经营管理发生严重困难的情形，陈某和潘某合计持股达 10%，则可以请求法院解散公司，选项 D 正确。

93.【答案】ACD

【逐项分析】A 选项考查的是公司债券发行的条件。根据《证券法》第 15 条规定，公开发行公司债券应具备的条件之一为最近三年平均可分配利润足以支付公司债券一年的利息。根据题设，该公司近三年的平均可分配利润为 400 万元，而发行债券面值 8000 万元。因此，该债券一年的利息不能高于 400 万元，也即利率不得高于 5%。因此，A 选项表述正确，当选。

B 选项考查的是公司债券募集资金的用途。2019 年《证券法》修订放宽了对债权募集资金用途的限制，但是依然规定不得用于弥补亏损和非生产性支出。因此，B 选项表述错误，不当选。

C 选项考查的是公司收购本公司股份制度。《公司法》第 142 条规定，"将股份用于转换上市公司发行的可转换为股票的公司债券"，可以收购本公司股份，但公司合计持有的本公司股份数不得超过本公司已发行股份总额的百分之十。按照转化条件，公司须有 4000 万股的库存股，因此，可以推断该公司已发行股本应为 4 亿元以上。因此，C 选项表述正确，当选。

D 选项考查的是债券持有人会议制度中的债券受托管理人代表诉讼。根据《证券法》第 92 条规定，债券发行人未能兑付本息的，债券受托管理人可以接受全部或部分债权持有人的委托，以自己名义代表债券持有人提起诉讼。因此，D 选项表述正确，当选。

94.【答案】ABCD

【逐项分析】A 选项考查普通合伙人的退伙效力。《合伙企业法》第 53 条规定："退伙人对基于其退伙前的原因发生的合伙企业债务，承担无限连带责任。"由于该合伙企业负担的银行债务发生在甲退伙之前，故甲对该银行债务承担无限连带责任。A 选项错误，当选。

B 选项考查普通合伙人的入伙后果。《合伙企业法》第 44 条第 2 款规定："新合伙人对入伙前合伙企业的债务承担无限连带责任。"合伙协议对各合伙人具有约束力，不具有对抗债权人的效力，故即使合伙协议约定戊对入伙前合伙企业的债务不承担责任，银行仍能请求戊清偿债务，戊在清偿后可以向其他合伙人追偿。B 选项错误，当选。

C 选项考查普通合伙人的身份继承。《合伙企业法》第 50 条第 1 款规定："合伙人死亡或者被依法宣告死亡的，对该合伙人在合伙企业中的财产份额享有合法继承权的继承人，按照合伙协议的约定或者经全体合伙人一致同意，从继承开始之日起，取得该合伙企业的合伙人资格。"由于普通合伙企业具有高度人合性，乙的配偶需要按照合伙协议的约定或者经全体合伙人一致同意，才能取得普通合伙人的资格，并不会因为乙死亡当然取得普通合伙人的资格。选项 C 错误，当选。

D 选项考查合伙人的身份转换。《合伙企业法》第 48 条第 2 款规定："合伙人被依法认定为无民事行为能力人或者限制民事行为能力人的，经其他合伙人一致同意，可以依法转为有限合伙人，普通合伙企业依法转为有限合伙企业。其他合伙人未能一致同意的，该无民事行为能力或者限制民事行为能力的合伙人退伙。"丙因车祸变成植物人，为非完全民事行为能力人，则应当经其他合伙人的表决来决定丙是否转为有限合伙人。选项 D 错误，当选。

95.【答案】 AC

【逐项分析】 题干明确指出，在撤销权诉讼中受让人程某是无独立请求权第三人。根据《民诉解释》第 81 条规定，无独立请求权的第三人，可以申请或者由人民法院通知参加诉讼。因此，选项 A 正确。

《民诉解释》第 150 条规定，人民法院调解民事案件，需由无独立请求权的第三人承担责任的，应当经其同意。该第三人在调解书送达前反悔的，人民法院应当及时裁判。据此，如果需要程某承担责任，应当经其同意；如果不需要程某承担责任，则无需其同意。选项 B 错误。

《民诉解释》第 82 条规定，在一审诉讼中，无独立请求权的第三人无权提出管辖异议，无权放弃、变更诉讼请求或者申请撤诉，被判决承担民事责任的，有权提起上诉。因此，选项 C 正确。

《民诉解释》第 240 条规定，无独立请求权的第三人经人民法院传票传唤，无正当理由拒不到庭，或者未经法庭许可中途退庭的，不影响案件的审理。因此，程某未到庭，无需延期审理。选项 D 错误。

96.【答案】 ABD

【逐项分析】 本案属于借款合同纠纷，双方未约定合同履行地。根据《民诉解释》第 18 条第 2 款规定，合同对履行地点没有约定或者约定不明确，争议标的为给付货币的，接收货币一方所在地为合同履行地。本案中崔某拒不归还欠款，接收货币一方应为彭某。因此，本案的管辖法院应为被告住所地的甲区法院和合同履行地的乙区法院。又根据《民诉解释》第 36 条规定，两个以上人民法院都有管辖权的诉讼，先立案的人民法院不得将案件移送给另一个有管辖权的人民法院。据此，乙区法院立案后又将案件移送甲区法院不符合规定。选项 A 错误，应选。

《民事诉讼法》第 237 条第 1 款规定，在执行中，双方当事人自行和解达成协议的，执行员应当将协议内容记入笔录，由双方当事人签名或者盖章。据此，即便当事人达成执行和解协议，原来的执行根据仍然有效。如果根据执行和解协议制作调解书，此时将会出现另一个执行根据，法院在执行中将无所适从。从另一个角度看，执行程序的功能在于实现生效执行根据的给付内容，此时已不存在民事纠纷，而法院调解是一种纠纷解决方式，因此执行程序不允许法院调解，法院当然也不能在执行过程中制作调解书。选项 B 错误，应选。

《执行和解规定》第 6 条规定，当事人达成以物抵债执行和解协议的，人民法院不得依据该协议作出以物抵债裁定。据此，丙区法院不予准许彭某请求作出以物抵债裁定符合法律规定，选项 C 不应选。

《执行和解规定》第 9 条规定，被执行人一方不履行执行和解协议的，申请执行人可以申请恢复执行原生效法律文书，也可以就履行执行和解协议向执行法院提起诉讼。据此，彭某有权就履行和解协议向丙区法院而非甲区法院起诉。选项 D 错误，应选。

97.【答案】 BD

【逐项分析】 查封被执行人财产是对财产的强

制执行措施，而本案的执行内容是办理档案和社会保险关系转移手续，属于对行为的强制执行。因此，法院不得查封航空公司的财产。选项 A 错误。

《民事诉讼法》第 260 条规定，被执行人未按判决、裁定和其他法律文书指定的期间履行给付金钱义务的，应当加倍支付迟延履行期间的债务利息。被执行人未按判决、裁定和其他法律文书指定的期间履行其他义务的，应当支付迟延履行金。据此，本案属于对行为的执行，要求航空公司支付迟延履行金符合规定。选项 B 正确。

选项 C 是主要干扰项。纳入失信名单的适用对象是被执行人，本案中应为航空公司，而非航空公司的负责人。选项 C 错误。

《民事诉讼法》第 114 条第 6 项规定，人民法院对拒不履行人民法院已经发生法律效力的判决、裁定的单位，可以对其主要负责人或者直接责任人员予以罚款、拘留。选项 D 正确。

98.【答案】ABC

【逐项分析】周某对法院扣押其生活必需品提出异议，这属于执行行为异议。《民事诉讼法》第 232 条规定，当事人、利害关系人认为执行行为违反法律规定的，可以向负责执行的人民法院提出书面异议。当事人、利害关系人提出书面异议的，人民法院应当自收到书面异议之日起 15 日内审查，理由成立的，裁定撤销或者改正；理由不成立的，裁定驳回。当事人、利害关系人对裁定不服的，可以自裁定送达之日起 10 日内向上一级人民法院申请复议。据此，执行行为异议只能向上一级法院申请复议救济，不能上诉。周某上诉后法院不应受理，选项 A 应选。

《民诉解释》第 277 条规定，人民法院受理小额诉讼案件后，发现起诉不符合《民事诉讼法》第 122 条规定的起诉条件的，裁定驳回起诉。裁定一经作出即生效。据此，戴某提起上诉法院不应受理，选项 B 应选。

《民诉解释》第 449 条规定，利害关系人申报权利，人民法院应当通知其向法院出示票据，并通知公示催告申请人在指定的期间查看该票据。公示催告申请人申请公示催告的票据与利害关系人出示的票据不一致的，应当裁定驳回利害关系人的申报。据此，利害关系人的权利申报被驳回后，并未规定救济方式。吴某上诉，法院不应受理，选项 C 应选。

《民法典婚姻家庭编解释一》第 11 条已将原《最高人民法院关于适用〈中华人民共和国婚姻法〉若干问题的解释（一）》第 9 条关于婚姻效力的判决一审终审的规定删除。据此，有关婚姻效力的判决可以上诉救济，对于冯某的上诉，法院应予受理，选项 D 不应选。

99.【答案】BC

【逐项分析】《民事诉讼法》第 216 条第 1 款规定，有下列情形之一的，当事人可以向人民检察院申请检察建议或者抗诉：（1）人民法院驳回再审申请的；（2）人民法院逾期未对再审申请作出裁定的；（3）再审判决、裁定有明显错误的。据此，当事人必须先向法院寻求再审救济，不可直接向检察院申请抗诉。选项 A 错误，不当选。

《民事诉讼法》第 41 条第 3 款规定，发回重审的案件，原审人民法院应当按照第一审程序另行组成合议庭。据此，无论是二审发回重审还是再审发回重审，均应适用第一审程序审理。选项 B 正确，当选。

《民诉解释》第 39 条第 2 款规定，人民法院发回重审或者按第一审程序再审的案件，当事人提出管辖异议的，人民法院不予审查。据此，法院不予审查当事人管辖权异议申请符合上述规定。选项 C 正确，当选。

《民诉解释》第 252 条规定，再审裁定撤销原判决、裁定发回重审的案件，当事人申请变更、增加诉讼请求或者提出反诉，符合下列情形之一的，人民法院应当准许：（1）原审未合法传唤缺席判决，影响当事人行使诉讼权利的；（2）追加新的诉讼当事人的；（3）诉讼标的物灭失或者发生变化致使原诉讼请求无法实现的；（4）当事人申请变更、增加的诉讼请求或者提出的反诉，无法通过另诉解决的。据此，再审发回重审不同于二审发回重审，当事人增加、变更诉讼请求或者提出反诉严格受到限制。云洲药业提出的反诉若能通过另诉解决，则法院不应准许其在再审发回重审时提出反诉，选项 D 错误，不当选。

100.【答案】ABCD

【逐项分析】《民法典担保制度解释》第 64 条第 2 款规定，出卖人请求取回标的物，符合《民法典》第 642 条规定的，人民法院应予支持；买受人以抗辩或者反诉的方式主张拍卖、变卖标的物，并在扣除买受人未支付的价款以及必要费用后返还剩余款项的，人民法院应当一并处理。据此，买受人陶某主张拍卖货车，扣除8万元尾款及拍卖费后返还余款，可以抗辩或者反诉的方式提出，选项A和B均正确，当选。

所有权保留纠纷属于买卖合同纠纷，应适用合同纠纷管辖的规定。合同纠纷双方可以约定管辖法院，本案中双方约定发生纠纷向A区法院起诉，甲公司却违背约定，向B区法院起诉，陶某虽应诉答辩，但提出了管辖异议。《民诉解释》第223条第1款规定，当事人在提交答辩状期间提出管辖异议，又针对起诉状的内容进行答辩的，人民法院应当依照《民事诉讼法》第130条第1款的规定，对管辖异议进行审查。据此，B区法院审查后，应将案件移送双方约定的A区法院审理。选项C正确，当选。

《民法典担保制度解释》第64条第1款规定，在所有权保留买卖中，出卖人依法有权取回标的物，但是与买受人协商不成，当事人请求参照民事诉讼法“实现担保物权案件”的有关规定，拍卖、变卖标的物的，人民法院应予准许。据此，甲公司或陶某可申请适用实现担保物权程序拍卖、变卖货车。选项D正确，当选。

2022

国家统一法律职业资格考试

客观题考前冲刺2套卷

第二套 试卷一

法考客观题实战模拟黄金套卷，依据2022年新大纲命制

参照法考命题标准，针对重点热点问题设计试题，助力法考应试通关

扫码进入模拟机考演练

中国法制出版社

CHINA LEGAL PUBLISHING HOUSE

试 卷 一

一、单项选择题。每题所设选项中只有一个正确答案，多选、错选或不选均不得分。本部分含1-50题，每题1分，共50分。

1. 全面依法治国必须坚持中国共产党的领导。对此，下列哪一理解是正确的？

A. 把党的领导贯彻到依法治国全过程和各方面，是我国法治建设的基本经验

B. 坚持党的领导就是由党进行立法、保证执法、支持司法、带头守法

C. 为了体现社会主义法治的根本要求，党的主张可以不经过法定程序直接成为国家意志

D. 中央全面依法治国委员会成立的主要目的在于，更好地监督党在宪法法律范围内活动

2. 加强社会诚信建设，健全公民和组织守法信用记录，有助于提升公民道德素质，增强法治的道德底蕴，强化规则意识。下列哪一说法不符合这一要求？

A. 甲省以政务失信专项治理为契机推动政府信用建设

B. 乙市开通网站提供公共信用信息查询服务，推进守信联合激励和失信联合惩戒

C. 丙市为诚信市民提供公共交通先乘车后付款、图书馆借书免押金等优惠便利服务

D. 丁省规定，被依法列为失信联合惩戒对象的，三年内禁止报考公务员

3. 人格权独立成编，是《民法典》的最大亮点之一。“人格权编”在第二章“生命权、身体权和健康权”的第1009条规定：从事与人体基因、人体胚胎等有关的医学和科研活动的，应当遵守法律、行政法规和国家有关规定，不得危害人体健康，不得违背伦理道德，不得损害公共利益。对此，下列哪一说法是错误的？

A. 可以避免有关机构和个人以“法无授权不可为”随意开展具有人格伦理风险的活动

B. 对科学技术发展带来的挑战做出回应，体现了科学立法的要求

C. 从法律上对人体基因、人体胚胎的医学和科学研究进行规定，应听取专家学者的意见

D. 公民权利保障法治化是国家治理现代化的要求，将发挥法治稳预期、利长远的作用

4. 网络空间不是法外之地。2020年，中共中央印发《法治社会建设实施纲要（2020-2025年）》，对依法治理网络空间提出明确要求：“推动社会治理从现实社会向网络空间覆盖，建立健全网络综合治理体系，加强依法管网、依法办网、依法上网，全面推进网络空间法治化，营造清朗的网络空间。”下列哪一做法不符合网络治理法治化？

A. 甲直播平台网络主播徐某偷税漏税三千多万元，某市税务稽查局对其追缴并处两倍罚款，共计一亿元

B. 乙市建立日常状态和应急状态相融合的谣言管控模式，通过事前的行业准入、事中的互联网教育、事后的常规监督等间接性措施治理网络谣言

C. 丙部门出台网络平台落实主体责任指南，要求超大型平台经营者每年对其平台经营进行一次风险评估

D. 丁市一小区物业公司为了小区安全保障，将人脸识别作为唯一的通行验证方式

5.《民法典》第 183 条规定，“因保护他人民事权益使自己受到损害的，由侵权人承担民事责任，受益人可以给予适当补偿”。关于该条文，下列哪一说法是正确的？

A. “受益人可以给予适当补偿”表达的是任意性规则

B. “侵权人”“受益人”等法律概念的含义，完全由法律规范所决定

C. 表达该法律规则的规范语句只是允许句

D. “由侵权人承担民事责任”规定的是法律后果

6. 张某在某电商网站销售掺假的狗粮，该网站依据双方签订的《服务协定》向张某提出赔偿请求。法院审理认为，被告以掺假的方式持续在该网站上出售假货，其行为降低了消费者对该网站的信赖和良好评价，对其商誉造成损害，故被告应当赔偿 10 万元。对此，下列哪一说法是正确的？

A. 双方签订的《服务协定》具有普遍的约束力

B. 法院判决对张某销售狗粮自由的限制，是遵循了道德主义原则

C. 两者之间基于《服务协定》形成的法律关系是第一性法律关系

D. 法院在本案中适用了当然推理

7. 宪法效力是指宪法作为法律规范所具有的约束力与强制性。关于宪法效力，下列哪一选项是正确的？

A. 作为宪法典的附则，我国历次修宪所形成的宪法修正案与宪法正文一样具有同等的宪法效力

B. 宪法判例具有宪法效力，美国联邦最高法院也只能遵守而不能推翻宪法判例

C. 我国法院在审判案件时不能直接引用宪法作为裁判依据，因此，宪法对法院的审判活动没有约束力

D. 我国宪法的效力及于中华人民共和国的所有领域，同时，对定居在国外的华侨也具有适用的效力

8. 关于宪法的渊源，下列哪一选项是正确的？

A. 在成文宪法国家，宪法修正案并不是宪法典之外的一种独立的宪法渊源

B. 随着法治的进步，宪法判例在我国宪法渊源体系中的地位越来越重要

C. “总统连续任职不得超过两届”是美国的宪法惯例，直到 1951 年国会通过立法对此专门作出规定而成为美国的宪法性法律

D. 国际条约是宪法渊源的一种形式，我国《宪法》明确规定了宪法与国际条约的关系

9. 根据《宪法》和《民族区域自治法》，关于民族自治地方的自治机关，下列哪一选项是正确的？

A. 民族自治地方的国家机关既是地方国家机关，又是自治机关

B. 民族自治地方的自治机关是国家一级地方政权机关

C. 民族自治地方的人民政府只对本级人民代表大会负责并报告工作，在本级人大闭会期间，对本级人大常委会负责并报告工作

D. 民族自治地方的法院独立行使审判权，不对本级人大及其常委会负责，但其审判工作受最高人民法院和上级人民法院监督

10. 根据香港和澳门特别行政区基本法，关于特别行政区制度，下列哪一选项是正确的？

A. 全国人大常委会如认为特别行政区立法机关制定的任何法律不符合基本法关于中央管理的事务及中央和特别行政区的关系的条款，可将有关法律修改后发回

B. 特别行政区法院在审理案件中遇有涉及国防、外交等国家行为的事实问题，应取得特别行政区立法会就该等问题发出的证明文件，上述文件对法院有约束力

C. 全国人大常委会决定宣布战争状态或因特别行政区内发生特别行政区政府不能控制的危及国家统一或安全的动乱而决定特别行政区进入紧急状态，中央人民政府可发布命令将有关全国性法律在特别行政区实施

D. 参选香港特别行政区立法会议员必须具有中国国籍

11. 根据《宪法》和法律的规定，关于全国人大的会议制度和工作程序，下列哪一选项是正确的？

A. 全国人大各专门委员会，一个代表团和三十名以上的代表联名，可以向全国人大提出属于全国人大职权范围内的议案

B. 两个以上的代表团或者十分之一以上的代表，可以提出对最高法院院长的罢免案

C. 全国人大闭会期间，三个代表团或者三十名以上代表联名，可以书面提出对国务院和国务院各部委的质询案

D. 全国人大专门委员会可决定举行秘密会议

12. 根据《宪法》和法律的规定，关于国务院的表述，下列哪一选项是正确的？

A. 国务院由总理、副总理、国务委员、秘书长组成

B. 国务院常务会议讨论决定国务院工作中的重大事项

C. 国务院有权批准省、自治区、直辖市的区域划分

D. 国务院有权批准和废除同外国缔结的条约和重要协定

13.《唐律疏议》称：“五刑之中，十恶尤切，亏损名教，毁裂冠冕，特标篇首，以为明诫。”关于《唐律疏议》，下列哪一选项是正确的？

A.《唐律疏议》中的“十恶”指的是“重罪十条”。唐律将其置于律首，作为严厉打击的对象，以增强法律的威慑力量

B. 长孙无忌等人奉命对《贞观律》进行逐条逐句解释，因解释形成的《律疏》与律文合编在一起颁行，共 12 篇 30 卷，后世称其为《唐律疏议》

C.《唐律疏议》总结了汉魏晋以来立法和注律的经验，不仅对主要的法律原则和制度做了精确的解释与说明，而且尽可能引用法家经典作为律文的理论根据

D.《唐律疏议》的完成，标志着中国古代立法达到了最高水平，成为中华法系的代表性法典

14. 公元前 513 年，晋国大臣赵鞅把前任执政范宣子所编刑书正式铸于鼎上，公之于众，史称“铸刑鼎”。孔子对此评价说：“晋其亡乎，失其度矣！”关于“铸刑鼎”，下列哪一选项是正确的？

A. 这是中国历史上第一次公布成文法的活动

B. 刑书铸于鼎上，加剧了“刑不可知，威不可测”的司法专横弊端

C. 刑书铸于鼎上，巩固了奴隶主贵族的特权，受到奴隶主贵族的欢迎

D. 刑书铸于鼎上，明确了“法律公开”的立法原则，对后来法家主张“明法”“事断于法”产生了积极影响

15. 在明代会审制度的基础上，清代形成了比较规范的重案会审体制。关于清代会审，下列哪一选项是正确的？

A. 秋审是最重要的死刑复审制度。秋审对象是全国上报的斩、绞监候案件，每年秋八月由三法司会同审理

B. 朝审是对刑部判决的重案及京师附近的斩、绞监候案件进行的复审，其审判组织、方式与秋审大体相同，于每年霜降后十日举行

C. 案件经秋审或朝审后，分四种情况进行处理。其中的“留养承祀”，指案情属实、罪名恰当，但受害人有亲老丁单情形，合乎申请留养条件者，按留养奏请皇帝裁决

D. 热审是对发生在京师的死刑案件进行重审的制度，于每年小满后十日至立秋前一日，由大理寺官员会各道御史及刑部承办司共同进行

16. 甲国人马克来我国某高校探望留学的妻子，停留期间与该校材料学院联系，拟在该院工作一段时间。该高校位于 A 市 B 区，马克夫妇居住在离 B 区最近的 A 市 C 县。根据我国《出境入境管理法》，下列哪一说法是正确的？

A. 马克由停留变为居留应经 A 市公安机关出入境管理机构批准

B. 马克由停留变为居留应经 C 县公安机关出入境管理机构批准

C. 马克居留证件的有效期最短应为 180 日

D. 马克居留证件的登记事项如有变化，应向 B 区公安机关出入境管理机构申请变更

17. 甲国在乙国东区和西区各设立一个领事馆。某日，甲国驻乙国东区领事馆领事史蒂夫在乙国西区 C 市一超市与工作人员发生争吵。超市以其影响经营为由报警，史蒂夫则以其在做商业调查为由指责超市干扰其履行领事职务。根据《维也纳领事关系公约》，下列哪一说法是正确的？

A. 未经乙国同意，史蒂夫不得在西区执行领事职务

B. 史蒂夫在西区执行领事职务无需征得乙国同意

C. 即使在东区，未经乙国同意史蒂夫也不得进行任何商业调查

D. 乙国警察可对史蒂夫采取行政拘留措施

18. 某公司长期超标排放污染物，造成大气污染，某环保组织向市中院提起公益诉讼。市中院决定由审判员和人民陪审员组成合议庭进行审理。关于本案的陪审员，下列哪一表述是正确的？

A. 人民陪审员不应参与本案法律适用的表决

B. 市中院应在其人民陪审员名单中随机抽选确定

C. 人民陪审员有权提请院长决定将案件提交审委会讨论决定

D. 审理过程中某人民陪审员任期届满，应更换人民陪审员后重新审理

19. 某区法院审理某套路贷案件，因合议庭对法律适用意见分歧较大，拟提请审判委员会讨论。关于本案审判委员会的适用，下列哪一表述是正确的？

A. 应由合议庭提出申请，院长批准后方可提交审判委员会

B. 未听取专业法官会议的意见，不得提请审判委员会讨论

C. 审判委员会讨论时，区检察院的本案承办人可以列席

D. 提交审判委员会讨论后，合议庭成员无须承担司法责任

20. 关于法官、检察官的任免及其行为，下列哪一说法是错误的？

A. 孙法官为追求结案率伪造撤诉申请，犯民事枉法裁判罪，免予刑事处罚。对其无须免除法官职务

B. 李法官见义勇为，搭救落水儿童。在年度考核时应评为优秀

C. 刘检察官被甲区检察院开除。其不得在律师事务所从事任何工作

D. 周某是乙市检察院检察官。如其子为乙市某律所的设立人，周检察官应任职回避

21. 某市律协举办“律师职业道德”培训，主讲教师就“律师与委托人或当事人的关系规范”组织课堂讨论，多位律师结合具体实例发表观点。下列哪一说法是正确的？

A. 尚律师依据委托人提供的事实和证据，依法提出分析意见，接受委托后其意见未被法庭采纳。这属于虚假承诺

B. 范某起诉隋某违约，钟律师是范某的代理人。在该案二审中，因范某拒绝委托，钟律师转而担任隋某的代理人。这违反相对利益冲突规定

C. 朱某起诉罗某主张房屋所有权，周律师是朱某的代理人。周律师与朱某协商，若朱某胜诉，其以市场价购买该房屋。这违反禁止非法牟取委托人利益规范

D. 冯律师接受甲公司委托追债，委托中发现该公司涉嫌“套路贷”，遂拒绝继续提供代理服务。这违反委托代理关系规范

22. 我国《公证法》对公证机构的设立、担任公证员的条件和公证程序均有明确规定。对此，下列哪一选项是正确的？

A. H 省 S 市欲设立公证处，应当经司法部批准，由 H 省司法厅颁发执业证书

B. 邵律师因酒后驾车被吊销律师执业证书，邵某不得担任公证员

C. A 区的孙某将 B 区的房屋赠与其子，孙某办理赠与公证应向 B 区公证机构提出申请

D. 甲欠乙赌债 1 万元被逼出具借条，乙对借条申请公证，公证员形式审查后出具公证书

23. 关于自然人的责任年龄与责任能力，下列哪一说法是正确的？

A. 15 周岁的甲在学校食堂饮用水中投放了传染病病原体。因为传染病病原体不属于毒害性物质，甲不成立犯罪

B. 13 周岁的乙在伙同他人非法拘禁周某时，使用拘禁行为以外的暴力导致周某死亡。乙可能成立故意杀人罪

C. 医生丙在精神正常时为病人注射了有毒针剂，随后丙突发精神病，数小时后病人中毒身亡。由于危害结果发生时丙无责任能力，丙成立故意杀人未遂

D. 丁以抢劫故意对徐某实施暴力之际突然丧失责任能力，之后将徐某强奸。对丁应以抢劫罪未遂与强奸罪数罪并罚

24. 关于刑法上的因果关系，下列哪一说法是正确的？

A. 甲骗取张某 50 万元后挥霍一空，张某知情后自杀身亡。甲的行为和张某的死亡结果有刑法上的因果关系

B. 乙将曹某推入河后便离开，曹某本可抓住身边的木板获救，但路过的黄某迅速拿走木板，致曹某溺水身亡。乙的行为和曹某的死亡结果有刑法上的因果关系

C. 丙酒后（未达到醉酒程度）驾车在高速公路上以符合规定的速度行驶，章某在高速公路上行走，突然横穿车道，丙刹车不及将章某撞死。丙的行为和章某死亡结果之间存在刑法上的因果关系

D. 丁将严某打成致命重伤后离开，路过的刘某继续殴打严某，使得严某死亡的时间略微提前。丁的行为与严某死亡结果之间存在刑法上的因果关系

25. 下列哪一情形不属于犯罪未遂？

A. 甲欲在黑夜里抢劫，在抢劫过程中发现对方是自己的父亲，遂逃跑

B. 乙在楼道中欲使用暴力对过往女性实施奸淫，因担心被发现后名誉受损，遂逃跑

C. 丙欲枪杀仇人叶某，在准备扣动扳机的一刹那发现对方是曹某，遂放弃开枪

D. 丁欲射杀陈某，未料枪支损坏无法射击，本可捡石头砸死陈某，但放弃并离开现场

26. 曹某系某厂锅炉工，某日在锅炉房同王某起了冲突。锅炉房内有一些密封盛放易燃的香蕉水的小桶，曹某欲吓唬王某，便拎起一桶朝王某脚边扔去，结果桶的密封盖掉落，香蕉水随即起火燃烧，曹某与王某均被烧着。曹某将自己身上的火扑灭后立即帮助王某灭火，扑灭后将王某送医。后王某仍因高温热作用休克死亡。关于曹某的行为性质，下列哪一说法是正确的？

A. 故意伤害（致人死亡）罪　　B. 过失致人死亡罪

C. 意外事件　　D. 故意杀人罪

27. 下列哪一情形不成立自首？

A. 甲得知郑某欺负其父，遂持刀赶至郑家，刺伤郑某，郑某也用木棍打伤甲。甲在医院治疗期间委托其姐代向公安机关投案，如实供述事情原委及刺伤郑某的事实。后甲在庭审期间称其是正当防卫，不成立犯罪

B. 乙因口角将妻子关某杀害后，服用安定药欲自杀。乙的亲属发现后立即向公安机关报案，并看管熟睡昏迷中的乙以防止逃跑。后警察赶到，家属带领公安将乙抓获，乙醒来后如实供述了犯罪事实

C. 丙和曹某共同抢劫，后丙主动去公安机关投案，如实供述了自己的犯罪事实以及赃款去向，但对曹某参与抢劫只字未提

D. 丁因涉嫌盗窃摩托车被公安机关口头传唤到案，到派出所后如实供述了自己的犯罪事实

28. 袁某伙同他人将石某绑架至一处废弃的烂尾楼中，并立即给石某亲属打电话勒索 30 万元现金，之后将石某身上的手链、项链、戒指等取走。关于袁某的行为，下列哪一说法是正确的？

A. 符合法条竞合，应以绑架罪既遂定罪处罚

B. 应以绑架罪未遂和抢劫罪数罪并罚

C. 应以绑架罪既遂和抢劫罪数罪并罚

D. 成立想象竞合，应以绑架罪既遂和抢劫罪从一重罪论处

29. 关于人身犯罪，下列哪一说法是正确的？

A. 甲意欲强奸同学王某，使用暴力手段将王某杀害后进行奸淫。对甲应以强奸罪（致人死亡）论处

B. 乙成立了一家高利贷公司，为了拿回秦某的10万元欠款而将秦某扣押在公司，并让秦某妻子将10万元打入乙卡内。对乙应以绑架罪论处

C. 丙在非法拘禁曹某后，通过翻阅曹某手机发现曹某和其妻子有不正当关系，便将曹某杀害。对丙应以故意杀人罪论处

D. 丁在外地打工期间将幼儿陈某拐回老家准备收养，数月后发现陈某听力有问题，遂将陈某出卖。对丁应以拐卖儿童罪论处

30. 严某是黑社会性质组织的骨干分子，2014年以20万元的价格购买了一辆轿车，2018年严某认识了从事水果生意的潘某，多次威胁潘某以40万元的价格购买其轿车。潘某被迫同意，在如数付款后严某将车转让给潘某。关于严某的行为，下列哪一说法是正确的？

A. 应以抢劫罪论处

B. 应以强迫交易罪论处

C. 应以敲诈勒索罪论处

D. 应以强迫交易罪和敲诈勒索罪的想象竞合论处

31. 关于信用卡诈骗罪，下列哪一说法是正确的？

A. 甲用假身份证骗领了一张信用卡，后在商场恶意透支了5万元。甲成立恶意透支型信用卡诈骗罪

B. 乙趁同事赵某午间外出吃饭，将其遗落在办公桌上的装有信用卡的钱包拿走，先后从信用卡中透支取出8万元。乙成立信用卡诈骗罪

C. 丙无固定职业，将透支信用卡获得的5万元用于赌博，还款期限逾期后，发卡银行经过1次电话催收，丙仍未归还。丙成立信用卡诈骗罪

D. 丁捡到一个钱包，内有一张信用卡与身份证，其在ATM机试出密码后取走现金5万元。丁成立信用卡诈骗罪

32. 关于信息网络犯罪，下列哪一说法是错误的？

A. 胡某为非法牟利，租用服务器自行制作并出租翻墙软件，为境内2000余名网络用户非法提供境外互联网接入服务。公安机关两次约谈胡某并要求其停止联网服务，其拒不整改。胡某构成拒不履行信息网络安全管理义务罪

B. 黄某在朋友圈发布其拍摄的管制刀具图片、视频和文字信息合计12322条，用以销售管制刀具，并从中非法获利。黄某构成非法利用信息网络罪

C. 谭某在网络上从事诈骗信息业务，即向不特定的淘宝用户发送信息“请你来刷单，一天能赚几百元，详情加QQ”。如有人添加上述信息里的QQ号，谭某即可从让其发送信息的上家处获取报酬。直至案发，实施诈骗的谭某上家仍未抓获。谭某构成非法利用信息网络罪

D. 赵某从事为第三方支付公司网络支付接口代理的业务，在明知行为违法的情况下，仍通过事先购买的企业信息和假域名备案申请账号并将账号卖给他人。后被害人赵某被骗600万元，被骗资金在第三方商户账号内流转，该账号由赵某通过上述方式代理。由于实施诈骗的对象未到案，赵某不构成帮助信息网络犯罪活动罪

33. 某县城管局局长胡某负责一老旧小区的征迁工作。其亲戚谢某有栋旧房位于规划的拆迁小区，胡某便让谢某多报 50 平方米面积并将虚报面积的补偿款 10 万元给自己，后谢某虚报了拆迁面积，胡某指示工作人员在房屋面积丈量时提供方便，谢某的旧房得以顺利获得拆迁补偿款。后谢某将虚报面积部分的 10 万元补偿款交给了胡某。关于胡某的行为性质，下列哪一说法是正确的？

A. 受贿罪　　B. 贪污罪

C. 滥用职权罪　　D. 受贿罪与贪污罪的想象竞合

34. 于某因涉嫌过失致龙某死亡，被县检察院批准逮捕，后在侦查过程中证实于某系正当防卫。关于本案的办理，下列哪一说法是正确的？

A. 县检察院应当撤销原逮捕的决定，并送县公安机关执行

B. 经县检察院批准后，县公安机关应当立即释放于某

C. 经县检察院批准后，县公安机关应当撤销案件

D. 县公安机关撤销案件后，县法院对龙某近亲属提起的自诉，可以进行调解

35. 潘某因组织、领导黑社会性质组织犯罪被判处无期徒刑，在 J 省 K 市监狱服刑。因服刑期间表现良好，申请减刑。关于潘某减刑的办理，下列哪一说法是正确的？

A. 应由 K 市中级法院审理潘某减刑案

B. 审理法院可采取书面审理的方式

C. 如裁定不予减刑，潘某可向上一级法院提起上诉

D. 如检察院认为减刑的裁定不当，应向原审法院提出纠正意见

36. G 市法院在审理一起污染环境罪案件中，因案件中涉及多种鉴定，公诉人申请通知有专门知识的人出庭。对此，下列哪一说法是正确的？

A. 公诉人最多可以申请 2 名有专门知识的人出庭

B. 辩护律师可以申请有专门知识的人回避

C. 法院通知有专门知识的人出庭，其无正当理由拒不到庭的，该鉴定意见不得作为证据使用

D. 为充分发表意见，有专门知识的人可以旁听案件的审理

37. 某省 G 市中院在审理周某上诉案（故意伤害案）时，发现周某符合强制医疗的条件。关于本案的办理，下列哪一说法是错误的？

A. G 市中院可裁定撤销原判，发回重审

B. G 市中院可依照强制医疗程序进行审理

C. G 市中院依照强制医疗程序进行审理时，如周某没有委托律师，应通知法律援助机构指派律师为其提供辩护

D. 对于G市中院作出的强制医疗的决定，周某可向省高院提起复议

38. 甲市居民胡某乘坐日本籍游轮在公海旅游期间，盗窃了同一旅行团的乙市居民高某的一台相机（价值1万元），后该游轮进入我国领海并首泊于丙市。关于本案的管辖，下列哪一说法是正确的？

A. 甲、乙、丙三地法院均有管辖权

B. 甲地法院没有管辖权

C. 乙地法院没有管辖权

D. 只有丙地法院有管辖权

39. 关于值班律师，下列哪一说法是正确的？

A. 韩某（17岁）涉嫌盗窃被拘留，因家庭困难无力聘请律师，可由值班律师为其提供法律咨询

B. 张某涉嫌故意伤害被拘留，有权要求约见值班律师，并要求在其接受讯问时在场

C. 公安机关对涉嫌抢劫的郑某提请批准逮捕，检察院在审查时应当听取值班律师的意见

D. 马某涉嫌危险驾驶被移送起诉，检察院在审查时应当听取值班律师的意见

40. 宋某（男，17岁）偷开其父的轿车，慌乱中撞倒路过的江某（女，28岁），致其双腿骨折。到案后，宋某自愿供述其犯罪事实，并愿意接受处罚。关于本案的办理，下列哪一说法是正确的？

A. 公安机关讯问宋某时应当告知其享有的诉讼权利以及如实供述自己罪行可以从宽处理的法律规定

B. 宋某应当在其法定代理人、辩护人在场的情况下签署认罪认罚具结书

C. 在征得宋某及其法定代理人、辩护人同意的情况下，可以适用简易程序审理此案

D. 宋某的父亲可与江某的丈夫达成刑事和解

41. 甲市乙县法院采用速裁程序审理何某盗窃一案，判处其有期徒刑1年。何某以事实不清为由提起上诉。关于本案的审理，甲市中院的下列哪一做法是正确的？

A. 应当开庭审理

B. 应当裁定撤销原判，发回重审

C. 应当裁定驳回上诉，维持原判

D. 可以在查清事实后依法改判

42. G省高院在审理曾某故意杀人、抢劫案的上诉案中，发现已在G省W市监狱服刑的参与抢劫的同案犯黄某的一审生效判决（G省Z市Y县法院审理）确有错误。关于本案的审判监督程序，G省高院的下列哪一做法是错误的？

A. 可按一审程序重审黄某抢劫案

B. 可指令Z市中院按一审程序重审黄某抢劫案

C. 可指令W市中院按一审程序重审黄某抢劫案

D. 可指令Y县法院按一审程序重审黄某抢劫案

43. 张某、李某二人酒后偶遇精神病人吴某，为发泄情绪，对其随意殴打，致其轻伤，吴某花去治疗费用 1 万元。案发后，李某逃匿，张某被抓获并被检察院以涉嫌寻衅滋事罪提起公诉。关于本案，下列哪一说法是正确的？

A. 如张某提出申请，法院可组织张某与吴某的近亲属进行刑事和解

B. 如吴某的近亲属提起附带民事诉讼，可将张某和李某列为附带民事诉讼的被告

C. 如吴某的近亲属提起附带民事诉讼后，经传唤，无正当理由拒不到庭，法院应按撤诉处理

D. 如法院审理后认为张某的行为不构成犯罪，对提起的附带民事诉讼应裁定驳回起诉

44. 下列哪一选项符合合理行政原则要求？

A. 复议机关区政府允许申请人甲查阅被申请人的书面答复

B. 税务局因乙企业主动消除违法行为危害后果而对其从轻处罚

C. 省人大常委会立法赋予文化行政主管部门扣押违禁品的权力

D. 规划局一次告知申请人丙补正全部申请材料的内容

45. 关于地方人民政府行政机构的设置与编制管理，下列哪一选项是正确的？

A. 县政府新设行政机构需经县政府机构编制管理机关审核方案，报上一级政府批准

B. 县公安局撤销其内设机构，报县政府审批

C. 县政府的行政编制总额由省级政府提出，最终报国务院批准

D. 省内不同层级政府之间调配使用行政编制的，由省级政府机构编制管理机关报国务院审批

46. 关于公务员基本管理制度，下列哪一表述是错误的？

A. 具有正常履行职责的心理素质是担任公务员的基本条件

B. 被行政规范性文件列为失信联合惩戒对象的人不能被录用为公务员

C. 公务员领导职务可以实行聘任制

D. 公务员的交流方式包括调任、转任

47. 国务院准备制定一部调整报废机动车回收管理的行政法规。关于该行政法规的制定程序，下列哪一选项是错误的？

A. 起草阶段一般需向社会公布征求意见

B. 法规送审稿可以采取委托研究的形式进行论证咨询

C. 法规草案可以由国务院审批通过

D. 在全国范围内发行的报纸上刊载的法规文本为标准文本

48. 甲向规划局申领建设工程规划许可证，规划局工作人员口头通知受理申请，并要求甲到该局办公室缴费复印申请材料。审查期间，规划局工作人员就房屋挡光问题征询甲的邻居乙的意见。规划局颁证后，在该局网站上公示为甲颁证的情况。下列哪一选项是错误的？

A. 规划局口头受理甲提出的申请违法

B. 规划局要求甲缴费复印申请材料违法

C. 规划局工作人员听取乙的意见合法

D. 规划局向社会公示为甲颁证的情况违法

49. A市B县公安局城区派出所以吴某经营的出租房不符合《消防法》规定为由，对其发出责令限期改正通知书。后来，派出所民警在复查时发现吴某未改正到位。经立案、调查询问，B县公安局依据《治安管理处罚法》和省公安厅制定的《消防安全法律适用意见》（下称《意见》），决定对吴某行政拘留3日。后吴某提起行政诉讼，同时提出对《意见》的审查申请。对此，下列哪一选项是正确的？

A. 责令限期改正通知书属于行政强制措施

B. 吴某缴纳100元保证金后，拘留决定可暂缓执行

C. 吴某在起诉之前应当先申请行政复议

D. 若《意见》不合法，法院应在裁判理由中阐明《意见》的违法问题

50. A市B县政府与C纸业公司签订《关停协议》，约定C纸业公司退出造纸行业，县政府给予补偿，履约期间发生的争议由县法院审理。后C纸业公司以协议内容显失公平为由，向法院起诉请求确认协议无效。对此，下列哪一选项是错误的？

A. 该案属于行政诉讼受案范围

B. B县法院无权管辖本案

C. 法院应通知C纸业公司变更诉讼请求

D. C纸业公司向法院提出请求的期限为协议签订之日起6个月

二、多项选择题。每题所设选项中至少有两个正确答案，多选、少选、错选或不选均不得分。本部分含51–85题，每题2分，共70分。

51. 加强宪法实施和监督，需要推进合宪性审查工作，维护宪法权威。关于地方立法的合宪性审查，下列哪些说法是正确的？

A. 推进合宪性审查，需要把所有规范性文件纳入备案审查范围

B. 地方立法机关和部门可以自行制发带有立法性质的文件

C. 撤销违反宪法的规范性法律文件是承担违反宪法责任的唯一方式

D. 合宪性审查的请求受理、审查过程和处理结果应当公开

52. 王某于一汽车4S店提取购买车辆，没有开出该店即发现发动机漏油。在几经维权未果后，王某坐在车盖上哭诉事情经过。关于该事件的视频流传网络，引发舆论关注，最后王某与相关企业达成换车补偿和解协议。该店因涉及侵犯消费者的安全权、知情权和公平交易权，被监管部门处以50万元罚款。对此，下列哪些说法是错误的？

A. "哭诉维权"引发舆论关注，是以理性方式促进纠纷解决，化解社会矛盾

B. 监管部门的处罚措施体现了严格公正执法的要求

C. 提高维权成本，有利于塑造社会的契约精神与诚信意识

D. 此类纠纷的解决，需要通过坚持法治国家、法治政府、法治社会一体建设来实现

53. 建设中国特色社会主义法治体系是推进全面依法治国的总抓手，其中建设高效的法治实施体系需要深入推进依法行政，深化行政执法体制改革，全面推行行政执法公示制度、执法全过程记录制度和重大执法决定法制审核制度。对此，下列哪些做法符合这一要求？

A. 甲省要求所有涉及重大行政执法决定的重大事项，在作出决定前必须由法制机构进行审核

B. 乙市在监管中随机抽取检查对象，随机选派执法人员，将抽查情况及查处结果向社会公开

C. 丙区在执法考核中，以办案数量和罚没数额作为主要考核依据

D. 丁市建立公平竞争审查的投诉举报平台，将公平竞争审查工作纳入营商环境评价体系

54. 金融反腐既是惩治贪腐也是防控金融风险的需要。在反腐中，中央纪委国家监委向中管金融企业派驻的纪检监察组发挥了重要作用。对此，下列哪些说法是正确的？

A. 依法执政既要求党依据宪法法律治国理政，也要求党依据党内法规管党治党

B. 纪检组是履行纪律检查职能的常设机构，派驻监督只是党内监督

C. 党内法规与国家法律的适用对象和效力不同，不能把党内法规的制度性成果转化为法律

D. 党必须在宪法和法律范围内活动，防止和纠正违反宪法法律的党内法规

55. 李某未通过英语四级考试，学校依据本校制定的《授予本科毕业生学士学位实施细则》，未授予其学士学位，李某遂诉至法院。法院根据《学位条例》第四条，认为学校在法定的基本原则范围内确定学士学位授予的学术水平衡量标准，是学术自治原则的体现，学校有制定学士学位授予标准的权力和职责，故驳回其诉讼请求。关于本案，下列哪些说法是错误的？

A. 《细则》是《学位条例》的特别法

B. 该判决体现了法的证成是法律人获得法律决定的事实过程

C. 若法无明文规定，则法官自由裁量不受任何限制

D. 对学校授予学位行为的司法审查应以合法性审查为原则

56. 某校教师在晚自习测验后，将试卷带回家批改，后突发疾病死亡。该市人社局不认定为工伤，其妻诉至法院。法院认为，根据《工伤保险条例》，视为工伤的关键是在“工作时间和工作岗位”上突发疾病死亡。“工作岗位”强调的是岗位职责，职工在家加班，是为完成岗位职责，应当属于“工作时间和工作岗位”，故责令人社局重新作出认定。对此，下列哪些说法是正确的？

A. 从本案来看，《工伤保险条例》关于“工伤”的规定出现隐藏漏洞

B. 法官对法律条文作出了目的解释

C. 法律解释方法的位阶所确定的优先性关系不是固定的

D. 如人社局重新作出认定，将产生法律责任的竞合

57. 张某在某美容诊所做了多项手术，由于手术失败致脸部凹陷，精神痛苦。张某以该美容诊所不具备相应手术资质且未告知主治医生不具备行医资格，构成欺诈为由，诉至法院。法院认为，双方形成的是医疗服务合同关系，美容诊所存在超范围、超资质为张某实施美容手术的行为，并给其造成损害，应承担责任。张某在选择美容机构时，也应尽到必要的注意义务，故也应承担一定责任。对此，下列哪些说法是错误的？

A. 裁判运用了演绎推理的方法

B. 法院对“双方形成的是医疗服务合同关系”的证成属于内部证成

C. 法院主要依据法律责任的效益原则作出判决

D. “美容诊所存在超范围、超资质为张某实施美容手术的行为”表达的是裁判事实

58. 甲国在恐怖主义活动激增、常规讯问手段只能带来有限情报的情况下，对一些嫌疑人实施了蒙头、噪声干扰、剥夺进食和睡眠等讯问手段。事后，嫌疑人所属国向人权法院提起诉讼，认为甲国侵犯了人权。参与讯问的人员认为，讯问行动所阻止的伤害多于它引起的伤害，通过讯问获取情报能够避免更多的痛苦。法院认为，甲国政府的行为违反了《公民权利和政治权利国际公约》中“任何人均不得加以酷刑或施以残忍的、不人道的或侮辱性的待遇或刑罚”的规定。对此，下列哪些说法是正确的?

A. 任何人的尊严都不受侵犯，体现了人权的道德属性

B. 认为讯问行动所阻止的伤害多于它引起的伤害，这是以功利主义进行的正当性证明

C. 在法的价值冲突解决中，人权和秩序等价值具有同等位阶

D. 《公民权利和政治权利国际公约》设定的一般标准，避免了其他政策选择的随意性，体现了“高级法”的要求

59. 根据《立法法》和《全国人民代表大会组织法》的规定，下列哪些选项是正确的?

A. 经全国人大常委会授权，国务院可以根据实际需要，对限制人身自由的强制措施制定行政法规

B. 有权向全国人大及其常委会提出法律案的主体包括国务院、中央军事委员会、国家监察委员会、最高人民法院、最高人民检察院、全国人大各专门委员会

C. 省、自治区、直辖市的人民政府有权向全国人大常委会提出法律解释要求

D. 设区的市、自治州的人民政府制定地方政府规章，限于城乡建设与管理、环境保护、历史文化保护等方面的事项

60. 关于《香港特别行政区维护国家安全法》，下列哪些选项是正确的?

A. 该法是适用于香港特别行政区的全国性法律

B. 该法的制定依据是宪法、香港特别行政区基本法和全国人大关于建立健全香港特别行政区维护国家安全的法律制度和执行机制的决定

C. 根据该法，中央人民政府对香港特别行政区有关的国家安全事务负有宪制责任，香港特别行政区负有维护国家安全的根本责任

D. 鉴于该法的重要性，其解释权仅属于全国人民代表大会

61. 王某是某镇人大主席，张某、赵某是人大副主席。关于三人的描述，下列哪些选项是错误的?

A. 在镇人民代表大会举行会议时，由王某主持会议

B. 王某出任人大主席之前必须是镇人大代表

C. 在镇人民代表大会闭会期间，王某可以出任副镇长（正科级），主管法治宣传教育工作，推进依法治镇

D. 王某可任命张某、赵某担任镇人大副主席，协助其处理日常工作，在镇人民代表大

会闭会期间，由张某、赵某分工负责联系镇人大代表

62. 根据《宪法》和法律的规定，关于地方各级人民政府所属工作部门，下列哪些论述是正确的？

A. 县政府根据工作需要和优化协同高效以及精干的原则，设立必要的工作部门

B. 县政府工作部门的设立、增加、减少或者合并，由县政府报县人大批准，并报上一级人民政府备案

C. 县政府的各工作部门受县人民政府统一领导，并依照法律或者行政法规的规定受上级政府主管部门的领导

D. 县级以上地方各级政府设立审计机关，各级审计机关依照法律规定独立行使审计监督权，对本级政府和上一级审计机关负责

63. 甲乙两国相邻，两国间一部分边界为陆上边界，一部分为通向海洋的可航行界河。甲国在自己一侧临近边界的地方修建垃圾焚烧处理厂，施工过程中不慎毁坏了界标。为避免乙国发现并抗议，施工人员尽快制作了一座新的界标并安放在原地。根据一般国际法原理，下列哪些说法是正确的？

A. 甲国应对损毁界标的行为予以处罚

B. 甲国单方制作安放新界标的做法不正确

C. 两国界河部分的边界线为河流的中心线

D. 甲国的建厂行为不受外来制约与影响

64. 法律职业人员在业内、业外均应严守职业道德和纪律规定。下列哪些行为违反了相关职业道德和纪律规定？

A. 王律师受聘为某国企的法律顾问，发现该企业招工时存在就业歧视，提出该行为违法的审查意见

B. 项检察官利用业余时间，在其同学开办的律师业务培训机构免费担任刑辩业务“陪练”

C. 仲裁员刘某与申请方代理律师是师生关系，刘某公正作出裁决，但并未向当事人披露该关系

D. 公证员徐某就某公证机构违法事件接受记者采访，痛斥公证行业乱象，直言公证欠缺公信力

65. 法律援助是一项重要的司法救济制度，有助于法律正确实施、维护当事人合法权益。关于法律援助的适用，下列哪些选项不符合法律规定？

A. 王某就申请国家赔偿向法律援助机构进行咨询，法律援助机构未审查其经济状况即予以解答

B. 范某受贿 2000 万元后潜逃至国外，法院决定缺席审判。因范某及其近亲属未委托辩护人，法院通知法律援助机构指派其工作人员为范某提供辩护

C. 庭审中被告人于某自愿认罪认罚，因其未委托辩护人，法院应通知法律援助机构指派律师为其提供辩护

D. 陈某因见义勇为受伤，起诉索赔后申请法律援助，法律援助机构严格审查其经济状况后提供援助

66. 甲与乙共谋抢劫丙，计划由甲使用暴力压制丙，由乙取财。甲在持刀攻击丙时，丙未意识到附近的乙也是不法侵害人，其捡起石头朝甲扔去，不巧砸中乙，致乙死亡。对此，下列哪些说法是正确的？

A. 丙属于打击错误

B. 丙属于对象错误

C. 按照具体符合说，且认为防卫意识是正当防卫的必备条件，丙对乙成立过失致人死亡罪

D. 按照法定符合说，且认为防卫意识并非正当防卫的必备条件，丙对乙不成立过失致人死亡罪

67. 关于不作为，下列哪些说法是错误的？

A. 甲系动物园的黑熊饲养员，其在看见游客古某掉入熊山被黑熊围攻时因害怕未予阻止，古某身受重伤。甲成立不作为的故意伤害罪

B. 乙明知丈夫李某在家中多次与13岁的女儿发生性关系，能够阻止却不阻止。乙成立负有照护职责人员性侵罪的不作为的帮助犯

C. 丙在开车路过某弯道时发现林某被车辆撞伤后躺在路上，其将林某扶上车并送到附近的加油站后便直接离开，后林某因未得到及时救助而死亡。丙成立不作为的故意杀人罪

D. 丁将毒品卖给谢某，谢某当场吸食过量导致昏迷，丁未予救助便离开，后谢某因未及时救助而死亡。丁成立不作为的故意杀人罪

68. 关于减刑，下列哪些说法是错误的？

A. 减刑只能是减少刑期，不能变更刑种

B. 判处有期徒刑的犯罪分子减刑以后实际执行的期限不能少于原判刑期的1/2。由于判决宣告前羁押的日期可以折抵刑期，因此减刑实际执行的期限包含了审前羁押期间

C. 判处无期徒刑的犯罪分子经减刑后实际执行的刑期不得少于13年。实际执行的刑期包含了判决宣告前羁押以及无期徒刑变更为有期徒刑前的服刑期间

D. 对于无期徒刑减为有期徒刑的，有期徒刑的刑期从裁定减刑之日起计算，已经执行的刑期以及判决宣告前羁押的日期应计算到减刑后刑期以内

69. 张某与李某共谋到国道被堵的货车上盗窃。某日晚，二人趁国道堵车之际，由张某爬上某货车将货物扔下车，李某负责在路边捡拾。李某在离货车不远处捡拾扔下的货物时，货车司机方某通过后视镜发现有人扒货，便下车查看，张某拿出私自携带的匕首将方某刺成重伤。对此，下列哪些说法是正确的？

A. 按照部分犯罪共同说，张某与李某成立抢劫罪的共同正犯，对张某适用抢劫罪的法定刑，对李某适用盗窃罪的法定刑

B. 按照部分犯罪共同说，张某与李某成立抢劫罪的共同正犯，二人均以抢劫罪定罪处罚

C. 按照部分犯罪共同说，张某与李某成立盗窃罪的共同正犯，但张某成立抢劫罪，对李某定盗窃罪

D. 按照行为共同说，张某与李某成立共同犯罪，但张某成立抢劫罪，对李某定盗窃罪

70. 贺某在某4S店看中一辆轿车，便提出试驾，经理派员工谢某陪同试驾。贺某驾驶车辆行驶到郊区某路段时，谎称身体不适，请在副驾驶位的谢某开车，当谢某下车后，贺某加

速驶离。后贺某将车非法变卖，获利 20 余万元。对此，下列哪些说法是正确的？

A. 贺某成立侵占罪

B. 如果认为盗窃必须是秘密窃取，且抢夺不必采用对物暴力手段，则贺某成立抢夺罪

C. 如果认为盗窃不必是秘密窃取，则贺某成立盗窃罪

D. 如果认为盗窃必须是秘密窃取，则贺某成立抢劫罪

71. 关于抢劫罪，下列哪些说法是错误的？

A. 甲为现役军人，因家中突发情况急需用钱，某日身着军服抢得 3000 元。甲属于冒充军警人员抢劫

B. 李某在乙的商店购物刷卡后不慎将信用卡遗忘在店中，乙发现李某的卡无需密码便可刷取，遂先后刷卡十余次。后李某要求乙退还信用卡并还钱，乙纠集他人一起殴打李某致其轻伤。乙不成立抢劫罪

C. 职业赌徒丙进入同村村民林某家，持刀逼迫林某取出 1 万元现金，临走时写了一张丙欠林某 1 万元的欠条。丙不成立抢劫罪

D. 丁预谋抢劫杀人。某日携带凶器乘坐高某驾驶的出租车，高某在路边停车时丁便掏出锤子猛击高某头部，高某转身逃跑，后被丁追上，丁逼高某交出身上现金，高某继续逃跑，丁持刀将高某捅死。丁仅成立抢劫罪

72. 刘某涉嫌组织、领导黑社会性质组织罪被刑事拘留后，要求其家属委托两名律师担任其辩护人。关于接受委托的辩护律师及其辩护权，下列哪些说法是正确的？

A. 不得委托同一律师事务所的两名律师担任其辩护人

B. 两名律师不得同时会见刘某

C. 一名律师可作无罪辩护，另一名律师可作罪轻辩护

D. 一名律师可围绕定罪问题进行辩护，另一名律师可围绕量刑问题进行辩护

73. 2018 年 12 月 1 日晚 10 时，黄某被 X 市公安机关传唤。持续到 12 月 4 日上午 10 时，黄某被采取刑事拘留措施。12 月 4 日下午 4 点，黄某提出本人系 X 市 Y 县人大代表，经核查属实，X 市公安机关当即为其办理了取保候审的手续。关于本案，下列哪些说法是正确的？

A. 黄某在传唤期间所作的供述应作为非法证据排除

B. 黄某在拘留后所作的与之前供述相一致的供述应当作为非法证据排除

C. X 市公安机关对黄某变更为取保候审的决定错误，应立即释放黄某

D. X 市公安机关在获得 Y 县人大常委会批准后，可对黄某再次采取拘留措施

74. 犯罪嫌疑人赵某因涉嫌故意伤害（轻伤）被县检察院批准逮捕。在审查起诉阶段，赵某如实供述自己的罪行并签署了认罪认罚具结书。关于本案的程序适用，下列哪些说法是正确的？

A. 县检察院对赵某的审查起诉期限最长不超过 15 天

B. 县检察院在提起公诉时，应建议 Z 县法院适用速裁程序

C. 县法院适用速裁程序审理时，审理期限最长不超过 15 天

D. 县法院适用速裁程序审理时，可以定期宣判

75.《关于推进以审判为中心的刑事诉讼制度改革的意见》第 11 条规定，规范法庭调查程序，确保诉讼证据出示在法庭、案件事实查明在法庭。对此，下列哪些理解是错误的？

A. 证明被告人有罪或者无罪、罪轻或者罪重的证据，都应在法庭上出示

B. 对定罪量刑的证据，控辩双方存在争议的，应单独质证

C. 对庭前会议中控辩双方没有异议的证据，庭审中可不再举示

D. 对庭前会议中控辩双方没有开示的证据，庭审中不得举示

76. 由于赵某故意杀人案的社会影响重大，某市中级法院决定由审判员和人民陪审员组成合议庭审理该案。对此，下列哪些说法是正确的？

A. 中院可指定其辖区范围内的基层法院，并从其人民陪审员名单中随机选择

B. 应当选择 4 名人民陪审员作为合议庭成员

C. 人民陪审员除不能担任审判长外，享有和审判员同等的权利

D. 因该案涉及非法证据排除，审判长应当向人民陪审员解释说明非法取证排除规则

77. 林某犯故意杀人罪和贩卖毒品罪，两罪均被 G 省 S 市中级法院一审判处死刑立即执行，林某不服提起上诉。G 省高院裁定驳回上诉，维持原判。关于本案的死刑复核程序，下列哪些说法是正确的？

A. 如林某在死刑复核阶段没有委托律师担任辩护人的，最高法院应当为其指派律师提供法律援助

B. 如最高法院裁定不予核准的，可以将案件发回 S 市中级法院按照一审程序重新审理

C. 如最高法院复核后认为仅贩卖毒品罪的量刑过重，不应当判处死刑立即执行的，应当裁定不予核准，发回重审

D. 如最高法院复核后认为林某还有遗漏的贩卖毒品的事实，应当裁定不予核准，发回重审

78. 邓某受境外反华组织指使，为其收集情报。案发后，邓某潜逃境外。关于本案的办理，下列哪些说法是正确的？

A. 在邓某涉案的犯罪事实已经查清的情况下，经最高检察院核准，检察院可以对其提起公诉

B. 对邓某的起诉书中指控的犯罪事实清楚的，法院应当决定开庭审判

C. 如邓某及其近亲属没有委托辩护人，法院可以通知法律援助机构为其指派律师提供辩护

D. 对邓某用从境外反华组织获得的报酬购买的房屋，可以通过违法所得没收程序予以没收

79. 某区文化广电局执法人员进行检查时，以陆某非法经营音像制品为由，对其经营商品实施登记保存。经调查取证，该局告知陆某拟没收非法财物并罚款 20 万元。经听证，该局按事先告知的内容作出了处罚决定。陆某申请复议，复议机关维持，陆某提起行政诉讼。对此，下列哪些选项是正确的？

A. 实施登记保存应制作现场笔录

B. 文化广电局应在听证的 15 日前通知陆某举行听证的时间、地点

C. 区政府可以作为行政复议机关

D. 法院的审理对象是陆某的行为是否构成非法经营音像制品

80. A 村三组与 B 村三组就集体土地归属发生争议。县政府根据 A 村三组的申请作出处理决定，认定争议土地归 A 村三组农民集体所有。B 村三组向 C 市政府申请行政复议。C 市政府补充证据之后驳回了 B 村三组的复议申请。B 村三组诉请法院撤销被诉行政行为，并请求法院判决 A 村三组归还争议土地。对此，下列哪些说法是错误的？

A. 县政府的处理决定属于行政确认

B. C 市政府应指派 2 名以上复议人员处理复议案件

C. 法院的审理对象是 C 市政府的驳回申请是否合法

D. 对 B 村三组归还土地的请求，法院应单独收取诉讼费用

81. A 区园林绿化局以 B 公司无证采伐林木为由，对其罚款 2 万元，同时责令在 3 个月内补种树木 60 株。B 公司未缴纳罚款，也未在规定期限内补种。A 区园林绿化局进入强制执行程序。A 区园林绿化局的下列哪些做法是正确的？

A. 对 B 公司的加处罚款不能超过 30 天

B. 应当自行代为补种树木

C. 应当在决定代为补种前口头催告 B 公司履行义务

D. 可以和 B 公司协议约定分阶段履行补种义务

82. 下列哪些事项不属于行政诉讼受案范围？

A. 省人事争议仲裁委员会就甲与所在机关的公务员聘任合同争议作出仲裁裁决

B. 市教育委员会告知教师乙所申诉的薪酬问题学校处理意见正确

C. 省政府依照国务院对行政区划的勘定就某土地使用权争议作出复议决定

D. 镇政府发出通知要求辖区内的企业一次性缴纳公共厕所建设费 1 万元

83. 1 月 15 日，某区市场监管局就王某制售假冒伪劣产品行为实施现场检查，王某拒绝在现场笔录上签字，执法人员予以注明。1 月 20 日，该局作出扣押决定，对有关财物实施扣押（未制作扣押清单）。王某起诉请求撤销扣押行为，并以被扣财物损毁为由请求赔偿损失。审理期间，区市场监管局于 3 月 10 日解除了扣押行为。下列哪些选项是正确的？

A. 现场笔录无王某签字，不能作为证据使用

B. 王某如对现场笔录的合法性有异议，可申请法庭通知行政执法人员出庭说明

C. 因无扣押财物清单，无法证明王某损失，法院确定由被告就损害情况举证

D. 法院应判决撤销被告的扣押行为

84. 某市国土资源管理局对郭某作出处罚决定，要求其拆除在非法占用土地上的新建住房，并处罚款 5000 元。郭某提起行政诉讼。诉讼期间，法院直接裁定停止被诉处罚决定的执行。经传票传唤，被告拒绝到庭参加诉讼。对此，下列哪些选项是正确的？

A. 若法院不立案也不作出不予立案裁定的，郭某可以向上一级法院起诉

B. 法院直接裁定停止处罚决定的执行违法

C. 本案可适用简易程序审理

D. 法院可以将被告拒不到庭的情况予以公告

85. A 市 B 区政府发布《房屋征收决定公告》，朱某房屋被列入征收范围。因朱某与征收部门未能达成《征收补偿协议》，B 区政府作出《房屋征收补偿决定书》，决定货币补偿 60 万元，朱某在接到决定书之日起 7 日内搬迁完毕。朱某向 A 市政府申请复议，市政府以复议申请不符合受理条件为由驳回其申请。朱某遂以 B 区政府和 A 市政府为被告，向法院提起行政诉讼。对此，下列哪些说法是正确的？

A. 如朱某与 B 区政府达成《房屋征收补偿协议》而不履行，后者可直接申请法院强制执行

B. 法院应当通知朱某更换被告

C. A 市政府有义务证明《房屋征收补偿决定书》的合法性

D. 作为被告的市政府负责人如不能出庭，可以委托 B 区政府工作人员出庭

三、不定项选择题。每题所设选项中至少有一个正确答案，多选、少选、错选或不选均不得分。本部分含 86-100 题，每题 2 分，共 30 分。

86. 习近平法治思想是马克思主义法治理论同中国实际相结合的最新成果。下列说法正确的是：

A. 必须坚持党的领导、人民当家作主、依法治国统一于中华民族历代治国理政的实践中

B. 新时代我国社会主要矛盾的变化，需要法治理论引领和超越时代发展

C. 习近平法治思想是在法治轨道上推进国家治理体系和治理能力现代化的根本遵循

D. 习近平法治思想是马克思主义法治思想中国化的唯一成果

87. G 省高院审理某贩毒案件，在五个小时庭审中，审判长秦法官三次打断辩护律师发言，并呵斥辩护律师“水平不够，抓不住重点”。关于秦法官的行为，下列表述错误的是：

A. 在庭审中打断律师发言违反法律规定

B. 侵犯了律师参加法庭辩论的执业权利

C. 违反“保证司法公正”的职业道德要求

D. 违反“恪尽职守、勤勉尽责”原则

88. 根据 2018 年修正的《人民检察院组织法》，关于 A 省 B 市检察院及其相关人员的行为，下列做法错误的是：

A. 向 A 省检察院和省级有关部门备案后在看守所设立检察室

B. 如王检察长不同意检委会多数人意见，应当报请 B 市人大常委会决定

C. 受王检察长委托，副检察长李某列席 A 省高级法院审判委员会会议

D. 经王检察长授权，主办检察官刘某签发某故意杀人案的起诉书

89. 下列情形中，甲成立防卫过当情形的是：

A. 16 岁的学生甲在校门口拿着 20 元钱准备买东西，程某勒索甲，让其交出 20 元，甲掏出随身携带的匕首将程某刺成重伤

B. 甲与刘某发生冲突，刘某从车中取出一把砍刀，连续用刀击打甲，不料砍刀甩脱，甲捡起砍刀并在争夺中捅刺刘某，刺砍过程持续 7 秒。刘某受伤后跑向自己的轿车，甲继续追砍两刀均未砍中

C. 丁某持刀抢劫甲，甲从路边水果摊处拿起一把水果刀朝丁某连砍数刀。在丁某倒地

丧失反抗能力后，甲仍然砍了两刀，后丁某死亡。现无法查明死亡结果是否为丁某倒地后的两刀造成

D. 朱某非法侵入甲的住宅并扇了甲数耳光，甲持刀将朱某砍成重伤

90. 关于单位犯罪，下列说法正确的是：

A. 甲公司的土地纳入了当地政府的“三旧改造”，法定代表人程某为了加快进度，经公司领导层讨论后，于 2012 年向当地区委书记行贿 300 万元。甲公司成立单位犯罪

B. 丁某为实施集资诈骗，专门注册成立了乙公司，后丁某通过公司平台集资诈骗 3 亿元。乙公司成立单位犯罪

C. 丙公司董事会成员讨论决定将政府划拨给公司的一片规划用地私自转让给另一公司开发，转让款被董事会成员私分。丙公司成立单位犯罪

D. 丁分公司系某金融公司下属没有独立法人资格的分支机构，一年时间里非法吸收公众存款数额达 5000 万元，违法所得由丁分公司自行支配。丁分公司成立单位犯罪

91. 关于考试作弊相关的行为性质，下列说法正确的是：

A. 章某在全国大学英语四六级考试中组织多人通过无线耳麦的方式实施作弊。章某成立组织考试作弊罪

B. 王某无意中获取了某省高考的部分试题及答案，在何某的协助下准备在考试时利用无线电向其购买答案的多名学生发送答案，考生在尚未开考时便被查获。王某成立组织考试作弊罪（未遂）

C. 2021 年 5 月，谢某利用工作便利获取了某校 2021 年研究生入学考试的试题及答案，其偷偷复印后私下转卖给多名考生。谢某成立非法出售、提供试题、答案罪

D. 曹某在参加高考前找到与其长相相似的亲戚李某替其参加考试，考试过程中考官未发现有异常。曹某与李某二人成立代替考试罪的共同正犯

92. 蔡某等人以未能偿还到期借款等为由，将王某诉至法院，并申请诉前财产保全。法院判令王某返还债权人本息等并裁定查封、冻结王某 4000 万元。后王某假借开办公司，请孙某垫资 4000 万元用于公司登记，并将此信息披露给蔡某等人。数日后，孙某将 4000 万元如数转入王某账户，王某立即应蔡某等人的请求，申请法院冻结了 4000 万元。孙某得知后立即报案。关于王某的行为性质，下列说法错误的是：

A. 未以捏造的事实提起民事诉讼，不成立虚假诉讼罪

B. 成立诈骗罪未遂

C. 成立虚假诉讼罪和诈骗罪的牵连犯

D. 成立虚假诉讼罪和诈骗罪的想象竞合犯

93. 乙从甲的卧室中盗走 5000 元，后甲向公安机关谎报被盗 10 万元，并以 5000 元指使丙为其作证，称案发当天丙将 10 万元货款交给甲。关于甲的行为，下列说法正确的是：

A. 如认为被害人也是证人，则甲成立伪证罪

B. 甲成立诬告陷害罪

C. 甲成立妨害作证罪

D. 对甲应以诬告陷害罪和妨害作证罪数罪并罚

94. 程某系某国有公司总经理，何某系另一公司负责人。某日何某找到程某，希望程某所在公司借给何某公司 1000 万元，3 个月后归还，并允诺给程某好处费。程某未与公司其他领导商量，便以公司名义将 1000 万元借给何某公司。3 个月后，何某送给程某 30 万元。又过了 2 个月，何某公司破产倒闭，导致 1000 万元无法追回。关于程某的行为，下列说法正确的是：

A. 仅成立受贿罪，不成立挪用公款罪

B. 应以挪用公款罪和受贿罪从一重罪处罚

C. 应以挪用公款罪和贪污罪数罪并罚

D. 应以挪用公款罪和滥用职权罪从一重罪处罚，同时与受贿罪数罪并罚

95. 范华原系 J 县人民法院审判员，2015 年 5 月辞职，2016 年 1 月加入 K 县某律师事务所成为专职律师，其兄范国于 2015 年 1 月至今担任 K 县法院副院长。下列案件中，范华可以担任辩护人的有：

A. 2017 年 1 月，J 县法院审理的其子范小某故意伤害案

B. 2018 年 7 月，J 县法院审理的其表弟何某受贿案

C. 2017 年 1 月，K 县法院审理的其好友赵某贪污案

D. 2018 年 1 月，K 县法院审理的其好友黄某诈骗案

96. 在魏某涉嫌故意杀人案的庭审过程中，公诉人当庭宣读了汪某的证词：“当天（案发时）早上 7 点，我被吵架的声音惊醒了。拉开窗帘，我看到对面阳台上一男一女正在吵架，突然男的一把抓住女的就把她从阳台上推下去了。我当时被吓得大叫起来，那个男的朝我看过来，我看到就是魏某。”对此，下列说法正确的有：

A. 该证据属于直接证据

B. 该证据属于传闻证据

C. 如法庭通知汪某出庭作证，汪某无正当理由拒不出庭，该份证词不得作为证据使用

D. 如法庭通知汪某出庭作证，汪某无正当理由拒不出庭，经院长批准，可处以 15 日以下的拘留

97. S 市 F 区看守所副所长王某因涉嫌受贿被 F 区监察委留置，调查结束后移送 F 区检察院审查起诉。关于 F 区检察院可采取的措施，下列说法正确的有：

A. 可以对王某先行拘留

B. 应当在执行拘留时告知王某有权委托辩护人

C. 必要时，可以对王某受贿的犯罪事实进行补充侦查

D. 如发现王某还有贪污的犯罪事实，可以决定对王某立案侦查

98. A 公司职工徐某在上班途中，与孙某驾驶的汽车相撞死亡。其妻赵某向区劳动和社会保障局提出工伤认定申请，该局认定徐某之死构成工伤。A 公司不服，申请行政复议。复议机关在未通知赵某参加复议的情形下，撤销了区劳动和社会保障局的工伤认定。赵某提起行政诉讼，法院以违反法定程序为由撤销了复议决定，并判令重作。对此，下列说法正确的是：

A. 法院应通知 A 公司参加诉讼

B. 法院可以适用调解方式处理本案

C. 法院可以一并审理赵某针对孙某提出的赔偿请求

D. 复议机关重新作出行政行为时仍可撤销原区劳动和社会保障局的工伤认定

99. 市国土资源局以黄某未经批准建房为由，决定限其 15 日内拆除新建房屋，恢复土地原状。黄某对该决定未提起行政复议和行政诉讼，也未执行。市国土资源局向黄某送达《履行行政处罚决定催告书》，要求其履行上述决定，黄某仍未履行。后市国土资源局向法院申请强制执行。对此，下列说法正确的是：

A. 市国土资源局须自黄某起诉期限届满之日起 3 个月内提出强制执行申请

B. 市国土资源局无需缴纳申请执行费

C. 如法院裁定不受理执行申请的，市国土资源局可向该法院申请复议一次

D. 如法院认为市国土资源局的决定明显缺乏事实根据，可径行裁定不予执行

100. 某监狱监区长焦某唆使服刑人员赵某对同室的服刑人员苗某实施殴打，致其四级伤残。市中级法院判决赵某犯故意伤害罪，判处有期徒刑 12 年。焦某也被区法院判决承担刑事责任。苗某向监狱提出国家赔偿申请。下列说法正确的是：

A. 监狱应自收到苗某申请之日起 2 个月内作出是否赔偿的决定

B. 监狱决定不予赔偿的，苗某可向市中级法院赔偿委员会申请作出赔偿决定

C. 监狱应在国家上年度职工年平均工资的 5 倍至 10 倍之间确定残疾赔偿金数额

D. 监狱可以向焦某追偿部分赔偿费用

答案及详解

一、单项选择题。

1.【答案】 A

【逐项分析】 党的领导是中国特色社会主义最本质的特征，是社会主义法治最根本的保证。把党的领导贯彻到依法治国全过程和各方面，是我国社会主义法治建设的一条基本经验。A选项正确。

B选项是干扰项。党的十八届四中全会《决定》指出，坚持中国共产党的领导，“必须坚持党领导立法、保证执法、支持司法、带头守法”。坚持党的领导，是社会主义法治的根本要求，但是考生要注意对于立法，是“坚持党领导立法”“完善党对立法工作中重大问题决策的程序”。立法仍然是依据《宪法》和《立法法》由有立法权的机关进行。B选项错误。

党的十八届四中全会《决定》指出，要“善于使党的主张通过法定程序成为国家意志，善于使党组织推荐的人选通过法定程序成为国家政权机关的领导人员，善于通过国家政权机关实施党对国家和社会的领导”。党的政策和国家法律，两者在本质上是一致的。党的政策是国家法律的先导和指引，是立法的依据和执法司法的重要指导。但是党的主张必须“通过法定程序”成为国家意志，不能直接把党的主张变为国家意志。这体现了党的政策、国家政策、国家法律之间的不同。C选项错误。

习近平总书记主持召开中央全面依法治国委员会第一次会议时指出，党中央决定成立中央全面依法治国委员会，是贯彻落实党的十九大精神、加强党对全面依法治国集中统一领导的需要，是研究解决依法治国重大事项重大问题、协调推进中国特色社会主义法治体系和社会主义法治国家建设的需要，是推动实现“两个一百年”奋斗目标、为中华民族伟大复兴中国梦提供法治保障的需要。D选项将中央全面依法治国委员会成立的主要目的，概括为更好地监督党在宪法法律范围内活动，是错误的。

2.【答案】 D

【逐项分析】 诚信建设的重点领域包括四方面，分别是政务诚信、商务诚信、社会诚信和司法公信。政务诚信是社会信用体系建设的关键，各类行政主体的诚信水平，对其他社会主体诚信建设发挥重要的表率和导向作用。以政务失信专项治理为契机推动政府自身诚信建设，体现在政府机构被列入法院失信被执行人或其他“黑名单”的，必须及时修复信用；对地方政府招商引资优惠政策承诺不兑现、“新官不理旧账”、政府工作人员不作为乱作为等行为，应当进行督促整改；将营商环境建设过程中地方政府和公务员因违法违规、失信违约被司法判决、行政处罚、纪律处分、问责处理等信息纳入政务失信记录，加大对失信行为的惩处和曝光力度。A选项正确。

社会信用体系建设的一个重要方面是打破信息孤岛，大力推进公共信用信息的归集共享。信息采集，一方面可以依托共享平台，广泛、机制化地采集各部门在行政管理和公共服务过程中形成的信用信息；另一方面可以依托第三方机构、行业协会商会等机构采集市场主体在经济社会活动中的信用信息。进而，通过信息共享实现联合奖惩是当前社会信用体系建设的重要环节，通过大数据分析，可以使违法违规不讲诚信的企业无处藏身，列入黑名单，让表现好的企业得到市场认可，实现业务发展。B选项正确。

社会信用体系建设的另一个重要方面是建立守信激励机制。开发基于信用的惠企惠民产品，如该选项所述的做法，有助于使守信主体享受便利优惠，提升守信获得感。C选项正确。

D选项是干扰项。社会信用体系建设作为一种制度信用，有其积极意义，但也存在有效性边界，更存在合法性问题，需要找准其政策定位，按照法治原则对其运行进行调整。根据《公务员法》第26条规定，被依法列为失信联合惩戒对象的，不得被录用为公务员。因为公务员是国家公职人员，应具有比普通民众更高的道德品质。一个道德水平有严重“瑕疵”的人，不适合加入国家公职人员队伍。但是法律并没有规定具体的禁止时间，也就是说在被解除失信惩戒后就可以报考。丁省的做法违反了法律的规定，D选项错误。

3.【答案】A

【逐项分析】A 选项是干扰项。“法无授权不可为”出自西方法谚，其后半句是“法不禁止即自由”。这两句话出自一句法谚，但是其针对的主体却不同。“法无授权不可为”是对公权力的行使而言，即国家公权力的行使必须经过法律授权。这是因为国家公权力有监狱、警察、法院等国家强制力及其组织机构作为支撑，公民个体及其权利在公权力面前处于弱势。为了防止公权力对公民私权利的随意侵犯，国家机关必须谨慎运用手中的权力，遵循法无授权即禁止。“法不禁止即自由”则是出于对公民权利的保护，意指法律没有明文禁止的行为就是私法主体通常可以自由实施的，“不禁则许”是“权利推定”的依据。有关机构和个人开展具有人格伦理风险的活动是私法主体的行为，题干的法律规定是为了避免其以“法不禁止即自由”为名展开活动。A 选项错误。

科学立法强调尊重立法规律，克服立法中的主观随意性和盲目性，避免和减少失误，提高立法效益。《立法法》第 6 条规定，立法应当从实际出发，科学合理地规定公民、法人和其他组织的权利与义务、国家机关的权力与责任。“基因编辑婴儿”等事件的发生，可以看出随着现代生物科学技术发展，技术的滥用产生具有人格伦理风险的活动，可能危害人体健康，有损人格尊严，带来严重的社会问题，甚至污染整个人类的基因库，所以技术的发展需要从法律上进行适当规制。题干中的规定体现了从实际出发，科学合理地规定公民、法人和其他组织的权利与义务，符合科学立法的要求，B 选项正确。

如何从法律上对人体基因、人体胚胎的医学和科学研究进行规定，什么样的禁止性规定是恰当的，需要具有生物科学技术方面的知识。一方面要鼓励科技进步和发展，将生物技术用于医治病痛，提升生命质量；另一方面要对科技发展进行监管，以避免其引发人类和社会灾难。而立法者在专业知识上存在局限，听取专家学者的意见有助于作出合理的法律规定。这也是立法民主原则的体现，即通过公众沟通，通过专家学者对立法中涉及重大利益的问题进行论证咨询，提高立法质量。C 选项正确。

在公民权利保障方面，要实现公民各项权利保障法治化，需要健全公民权利救济渠道和方式，尊重和保障人权。人格权是个体生存发展的基础，是一项基础性权利，《民法典》单列一编加强人格权的保护，具有重要意义。《民法典》从传统到现代的发展趋势，是以财产权为中心向以人格权为中心发展的转变。实现国家治理能力现代化，应以国家治理主体以人权的最大实现和人民的最大幸福为最大目标，通过国家治理体系的有效运转和法治规则的有效运用，让现代化成果惠及民众，实现国家的有效有序治理。所以，公民权利保障法治化是国家治理能力现代化的要求，能够发挥法治固根本、稳预期、利长远的保障作用，D 选项正确。

4.【答案】D

【逐项分析】网络经济是流量经济，催生了大量互联网直播和销售平台，通过流量转化为现实财富，网络直播和直播带货就是符合流量经济的新兴电商模式。基于粉丝效应，部分网络直播获得巨量关注，也迅速积累了财富。然而，网红直播在丰富网络娱乐的同时，也带来监管难题，主要是网红直播通过违法方式转移收入。针对这一现象，国家税务总局出台了相应规定，对网络直播的偷税漏税行为进行专项监管与执法，以维护良好的税务法治环境。网络主播偷税漏税 3000 多万元，根据《个人所得税法》和《税收征收管理法》的相关规定，税务部门可以处以偷漏税款 5 倍以下的罚款。A 选项中税务部门对其处以 2 倍罚款，符合法律规定，A 选项不当选。

互联网谣言是互联网社会之痛，也是网络治理之难题。由于互联网用户众多，从源头上消除谣言并不现实。尊重互联网发展规律和生态环境，采取政府监管和社会多层次共同参与的谣言管控模式，区分常态谣言治理和应急状态，可以有效减轻谣言对网络世界的不良影响，提升治理水准。谣言治理并不是简单的一刀切式的封禁，而是应当采取多元方式，事前的行业准入、事中的互联网教育、事后的常规监督等间接性措施都是适应网络社会生态的多元化治理方式。B 选项不当选。

随着平台经济的兴起，超大型网络平台在互联网领域发挥着举足轻重的作用。由于超大型网络平台的市场支配地位，其垄断问题和商业模式也引发很多担忧。对大型平台的垄断问题和数字风险作出具体规定，要求超大型平台经营者每年对其平台经营进行一次风险评估，有助于防范因平台滥用支配地位和错误处理数据而带来的巨大风险，为数字经济发展保驾护航。C 选项不当选。

D 选项涉及个人信息保护中的人脸信息保护的重要性。《个人信息保护法》对敏感个人信息的处理作出严格规定。对于敏感个人信息的处理，只有在具有特定的目的和充分的必要性，并采取严格保护措施的情形下，个人信息处理者方可处理敏感个人信息，并应当在明确告知必要性与影响的前提下，取得个人的单独同意。此外，个人信息处理者处理敏感个人信息还应当事前进行个人信息保护影响评估。人脸属于典型的敏感个人信息。2021 年 8 月 1 日，最高人民法院关于人脸识别的司法解释正式实施，要求物业公司不得将人脸识别作为唯一的通行验证方式。小区物业为了安全保障，可以采取人脸识别方式减少人员进出隐患，但也应设置其他便利居民的措施，否则便违反最高人民法院的司法解释之规定。D 选项中物业公司的做法不符合网络治理法治化的要求，当选。

5.【答案】A

【逐项分析】按照规则对人们行为规定的范围或程度不同，把法律规则分为强行性规则和任意性规则。任意性规则就是规定在一定范围内，允许人们自行选择或协商确定权利义务内容的法律规则。它的特点是，当事人可以自行确定权利的内容或行使方式。根据题述条文规定，因保护他人民事权益使自己受到损害的，如果侵权人能够承担民事责任，那么受益人可以自行决定是否给予适当补偿，其表达的是任意性规则。A 选项正确。

法律概念是指任何具有法律意义的概念。作为法律规范的组成部分，法律概念的意义受法律规范的影响。但是法律概念的意义具有一定程度的独立性，并非完全由法律规范决定。例如这道题里的“侵权人”“受益人”的含义不仅取决于具体的法律规范，还受更抽象的概念，如“人”的影响，或者更具体的概念，如可能侵犯的具体权利像“身体权”“健康权”的影响。也就是说法律概念的意义对其他概念具有依赖性。B 选项的表述过于绝对，是错误的。

表达法律规则的特定语句是一种规范语句。根据规范语句所运用的助动词的不同，规范语句被区分命令句和允许句。命令句是使用了“必须”、“应该”或“禁止”等这样一些道义助动词的语句；允许句是使用了“可以”这类道义助动词的语句。题干条文表述的法律规则中既有“由侵权人承担民事责任”（注意，省略了“应当”）的命令句，也有“受益人可以给予适当补偿”的允许句。所以，C 选项错误。

法律规则的逻辑结构包括假定条件、行为模式和法律后果。其中行为模式规定人们具体行为的方式或范型，法律后果规定了人们在作出符合或不符合行为模式的要求时应承担相应的结果，分为肯定性后果和否定性后果。“受益人可以给予适当补偿”规定的是在“有侵权人，并且侵权人没有逃逸也有承担民事责任，受害人请求补偿的”条件下，受益人的行为模式，即“可以给予适当补偿”。该条文并没有表述如果受益人不给予补偿，相应的法律后果是什么，所以 D 选项错误。

6.【答案】C

【逐项分析】“法律上的约束力”是规范性法律文件和非规范性法律文件都具有的，但不同之处在于，规范性法律文件具有普遍的约束力，而非规范性法律文件只对特定事项的特定法律关系主体适用，因此不能反复适用，不具有普遍约束力。规范性法律文件专指一定国家机关按照法定权力范围，依据法定程序制定出来的、以权利义务为主要内容的、有约束力的、要求人们普遍遵守的行为规则的总称，如宪法、法律、行政法规等。非规范性法律文件是适用法律的结果而不是法律本身，如判决书、裁定书、逮捕证、许可证、合同等。该案中双方签订的《服务协定》在法律性质上属于合同，是非规范性法律文件，不具有普遍的约束力。A 选项错误。

在证成法律限制人的自由的原则中，道德主义原则指的是如果一个行为与特定社会的人们的道德是背离的，国家可以禁止或限制该行为。这里的道德指“构成特定社会的人们所共享的道德”，而不是任何某个个人或群体的道德。运用该原则，需要对该道德的存在和内容进行证成。法官在作出判决的过程中，并不是通过强调出售假货是一种不道德的行为，从而对张某的自由进行限制。因此这里运用的不是道德主义原则。从题干表述来看，法官强调的是张某的行为对网站的商誉造成了损害，因此是适用了伤害原则。B 选项错误。

根据法律关系作用和地位的不同，把法律关系分为第一性法律关系和第二性法律关系。第一性法律关系，是人们之间依法建立的不依赖其他法律关系而独立存在的或在多向法律关系中居于支配地位的法律关系。由此而产生的、居于从属地位的法律关系，就是第二性法律关系或从法律关系。张某与电商网站之间基于《服务协定》形成的合同法律关系，是依法建立的，并且可以不依赖其他法律关系而独立存在，所以是第一性法律关系，C 选项正确。

当然推理是指由某个更广泛的法律规范的效力，推导出某个不那么广泛的法律规范的效力。它包括两种形式：分别是举轻以明重和举重以明轻。当然推理的特点是根据两类案件事实的性质轻重程度进行判断和推理，从题干来看，并没有适用当然推理，D 选项错误。

7.【答案】 D

【逐项分析】 A 选项考查宪法效力和我国宪法典的结构。我国宪法典在结构上只有序言和正文两部分，没有附则。这个考点在法考中曾反复出现，如 2008-1-12、2011-1-22 等。并且，近年来，命题人已不再简单地考查“我国宪法有没有附则”，而是将这一问题巧妙地伪装起来，不露痕迹地“诱导”考生作出错误判断，如 2013-1-21 选项 C 和 2016-1-21 选项 B 即是如此。本题 A 选项将附则问题“嵌镶”在宪法修正案的宪法效力问题之中，考生很容易判断失误，因为 A 选项的后半句属于正确陈述，考生会将注意的焦点放在“宪法修正案与宪法正文一样具有同等的宪法效力”上，而忽视前半句的错误陈述。

B 选项考查宪法渊源（宪法判例）和宪法效力。宪法判例是指法院在司法过程中作出的涉及宪法问题的具有宪法效力的判例。宪法判例主要存在于具有“遵从先例”的司法传统的普通法系国家。在美国，宪法判例属于宪法的渊源，其宪法判例与宪法典中的宪法规范具有同等效力，推翻宪法判例只有通过新的宪法判例或者通过修改宪法才能实现。美国联邦最高法院作为有权作出宪法判例的主体，虽然自身也受先前宪法判例的约束，但是，它可以作出新的宪法判例取代过去的宪法判例，从而在事实上改变宪法的内涵。B 选项的陈述错误。该选项要求考生具有较高的理论素养，其判断有一定难度。

C 选项考查我国宪法的适用和宪法的效力问题。根据最高人民法院 2016 年的司法解释，我国法院在审判案件时不能直接引用宪法作为裁判的依据（但可以在裁判文书的说理部分阐述宪法体现的原则和精神）。不过，这并不意味着宪法对法院的审判活动没有约束力。《宪法》序言最后一个自然段明确规定：“全国各族人民、一切国家机关和武装力量、各政党和各社会团体、各企业事业组织，都必须以宪法为根本的活动准则，并且负有维护宪法尊严、保证宪法实施的职责。”事实上，宪法的效力不仅指向人民法院的审判活动，而且对依据宪法进行的各种行为都有直接的约束力。C 选项陈述错误。

D 选项考查我国宪法效力的表现。在对领土的效力方面，我国宪法的效力及于中华人民共和国的所有领域；在对人的适用方面，我国宪法不仅适用于生活在中国境内的所有中国公民，同时，对定居在国外的华侨也具有适用的效力，因为华侨虽然定居在国外，但他们也受中国宪法的保护。D 选项陈述正确，为当选项。

8.【答案】 A

【逐项分析】 A 选项考查宪法典以及宪法典和宪法修正案的关系。我们知道，宪法典是成文宪法国家最重要的宪法渊源。宪法典不仅指的是成文宪法制定之初形成的宪法文本，它也包括其后修改宪法所形成的宪法修正案。宪法修正案属于宪法典的组成部分，它并不是宪法典之外的独立渊源形式。因此，A 选项陈述正确，为当选项。

B 选项考查宪法判例。宪法判例是指法院在司法过程中作出的涉及宪法问题的具有宪法效力的判例。宪法判例主要存在于普通法系国家，如英美各国；但在个别大陆法系国家，如德国，也存在宪法判例。由于各种复杂的原因，我国目前并无宪法判例这种宪法渊源。因此，B 选项陈述错误。B 选项的表述方式很有迷惑性，考生需要能够区分“应然”和“实然”。

C 选项考查美国的宪法渊源。很多人都知道，“总统连续任职不超过两届”是美国首任总统华盛顿创造的一个宪法惯例，在 1951 年宪法修正案第 22 条批准生效之前，美国宪法对总统的连任问题并无明确规定，这期间仅有罗斯福总统在二战的特殊背景下打破了这一惯例。二战结束后，美国制定宪法修正案对总统的连任作出了限制性规定，即后来的宪法修正案第 22 条。宪法修正案第 22 条属于美国宪法典的组成部分，并不属于“宪法性法律”。C 选项陈述错误。C 选项的表述方式也具有很大的迷惑性，“只知其一、不知其二”的考生很容易作出错误判断。

D 选项考查国际条约。国际条约属于宪法渊源的一种形式，有些国家的宪法明确规定了国际条约的法律地位。在我国，国际条约虽然被认可为宪法渊源，但是我国《宪法》本身并没有对国际条约与宪法的关系作出明确规定。D 选项陈述错误。

9.【答案】 B

【逐项分析】 A 选项考查民族自治地方的自治机关的范围。《宪法》第 112 条规定：“民族自治地方的自治机关是自治区、自治州、自治县的人民代表大会和人民政府。”这一条款有两层含义：（1）民族自治地方的范围限于自治区、自治州、自治县，而不包括其他行政区域如民族乡。（2）自治机关的范围限于人民代表大会和人民政府，不包括民族自治地方的其他国家机关，如法院、检察院，也不包括监察机关。A选项所陈述的“民族自治地方的国家机关”范围较大，不仅包括了人民代表大会和人民政府，也包括了监察委员会、法院和检察院，因此，无法得出“又是自治机关”之说法。A选项陈述错误。

B选项考查民族自治地方的自治机关的性质。《民族区域自治法》第3条第1款规定：“民族自治地方设立自治机关，自治机关是国家的一级地方政权机关。”也就是说，民族自治地方的自治机关，是国家在民族区域自治地方设立的地方政权机关。B选项的陈述符合法律规定，内容正确，为当选项。

C选项考查民族自治地方的人民政府与本级权力机关和上级国家行政机关的关系。《民族区域自治法》第15条第2款规定：“民族自治地方的人民政府对本级人民代表大会和上一级国家行政机关负责并报告工作，在本级人民代表大会闭会期间，对本级人民代表大会常务委员会负责并报告工作。各民族自治地方的人民政府都是国务院统一领导下的国家行政机关，都服从国务院。”由于C选项割裂了民族自治地方的人民政府和上一级国家行政机关以及国务院的关系，属于典型的“断章取义”，陈述错误。

D选项为干扰项，该选项考查民族自治地方的法院与本级权力机关和上级法院的关系。《民族区域自治法》第46条规定：“民族自治地方的人民法院和人民检察院对本级人民代表大会及其常务委员会负责。……民族自治地方人民法院的审判工作，受最高人民法院和上级人民法院监督。……”根据这一规定，民族自治地方的人民法院亦对本级人大及其常委会负责。D选项内容错误。由于民族自治地方的人民法院“不属于自治机关”，且由于包括民族自治地方的人民法院在内的各级法院均独立行使审判权，这些因素共同作用，可能诱导对《民族区域自治法》第46条不熟悉的考生作出错误判断。

10.【答案】C

【逐项分析】A选项考查特别行政区的立法权与全国人大常委会的备案审查权之关系。《香港特别行政区基本法》第17条第3款规定：“全国人民代表大会常务委员会在征询其所属的香港特别行政区基本法委员会后，如认为香港特别行政区立法机关制定的任何法律不符合本法关于中央管理的事务及中央和香港特别行政区的关系的条款，可将有关法律发回，但不作修改。……”《澳门特别行政区基本法》第17条第3款作了相同规定。因此，A选项中“可将有关法律修改后发回”的表述存在错误。

B选项考查特别行政区法院对司法审判中遇到的国防、外交等国家行为问题的处理。《香港特别行政区基本法》第19条第3款规定：“香港特别行政区法院对国防、外交等国家行为无管辖权。香港特别行政区法院在审理案件中遇有涉及国防、外交等国家行为的事实问题，应取得行政长官就该等问题发出的证明文件，上述文件对法院有约束力。行政长官在发出证明文件前，须取得中央人民政府的证明书。”《澳门特别行政区基本法》第19条第3款作了相同规定。B选项将法律规定的“行政长官就该等问题发出的证明文件”偷换为“特别行政区立法会……”，存在错误。

C选项考查全国性法律在特别行政区的实施条件。《香港特别行政区基本法》第18条第4款规定：“全国人民代表大会常务委员会决定宣布战争状态或因香港特别行政区内发生香港特别行政区政府不能控制的危及国家统一或安全的动乱而决定香港特别行政区进入紧急状态，中央人民政府可发布命令将有关全国性法律在香港特别行政区实施。”《澳门特别行政区基本法》第18条第4款作了相同规定。因此，C选项的陈述符合法律规定，内容正确。

D选项为干扰项，该选项考查香港特别行政区立法会议员的候选资格。《香港特别行政区基本法》第67条规定：“香港特别行政区立法会由在外国无居留权的香港特别行政区永久性居民中的中国公民组成。但非中国籍的香港特别行政区永久性居民和在外国有居留权的香港特别行政区永久性居民也可以当选为香港特别行政区立法会议员，其所占比例不得超过立法会全体议员的百分之二十。”这说明具有中国国籍并不是参选香港立法会议员的必要条件。因此，D选项陈述错误。

11.【答案】D

【逐项分析】A选项考查具有提案权的主体。《全国人民代表大会组织法》第16条规定：“全国人民代表大会主席团，全国人民代表大会常务委员会，全国人民代表大会各专门委员会，国务院，中央军事委员会，国家监察委员会，最高人民法院，最高人民检察院，可以向全国人民代表大会提出属于全国人民代表大会职权范围内的议案。”第17条规定：“一个代表团或者三十名以上的代表联名，可以向全国人民代表大会提出属于全国人民代表大会职权范围内的议案。”A 选项中所陈述的“一个代表团和三十名以上的代表联名”存在错误。

B 选项考查有权向全国人大提出罢免案的主体。《全国人民代表大会组织法》第 20 条规定：“全国人民代表大会主席团、三个以上的代表团或者十分之一以上的代表，可以提出对全国人民代表大会常务委员会的组成人员，中华人民共和国主席、副主席，国务院和中央军事委员会的组成人员，国家监察委员会主任，最高人民法院院长和最高人民检察院检察长的罢免案，由主席团提请大会审议。”根据这一规定，B 选项所陈述的“两个以上的代表团”存在错误。

C 选项考查质询程序。《全国人民代表大会组织法》第 21 条规定：“全国人民代表大会会议期间，一个代表团或者三十名以上的代表联名，可以书面提出对国务院以及国务院各部门、国家监察委员会、最高人民法院、最高人民检察院的质询案。”C 选项所陈述的“三个代表团或者三十名以上代表联名”虽然符合法律要求，但其陈述的“全国人大闭会期间”与法律规定不符，内容错误。

D 选项考查议案的提出和审议程序。《全国人民代表大会议事规则》第 28 条规定：“专门委员会审议议案和有关报告，涉及专门性问题的时候，可以邀请有关方面的代表和专家列席会议，发表意见。专门委员会可以决定举行秘密会议。”D 选项的陈述符合《全国人民代表大会议事规则》的规定，内容正确，为当选项。前三个选项中的“一个代表团、两个代表团、三个代表团”，估计已经使大多数考生绞尽脑汁，一团糨糊，到 D 选项时若还能保持头脑清醒并作出正确选择，令人佩服！

12.【答案】C

【逐项分析】A 选项是干扰项。该选项的内容乍一看没什么问题，的确，“总理、副总理、国务委员、秘书长”都是国务院的组成人员，然而，粗心的考生一开始就会掉进这个陷阱。由于命题者故意删去了国务院组成人员中的“各部部长，各委员会主任，审计长”，所以，A 选项所陈述的“总理、副总理、国务委员、秘书长”实际上只是国务院常务会议的组成人员，而未完全涵盖国务院的组成人员。命题者的这一“阳谋”能够得逞，一方面是因为后面 B 选项对“国务院常务会议”的论述会对考生发挥潜在心理影响从而使其产生认知偏差，另一方面是因为多数考生在做题时都会不自觉地运用排除法，逐一排除“总理、副总理、国务委员、秘书长”中哪些主体不是国务院的组成人员，当发现没有应排除项时就会得出 A 选项正确的结论，殊不知，国务院的组成除了上述人员之外还包括“各部部长，各委员会主任，审计长”。故 A 选项内容错误。

B 选项考查国务院的常务会议制度。B 选项的设计，一方面可对考生在 A 选项上的误判起到推波助澜的作用（如果使用“全体会议”就会起到反效果，因为这样就会提醒考生注意国务院的全体组成人员），另一方面 B 选项中的“重大事项”也悄悄设下了一道绊马索。根据《国务院工作规则》（2018 年 6 月 25 日，国发〔2018〕21 号），讨论决定国务院工作中的“重大事项”属于国务院全体会议的主要任务之一。国务院常务会议讨论决定的是国务院工作中的“重要事项”。考生如果对全体会议和常务会议的任务和职责之差异认识不清，就会在 B 选项的判断上发生错误。

C 选项考查国务院在行政区划问题上的职权。根据《宪法》第 89 条第 15 项的规定，国务院有权批准省、自治区、直辖市的区域划分。C 选项内容正确，为当选项。事实上，C 选项之判断，亦同时要求考生知道全国人大在行政区划问题上的职权“批准省、自治区、直辖市的建置”，即“审议决定省、自治区、直辖市的设立、撤销、更名；特别行政区的设立”。本选项要求考生了解全国人大和国务院在行政区划问题上的职权分配，否则，也难以作出正确判断。

D 选项也具有明显的干扰效果。多数考生都会注意到国务院总理经常外访，率领代表团同外方签订有关协议、协定或条约，从而误认为国务院有权批准和废除同外国缔结的条约和重要协定。国务院的确可以签约，但“批准和废除”的权力却属于全国人大常委会和国家主席共同行使。考生只有能够准确辨别全国人大常委会、国家主席和国务院在缔约权上的职权差异，才能避免对 D 选项作出误判。

13.【答案】D

【逐项分析】A 选项考查“十恶”和“重罪十条”的关系。北齐为维护皇朝根本利益，在《北齐律》中首次规定了“重罪十条”，这是对危害统治阶级根本利益的十种重罪的总称，包括反逆、大逆、叛、降、恶逆、不道、不敬、不孝、不义、内乱。把“重罪十条”置于律首，作为严厉打击的对象，以增强法律的威慑力量。《北齐律》同时规定：“其犯此十者，不在八议论赎之限。”到了隋唐时期，“重罪十条”演变为“十恶”制度。《唐律·名例律》疏议载：“五刑之中，十恶尤切，亏损名教，毁裂冠冕，特标篇首，以为明诫。”唐律中的“十恶”，指的是谋反、谋大逆、谋叛、恶逆、不道、大不敬、不孝、不睦、不义、内乱。仅从其名称上就看得出，“十恶”虽然由“重罪十条”演变而来，但其内容还是有一定变化的。因此，A选项陈述错误。

B选项考查唐律的形成和演变过程。在《永徽律疏》颁布之前，唐高祖李渊武德七年（公元624年）颁布《武德律》，这是唐代首部法典。唐太宗即位后，贞观十一年（公元637年）颁布《贞观律》，确定了五刑、十恶、八议及类推等原则与制度，增设加役流，缩小连坐处死的范围等。高宗永徽二年（公元651年），长孙无忌等人在《贞观律》的基础上修订完成了《永徽律》。永徽三年，唐高宗命人对《永徽律》进行逐条逐句的解释；永徽四年，将解释形成的《律疏》与律文合编在一起颁行，共12篇30卷，称为《永徽律疏》，后世又称其为《唐律疏议》。因此，《唐律疏议》是《永徽律》及其疏议的合编。由于“贞观”年号太过响亮，尽人皆知，本题试图用《贞观律》来浑水摸鱼。

C选项是重点干扰项。《唐律疏议》总结了汉魏晋以来立法和注律的经验，不仅对主要的法律原则和制度做了精确的解释与说明，而且尽可能引用儒家经典作为律文的理论根据。该选项将“儒家经典”悄然置换为“法家经典”，在讨论唐律的大背景下，自然而然，不露痕迹。除非对《唐律疏议》的性质和特点有充分了解，否则难以发现其中的“地雷”。

D选项考查《唐律疏议》的性质和历史地位。《唐律疏议》的完成，标志着中国古代立法达到了最高水平。作为中国传统法制的最高成就，《唐律疏议》全面体现了中国古代法律制度的水平、风格和基本特征，成为中华法系的代表性法典，对后世及周边国家产生了深远的影响。D选项内容正确，为当选项。

14.【答案】D

【逐项分析】A选项考查“铸刑书”“铸刑鼎”的史实差异。公元前536年，郑国执政子产将郑国的法律条文铸在象征诸侯权位的金属鼎上，向全社会公布，史称“铸刑书”，这是中国历史上第一次公布成文法的活动。公元前513年，晋国赵鞅把前任执政范宣子所编刑书正式铸于鼎上，公之于众，这是中国历史上第二次公布成文法的活动，史称“铸刑鼎”。选项A的陈述与史实不符，不当选。

B选项考查“铸刑书与铸刑鼎”引发的社会后果。“临事制刑，不预设法”，是奴隶主贵族的一个法制原则。这种不公开、不成文的法律体制与新兴地主阶级的利益相冲突。而且，这种法律体制在形式上保守，内容上陈旧，不能适应社会变革的新形势，无法满足新的社会关系的发展要求。因此，春秋中期以后，打破旧传统、公布成文法的活动便在郑、晋等诸侯国先后出现。“铸刑书与铸刑鼎”所实行的法律公开，均否定了“刑不可知，威不可测”的司法专横弊端。B选项陈述错误。对该知识点理解不到位的考生容易受到B选项中“鼎”和“威”的诱导，从而引发错误联想。

C选项亦考查“铸刑书与铸刑鼎”引发的社会后果。对该知识点理解含糊的考生也容易受到C选项中“鼎”和“巩固”的诱导。事实上，新兴地主阶级公布成文法，严重冲击了旧贵族以言代法的特权，从而引起守旧势力的激烈非难和反抗。郑国铸刑书和晋国铸刑鼎都遭到了守旧势力的顽抗。题干中孔子所言“晋其亡乎，失其度矣”，即是对“铸刑鼎”的抨击。孔子所谓的“度”，是从晋国立国始祖康叔以来旧贵族世代相传的法度。孔子认为，谨守那种法度，“民是以能尊其贵，贵是以能守其业。贵贱不愆，所谓度也……今弃是度也，而为刑鼎，民在鼎矣，何以尊贵？贵何业之守？贵贱无序，何以为国？”孔子反对公布成文法，将其提到这样做足以“亡国”的高度来论证问题的严重性。孔子认为刑鼎从形式到内容都背弃了周天子的法度。民既在“鼎”，贵贱无序的状况合法化了，大众都要求按刑鼎的新内容解决问题，势必自下而上地加剧礼崩乐坏的局面。虽然孔子的担忧完全可以理解，他的反对却是徒劳的。C选项陈述错误。

D选项考查“铸刑书与铸刑鼎”的社会后果和历史意义。铸刑书与铸刑鼎，否定了“刑不可知，威不可测”的司法专横弊端，限制了奴隶主贵族的特权，为后来法家主张“明法”“事断于法”的法治理论和实践提供了思想资料和斗争借鉴，对后世封建法制的发展具有深远的影响。D选项内容正确，为当选项。

15.【答案】B

【逐项分析】A选项考查“秋审”。秋审是最重要的死刑复审制度，在每年秋天举行。秋审对象是全国上报的斩、绞监候案件，每年秋八月在天安门金水桥西由九卿、詹事、科道及军机大臣、内阁大学士等重要官员会同审理。秋审被看作国家大典，统治者非常重视，专门制定有《秋审条款》。A 选项将参加秋审的官员概括为“三法司”与史实不符，内容错误。

B 选项考查“朝审”。朝审是对刑部判决的重案及京师附近的斩、绞监候案件进行的复审，其审判组织、方式与秋审大体相同，于每年霜降后十日举行。B 选项内容正确，为当选项。

C 选项是重点干扰项。案件经秋审或朝审后，分四种情况进行处理：其一“情实”，指案情属实、罪名恰当者，奏请执行死刑；其二“缓决”，案情虽属实，但危害性不大者，可减为流三千里，或发烟瘴极边充军，或再押监候；其三“可矜”，指案情属实，但有可矜或可疑之处，可免予死刑，一般减为徒、流刑罚；其四“留养承祀”，指案情属实、罪名恰当，但有亲老丁单情形，合乎申请留养条件者，按留养奏请皇帝裁决。一般来说，这四种处理方式，多数考生都能掌握。尤其是“留养承祀”，其名称较为特殊，考生基本上都能记得住。本题恰恰利用这种情况，在“留养承祀”适用的情形中“掺沙子”，加进了“受害人”，将“留养承祀”的适用对象由“被告人”悄无声息地置换为“受害人”，且这种置换表面上很符合情理，从而大幅提高了该选项的判断难度。考生若非心细如发，很难发现其中的错误。

D 选项考查“热审”。热审是对发生在京师的笞杖刑案件进行重审的制度。于每年小满后十日至立秋前一日，由大理寺官员会各道御史及刑部承办司共同进行，快速决放在监笞杖刑案犯。本题将热审适用的“笞杖刑案件”置换为“死刑案件”，与题干中的“重案会审”表面上非常契合，从而很容易误导考生作出错误判断。

16.【答案】A

【逐项分析】我国《出境入境管理法》第 31 条第 2 款规定：“符合国家规定的专门人才、投资者或者出于人道等原因确需由停留变更为居留的外国人，经设区的市级以上地方人民政府公安机关出入境管理机构批准可以办理外国人居留证件。”因此，选项 A 正确，选项 B 错误。

《出境入境管理法》第 30 条第 3 款规定：“外国人工作类居留证件的有效期最短为九十日，最长为五年；非工作类居留证件的有效期最短为一百八十日，最长为五年。”因此，选项 C 错误。

《出境入境管理法》第 33 条第 2 款规定：“外国人居留证件登记事项发生变更的，持证件人应当自登记事项发生变更之日起十日内向居留地县级以上地方人民政府公安机关出入境管理机构申请办理变更。”据此，马克应向 C 县公安机关出入境管理机构申请变更。因此，选项 D 错误。

17.【答案】A

【逐项分析】根据《维也纳领事关系公约》，领事官员执行职务应限于领馆辖区范围内，在领馆辖区外执行职务须经接受国同意。在第三国执行领事职务，或代表第三国在接受国内执行领事职务，应当通知有关国家或接受国，并以有关国家或接受国不反对为限。因此，选项 A 正确，选项 B 错误。

选项 C 为重点干扰项。根据该公约，领事职务包括以一切合法手段调查接受国商业、经济、文化及科学活动及发展情况，向派遣国政府报告，并向相关人士提供有关资料。也就是说，作为甲国驻乙国东区领事馆领事，史蒂夫可以以合法手段调查乙国商业活动及发展情况，无需特别征得乙国同意。因此，选项 C 错误。

尽管领事官员人身自由受到一定程度的保护，但是领事官员人身不得侵犯的例外针对的是犯有严重罪行或司法机关已裁判执行的情形。就一般纠纷而言，接受国对领事官员不得予以逮捕候审或羁押候审，不得监禁或以其他方式拘束领事官员的人身自由。因此，选项 D 错误。

18.【答案】A

【逐项分析】A 选项是重点干扰项。《人民陪审员法》第 16 条第 2 项规定，人民法院审判民事公益诉讼、行政公益诉讼第一审案件，由人民陪审员和法官组成 7 人合议庭进行。据此，本案为民事公益诉讼案件，应组成 7 人合议庭审理。第 22 条规定，人民陪审员参加 7 人合议庭审判案件，对事实认定，独立发表意见，并与法官共同表决；对法律适用，可以发表意见，但不参加表决。据此，本案中人民陪审员对法律适用只能发表意见，不参与表决。A 选项正确。

《人民陪审员法》第 19 条第 2 款规定，中级人民法院、高级人民法院审判案件需要由人民陪审员参加合议庭审判的，在其辖区内的基层人民法院的人民陪审员名单中随机抽取确定。据此，人民陪审员名单由基层法院确定，中级以上法院并无人民陪审员名单，市中院应在其辖区内基层法院的人民陪审员名单中随机抽选确定本案的人民陪审员。B 选项错误。

《人民陪审员法》第 23 条第 2 款规定，合议庭组成人员意见有重大分歧的，人民陪审员或者法官可以要求合议庭将案件提请院长决定是否提交审判委员会讨论决定。据此，人民陪审员可以要求合议庭将案件提请院长决定是否提交审委会，但其无权直接将案件提请院长决定是否提交审委会。C 选项错误。

最高人民法院、司法部《人民陪审员培训、考核、奖惩工作办法》第 26 条第 2 款规定，人民陪审员任期届满时，其参加审判的案件尚未审结的，可以履行审判职责到案件审结之日。据此，即便某人民陪审员任期届满，也无需中途更换陪人民审员重新审理。D 选项错误。

19.【答案】B

【逐项分析】《人民法院组织法》第 39 条第 1 款规定，合议庭认为案件需要提交审判委员会讨论决定的，由审判长提出申请，院长批准。据此，应由审判长而非合议庭提出申请，A 选项错误。

最高人民法院《关于健全完善人民法院审判委员会工作机制的意见》第 11 条第 1 款规定，拟提请审判委员会讨论决定的案件，应当有专业（主审）法官会议研究讨论的意见。据此，案件必须先听取专业法官会议的讨论意见，然后才能提交审判委员会讨论。B 选项为正确答案。

《人民法院组织法》第 38 条第 3 款规定，审判委员会举行会议时，同级人民检察院检察长或者检察长委托的副检察长可以列席。据此，检察院的案件承办人无权列席审委会，且允许其列席有违程序公正要求。C 选项错误。

《人民法院组织法》第 39 条第 2 款规定，审判委员会讨论案件，合议庭对其汇报的事实负责，审判委员会委员对本人发表的意见和表决负责。据此，即便案件交由审委会讨论，合议庭也应当对汇报的事实负责。D 选项错误。

20.【答案】B

【逐项分析】《法官法》第 13 条第 1 项规定，因犯罪受过刑事处罚的人员不得担任法官。据此，孙法官虽然犯罪，但免予刑事处罚，孙法官可继续担任法官，无须免除其法官职务。A 选项说法正确，不选。

《法官法》第 41 条规定，对法官的考核内容包括：审判工作实绩、职业道德、专业水平、工作能力、审判作风。重点考核审判工作实绩。据此，刘法官见义勇为行为不属于对其年度考核的内容。B 选项说法错误，当选。

最高人民法院、最高人民检察院、司法部《关于进一步规范法院、检察院离任人员从事律师职业的意见》第 4 条第 1 项规定，被开除公职的人民法院、人民检察院工作人员不得在律师事务所从事任何工作。据此，刘检察官被开除，其不得在律师事务所从事任何工作。C 选项说法正确，不选。

《检察官法》第 25 条规定，检察官的配偶、父母、子女有下列情形之一的，检察官应当实行任职回避：（1）担任该检察官所任职人民检察院辖区内律师事务所的合伙人或者设立人的；（2）在该检察官所任职人民检察院辖区内以律师身份担任诉讼代理人、辩护人，或者为诉讼案件当事人提供其他有偿法律服务的。据此，周检察官应任职回避，D 选项说法正确，不选。

21.【答案】C

【逐项分析】《律师执业行为规范（试行）》第 44 条规定，律师根据委托人提供的事实和证据，依据法律规定进行分析，向委托人提出分析性意见。第 45 条规定，律师的辩护、代理意见未被采纳，不属于虚假承诺。据此，尚律师依据事实、证据和法律提出分析意见，即便最终未被采纳，也不属于虚假承诺。A 选项错误。

B 选项属于重点干扰项。利益冲突包括绝对利益冲突和相对利益冲突。《律师执业行为规范（试行）》第 51 条第 7 项规定，在委托关系终止后，同一律师事务所或同一律师在同一案件后续审理或者处理中又接受对方当事人委托的，律师及律师事务所不得与当事人建立或维持委托关系。据此，钟律师的行为违反了绝对利益冲突规则，而非相对利益冲突规则，B 选项错误。

《律师执业行为规范（试行）》第 47 条规定，律师和律师事务所不得违法与委托人就争议的权益产生经济上的联系，不得与委托人约定将争议标的物出售给自己；不得委托他人为自己或为自己的近亲属收购、租赁委托人与他人发生争议的标的物。据此，周律师与委托人朱某约定，朱某胜诉后其以市场价购买争议房屋，这属于牟取当事人争议的权益，至于是否以市场价格购买完全属于干扰信息。C 选项正确。

《律师执业行为规范（试行）》第 42 条规定，律师接受委托后，无正当理由不得拒绝辩护或者代理、或以其他方式终止委托。委托事项违法、委托人利用律师提供的服务从事违法活动或者委托人故意隐瞒与案件有关的重要事实的，律师有权告知委托人并要求其整改，有权拒绝辩护或者代理、或以其他方式终止委托，并有权就已经履行事务取得律师费。据此，"套路贷"属于违法事项，律师有权拒绝继续代理，这不违反委托代理关系规范。D 选项错误。

22.【答案】B

【逐项分析】《公证法》第 9 条规定，设立公证机构，由所在地的司法行政部门报省、自治区、直辖市人民政府司法行政部门按照规定程序批准后，颁发公证机构执业证书。据此，H 省 S 市设立公证处，应当由 H 省司法厅批准后颁发执业证书。A 选项错误。

《公证法》第 20 条规定，有下列情形之一的，不得担任公证员：（1）无民事行为能力或者限制民事行为能力的；（2）因故意犯罪或者职务过失犯罪受过刑事处罚的；（3）被开除公职的；（4）被吊销公证员、律师执业证书的。据此，邵某被吊销律师执业证书，不得担任公证员。B 选项正确。

《公证法》第 25 条第 2 款规定，申请办理涉及不动产的公证，应当向不动产所在地的公证机构提出；申请办理涉及不动产的委托、声明、赠与、遗嘱的公证，可以向住所地、经常居住地、行为地或者事实发生地的公证机构提出。据此，孙某办理不动产赠与公证，并不仅限于房子所在的 B 区公证机构，也可向 A 区公证机构提出申请。C 选项错误。

《公证法》第 31 条第 7 项规定，申请公证的事项不真实、不合法的，公证机构不予办理公证。据此，乙申请对借条进行公证，该借条内容虚假，实际为不合法的赌债，公证机构应不予办理公证。此外，公证员对公证申请应作实质性审查，应对公证事项的真实性负责，仅作形式审查也不符合规定。D 选项错误。

23.【答案】B

【逐项分析】《刑法》第 17 条规定的是“投放危险物质”，根据《刑法修正案（三）》的规定，“危险物质”主要包括毒害性、放射性、传染病病原体等物质。因此，甲的行为应当认定为投放危险物质罪。A 项题干交代“传染病病原体不属于毒害性物质”正确，但传染病病原体属于投放危险物质罪中的“危险物质”，仍然构成投放危险物质罪。A 项错误。

《刑法》17 条中的“故意杀人”包含了刑法分则条文拟制的故意杀人罪。非法拘禁过程中，在拘禁行为以外使用暴力致人重伤、死亡的，按照《刑法》第 238 条的规定，拟制为故意伤害罪或故意杀人罪。同时，根据《刑法修正案（十一）》关于补足刑事责任年龄的规定，如果符合该规定，乙可能成立故意杀人罪。B 项正确。

行为与责任同时存在原则，指的是实行行为的当时行为人具备刑事责任能力、达到刑事责任年龄以及具有故意、过失，因此，在行为时具有完全刑事责任能力，结果发生时丧失责任能力，并不影响犯罪既遂的认定。丙成立故意杀人罪既遂。C 项错误。

在实行行为的中途丧失责任能力，如果丧失前后的行为属于同一个构成要件，不影响犯罪既遂的认定。但是，如果丧失前后是完全不同的构成要件，则行为人对丧失责任能力后的部分当然不负责，这是责任主义的要求。就此，丁只应负抢劫未遂的责任。D 项错误。

24.【答案】D

【逐项分析】正是甲的诈骗行为引发了被害人自杀，存在事实意义上的条件因果关系，但不能就此立马得出存在相当因果关系的结论。在行为人的诈骗行为和死亡结果之间介入了一个被害人自身的行为。应当说，这一介入行为是异常的，并且被害人自身对于结果所起的作用更大，因此不应肯定诈骗行为和死亡结果之间的相当因果关系。从另一个角度看，诈骗行为具有造成他人财产损失的危险，但是却不可能有导致被害人死亡的危险，被害人的自杀身亡并非诈骗行为的危险现实化。所以应当否定诈骗行为和死亡结果之间的因果关系。A 项错误。

在乙的行为和被害人死亡结果之间介入了一个无关的第三人的故意犯罪行为。应当说，介入因素是异常的，并且按照案情的设定，如果不是黄某抽走木板的行为，被害人并没有生命危险，因此，尽管乙的行为具有一定的致死风险性，但黄某的行为对被害人死亡所起的作用力更大，应该将死亡结果算在黄某的头上。所以乙的行为和曹某死亡结果之间没有刑法上的因果关系。B 项错误。

丙酒后驾驶看似违反了交通管理法规，要负交通肇事的责任，但是，在高速路上严禁行人行走，更毋庸说横穿车道，应该说，被害人自身对于事故与死亡结果的发生属于绝对的异常介入因素，也起了绝对性的作用，不应将死亡结果算在丙的头上，因此不应肯定相当因果关系的存在。C 项错误。

D 项看似与 B 项非常相似，均介入了一个第三人的故意犯罪行为，且前行为本身致死的可能性均较高。但与 B 项不同的是，如果没有刘某的行为，被害人一样会死亡，刘某的行为只是使被害人的死亡时间略微提前，所以应当认为丁的行为对死亡结果所起的作用力更大，应该将死亡结果算在丁的头上。D 项正确。

25.【答案】B

【逐项分析】在抢劫的过程中发现被害人竟然是自己的父亲，从一般伦理的角度而言，任何一个一般人恐怕都没有办法继续进行，在甲看来，被害人是父亲给他的心理压力恐怕不亚于发现抢劫的是警察，从这个角度来说，甲放弃继续抢劫是“不能”，而非“不欲”。因此，甲是犯罪未遂。A项不当选。

中止自动性的关键在于行为人本人主观认为继续犯罪是不是可能，不需要行为人主观上出于忏悔等伦理动机。担心被发现日后名誉受损与犯罪过程中被人当场发现无法继续实行不可同日而语。此时可以认定行为人是不欲实施犯罪，成立犯罪中止，而非犯罪未遂。B项当选。

丙原本要枪杀的对象是叶某，继续朝曹某开枪已经根本性地不符合丙的犯罪预期，因此出现对象错误的场合，应当认为是意志以外的原因未得逞，属于“欲达目的而不能”，成立犯罪未遂。C项不当选。

当发现犯罪工具损坏无法继续进行犯罪时，应当认为是不能，而非不欲。否则的话，犯罪未遂将基本没有存在空间：枪坏了仍然可以捡石头，石头没有了仍然可以选择用手掐，只要不继续想尽一切办法弄死被害人，都可以成立犯罪中止。这样显然不合适。因此，丁成立犯罪未遂。D项不当选。

26.【答案】B

【逐项分析】故意伤害罪的前提是行为人主观上意欲造成伤害的后果。题干交代，曹某将桶朝被害人脚边扔去，并且是想吓唬王某，因此，曹某主观上并没有希望以桶将被害人砸伤的故意。而桶也是密封的，从曹某着火后的一系列举动看，也没有想通过使得被害人身上着火的方式致伤的意图，更重要的是，如果曹某主观上真的是想点燃被害人，则显然不再是故意伤害罪，而是故意杀人罪。A项错误。

B项涉及间接故意与有认识过失的区分难题。间接故意和过于自信的过失的相同之处在于，行为人都已经预见到自己的行为有可能造成危害结果，两者之间的区别仅仅在于意志因素：间接故意的行为人从根本上是接受构成要件结果发生的，其对于构成要件实现的风险是予以容认的；而过于自信的过失的行为人则自认为结果根本不会发生。究竟是否容认结果发生，理论上看似简单，但是主观心态毕竟难以证明，此时可以通过客观事态辅以证明行为人是否容认结果发生：如果行为前或行为后行为人果真存在真挚地防止结果发生的努力，一般便可以认为行为人对于结果的发生并非持一种容认的心态，其从内心是反对结果的发生的。题干交代，塑料桶本身是密封的，意味着曹某主观上对于香蕉水洒出并着火的可能性认识并不高，更关键的是在其与被害人同时着火后，曹某存在积极扑灭被害人身上明火的举动且将被害人积极送医，由此可以推论其对死亡结果并非持间接故意心态。而曹某知道桶内装有香蕉水，香蕉水属于易燃物质，对于塑料桶在撞击后容易致使香蕉水溢出，且在高温、有明火的锅炉房内香蕉水洒出后易燃这一点，其是有认识能力与认识可能性的，但其轻信桶内密封的香蕉水不会洒出，因此属于过于自信的过失，成立过失致人死亡罪。B项正确。

过于自信的过失和意外事件的区分是需要关注的问题。意外事件，是指行为虽然在客观上造成了损害结果，但是并非出于故意或者过失，而是由于不能预见的原因所引起的情形。如前所述，曹某对于香蕉水溢出且易燃是有认识可能性的，因此不成立意外事件。C项错误。

既然曹某并无想通过香蕉水点燃被害人的意图，便不成立故意杀人罪。D项错误。

27.【答案】C

【逐项分析】首先，代首也是自动投案的一种形式。代首是指犯罪人在犯罪以后，有投案自首的诚意，但由于种种原因不能亲自前往司法机关而明确委托他人代为投案。其次，只要犯罪人如实交代对认定犯罪行为性质具有决定意义以及对量刑具有重大影响的事实与情节，其对自己行为性质的辩解不应该影响自首的认定，为自己辩解是人之本能，也是合法权利。因此，甲如实供述了事情的来龙去脉且持刀刺伤郑某的事实，意味着将影响行为定性的犯罪事实都作了如实交代，只是辩解自己的行为属于正当防卫，应认定为自首。A项不当选。

《关于处理自首和立功具体应用法律若干问题的解释》规定，并非出于犯罪嫌疑人主动，而是经亲友规劝、陪同投案的；公安机关通知犯罪嫌疑人的亲友，或者亲友主动报案后，将犯罪嫌疑人送去投案的，也应当视为自动投案。本例中的亲友主动报案，但是基于客观原因未将犯罪嫌疑人送去投案，实际上，亲友将乙看管等待公安，和将犯罪嫌疑人送去公安局，并没有本质性的区别，都有利于案件的及时侦破和审判，因此应当认定为自首。B项不当选。

《关于处理自首和立功具体应用法律若干问题的解释》规定，共同犯罪案件中的犯罪嫌疑人，除如实供述自己的罪行，还应当供述所知的同案犯，主犯则应当供述所知其他同案犯的共同犯罪事实，才能认定为自首。丙尽管如实供述自己的犯罪事实，但没有交代同案犯，不能认定为自首。C项当选。

《关于处理自首和立功具体应用法律若干问题的解释》规定，自动投案，是指犯罪事实或者犯罪嫌疑人未被司法机关发觉，或者虽被发觉，但犯罪嫌疑人尚未受到讯问、未被采取强制措施时，主动、直接向公安机关、人民检察院或者人民法院投案。口头传唤并不属于强制措施，丁也未受到讯问，同时，经传唤到案仍然具有归案的自动性和主动性，应认定为自首。D项不当选。

28.【答案】D

【逐项分析】绑架罪，是指以勒索财物为目的，采取暴力、胁迫或者其他方法绑架他人，或者绑架他人作为人质的行为。因此，从被绑者身上取财的行为显然已经不能被绑架罪所包容评价，如果仅定绑架罪，便会导致对行为人的行为评价不足，而且抢劫罪与绑架罪之间不符合法条竞合中的一行为侵害一法益而触犯数罪的本质。A项错误。

绑架罪中的勒索财物或者满足其他不法要求的目的是主观的超过要素，只要行为人绑架的当时具有这个目的，无论客观上实现与否，一旦行为人以实力控制被害人，便成立绑架罪既遂。这也是往年考题的立场。袁某已经以实力控制了被害人，并且还向被害人亲属打了勒索电话，应是绑架罪既遂。B项错误。

数罪并罚的前提是存在数个行为，就抢劫来说，应该存在暴力压制反抗后取财，但本题中作为抢劫的暴力手段行为又是绑架行为，因此不能评价为数罪，否则绑架罪中的暴力行为便被评价了两次，违反了禁止重复评价的原理。C项错误。

最高人民法院《关于审理抢劫、抢夺刑事案件适用法律若干问题的意见》指出，绑架过程中又当场劫取被害人随身携带财物的，同时触犯绑架罪和抢劫罪两罪名，应择一重罪定罪处罚。此种情形属于一行为触犯数罪名，是基于事实的原因产生的竞合，属于想象竞合。D项正确。

29.【答案】D

【逐项分析】强奸是指采用暴力、胁迫或者其他手段强行与妇女性交，尽管暴力的最高形式是故意杀人，但是，成立强奸的前提是“妇女”，即应当是活人，所以行为人即便意图将被害人杀害后奸淫的，也不能认定为强奸罪，而应该以故意杀人罪和侮辱尸体罪数罪并罚。A项错误。

《刑法》第238条第3款规定，为了索取债务而非法扣押、拘禁他人的，以非法拘禁罪定罪处罚。按照题干的表述，乙属于为了索取债务扣押、拘禁他人，应当论以非法拘禁罪。B项错误。

《刑法》第238条第2款规定，非法拘禁过程中使用暴力致人伤残、死亡的，以故意伤害罪和故意杀人罪论处。适用这个规定的前提是行为人没有杀人故意，即行为人使用暴力过失致人死亡的，拟制为故意杀人罪。如果行为人在非法拘禁以后产生杀人故意进而实施杀人行为，由于存在数个行为、侵害了数个法益，应当以非法拘禁罪和故意杀人罪数罪并罚。C项错误。

将拐骗的儿童又出卖的，从理论上看，似乎应当数罪并罚，因为存在数个行为，应该以拐骗儿童罪和拐卖儿童罪数罪并罚。但是，《关于依法惩治拐卖妇女儿童犯罪的意见》明确规定，以抚养为目的偷盗婴幼儿或者拐骗儿童，之后予以出卖的，以拐卖儿童罪论处。所以，按照这一规定，对于丁只定拐卖儿童罪。D项正确。

30.【答案】C

【逐项分析】成立抢劫罪，应以非法占有为目的，采用暴力、胁迫方式压制他人反抗后取得财物。严某尽管是黑社会性质组织的骨干分子，似乎对潘某有心理强制影响，潘某不敢反抗，但是严某毕竟未使用暴力等手段压制潘某反抗，因此，不应认定为抢劫罪。A项错误。

强迫交易罪，是指以暴力、胁迫手段实施强买强卖商品、强迫他人提供或者接受服务、强迫他人参与或者退出特定的经营活动等行为。严某的行为看似符合强迫交易罪的犯罪构成，但是，交易的前提是价格不应严重偏离商品本身的价值，否则便不称为交易。对此，最高人民法院《关于审理抢劫、抢夺刑事案件适用法律若干问题的意见》也指出，从事正常商品买卖、交易或者劳动服务的人，以暴力、胁迫手段迫使他人交出与合理价钱、费用相差不大钱物，情节严重的，以强迫交易罪定罪处罚；以非法占有为目的，以买卖、交易、服务为幌子采用暴力、胁迫手段迫使他人交出与合理价钱、费用相差悬殊的钱物的，以抢劫罪定罪处罚。在具体认定时，既要考虑超出合理价钱、费用的绝对数额，还要考虑超出合理价钱、费用的比例，加以综合判断。按照上述司法解释的规定，严某以非法占有为目的，以远远超出市场价值的价格强卖自己的轿车，不应当成立强迫交易罪。B、D 项错误。

敲诈勒索罪，是指以非法占有为目的，采用威胁、恐吓的方式让他人产生畏惧感后处分财物。严某作为黑社会性质的骨干分子，以非法占有为目的和远远超出市场价值的价格强卖自己的旧轿车，完全符合敲诈勒索罪的构成要件，应当以该罪定罪处罚。C 项正确。

31.【答案】D

【逐项分析】A 项是重点干扰项。《刑法》第196 条规定的信用卡诈骗罪的第一种行为表现方式为：使用伪造的信用卡，或者使用以虚假的身份证明骗领的信用卡。因此，只要使用以虚假的身份证明骗领的信用卡，便成立信用卡诈骗罪。成立恶意透支型信用卡诈骗罪，要求超过规定限额或者规定期限透支，并且经发卡银行两次有效催收后仍不归还。显然，如果认为是恶意透支型信用卡诈骗，只有经发卡行两次有效催收仍不归还才成立犯罪，既然是以虚假的身份证明骗领的信用卡，则银行根本无法进行催收，进而会制造处罚漏洞。A 项错误。

《刑法》第 196 条第 3 款规定，盗窃信用卡并使用的，以盗窃罪定罪处罚。题干中的“透支”两字是为了故意迷惑考生，如果对于第 196 条第 3款的特别规定不熟悉，便会误以为成立信用卡诈骗罪。B 项错误。

丙没有固定工作却恶意大量透支信用卡并用于犯罪活动，明显具有非法占有目的。对此，《关于办理妨害信用卡管理刑事案件具体应用法律若干问题的解释》第 6 条对“非法占有目的”的认定作了明确规定。但是，该解释对恶意透支的适用条件同样作了规定，即必须是超过规定限额或者规定期限透支，经发卡银行两次有效催收后超过 3 个月仍不归还。发卡行仅对丙进行了一次催收，尚不能认定恶意透支型信用卡诈骗罪。C 项错误。

由于机器不能陷入认识错误，不能成为被诈骗的对象，所以，在 ATM 机上使用伪造的信用卡，或者使用以虚假的身份证明骗领的信用卡，使用作废的信用卡，或者冒用他人信用卡的，理论上看都应当成立盗窃罪。换言之，一般认为，信用卡诈骗罪中的使用行为，仅限于针对银行柜台、特约商户的工作人员实施。但是，最高人民检察院《关于拾得他人信用卡并在自动柜员机（ATM机）上使用的行为应如何定性问题的批复》指出，拾得他人信用卡并在自动柜员机（ATM 机）上使用的行为，属于《刑法》第 196 条第 1 款第 3 项规定的“冒用他人信用卡”的情形，构成犯罪的，以信用卡诈骗罪追究刑事责任。D 项正确。

32.【答案】D

【逐项分析】拒不履行信息网络安全管理义务罪是指网络服务提供者不履行法律、行政法规规定的信息网络安全管理义务，经监管部门责令采取改正措施而拒不改正，情节严重的行为。胡某擅自制作、提供翻墙软件，公安机关已经责令其整改仍然拒绝整改，成立本罪。A 项正确，不当选。

非法利用信息网络罪包括三种类型：（1）设立用于实施诈骗、传授犯罪方法、制作或者销售违禁物品、管制物品等违法犯罪活动的网站、通讯群组，情节严重的；（2）发布有关制作或者销售毒品、枪支、淫秽物品等违禁物品、管制物品或者其他违法犯罪信息，情节严重的；（3）为实施诈骗等违法犯罪活动发布信息，情节严重的。管制刀具属于管制物品，黄某所为即属于上述的第 2 种行为类型。B 项正确，不当选。

谭某属于为实施诈骗等违法犯罪活动发布信息，成立非法利用信息网络罪。“直至案发，实施诈骗的谭某上家仍未抓获”这一论述不影响谭某行为的定性和认定，是命题者故意干扰考生的陷阱。C 项正确，不当选。

帮助信息网络犯罪活动罪是指自然人或者单位明知他人利用信息网络实施犯罪，仍为其犯罪提供互联网接入、服务器托管、网络存储、通讯传输等技术支持，或者提供广告推广、支付结算等帮助，情节严重的行为。《关于办理非法利用信息网络、帮助信息网络犯罪活动等刑事案件适用法律若干问题的解释》第 13 条规定，被帮助对象实施的犯罪行为可以确认，但尚未到案、尚未依法裁判或者因未达到刑事责任年龄等原因依法未予追究刑事责任的，不影响帮助信息网络犯罪活动罪的认定。赵某明知自己提供的业务会被实施电信诈骗等犯罪的他人用于实施犯罪，仍然有偿提供，即便具体实施诈骗犯罪者未被抓获，也不影响赵某行为成立帮助信息网络犯罪活动罪。D 项错误，当选。

33.【答案】B

【逐项分析】根据《刑法》第 385 条的规定，受贿罪指国家工作人员利用职务上的便利，索取他人财物，或者非法收受他人财物，为他人谋取利益的行为。受贿的本质为权钱交易，即请托方以金钱交换国家公职权。谢某将虚报面积部分的 10 万元补偿款给胡某，看似行贿，但这 10 万元本质上并非谢某的个人财物，而是公共财物，因此本案中的谢某事实上并没有这种权钱交易关系，胡某不成立受贿罪。A、D 项错误。

贪污罪是指国家工作人员利用职务上的便利，侵吞、窃取、骗取或者以其他手段非法占有公共财物的行为。本例中通过虚报拆迁面积多得的 10 万元本质上属于公共财产，即胡某利用职务便利通过唆使他人骗取的方式不法获得公共财产，成立贪污罪。B 项正确。

滥用职权罪，指国家机关工作人员超越职权，违法决定、处理其无权决定、处理的事项，或者违反规定处理公务，致使公共财产、国家和人民利益遭受重大损失的行为。胡某利用职权骗取国家财产，不成立滥用职权罪。C 项错误。

34.【答案】A

【逐项分析】根据《检察规则》第 289 条的规定，对已经作出的批准逮捕决定发现确有错误的，人民检察院应当撤销原批准逮捕决定，送达公安机关执行。本案已证实系正当防卫，属于没有犯罪事实，不应当逮捕。所以检察院应当撤销原批准逮捕决定。A 选项说法正确。

如前所述，本案属于没有犯罪事实，根据《公安规定》第 186 条第 1 款的规定："经过侦查，发现具有下列情形之一的，应当撤销案件：（一）没有犯罪事实的……"但是，撤销案件是不需要经过检察院批准的，由立案的公安机关自己决定。同时，根据《公安规定》第 187 条第 2 款的规定："公安机关决定撤销案件或者对犯罪嫌疑人终止侦查时，原犯罪嫌疑人在押的，应当立即释放，发给释放证明书。原犯罪嫌疑人被逮捕的，应当通知原批准逮捕的人民检察院。……"因此，公安机关可以自行变更强制措施，而无须经过原批准逮捕的检察院，只是通知即可。B 选项和 C 选项说法均错误。

公安机关撤销案件后，龙某近亲属提起的自诉，属于自诉案件的第三类——公诉转自诉案件。根据《刑诉法》第 212 条的规定，人民法院对自诉案件，可以进行调解；自诉人在宣告判决前，可以同被告人自行和解或者撤回自诉。本法第 210 条第 3 项规定的案件（即"被害人有证据证明对被告人侵犯自己人身、财产权利的行为应当依法追究刑事责任，而公安机关或者人民检察院不予追究被告人刑事责任的案件"）不适用调解。D 选项说法错误。

35.【答案】D

【逐项分析】根据《规定》第 1 条第 2 项的规定："……对被判处无期徒刑的罪犯的减刑、假释，由罪犯服刑地的高级人民法院在收到同级监狱管理机关审核同意的减刑、假释建议书后一个月内作出裁定，案情复杂或者情况特殊的，可以延长一个月。……"本题中潘某被判处无期徒刑，故应该由 J 省高院审理此案。A 选项说法错误。

根据《规定》第 6 条的规定："人民法院审理减刑、假释案件，可以采取开庭审理或者书面审理的方式。但下列减刑、假释案件，应当开庭审理：……（五）被报请减刑、假释罪犯系职务犯罪罪犯，组织（领导、参加、包庇、纵容）黑社会性质组织犯罪罪犯，破坏金融管理秩序和金融诈骗犯罪罪犯及其他在社会上有重大影响或社会关注度高的……"本案中，潘某即属于此种情况，因此法院应当开庭审理而非书面审理。B 选项说法错误。

对于法院审理后作出的裁定，罪犯没有上诉权，因此 C 选项说法错误。

根据《规定》第 20 条的规定："人民检察院认为人民法院减刑、假释裁定不当，在法定期限内提出书面纠正意见的，人民法院应当在收到纠正意见后另行组成合议庭审理，并在一个月内作出裁定。"所以 D 选项说法正确。

36.【答案】B

【逐项分析】根据《法院解释》第 250 条第 2 款的规定，申请有专门知识的人出庭，不得超过二人。有多种类鉴定意见的，可以相应增加人数。根据题干可知，本案涉及多种鉴定意见，可以增加人数，所以 A 选项说法错误。

根据《刑诉法》第 197 条第 4 款的规定，有专门知识的人出庭，适用鉴定人出庭的有关规定。根据题干可知，公诉人申请有专门知识的人出庭，其出庭适用鉴定人回避的相关规定，故辩护律师是可以提出回避申请的。B 选项说法正确。

有专门知识的人出庭是对鉴定意见发表意见，鉴定意见并不是其制作的。只有在法庭通知鉴定人出庭，而鉴定人无正当理由拒不出庭时，其鉴定意见才不得作为证据使用。C 选项说法错误。

根据《法院解释》第 265 条的规定，证人、鉴定人、有专门知识的人不得旁听对本案的审理。D 选项说法错误。选项中"为充分发表意见"的说法属于干扰项。

37.【答案】 C

【逐项分析】 根据《法院解释》第640条的规定，第二审人民法院在审理刑事案件过程中，发现被告人可能符合强制医疗条件的，可以依照强制医疗程序对案件作出处理，也可以裁定发回原审人民法院重新审判。所以A、B选项说法都是正确的，不当选。

根据《法院解释》第634条的规定，审理强制医疗案件，应当通知被申请人或者被告人的法定代理人到场；被申请人或者被告人的法定代理人经通知未到场的，可以通知被申请人或者被告人的其他近亲属到场。被申请人或者被告人没有委托诉讼代理人的，应当自受理强制医疗申请或者发现被告人符合强制医疗条件之日起3日以内，通知法律援助机构指派律师担任其诉讼代理人，为其提供法律帮助。注意表述的一个陷阱，强制医疗程序并不是解决刑事责任问题，所以通知法律援助机构指派律师担任诉讼代理人，为其提供法律帮助，而不是辩护。C选项说法错误，当选。

根据《法院解释》第642条的规定，被决定强制医疗的人、被害人及其法定代理人、近亲属对强制医疗决定不服的，可以自收到决定书第二日起5日以内向上一级人民法院申请复议。复议期间不停止执行强制医疗的决定。因此G市中院作出的强制医疗的决定，周某可以向上一级法院，即省高院申请复议。D选项说法正确，不当选。

38.【答案】 A

【逐项分析】 根据《关于海上刑事案件管辖等有关问题的通知》第1条第1款第3项的规定，中国公民在中华人民共和国领海以外的海域犯罪，由其登陆地、入境地、离境前居住地或者现居住地的人民法院管辖；被害人是中国公民的，也可以由被害人离境前居住地或者现居住地的人民法院管辖。从题干可知，本案系中国公民在我国领海以外的海域的犯罪（注意：题干中说明了船舶系日本国籍，且发生于公海），且被害人也是中国公民。因此，胡某的居住地（甲市）、高某的居住地（乙市）以及入境地（丙市）均有管辖权。所以本题的正确选项是A。

39.【答案】 D

【逐项分析】 根据《刑诉法》第36条的规定，法律援助机构可以在人民法院、看守所等场所派驻值班律师。犯罪嫌疑人、被告人没有委托辩护人，法律援助机构没有指派律师为其提供辩护的，由值班律师为犯罪嫌疑人、被告人提供法律咨询、程序选择建议、申请变更强制措施、对案件处理提出意见等法律帮助。由此可见，只有在犯罪嫌疑人、被告人没有委托辩护人，且不属于指定辩护的情况下，值班律师才介入诉讼。本题中犯罪嫌疑人系未成年人，在没有委托律师的情况下，属于应当通知法律援助机构为其指派律师提供辩护的情形，所以并非由值班律师为其提供法律咨询。A选项说法错误。

虽然张某有权约见值班律师，但在讯问时，辩护律师与值班律师均无在场的权利。B选项说法错误。

根据《刑诉法》第88条第2款的规定，人民检察院审查批准逮捕，可以询问证人等诉讼参与人，听取辩护律师的意见；辩护律师提出要求的，应当听取辩护律师的意见。因此，审查批捕时并不要求应当听取值班律师的意见，所以C选项说法错误。

根据《刑诉法》第173条的规定，人民检察院审查案件，应当讯问犯罪嫌疑人，听取辩护人或者值班律师、被害人及其诉讼代理人的意见，并记录在案。辩护人或者值班律师、被害人及其诉讼代理人提出书面意见的，应当附卷。所以审查起诉阶段应当听取值班律师的意见，D选项说法正确。

40.【答案】 C

【逐项分析】 A选项考查的是2018年《刑诉法》对讯问时告知事项的修改，如果考生解题不细致，容易忽略。根据《刑诉法》第120条第2款的规定，侦查人员在讯问犯罪嫌疑人的时候，应当告知犯罪嫌疑人享有的诉讼权利，如实供述自己罪行可以从宽处理和认罪认罚的法律规定。A选项中漏掉了“认罪认罚”，所以错误。

宋某系未成年人，根据《刑诉法》第174条的规定：“犯罪嫌疑人自愿认罪，同意量刑建议和程序适用的，应当在辩护人或者值班律师在场的情况下签署认罪认罚具结书。犯罪嫌疑人认罪认罚，有下列情形之一的，不需要签署认罪认罚具结书：（一）犯罪嫌疑人是盲、聋、哑人，或者是尚未完全丧失辨认或者控制自己行为能力的精神病人的；（二）未成年犯罪嫌疑人的法定代理人、辩护人对未成年人认罪认罚有异议的；（三）其他不需要签署认罪认罚具结书的情形。”注意，虽然选项中没有说明法定代理人和辩护人对宋某的认罪认罚是否有异议，但是即便没有异议，从第一句的规定来看，签署认罪认罚具结书也未要求法定代理人在场。所以B选项说法错误。

C选项有一定的迷惑性，虽然未成年人不适用速裁程序，但是根据《法院解释》第 566 条的规定，对未成年人刑事案件，人民法院决定适用简易程序审理的，应当征求未成年被告人及其法定代理人、辩护人的意见。上述人员提出异议的，不适用简易程序。本案中宋某认罪认罚，且案件符合简易程序的适用条件，所以 C 选项说法正确。

D 选项考查了刑事和解的主体问题。根据《法院解释》第 589 条第 2 款的规定，被告人系限制行为能力人的，其法定代理人可以代为和解。因此宋某的父亲是适格的。但是，江某虽然双腿骨折，但并未丧失行为能力，不属于《法院解释》第 588 条第 2 款中规定的“被害人系无行为能力或者限制行为能力人的，其法定代理人、近亲属可以代为和解”的情形，所以江某的丈夫并不具有和解的主体资格。因此 D 选项说法错误。

41.【答案】B

【逐项分析】根据《关于适用认罪认罚从宽制度的指导意见》第 45 条的规定：“被告人不服适用速裁程序作出的第一审判决提出上诉的案件，可以不开庭审理。第二审人民法院审查后，按照下列情形分别处理：（一）发现被告人以事实不清、证据不足为由提出上诉的，应当裁定撤销原判，发回原审人民法院适用普通程序重新审理，不再按认罪认罚案件从宽处罚……”根据该规定，本题的正确答案是 B 选项。注意与普通程序的上诉审的区别。

42.【答案】A

【逐项分析】根据《法院解释》第 461 条的规定，上级人民法院发现下级人民法院已经发生法律效力的判决、裁定确有错误的，可以指令下级人民法院再审；原判决、裁定认定事实正确但适用法律错误，或者案件疑难、复杂、重大，或者有不宜由原审人民法院审理情形的，也可以提审。上级人民法院指令下级人民法院再审的，一般应当指令原审人民法院以外的下级人民法院审理；由原审人民法院审理更有利于查明案件事实、纠正裁判错误的，可以指令原审人民法院审理。

因为 G 省高院直接审理此案，属于提审，提审应按照二审程序。A 选项说法错误。G 省高院可以指令其辖区范围内的中级法院按照一审程序重审此案。B 选项说法正确。C 选项有一定的迷惑性，W 市是服刑地法院，但也是 G 省高院辖区范围内的法院，所以指令其按照一审程序重审也是正确的。C 选项说法正确。G 省高院也可以指令原审法院按照一审程序重新审理。D 选项说法正确。

43.【答案】C

【逐项分析】寻衅滋事罪是属于《刑法》第六章的罪名，不属于刑事和解（《刑法》第四章、第五章）的案件范围，A 选项说法错误。

根据《法院解释》第 183 条规定，共同犯罪案件，同案犯在逃的，不应列为附带民事诉讼被告人。B 选项说法错误。

根据《法院解释》第 195 条的规定，附带民事诉讼原告人经传唤，无正当理由拒不到庭，或者未经法庭许可中途退庭的，应当按撤诉处理。刑事被告人以外的附带民事诉讼被告人经传唤，无正当理由拒不到庭，或者未经法庭许可中途退庭的，附带民事部分可以缺席判决。C 选项说法正确。

根据《法院解释》第 197 条的规定，人民法院认定公诉案件被告人的行为不构成犯罪，对已经提起的附带民事诉讼，经调解不能达成协议的，可以一并作出刑事附带民事判决，也可以告知附带民事原告人另行提起民事诉讼。人民法院准许人民检察院撤回起诉的公诉案件，对已经提起的附带民事诉讼，可以进行调解；不宜调解或者经调解不能达成协议的，应当裁定驳回起诉，并告知附带民事诉讼原告人可以另行提起民事诉讼。因此，D 选项裁定驳回起诉的说法错误。

44.【答案】B

【逐项分析】A 选项符合程序正当原则要求。该原则的第一项内容即是行政公开原则，要求除涉及国家秘密和依法受到保护的商业秘密、个人隐私外，行政机关实施行政管理应当公开，以实现公民的知情权。A 选项不当选。

B 选项符合合理行政原则的要求。该原则的第二项内容是考虑相关因素原则，即行政机关作出行政决定和进行行政裁量，只能考虑符合立法授权目的的各种因素，不得考虑不相关因素。B 选项中，税务局在对乙企业作出处罚时，依照《行政处罚法》第 32 条有关从轻处罚的规定（主动消除或者减轻违法行为危害后果的），对其从轻处罚，符合合理行政原则要求，当选。

C 选项符合权责统一原则要求。该原则的第一项内容为行政效能原则，即为保证行政机关完成管理经济、社会和文化事务的职责，需要立法赋予其必要的管理手段。C 选项不当选。

D 选项符合高效便民原则要求。该原则的第二项内容为便利当事人原则，即在实施行政行为时，行政机关应尽量为相对人提供各种便利条件，减轻当事人办事的成本和负担。D 选项不当选。

45.【答案】C

【逐项分析】《地方各级人民政府机构设置和编制管理条例》第9条规定："地方各级人民政府行政机构的设立、撤销、合并或者变更规格、名称，由本级人民政府提出方案，经上一级人民政府机构编制管理机关审核后，报上一级人民政府批准；其中，县级以上地方各级人民政府行政机构的设立、撤销或者合并，还应当依法报本级人民代表大会常务委员会备案。"据此，A选项表述错误。

《地方各级人民政府机构设置和编制管理条例》第13条规定："……县级以上地方各级人民政府行政机构的内设机构的设立、撤销、合并或者变更规格、名称，由该行政机构报本级人民政府机构编制管理机关审批。"对照上述规定可知，B选项的说法错误。

《地方各级人民政府机构设置和编制管理条例》第16条规定："地方各级人民政府的行政编制总额，由省、自治区、直辖市人民政府提出，经国务院机构编制管理机关审核后，报国务院批准。"对照上述规定可知，C选项的说法正确。

《地方各级人民政府机构设置和编制管理条例》第18条规定："地方各级人民政府根据调整职责的需要，可以在行政编制总额内调整本级人民政府有关部门的行政编制。但是，在同一个行政区域不同层级之间调配使用行政编制的，应当由省、自治区、直辖市人民政府机构编制管理机关报国务院机构编制管理机关审批。"据此，D选项表述错误。

46.【答案】B

【逐项分析】《公务员法》第13条规定："公务员应当具备下列条件：（一）具有中华人民共和国国籍；（二）年满十八周岁；（三）拥护中华人民共和国宪法，拥护中国共产党领导和社会主义制度；（四）具有良好的政治素质和道德品行；（五）具有正常履行职责的身体条件和心理素质；（六）具有符合职位要求的文化程度和工作能力；（七）法律规定的其他条件。"A选项表述符合第5项规定，正确。

《公务员法》第26条规定："下列人员不得录用为公务员：（一）因犯罪受过刑事处罚的；（二）被开除中国共产党党籍的；（三）被开除公职的；（四）被依法列为失信联合惩戒对象的；（五）有法律规定不得录用为公务员的其他情形的。"上述规定中，只有被依法列为失信联合惩戒对象的人，才不能被录用为公务员。行政规范性文件不属于法的范畴，B选项的表述不符合《公务员法》的规定，错误。

《公务员法》第40条规定："公务员领导职务实行选任制、委任制和聘任制。公务员职级实行委任制和聘任制。领导成员职务按照国家规定实行任期制。"据此，C选项的表述正确。

《公务员法》第69条规定："国家实行公务员交流制度。公务员可以在公务员和参照本法管理的工作人员队伍内部交流，也可以与国有企业和不参照本法管理的事业单位中从事公务的人员交流。交流的方式包括调任、转任。"根据上述规定，公务员交流方式为调任和转任，D选项的表述正确。

47.【答案】D

【逐项分析】《行政法规制定程序条例》第13条规定："起草行政法规，起草部门应当深入调查研究，总结实践经验，广泛听取有关机关、组织和公民的意见。……起草行政法规，起草部门应当将行政法规草案及其说明等向社会公布，征求意见，但是经国务院决定不公布的除外。向社会公布征求意见的期限一般不少于30日。……"根据上述规定可知，A选项的说法正确。

《行政法规制定程序条例》第22条第1款规定："行政法规送审稿涉及重大利益调整的，国务院法制机构应当进行论证咨询，广泛听取有关方面的意见。论证咨询可以采取座谈会、论证会、听证会、委托研究等多种形式。"据此，B选项的表述正确。

《行政法规制定程序条例》第26条规定："行政法规草案由国务院常务会议审议，或者由国务院审批。国务院常务会议审议行政法规草案时，由国务院法制机构或者起草部门作说明。"对照上述规定，C选项的表述正确。

《行政法规制定程序条例》第28条规定："行政法规签署公布后，及时在国务院公报和中国政府法制信息网以及在全国范围内发行的报纸上刊载。国务院法制机构应当及时汇编出版行政法规的国家正式版本。在国务院公报上刊登的行政法规文本为标准文本。"据此，D选项表述错误。

48.【答案】D

【逐项分析】《行政许可法》第32条第2款规定："行政机关受理或者不予受理行政许可申请，应当出具加盖本行政机关专用印章和注明日期的书面凭证。"据此，行政机关无论是否受理相对人行政许可申请，都需要出具加盖机关专用印章和注明日期的书面凭证，而不能只停留在口头的受理通知。A 选项表述正确。

《行政许可法》第 27 条规定："行政机关实施行政许可，不得向申请人提出购买指定商品、接受有偿服务等不正当要求。行政机关工作人员办理行政许可，不得索取或者收受申请人的财物，不得谋取其他利益。"据此，B 选项的表述正确。

《行政许可法》第 36 条规定："行政机关对行政许可申请进行审查时，发现行政许可事项直接关系他人重大利益的，应当告知该利害关系人。申请人、利害关系人有权进行陈述和申辩。行政机关应当听取申请人、利害关系人的意见。"据此，C 选项的表述正确。

《行政许可法》第 40 条规定："行政机关作出的准予行政许可决定，应当予以公开，公众有权查阅。"据此，D 选项的表述错误。

49.【答案】D

【逐项分析】本题中，B 县公安局城区派出所根据其调查认定的吴某违法事实，对其作出责令限期改正通知书，该行为在法律性质上应属于行政命令。理由为：第一，该行为不具有制裁性，区别于行政处罚。发现违法事实后，责令当事人改正，是为当事人设定了恢复被破坏的行政管理秩序的义务，其目的不在于对违法行为人进行制裁，由此与行政处罚存在差别。第二，该行为不属于行政强制措施。理由为：一是行为实施于执法程序的终点，非作出于行政执法过程，后续没有其他进一步处理措施；二是该行为的目的不在于防止危险扩大、预防和制止违法行为，主要在于恢复被破坏的行政管理秩序。据此，A 选项的说法错误。

《治安管理处罚法》第 107 条规定："被处罚人不服行政拘留处罚决定，申请行政复议、提起行政诉讼的，可以向公安机关提出暂缓执行行政拘留的申请。公安机关认为暂缓执行行政拘留不致发生社会危险的，由被处罚人或者其近亲属提出符合本法第一百零八条规定条件的担保人，或者按每日行政拘留二百元的标准交纳保证金，行政拘留的处罚决定暂缓执行。"据此，B 选项的说法错误。

《治安管理处罚法》第 102 条规定："被处罚人对治安管理处罚决定不服的，可以依法申请行政复议或者提起行政诉讼。"据此可知，C 选项的说法错误。

《行诉法解释》第 149 条第 1 款规定："人民法院经审查认为行政行为所依据的规范性文件合法的，应当作为认定行政行为合法的依据；经审查认为规范性文件不合法的，不作为人民法院认定行政行为合法的依据，并在裁判理由中予以阐明。作出生效裁判的人民法院应当向规范性文件的制定机关提出处理建议，并可以抄送制定机关的同级人民政府、上一级行政机关、监察机关以及规范性文件的备案机关。"依照上述规定，当人民法院审查认为规范性文件不合法时，应当在裁判理由中对其违法问题作出阐述。D 选项的说法正确。

50.【答案】D

【逐项分析】选项 A 的判断需要结合最高法院《关于审理行政协议案件若干问题的规定》第 1 条、第 2 条的规定。按照该司法解释第 1 条规定："行政机关为了实现行政管理或者公共服务目标，与公民、法人或者其他组织协商订立的具有行政法上权利义务内容的协议，属于行政诉讼法第十二条第一款第十一项规定的行政协议。"该条确定了行政协议的四个判断标准：主体标准、目的标准、内容标准以及意思标准。该司法解释第 2 条列举了属于行政诉讼受案范围典型行政协议类型，即（1）政府特许经营协议；（2）土地、房屋等征收征用补偿协议；（3）矿业权等国有自然资源使用权出让协议；（4）政府投资的保障性住房的租赁、买卖等协议；（5）符合本规定第一条规定的政府与社会资本合作协议；（6）其他行政协议。本题所涉及的企业关停协议，虽然不在上述列举范围，但从司法解释第 1 条的四个标准来判断，其仍属于行政协议，由此引发的争议，属于行政诉讼受案范围。A 选项表述正确。

最高法院《关于审理行政协议案件若干问题的规定》第 7 条规定："当事人书面协议约定选择被告所在地、原告所在地、协议履行地、协议订立地、标的物所在地等与争议有实际联系地点的人民法院管辖的，人民法院从其约定，但违反级别管辖和专属管辖的除外。"本题中，当事人约定协议争议发生后由县法院受理，违反了《行政诉讼法》第 15 条级别管辖的规定。该条规定："中级人民法院管辖下列第一审行政案件：（一）对国务院部门或者县级以上地方人民政府所作的行政行为提起诉讼的案件；……"据此，在 C 纸业公司起诉县政府的情况下，应当由中级法院管辖。B 选项说法正确。

最高法院《关于审理行政协议案件若干问题的规定》第 9 条规定："在行政协议案件中，行政诉讼法第四十九条第三项规定的'有具体的诉讼请求’是指：（一）请求判决撤销行政机关变更、解除行政协议的行政行为，或者确认该行政行为违法；（二）请求判决行政机关依法履行或者按照行政协议约定履行义务；（三）请求判决确认行政协议的效力；（四）请求判决行政机关依法或者按照约定订立行政协议；（五）请求判决撤销、解除行政协议；（六）请求判决行政机关赔偿或者补偿；（七）其他有关行政协议的订立、履行、变更、终止等诉讼请求。”《行诉法解释》第68条第3款规定：“当事人未能正确表达诉讼请求的，人民法院应当要求其明确诉讼请求。”本题中，C纸业公司认为协议内容显失公平，应当提起撤销协议的诉讼请求，所以，受案法院有权依照前述规定要求其变更诉讼请求。C选项说法正确。

最高法院《关于审理行政协议案件若干问题的规定》第27条第2款规定：“人民法院审理行政协议案件，可以参照适用民事法律规范关于民事合同的相关规定。”本题中，C纸业公司认为协议内容显失公平，符合协议撤销的情形，但是，最高法院《关于审理行政协议案件若干问题的规定》并未明确规定此类诉讼请求的提出适用何种期限，需要参照有关民事法律规范的规定。《民法典》第151条规定：“一方利用对方处于危困状态、缺乏判断能力等情形，致使民事法律行为成立时显失公平的，受损害方有权请求人民法院或者仲裁机构予以撤销。”根据《民法典》第152条规定，当事人自知道或者应当知道撤销事由之日起1年内、重大误解的当事人自知道或者应当知道撤销事由之日起90日内没有行使撤销权的，撤销权消灭。参照上述规定，C纸业公司请求法院撤销协议的，应当适用1年的规定。据此，选项D的说法错误。

二、多项选择题。

51.【答案】 AD

【逐项分析】 合宪性审查是宪法监督的必然要求和必要方式，而备案审查是宪法监督的基础和着力点。目前备案审查主要是合法性审查，不针对法律本身，也不针对行政法规、地方性法规、自治条例和单行条例、规章以外的规范性文件。而合宪性审查，是要将所有规范性文件都将纳入审查范围，甚至还可能包括对一些行为进行合宪性审查。“加强备案审查制度和能力建设，把所有规范性文件纳入备案审查范围”，这表达了改革的方向。A选项正确。

B选项是干扰项。根据《立法法》的规定，地方立法机关在其立法权限范围内，可以制定相应的规范性法律文件。但是实践中，有的地方和部门受利益驱动或者缺乏法治意识，自行制发饱受诟病的立法性文件。这些文件的主题往往是围绕某一项具体工作、某一个具体问题，具有很强的针对性和操作性，对社会公众的影响力也更为广泛。针对这种情况，强调“禁止地方制发带有立法性质的文件”，这是用法治手段遏制乱发、滥发立法性文件行为。为此，应当加强备案审查工作，从源头上规范立法性文件。B选项错误。

根据《立法法》第100条的规定，全国人大常委会如果认为违反宪法，采用的违反宪法责任承担方式是由制定机关进行修改，在不予修改的情况下宣布撤销。因此，撤销违反宪法的规范性法律文件并非承担责任的唯一方式。C选项错误。

合宪性审查应当坚持公开原则，即合宪性审查的过程、结果及违反宪法责任的追究应当公开透明。《立法法》第101条规定，全国人民代表大会有关的专门委员会和常务委员会工作机构应当按照规定要求，将审查、研究情况向提出审查建议的国家机关、社会团体、企业事业组织以及公民反馈，并可以向社会公开。实践中设立于全国人大常委会之内的“法规备案审查工作室”一直积极地对交来备案的法规、规章进行审查工作，但是其受理请求过程、审查过程、处理结果等处于非公开状态。因此，改革方向是明确和落实合宪性审查的公开原则，D选项正确。

52.【答案】 AC

【逐项分析】 A选项是干扰项。题干事例中，在经过拉锯式谈判后，王某无奈以“大哭大闹”的方式引发舆论关注来维权，这其实是最无奈和揪心的维权方式。如果存在稳定、通畅的正常的维权渠道，王某不会选择采取“闹出动静”，以有伤尊严的方式和侵权者“讲道理”。理性的纠纷解决方式可以是先请专业人员对“问题车辆”进行判断，寻求消协调解或者依据法律提起诉讼。越多“哭诉维权”的另类维权方式出现，越说明需要健全依法维权化解纠纷机制，破除消费者的维权困境。A选项错误。

严格执法是指执法人员必须严格按照法律规定和程序执法；公正执法要求执法主体在执法活动中，特别是在行使自由裁量权时，做到适当、合理、公正。监管部门的处罚决定认为，该4S店销售的汽车存在质量问题，侵犯了消费者的人身、财产安全，根据《消费者权益保护法》第56条第1款第1项规定，提供的商品或者服务不符合保障人身、财产安全要求的，除承担相应的民事责任外，其他有关法律、法规对处罚机关和处罚方式有规定的，依照法律、法规的规定执行；法律、法规未作规定的，由工商行政管理部门或者其他有关行政部门责令改正，可以根据情节单处或者并处警告、没收违法所得、处以违法所得1倍以上10倍以下的罚款，没有违法所得的，处以50万元以下的罚款。该处罚措施体现了严格公正执法的要求，B选项正确。

维权成本过高，会侵蚀社会的契约精神与诚信意识，而不是有利于塑造社会的契约精神与诚信意识。因为平等主体之间的合作凭的是契约精神，而商业社会能有效运转的润滑剂是诚信意识。但这两者并非凭空产生，如果一方破坏契约与诚信而能够从中获益，那么天平的平衡就会被打破。维权成本高一方面意味着消费者难于维权，另一方面也意味着企业可以不惮于消费者维权。所以，应当将维权成本降下来，将维权渠道拓宽，让消费者轻松维权，如此，才会让“哭诉维权”消失。C选项错误。

结合题干事例，消费者在购买类似汽车这种大件物品发生问题时，仍存在诉讼耗时长、消费者需要自行承担检测费用等问题，同类纠纷的解决，需要通过坚持法治国家、法治政府、法治社会一体建设来实现。例如，在法治国家建设层面，制定相应的法律规范企业的行为，要求商家销售产品必须做PDI检测（车辆售前检测证明），保证汽车质量（包括安装质量）合格，在法律上对车辆鉴定费用如何依据责任分配进行承担作出合理规定。在法治政府层面，应提高监管水平，保证监管部门在纠纷出现后能及时介入，有效处置。在法治社会层面，健全权利救济渠道，消费者可请求各地的消协、消费者权益保护组织等第三方社会机构出面调解，或者求助律师依据法律有效维权，化简诉讼程序等。D选项正确。

53.【答案】ABD

【逐项分析】根据《指导意见》，重大执法决定法制审核是确保行政执法机关作出的重大执法决定合法有效的关键环节。行政执法机关作出重大执法决定前，要严格进行法制审核，未经法制审核或者审核未通过的，不得作出决定。该制度在实施中要结合行政执法行为的类别、执法层级、所属领域、涉案金额以及对当事人、社会的影响等因素，确定重大执法决定的范围，探索建立重大执法决定目录清单制度；针对不同行政执法行为，明确具体审核内容，重点审核执法主体、管辖权限、执法程序、事实认定、行政裁量权运用和法律适用等情形；根据重大执法决定的实际情况，编制法制审核工作流程，建立责任追究机制。A选项正确。

行政执法公示是保障行政相对人和社会公众知情权、参与权、表达权、监督权的重要措施。“随机抽取检查对象，随机选派执法人员，将抽查情况及查处结果向社会公开”被称为“双随机、一公开”。其中，“双随机”有利于避免选择性执法和倾向性执法，“一公开”有利于使监管过程公开透明，克服多头执法、重复执法，也可有效防止行政不作为和乱作为。B选项正确。

行政执法应主要考核办案质量，即是否合法合理，有没有程序性甚至实体性的错误。如果以办案数量、罚没数额作为主要考核依据，是不科学的。因为案发与否是不确定因素，不会因执法者的主观意志而改变；案件出现后，如何处理，是警告还是罚款，罚款多少，都要依据法律规定，在法定的自由裁量权范围内作出。行政处罚的目的是处罚与教育相结合，行政执法不应追求经济效益；否则，会导致在趋利避害的心理下，一些执法部门和人员为罚而罚，忽略执法背后公平正义的价值考量，甚至引发钓鱼执法或放水养鱼执法问题。把办案罚没数量列为考核指标，可能反映出执法部门的工作绩效，但数字考核只应起辅助作用，而非主要作用。C选项错误。

公平竞争审查是我国政府优化营商环境、推动经济高质量发展的一个重要举措，也是维护市场公平竞争的一个重大制度性安排。建立公平竞争审查的投诉举报平台，对反映的情况及时进行调查核实，违反制度要求的责令改正，造成严重后果的依法依规进行问责，及时曝光典型案例，有利于提高公平竞争审查制度的威慑力和透明度。将公平竞争审查工作纳入营商环境评价考核体系，有利于从机制的建设、审查的成效和违反制度情况等方面，建立科学合理的评价标准，增强正面激励和负面约束。D选项正确。

54.【答案】AD

【逐项分析】依法执政既要求党依据宪法法律治国理政，也要求党依据党内法规管党治党。党的十九大报告强调，“增强依法执政本领，加快形成覆盖党的领导和党的建设各方面的党内法规制度体系，加强和改善对国家政权机关的领导”。这充分体现了中央把制度治党、依规治党作为全面从严治党的重要内容进行部署，体现了党对执政规律认识的进一步深化。题干表述也反映了这一点，A 选项正确。

实践中，中央纪委国家监委向中管金融企业派驻纪检监察组，为金融反腐“战绩”的取得发挥了重要的“探头”作用，成为惩治金融领域腐败的新的利器。派驻监督是中央纪委纪检职能的重要组成部分，其本质是党内监督。《监察法》第12~13条也对派驻或者派出监察机构、监察专员及其职责作出了规定，这使其监督又具有了法律依据，成为法律监督。所以，B 选项错误。

党内法规与国家法律的适用对象和效力确实不同，但是两者互为补充和促进。可以及时将党内法规中成熟的直接规范公权力运行的制度规定，经过法定程序上升为国家法律。所以，C 选项错误。

党的领导和社会主义法治具有一致性。一方面，社会主义法治必须坚持党的领导。另一方面，党的领导必须依靠社会主义法治。要把党领导人民制定和实施宪法法律同党坚持在宪法法律范围内活动统一起来。坚持在宪法法律范围内活动，就包括了防止和纠正违反宪法法律的党内法规，D 选项正确。

55.【答案】ABC

【逐项分析】《学位条例》是全国人大常委会制定的，因此属于当代中国法的正式渊源中的(狭义的)“法律”。该校《授予本科毕业生学士学位实施细则》是由学校制定的规范性文件，是对授予学士学位的标准的细化，属于校级规章制度，不属于当代中国法的正式渊源，也不属于广义的“法律”。因此，不能说《授予本科毕业生学士学位实施细则》是《学位条例》的特别法，A 选项错误。

在法律人将现行有效的一般法律规范适用于特定案件，获得一个法律决定的过程中，法的发现是指法律人获得法律决定的事实过程；而法的证成是指法律人对其所得的决定提供尽可能充足的理由，为了使该决定是合理的而进行推理或论证的过程。在该案裁判中，法官的判决不仅是其心理因素与社会因素引发他针对案件作出具体决定的实际过程，也是一个他将其实际上所作的决定进行合理化的证明和证成，以保证该决定是理性的、正当的或正确的过程。所以 B 选项是故意混淆两个概念，是错误的。

法官的自由裁量贯穿于诉讼的整个过程，指法官在正确认定事实和适用法律的基础上，充分发挥主观能动作用，独立、正当、合理地裁判案件，包括对事实与证据的裁量、对庭审中双方言行的裁量、对判决结果的裁量等。在法律有明文规定的情况下，法官的自由裁量权受到法律的约束。在法无明文规定的情况下，法官的自由裁量并非不受任何限制，这时他必须遵循社会公认的正义标准、理性原则、习惯、公认的学说和传统等非正式的法的渊源，并对自己的裁判进行论证说理，使自由裁量建立在客观公正判断，而非纯粹主观任意的基础上。C 选项错误。

D 选项是干扰项。《学位条例》第 4 条规定：“高等学校本科毕业生，成绩优良，达到下述学术水平者，授予学士学位：（一）较好地掌握本门学科的基础理论、专门知识和基本技能；……”《学位条例暂行实施办法》第 25 条规定：“学位授予单位可根据本暂行实施办法，制定本单位授予学位的工作细则。”该办法赋予学位授予单位在不违反《学位条例》所规定授予学士学位基本原则的基础上，在学术自治范围内制定学士学位授予标准的权力和职责。从题干表述来看，法院在审理该案时，考虑到这一问题。D 选项正确。

56.【答案】BC

【逐项分析】法律漏洞是指违反立法计划（规范目的）的法的不圆满性。根据法律漏洞的表现形态，分为明显漏洞和隐藏漏洞，其中明显漏洞是关于某个法律问题，法律依其规范目的或立法计划，应积极地加以规定却没有规定；隐藏漏洞是关于某个法律问题，法律虽然已经进行规定，但是依其规范目的或立法计划，应对该规定设有例外却未设例外。根据《工伤保险条例》第 15 条规定，在工作时间和工作岗位，突发疾病死亡或者在 48 小时之内经抢救无效死亡的，视同工伤。从本案来看，法律规则并不存在该设有例外却未设例外的情况，所以并不存在隐藏漏洞。A 选项错误。

在法律解释的方法中，目的解释包括主观目的解释和客观目的解释。主观目的解释又称立法者的目的解释，是根据参与立法的人的意志或立法资料揭示某个法律规定的含义。客观目的解释是根据“理性的目的”或“在有效的法秩序的框架中客观上所指示的”目的即法的客观目的，而不是根据过去和目前事实上存在着的任何个人的目的，对某个法律规定进行解释。这种方法在运用时，可以借助探寻“被规整之事物领域的结构”和一些法律原则来理解法的客观目的。从题干陈述，不能看出法官对法律条文进行了主观目的解释，但是可以看出进行了客观目的解释。这是因为法官认为“工作岗位”强调的是岗位职责、工作任务，这是探寻了被规整之事物领域即“工作岗位”的特征，并结合了“保障职工利益”的法律原则，认为“职工在家加班工作，是为了完成岗位职责，应当属于‘工作时间和工作岗位’”。所以 B 选项正确。

为大多数法学家认可的解释方法的位阶是：(1) 语义学解释→ (2) 体系解释→ (3) 立法者意图或目的解释→ (4) 历史解释→ (5) 比较解释→ (6) 客观目的解释。但是，这种位阶关系不是固定的，其确定的各种方法之间的优先性关系是相对的而不是绝对的。法律人在法律适用中，可以在充分说理的情况下，改变其优先性关系。C 选项正确。

法律责任的竞合是指由于某种法律事实的出现，导致两种或两种以上的法律责任产生，而这些责任之间相互冲突的现象。判断是否存在法律责任的竞合，要结合法律责任竞合的特点：即第一，数个法律责任的主体为同一法律主体；第二，责任主体实施了一个行为；第三，该行为符合两种或两种以上的法律责任构成要件；第四，数个法律责任之间相互冲突。人社局重新作出认定，并不会产生法律责任的竞合，D 选项错误。

57.【答案】 BC

【逐项分析】 演绎推理是从一般到个别的推论，其经典形式是三段论。演绎法律推理的大前提是法律规范，小前提是案件事实。在该案中，(二审) 法官根据《民法典》的相关规定，结合已查明的案件事实作出裁判，是运用了演绎推理的方法，A 选项正确。

法律证成分为内部证成和外部证成。内部证成负责法律决定按照一定的推理规则从相关前提中逻辑地推导出来。外部证成负责对法律决定所依赖的前提进行证成。内部证成关注由前提到结论的逻辑推导步骤，而外部证成的对象是在内部证成过程中所使用的各个前提。法院对“双方形成的是医疗服务合同关系”的证成，不是在推导纠纷双方责任如何承担的法律决定，而是为该决定的作出准备前提，即证成双方合同的性质，因此属于外部证成，B 选项错误。

C 选项是干扰项。归责的效益原则是指在追究行为人的法律责任时，应当进行成本收益分析，讲求法律责任的效益。法院在归责时，分别论证了美容诊所的行为过错（故意超范围、超资质为张某实施手术，造成损害），也论证了张某的行为过错（选择医疗美容机构时，未尽到必要的注意义务），这体现了归责的公正原则，即综合考虑使行为人承担责任的多种因素，做到合理的区别对待。所以 C 选项错误。

在法律适用中，查明和确认案件事实需要对芜杂的生活事实进行整理、选择和判断，将其转化为“法律事实”，才能将一定的规范适用在特定的案件上。法官认定的裁判事实（即“法律事实”）需要通过合法的证据进行支持。借助该选项，考生要注意“法律事实”和“客观事实”之间的差别：案件的客观事实是不依赖于人们的认识的事实真相；而法律事实是被合法证据证明了的案件事实。“美容诊所存在超范围、超资质为张某实施美容手术的行为”是法院通过证据采信核实认定的事实，是裁判事实，D 选项正确。

58.【答案】 ABD

【逐项分析】 人权，是每个人作为人应该享有的权利，它来自“人自身”，是人凭自己是人所享有的权利。人权既可以作为道德权利而存在，也可以作为法律权利而存在。但是，在根本上人权是一种道德权利。由于不同的人具有不同的利益，因此在社会政策制定和执行的过程中，经常必须在不同个人或群体的利益间进行权衡，有的人因此必须作出牺牲。但是，对任何人可以提出合理要求的牺牲，需要其承受的损失是有限度的，这个限度的伦理基础就是人们负有相互尊重的义务。在个人层面和政治生活的层面上，人们都必须能够保持他们的尊严和自尊。任何人的尊严都不受侵犯，体现出人权的道德属性，人作为人得以要求自己不能遭受非人道、贬低身份的对待与惩罚。A 选项正确。

按照功利主义的思想，“善”是最大地增加幸福的总量，并且引起最少的痛楚；“恶”则反之，“最大多数人的最大幸福”是公共政策的唯一合理指南。一方面是恐怖活动对平民生命财产的威胁；另一方面是讯问给嫌疑人带来的伤害和痛苦。参与讯问的人员相信讯问行动所阻止的伤害多于它引起的伤害，他们在以自己所知道的道德上最佳的方式回应这种特殊情形，这是以功利主义进行的正当性证明，B 选项正确。

功利主义遭遇的批评之一，是它将各种利益置于同样的天平上进行计算，而没有区分不同利益的权重。一方面是讯问给嫌疑人带来的痛苦，尊严的贬低；另一方面是由恐怖活动带来的人员伤亡、因安全保障状况恶化对当地普通居民造成的不便等。在这里，嫌疑人的人权可以和受伤害的人的人权进行计算，但是它不能和对当地普通居民造成的不便置于同一个天平上进行衡量。这是因为人们拥有的一些利益如人权、生命等比其他利益，如普通的便利和满足更重要。人权在利益计算上具有优先性，不能简单地与其他任何利益一起进行社会计算。在法的价值冲突的解决原则中，价值位阶原则指在不同的法的价值间可以确立一个价值位阶，位阶高的价值优于位阶低的价值。人权和秩序并不处于同等位阶，C 选项错误。

进行社会功效计算是复杂的，它要考虑各种选择的结果，面临多种可能性，遭遇不可预见的后果，甚至受到自身偏见的蒙蔽。所以可以通过设立关于绝对尊重权利的原则，来避免由无知、恐慌、偏见所导致的政治决策所带来的错误。例如在该事件中，人们只是猜测通过讯问获取情报被避免的痛苦，可能超过嫌疑人所承受的痛苦。但是真实情况是，人们并不知道通过讯问是否可以获得有效情报、获得情报后又是否能及时根据情报采取行动，以及这种讯问手段和程序正当化的长期后果是什么。唯一确切知道的是，嫌疑人会遭受痛苦。而在特有的压力下，组织和实施讯问的官员可能会受到鼓动而夸大折磨嫌疑人政策的好处，而低估这个政策的危险性。相比于允许官员逐个案件决定什么将促进普遍利益，在所有情形中全面禁止"非人道、贬低身份的对待与惩罚"，也许能更好地促进社会的普遍福利。这一论证可以说明，法律设定的一般标准，避免了其他政策选择的随意性。这也正是法对人权保障所具有的明显优势。另外，法律设定的一般标准，也体现了其自身对法律在内容上正确性的追求，它将"高级法"的要求，即这里对人的尊严的保障体现在具体规定之中。D 选项正确。

59.【答案】BD

【逐项分析】A 选项考查"法律保留事项"。《立法法》第 8 条对只能制定法律的事项作了列举，包括兜底条款在内共 11 项。《立法法》第 9 条又规定："本法第八条规定的事项尚未制定法律的，全国人民代表大会及其常务委员会有权作出决定，授权国务院可以根据实际需要，对其中的部分事项先制定行政法规，但是有关犯罪和刑罚、对公民政治权利的剥夺和限制人身自由的强制措施和处罚、司法制度等事项除外。"考生如果对这两个条款特别是第 9 条记忆不准确，很容易受到行政法上"行政强制措施"概念的影响，而误认为 A 选项的陈述成立。

B 选项考查"法律案的提案权"。有权向全国人大和全国人大常委会提出法律案的主体是不一样的。根据《全国人大组织法》第 16 条、第 17 条规定，有权向全国人大提出法律案的主体是：全国人大主席团、全国人大常委会、国务院、中央军事委员会、国家监察委员会、最高人民法院、最高人民检察院、全国人大各专门委员会、一个代表团或者 30 名以上的代表联名。根据《全国人大组织法》第 29 条规定，有权向全国人大常委会提出法律案的主体是：委员长会议、国务院、中央军事委员会、国家监察委员会、最高人民法院、最高人民检察院、全国人大各专门委员会、常委会组成人员 10 人以上联名。其中，既有权向全国人大也有权向全国人大常委会提出法律案的主体是：国务院、中央军事委员会、国家监察委员会、最高人民法院、最高人民检察院、全国人大各专门委员会。B 选项的陈述正确。该选项需要考生对《全国人大组织法》进行综合分析、概括提炼。

C 选项考查"法律解释请求权"。根据《立法法》第 45 条、第 46 条规定，法律解释权属于全国人大常委会。国务院、中央军事委员会、最高人民法院、最高人民检察院和全国人大各专门委员会以及省、自治区、直辖市的人大常委会，可以向全国人大常委会提出法律解释要求。本选项故意将"省、自治区、直辖市的人大常委会"篡改成了"省、自治区、直辖市的人民政府"，企图利用部分考生的模糊认识诱导其作出错误判断。

D 选项考查"地方立法权"。根据《立法法》第 72 条规定，设区的市和自治州的人大及其常委会取得了对"城乡建设与管理、环境保护、历史文化保护等方面的事项"制定地方性法规的权力。对于这一点，考生基本上都能掌握。不过，对于设区的市和自治州的人民政府有没有取得地方立法权，却未必人人都有清楚认识。根据《立法法》第 82 条规定，设区的市和自治州的人民政府有权针对上述三种事项制定地方政府规章。D 选项内容正确。

60.【答案】AB

【逐项分析】A 选项考查《香港特别行政区维护国家安全法》的性质。前述全国人大《决定》第 6 条规定："授权全国人民代表大会常务委员会就建立健全香港特别行政区维护国家安全的法律制度和执行机制制定相关法律，切实防范、制止和惩治任何分裂国家、颠覆国家政权、组织实施恐怖活动等严重危害国家安全的行为和活动以及外国和境外势力干预香港特别行政区事务的活动。全国人民代表大会常务委员会决定将上述相关法律列入《中华人民共和国香港特别行政区基本法》附件三，由香港特别行政区在当地公布实施。"全国人大常委会在表决通过《香港特别行政区维护国家安全法》后，即将该法列入《香港特别行政区基本法》附件三。我们知道，凡是列入基本法附件三的法律，都是适用于特别行政区的全国性法律。因此，A 选项内容正确，当选。

B 选项考查《香港特别行政区维护国家安全法》的制定依据。该法第 1 条规定："……根据中华人民共和国宪法、中华人民共和国香港特别行政区基本法和全国人民代表大会关于建立健全香港特别行政区维护国家安全的法律制度和执行机制的决定，制定本法。"因此，该法的制定依据有三个，分别是《宪法》《香港特别行政区基本法》和全国人大的《决定》。B 选项内容正确，当选。

C 选项考查中央人民政府和香港特别行政区在维护国家安全方面的责任承担。《香港特别行政区维护国家安全法》第 3 条规定："中央人民政府对香港特别行政区有关的国家安全事务负有根本责任。香港特别行政区负有维护国家安全的宪制责任，应当履行维护国家安全的职责。……"本题故意将两种责任颠倒、混淆，试图诱导在此问题上掌握不到位的考生作出错误选择。C 选项内容错误，不当选。

D 选项考查《香港特别行政区维护国家安全法》的解释权问题。该法第 65 条规定："本法的解释权属于全国人民代表大会常务委员会。"显然，本题在 D 选项使用了惯用的"偷梁换柱"之计，但由于 D 选项的陈述采用了诱导手法，要识破其诡计并不容易。考生必须对该法的规定以及全国人大常委会的法律解释权了然于胸，方能作出正确判断。D 选项内容错误，不当选。

61.【答案】 ACD

【逐项分析】 A 选项考查乡镇人大主席团的作用。《地方组织法》第 19 条规定："乡、民族乡、镇的人民代表大会举行会议的时候，选举主席团。由主席团主持会议，并负责召集下一次的本级人民代表大会会议。……"根据这一规定，乡镇人大在举行会议时，负责主持会议的是经由选举产生的主席团，而非由"人大主席"单独主持会议。因此，A 选项陈述错误，符合题干要求。

B 选项考查乡镇人大主席的任职条件。《地方组织法》第 18 条第 1 款规定："乡、民族乡、镇的人民代表大会设主席，并可以设副主席一人至二人。主席、副主席由本级人民代表大会从代表中选出，任期同本级人民代表大会每届任期相同。"根据这一规定，镇人大主席必须由镇人民代表大会从其代表中选出。因此，王某首先必须是镇人大代表才能被选举为镇人大主席。B 选项内容陈述正确，不符合题干要求。

C 选项考查乡镇人大主席"不得兼职"原则。《地方组织法》第 18 条第 2 款规定："乡、民族乡、镇的人民代表大会主席、副主席不得担任国家行政机关的职务；如果担任国家行政机关的职务，必须向本级人民代表大会辞去主席、副主席的职务。"根据这一规定，王某作为镇人大主席，是不能担任镇人民政府的行政职务的。C 选项的表述似乎言之成理，但实际上是为了诱导考生作出错误判断。C 选项陈述错误，符合题干要求。

D 选项考查"乡镇人大副主席"。根据《地方组织法》第 18 条第 1 款规定，乡镇人大副主席也是经由选举产生的，并不能由人大主席任命。D 选项中所陈述的"……协助其处理日常工作，在镇人民代表大会闭会期间，由张某、赵某分工负责联系镇人大代表"，是借由《地方组织法》第 18 条第 3 款的语言这一"合法性外壳"，诱导考生作出错误判断。D 选项陈述错误，符合题干要求。

62.【答案】 AD

【逐项分析】 A 选项考查地方各级人民政府设立工作部门的原则。由于现代社会行政事务纷繁复杂，各级人民政府都需要成立不同的工作部门，设官分职，专门处理不同的行政事务。《地方组织法》第 79 条第 1 款规定："地方各级人民政府根据工作需要和优化协同高效以及精干的原则，设立必要的工作部门。"A 选项的陈述符合法律规定，内容正确。

B 选项考查地方各级人民政府所属工作部门的调整程序。为了建设"法治型政府、服务型政府"，近年来，各级政府从上到下都在不断地着手政府机构改革，以适应新形势下行政管理的需要。这种改革程序必须严格依据法律的规定，而不能随意为之。《地方组织法》第 79 条第 3 款规定："省、自治区、直辖市的人民政府的厅、局、委员会等工作部门和自治州、县、自治县、市、市辖区的人民政府的局、科等工作部门的设立、增加、减少或者合并，按照规定程序报请批准，并报本级人民代表大会常务委员会备案。"根据这一规定，县人民政府工作部门的变动，应由县政府报请上一级人民政府批准，并报县人大常委会备案。本题在 B 选项中故意改变了政府工作部门调整的批准权和备案权的主体，将其改成"由县政府报县人大批准，并报上一级人民政府备案"，似是而非。《地方组织法》第 79 条第 3 款有其科学的法理基础：工作部门的调整属于地方政府内部事务，并且工作部门的调整势必影响到上一级人民政府主管部门的工作对接，因此，报请上一级人民政府批准，再报本级人大常委会备案是合乎逻辑的。B选项内容错误。

C选项考查地方各级政府工作部门与本级人民政府、上级政府主管部门之间的关系。地方各级人民政府与其所属的工作部门之间都是领导与被领导的关系，C选项的前半句非常容易判断，但地方各级政府工作部门与上级政府主管部门之间的关系则比较复杂，有的属于领导关系，有的则属于业务指导关系，不可一概而论。《地方组织法》第83条第2款规定："自治州、县、自治县、市、市辖区的人民政府的各工作部门受人民政府统一领导，并且依照法律或者行政法规的规定受上级人民政府主管部门的业务指导或者领导。"C选项中将地方各级政府工作部门与上级政府主管部门之间的关系简单化为纯粹的领导关系，内容错误。

D选项考查地方政府审计机关的地位和职权。《宪法》第109条和《地方组织法》第79条第2款均规定："县级以上的地方各级人民政府设立审计机关。地方各级审计机关依照法律规定独立行使审计监督权，对本级人民政府和上一级审计机关负责。"D选项的陈述符合法律规定，内容正确。

63.【答案】AB

【逐项分析】在已设界标边界线上，相邻国家对界标的维护负有共同责任。双方都应采取必要措施防止界标被移动、损坏或灭失。若一方发现界标出现上述情况，应尽速通知另一方，在双方代表在场的情况下修复或重建。通常，相邻国家通过协议，由双方代表成立处理边境地区事项的机构，专门处理上述边境和边民有关的问题，如偷渡、违章越界、损害界标等事项。国家有责任对移动、损坏或毁灭界标的行为给予严厉惩罚。因此，选项A、B正确。

选项C为重点干扰项。国家间在协议划定地形边界时，如尚未形成更具体的传统习惯线，国际实践一般采取如下处理：以山脉为界时依主分水岭；以可航行河流为界的依主航道中心线，不可航行河流依河流中心线。甲乙两国界河是可航行河流，应依主航道中心线为边界。因此，选项C错误。

根据一般国际法原理，国家对本国边境地区土地的利用，不得使对方国家的利益遭受损害。国家不得在边境地区建立可能对另一国境内动植物、空气或水源造成污染的工厂或从事任何可能造成此类污染的活动；不得在靠近边界的地区设立靶场或进行任何可能危及对方居民及财产安全的武器试验或演习；如遇边境地区森林火灾，国家应尽力扑救并控制火势，不使火灾蔓延到对方境内。垃圾焚烧处理厂如果对乙国造成污染，应受到限制。因此，选项D错误。

64.【答案】BCD

【逐项分析】《律师法律顾问工作规则》第8条规定，律师事务所及其指派的顾问律师，有权拒绝聘方要求为其违法行为及违背事实、违背律师职业道德等的事项提供服务，有权拒绝任何单位、个人的非法干预。因此，就业歧视违反了劳动法，王律师应当如实提出法律意见。A选项符合规定，不当选。

《检察官职业道德基本准则》第5条规定，坚持廉洁操守，自觉接受监督。该规定要求检察官不应利用职务便利或者检察官的身份、声誉及影响，为自己、家人或者他人谋取不正当利益；不从事、参与经商办企业、违法违规营利活动，以及其他可能有损检察官廉洁形象的商业、经营活动；不参加营利性或者可能借检察官影响力营利的社团组织。据此，项检察官虽然没有占用工作时间，也未获得报酬，但其行为会让公众对其廉洁形象产生合理怀疑。B选项当选。

仲裁员职业道德要求仲裁员应主动披露其与当事人或代理人之间的某种关系，以便于当事人和仲裁机构考虑此种关系是否影响该仲裁员的独立性和公正性。据此，即便刘某在仲裁中能做到公正裁决，但未能披露其与申请方代理律师的师生关系，违反了主动披露要求。C选项当选。

《公证员职业道德基本准则》第13条规定，公证员不得利用媒体或采用其他方式，对正在办理或已办结的公证事项发表不当评论，更不得发表有损公证严肃性和权威性的言论。据此，徐某的言论虽是有感而发，但未做到就事论事，会让公众对公证严肃性和权威性产生怀疑。D选项当选。

65.【答案】BCD

【逐项分析】法律咨询也是法律援助服务的形式之一，法律咨询不需要审查申请人的经济条件。A选项正确，不应选。

《刑事诉讼法》第293条规定，人民法院缺席审判案件，被告人有权委托辩护人，被告人的近亲属可以代为委托辩护人。被告人及其近亲属没有委托辩护人的，人民法院应当通知法律援助机构指派律师为其提供辩护。据此，法律援助机构工作人员未必是律师，法院通知法律援助机构指派其工作人员提供辩护不符合规定。B 选项错误，应选。

最高人民法院、最高人民检察院、公安部、国家安全部、司法部《关于适用认罪认罚从宽制度的指导意见》第 10 条第 2 款规定，犯罪嫌疑人、被告人自愿认罪认罚，没有辩护人的，人民法院、人民检察院、公安机关（看守所）应当通知值班律师为其提供法律咨询、程序选择建议、申请变更强制措施等法律帮助。符合通知辩护条件的，应当依法通知法律援助机构指派律师为其提供辩护。据此，于某认罪认罚后，法院应当通知值班律师为其提供法律帮助。至于于某是否符合通知辩护的条件，选项并未言明，并不能武断地认为应当通知法律援助机构指派律师为于某提供辩护。C 选项错误，应选。

《法律援助法》第 32 条规定，有下列情形之一，当事人申请法律援助的，不受经济困难条件的限制：（1）英雄烈士近亲属为维护英雄烈士的人格权益；（2）因见义勇为行为主张相关民事权益；（3）再审改判无罪请求国家赔偿；（4）遭受虐待、遗弃或者家庭暴力的受害人主张相关权益；（5）法律、法规、规章规定的其他情形。据此，陈某因见义勇为受伤，起诉索赔后申请法律援助，法律援助机构无须审查其经济状况。D 选项错误，应选。

66.【答案】 ACD

【逐项分析】 打击错误，是指行为人由于方法的偏差致使原初锁定的攻击客体（目标客体）与实际的攻击客体（侵害客体）欠缺同一性的情形。如甲对准乙开枪，结果由于枪法不准将偶然路过而出现在乙附近的丙打死。显然，丙欲防卫反击甲，结果打中了乙，属于典型的打击错误。A 项正确。

对象错误，是指行为人在实行行为之前便就对象（行为客体）的同一性产生了认识错误，但客观上在实行行为的时点并没有发生目标客体与侵害客体不一的问题。如甲将 A 误认为 B 而开枪，便是对象错误。B 项错误。

如果持行为无价值论，便会认为防卫意识是正当防卫的前提条件，主观的正当化要素是成立正当化事由必须具备的条件。而对于故意犯罪来说，具体符合说认为，行为人所认识或者预见的构成事实与实际发生的事实完全一致时，才成立故意既遂。反过来，对于排除犯罪的防卫行为来说，只有行为人所认识的不法攻击者和实际反击的不法攻击者一致时，才成立正当防卫。如此，则丙在防卫时根本未认识到乙也是不法侵害自己的侵害者，丙对于乙便不能成立正当防卫，只能视情形成立过失犯。C 项正确。

如果持结果无价值论，便会认为防卫意识不是正当防卫的前提条件，在偶然防卫的场合也成立正当防卫，主观的正当化要素并非成立正当化事由必须具备的条件。对故意犯罪来说，法定符合说认为，如果行为人所认识的事实与实际发生的事实在同一构成要件之内，就可以认定行为人对所有的犯罪事实都有故意。同样地，反过来，对于排除犯罪的防卫行为来说，法定符合说会认为，只要行为人所认识的不法攻击者和实际反击的不法攻击者在构成要件上一致时，就能够成立正当防卫，所以如果不要求防卫意识，丙对乙尽管没有防卫意识，但乙客观上是不法攻击者，按照法定符合说，会推导出丙无罪的结论。D 项正确。

67.【答案】 BCD

【逐项分析】 饲养动物是一种典型的危险源，动物饲养者必须监督防止饲养的动物侵害他人，在动物侵害他人时有阻止的义务，如果能够阻止而不予阻止，便成立不作为犯罪。A 项正确。

虽然作为成年人，并没有监督防止夫妻另一方危害别人的义务。但是，作为未满 14 周岁女儿的母亲，乙负有保护女儿的作为义务，因此乙对于女儿被性侵，成立不作为，但其丈夫性侵的是不满 14 周岁的幼女，成立的是强奸罪而非负有照护职责人员性侵罪。B 项错误。

林某本身并非被丙开车撞伤，丙将林某扶上车送到加油站的行为，并没有制造林某的生命风险，反而降低了林某的生命风险，因此丙的此一行为并没有违反法秩序的要求，不成立先行行为类型的作为义务来源。C 项错误。

尽管丁贩卖毒品属于犯罪行为，但是谢某作为一个具有自由意志的成年人理应对自己的行为负责，谢某也应该知道过量吸食毒品有致死的风险，因此，丁没有作为义务。D 项错误。

68.【答案】 ABCD

【逐项分析】 减刑既包含了刑期的减少，也包含了刑种的变更，如将无期徒刑减为有期徒刑。A 项错误。

实际执行的刑期，指的是判决发生法律效力，将判决交付执行后的服刑改造期间，判决宣告前羁押的期间不应计算在内。宣判前羁押毕竟不等于实际执行刑罚。B项错误。

判决宣告前的羁押期间不能计算在实际执行的刑期内，并且无期徒刑本来也不存在刑期折抵的问题。所以判处无期徒刑的犯罪分子经减刑后实际执行的刑期不得少于13年，不包含判决宣告前羁押以及无期徒刑变更为有期徒刑前的服刑期间。C项错误。

对于无期徒刑减为有期徒刑的犯罪分子，有期徒刑的刑期确实从裁定减刑之日起计算，但已经执行的刑期以及判决宣告前羁押的日期，不得计算在裁定减刑后的有期徒刑刑期内。D项错误。

69.【答案】 CD

【逐项分析】 首先，犯盗窃、诈骗、抢夺罪，为了窝藏赃物、抗拒抓捕、毁灭罪证而当场使用暴力或者以暴力相威胁的，成立转化型抢劫，因此张某成立抢劫罪。其次，张某、李某二人共谋盗窃，但张某私自携带匕首，意味着张某盗窃时转化为事后抢劫，超出了两人的共同犯罪故意。最后，完全犯罪共同说主张，不同行为人的行为符合多个构成要件，在构成要件之间存在着重合时，多人之间的行为成立重罪的共同正犯。但对于实施了轻罪的人，只处以轻罪的刑罚。而部分犯罪共同说主张仅在轻罪范围内成立共同正犯，这是两者的不同之处。所以A项的观点应该是完全犯罪共同说的观点。A项错误。

部分犯罪共同说认为，如果数个犯罪的构成要件之间存在重合部分，可以认为两人以上就重合的犯罪具有共同故意与共同行为，从而在重合的轻罪范围内成立共同犯罪。显然，抢劫与盗窃都是违反他人意志，破坏财产占有的财产犯罪，按照部分犯罪共同说，应该成立轻罪即盗窃罪的共同犯罪，而非抢劫罪的共同犯罪。B项错误。

根据部分犯罪共同说，张某、李某二人在盗窃罪范围内成立共同犯罪，但是，由于张某转化为抢劫罪，对李某而言此一部分属于共犯过剩，李某仅成立盗窃罪。C项正确。

按照行为共同说，只要数个参与人基于合意共同行为，不问合意与行为在犯罪构成上是否存在重合部分，均可认为二者成立共同犯罪，最后分别看各自的犯意定罪处罚。就此，张某成立抢劫罪，李某成立盗窃罪，但并不影响认为二者成立共同犯罪。D项正确。

70.【答案】 BC

【逐项分析】 侵占罪，指将代为保管的他人财物非法占为己有，数额较大，拒不退还，或者将他人的遗忘物、埋藏物非法占为己有，数额较大，拒不交出的行为。因此，成立侵占罪的前提是，自己对他人的财物建立了占有，这一点也是侵占罪与盗窃罪的关键区别：变自己占有为自己所有，是侵占；而变他人占有为自己占有，则是盗窃。4S店的车辆尽管由贺某驾驶，但是4S店店员仍随同试驾，不能认定车辆已由贺某占有，进而认定其成立侵占罪。A项错误。

如果认为盗窃罪的成立必须是秘密窃取，则本案中的贺某便无法认定为盗窃罪。同时，如果认为抢夺罪的成立无需采用对物暴力的手段，只需趁人不备，则可以认定贺某成立抢夺罪。B项正确。

如果认为盗窃罪的成立不要求秘密窃取，则盗窃的定义就是采用平和的手段破坏他人对财物的占有进而建立自己的占有，成立盗窃罪。C项正确。

即便认为盗窃必须是秘密窃取，由于抢劫罪必须是采用暴力、胁迫等手段压制他人反抗后强制取财，显然，贺某并未压制他人反抗后取财，无论如何都不能认定为抢劫罪。D项错误。

71.【答案】 ABCD

【逐项分析】 司法解释明确规定，军警人员利用自身的真实身份实施抢劫的，不认定为“冒充军警人员抢劫”，应依法从重处罚。A项错误。

B项涉及转化型抢劫罪的认定，重点在于如何理解“犯盗窃、诈骗、抢夺罪”。对于转化型抢劫罪中的“盗窃、诈骗、抢夺罪”，千万不能狭义理解为仅仅是盗窃罪、诈骗罪、抢夺罪，“盗窃、诈骗、抢夺罪”指的是犯罪行为，即行为具有盗窃、诈骗及抢夺财产的性质，包括侵犯财产的特殊盗窃、诈骗、抢夺犯罪。而信用卡诈骗罪显然属于特殊的诈骗犯罪，能够成立转化型抢劫。乙属于典型的冒用他人信用卡，成立信用卡诈骗罪，其为了窝藏赃物而使用暴力，所以成立抢劫罪。B项错误。

丙采用暴力手段强迫被害人取出1万元，客观上符合了抢劫罪的构成要件。丙临走时写了一张1万元的借条，看似没有“非法占有目的”，但是，如果采用暴力手段违反被害人意志取走其财物后打借条就否认非法占有目的，恐怕再无抢劫罪的适用空间。对类似情形，我国司法实务也一直认定为抢劫罪。C项错误。

为了抢劫财物而预谋故意杀人，或者在抢钱过程中为了压制被害人的反抗杀人的，都定抢劫罪，但是，抢劫以后为了灭口故意杀人的，此时要以抢劫罪与故意杀人罪数罪并罚。司法解释对此也作了明确规定。不能看到“丁预谋抢劫杀人”便想当然地认为仅成立抢劫罪，成立抢劫罪的前提必须是杀人为取财的暴力手段行为，题干明确说了，丁在拿到钱后仍然持刀将被害人杀死，此时的杀人显然不是抢劫的手段行为，应当要以故意杀人罪和抢劫罪数罪并罚。D 项错误。

72.【答案】CD

【逐项分析】根据《法院解释》第 43 条的规定，一名被告人可以委托一至二人作为辩护人。一名辩护人不得为两名以上的同案被告人，或者未同案处理但犯罪事实存在关联的被告人辩护。因此，除了不能同时或先后为两名被告人（同案犯或有关联）辩护以外，没有其他限制。因此 A 选项说法错误。

根据《关于依法保障律师执业权利的规定》第 7 条第 4 款的规定，犯罪嫌疑人、被告人委托两名律师担任辩护人的，两名辩护律师可以共同会见，也可以单独会见。所以 B 选项说法错误。

C、D 选项没有专门的规定，但从辩护律师享有独立的诉讼地位，可以依据事实和法律独立地制定辩护策略这一法理来分析，C、D 选项的说法都是正确的。

73.【答案】ACD

【逐项分析】从题干可知，对黄某的传唤时间远远超过法定最长 24 小时的规定，属于非法限制人身自由的情形。根据《严格排非规定》第 4 条的规定，采用非法拘禁等非法限制人身自由的方法收集的犯罪嫌疑人、被告人供述，应当予以排除。因此 A 选项说法正确。

首先，拘留后所作的一致供述并不是《严格排除规定》第 5 条规定的“重复性供述”，因为只有“刑讯逼供行为”才产生持续性影响，而本案中非法取证行为系“非法限制人身自由”。其次，对人大代表未经报批程序即采取强制措施并不必然导致口供被排除，所以 B 选项说法错误。

根据《公安规定》第 165 条的规定，公安机关对现行犯拘留的时候，发现其是县级以上人民代表大会代表的，应当立即向其所属的人民代表大会主席团或者常务委员会报告。公安机关在依法执行拘传、取保候审、监视居住、拘留或者逮捕中，发现被执行人是县级以上人民代表大会代表的，应当暂缓执行，并报告决定或者批准机关。如果在执行后发现被执行人是县级以上人民代表大会代表的，应当立即解除，并报告决定或者批准机关。因此，C 选项说法正确。

根据《公安规定》第 164 条的规定，公安机关依法对县级以上各级人民代表大会代表拘传、取保候审、监视居住、拘留或者提请批准逮捕的，应当书面报请该代表所属的人民代表大会主席团或者常务委员会许可。因此，在得到许可后，公安机关可以重新对其采取强制措施。所以 D 选项说法正确。

74.【答案】AC

【逐项分析】根据题干的描述，赵某认罪认罚，且涉嫌的故意伤害（轻伤）属于可能判处三年有期徒刑以下刑罚的案件，满足速裁程序的适用条件，因此根据《刑诉法》第 172 条第 1 款的规定：“人民检察院对于监察机关、公安机关移送起诉的案件，应当在一个月以内作出决定，重大、复杂的案件，可以延长十五日；犯罪嫌疑人认罪认罚，符合速裁程序适用条件的，应当在十日以内作出决定，对可能判处的有期徒刑超过一年的，可以延长至十五日。”所以 A 选项中审查起诉最长不超过 15 天的说法是正确的。

根据《刑诉法》第 222 条的规定，人民检察院在提起公诉的时候，可以建议人民法院适用速裁程序。注意，是“可以”而非“应当”，且即便人民检察院没有提出建议的情况下，人民法院认为符合速裁程序适用条件的，也可以主动适用。因此 B 选项说法错误。

根据《刑诉法》第 225 条的规定：“适用速裁程序审理案件，人民法院应当在受理后十日以内审结；对可能判处的有期徒刑超过一年的，可以延长至十五日。”如前所述，本案符合速裁程序的适用条件，因此审理期限最长不超过 15 天。C 选项说法正确。

根据《刑诉法》第 224 条第 2 款的规定，适用速裁程序审理案件，应当当庭宣判。注意，只有当庭宣判这一种形式，没有定期宣判，所以 D 选项说法错误。

75.【答案】CD

【逐项分析】A、B 选项都是直接来源于意见的第 11 条。考生如果不熟悉该条规定，从选项的意思也可以推导出来。既然“确保诉讼证据出示在法庭”，那么证明被告人有罪或者无罪、罪轻或者罪重的证据当然都应当当庭举示。而定罪量刑的证据，特别是控辩双方有争议的证据，是查明案件事实的关键所在，通过单独质证，更有利于事实真相的查明。A、B 选项说法正确。

庭前会议的功能是明确争点，扫清障碍，但并不能代替庭审。因此，即便双方无争议的证据，在庭审中可以简化举证，但不是不再举示。C 选项说法错误。

我国并没有规定严格的证据开示制度，而且根据《法院解释》第 238 条的规定："审判长应当告知当事人及其法定代理人、辩护人、诉讼代理人在法庭审理过程中依法享有下列诉讼权利：……（二）可以提出证据，申请通知新的证人到庭、调取新的证据，申请重新鉴定或者勘验……"由此可见，在庭审中是可以举示新证据的，所以 D 选项说法错误。

76.【答案】BD

【逐项分析】根据《人民陪审员法》第 19 条第 2 款的规定，中级人民法院、高级人民法院审判案件需要由人民陪审员参加合议庭审判的，在其辖区内的基层人民法院的人民陪审员名单中随机抽取确定。因此，A 选项中指定某基层法院从其名单中抽取的说法错误。

B 选项有较大难度。首先根据题干描述，可以看到本案涉及故意杀人，且社会影响重大，根据《人民陪审员法》第 16 条的规定："人民法院审判下列第一审案件，由人民陪审员和法官组成七人合议庭进行：（一）可能判处十年以上有期徒刑、无期徒刑、死刑，社会影响重大的刑事案件……"因此本案应适用 7 人制合议庭。而进一步根据《人民陪审员法》第 14 条的规定："人民陪审员和法官组成合议庭审判案件，由法官担任审判长，可以组成三人合议庭，也可以由法官三人与人民陪审员四人组成七人合议庭。"因此，7 人制合议庭中人民陪审员的名额是固定的 4 人，所以 B 选项说法正确。

根据前述 B 选项的分析，本案适用 7 人制合议庭。根据《人民陪审员法》第 22 条的规定："人民陪审员参加七人合议庭审判案件，对事实认定，独立发表意见，并与法官共同表决；对法律适用，可以发表意见，但不参加表决。"因此，7 人制合议庭中，人民陪审员对法律适用问题是没有表决权的，所以 C 选项说法错误。

根据《人民陪审员法》第 20 条的规定，审判长应当履行与案件审判相关的指引、提示义务，但不得妨碍人民陪审员对案件的独立判断。合议庭评议案件，审判长应当对本案中涉及的事实认定、证据规则、法律规定等事项及应当注意的问题，向人民陪审员进行必要的解释和说明。因此，D 选项说法正确。

77.【答案】BD

【逐项分析】根据《法院解释》第 47 条的规定，高级人民法院复核死刑案件，被告人没有委托辩护人的，应当通知法律援助机构指派律师为其提供辩护。而对于最高院复核死刑案件则没有规定。所以 A 选项说法错误。

根据《法院解释》第 430 条的规定，最高人民法院裁定不予核准死刑的，根据案件情况，可以发回第二审人民法院或者第一审人民法院重新审判。本案在最高院复核之前，经过了 S 市中院一审和 G 省高院二审，所以最高院可以将案件发回 S 市中院一审。B 选项说法正确。

对于 C 选项，解题时要注意，"仅……"意味着两罪在事实认定上没有问题，仅是一罪的量刑不当。根据《法院解释》第 429 条的规定，原判认定事实正确、证据充分，但依法不应当判处死刑的，应当裁定不予核准，并撤销原判，发回重新审判；根据案件情况，必要时，也可以依法改判。因此 C 选项说法错误。

对于 D 选项，解题时注意，"有遗漏的贩卖毒品的事实"证明原判在认定事实上不清楚，根据前述第 429 条的规定，原判事实不清、证据不足的，应当裁定不予核准，并撤销原判，发回重新审判。所以 D 选项说法正确。

78.【答案】ACD

【逐项分析】从题干可知，邓某涉及的是危害国家安全犯罪，且潜逃境外。根据《刑诉法》第 291 条的规定，对于贪污贿赂犯罪案件，以及需要及时进行审判，经最高人民检察院核准的严重危害国家安全犯罪、恐怖活动犯罪案件，犯罪嫌疑人、被告人在境外，监察机关、公安机关移送起诉，人民检察院认为犯罪事实已经查清，证据确实、充分，依法应当追究刑事责任的，可以向人民法院提起公诉。人民法院进行审查后，对于起诉书中有明确的指控犯罪事实，符合缺席审判程序适用条件的，应当决定开庭审判。因此，A 选项说法正确。

B 选项有一定的迷惑性，如果审题不仔细容易出错。根据前述第 291 条的规定，人民法院进行审查后，对于起诉书中有明确的指控犯罪事实，符合缺席审判程序适用条件的，应当决定开庭审判。因此，不是指控的犯罪事实清楚，只要有明确的指控犯罪事实即可，所以 B 选项说法错误。

根据《刑诉法》第 293 条的规定，人民法院缺席审判案件，被告人有权委托辩护人，被告人的近亲属可以代为委托辩护人。被告人及其近亲属没有委托辩护人的，人民法院应当通知法律援助机构指派律师为其提供辩护。因此 C 选项说法正确。

对于 D 选项，违法所得没收程序的适用案件范围是“贪污贿赂犯罪、恐怖活动犯罪等重大犯罪”，根据《法院解释》第 609 条对“贪污贿赂犯罪、恐怖活动犯罪等”的解释来看：“刑事诉讼法第二百九十八条规定的‘贪污贿赂犯罪、恐怖活动犯罪等’犯罪案件，是指下列案件：（一）贪污贿赂、失职渎职等职务犯罪案件；（二）刑法分则第二章规定的相关恐怖活动犯罪案件，以及恐怖活动组织、恐怖活动人员实施的杀人、爆炸、绑架等犯罪案件；（三）危害国家安全、走私、洗钱、金融诈骗、黑社会性质组织、毒品犯罪案件；（四）电信诈骗、网络诈骗犯罪案件。”本案属于危害国家安全犯罪，符合第 3 项的规定。同时，根据《法院解释》第 610 条的规定：“在省、自治区、直辖市或者全国范围内具有较大影响的犯罪案件，或者犯罪嫌疑人、被告人逃匿境外的犯罪案件，应当认定为刑事诉讼法第二百九十八条第一款规定的‘重大犯罪案件’”。本题中犯罪嫌疑人逃匿境外，符合该规定。因此 D 选项说法正确。

79.【答案】AC

【逐项分析】关于行政处罚实施程序中登记保存行为的性质问题，理论界基本存在共识，认为其属于一种行政强制措施，具备强制性、暂时性、非终局性、非制裁性等基本特征。因登记保存属于行政强制措施，所以，该行为的实施需要符合《行政强制法》有关行政强制措施实施程序的基本要求。《行政强制法》第 18 条规定：“行政机关实施行政强制措施应当遵守下列规定：……（七）制作现场笔录；……”依照上述规定可知，A 选项说法正确。

《行政处罚法》第 64 条规定：“听证依照以下程序组织：（一）当事人要求听证的，应当在行政机关告知后五日内提出；（二）行政机关应当在举行听证的七日前，通知当事人及有关人员举行听证的时间、地点；……”据此，B 选项的说法错误。

《行政复议法》第 12 条第 1 款规定：“对县级以上地方各级人民政府工作部门的具体行政行为不服的，由申请人选择，可以向该部门的本级人民政府申请行政复议，也可以向上一级主管部门申请行政复议。”根据上述规定可知，本题中，区文化广电局的处罚行为被申请复议的，复议机关包括两个：一为区政府；二为上一级文化广电主管部门。C 选项的说法正确。

《行政诉讼法》第 6 条规定：“人民法院审理行政案件，对行政行为是否合法进行审查。”第 34 条规定：“被告对作出的行政行为负有举证责任，应当提供作出该行政行为的证据和所依据的规范性文件。”第 69 条规定：“行政行为证据确凿，适用法律、法规正确，符合法定程序的，或者原告申请被告履行法定职责或者给付义务理由不成立的，人民法院判决驳回原告的诉讼请求。”第 87 条规定：“人民法院审理上诉案件，应当对原审人民法院的判决、裁定和被诉行政行为进行全面审查。”结合上述规定可知，人民法院在一审程序中，是以被诉行政行为——本题中的行政处罚决定——作为审查对象，而非本题中的相对人是否存在行政违法行为。据此，D 选项的说法错误。

80.【答案】ACD

【逐项分析】行政裁决是行政机关依据相对人的申请，对与行政管理有关的民事纠纷进行裁断的行政行为。行政确认是行政机关依法对相对人的法律地位、法律关系或者有关法律事实进行甄别、判断并加以宣告的行政行为。两者的主要区别在于，行政裁决直接影响当事人的权利义务，是准司法行为；行政确认则间接影响当事人的权益，并非准司法行为。本题中，两村就集体土地权属存在争议，县政府对该争议作出的处理符合行政裁决的特征，因此 A 选项说法错误。

《行政复议法实施条例》第 32 条规定：“行政复议机构审理行政复议案件，应当由 2 名以上行政复议人员参加。”因此 B 选项说法正确。

《行政诉讼法》第 26 条第 2 款规定：“经复议的案件，复议机关决定维持原行政行为的，作出原行政行为的行政机关和复议机关是共同被告；复议机关改变原行政行为的，复议机关是被告。”《行诉法解释》第 22 条第 1 款规定：“《行政诉讼法》第二十六条第二款规定的复议机关改变原行政行为，是指复议机关改变原行政行为的处理结果。复议机关改变原行政行为所认定的主要事实和证据、改变原行政行为所适用的规范依据，但未改变原行政行为处理结果的，视为复议机关维持原行政行为。”本题中，C 市政府改变了县政府处理决定的相关证据，但未改变其处理结果，应属于复议维持原行政行为，本案的被告应为县政府和 C 市政府。《行诉法解释》第 135 条第 1 款规定：“复议机关决定维持原行政行为的，人民法院应当在审查原行政行为合法性的同时，一并审查复议决定的合法性。”据此，在复议维持案件中，人民法院一审审理对象是两个，即原行政行为和复议决定。C 选项说法错误。

《行政诉讼法》第 61 条规定：“在涉及行政许可、登记、征收、征用和行政机关对民事争议所作的裁决的行政诉讼中，当事人申请一并解决相关民事争议的，人民法院可以一并审理。在行政诉讼中，人民法院认为行政案件的审理需以民事诉讼的裁判为依据的，可以裁定中止行政诉讼。”本题中，B 村三组要求判决归还争议土地的诉讼请求为民事诉讼请求，人民法院适用行政附带民事诉讼审理程序。《行诉法解释》第 140 条规定：“人民法院在行政诉讼中一并审理相关民事争议的，民事争议应当单独立案，由同一审判组织审理。人民法院审理行政机关对民事争议所作裁决的案件，一并审理民事争议的，不另行立案。”据此，法院对于 B 村三组的民事诉讼请求，无需单独立案。《行诉法解释》第 144 条规定：“人民法院一并审理相关民事争议，应当按行政案件、民事案件的标准分别收取诉讼费用。”由于行政裁决行为引起的行政附带民事诉讼无需就民事诉讼请求部分单独立案，其诉讼费用也无需分别收取。D 选项说法错误。

81.【答案】AD

【逐项分析】《行政强制法》第 46 条第 1 款规定：“行政机关依照本法第四十五条规定实施加处罚款或者滞纳金超过三十日，经催告当事人仍不履行的，具有行政强制执行权的行政机关可以强制执行。”据此可知，A 选项表述正确。

《森林法》第 81 条规定：“违反本法规定，有下列情形之一的，由县级以上人民政府林业主管部门依法组织代为履行，代为履行所需费用由违法者承担：（一）拒不恢复植被和林业生产条件，或者恢复植被和林业生产条件不符合国家有关规定；（二）拒不补种树木，或者补种不符合国家有关规定。恢复植被和林业生产条件、树木补种的标准，由省级以上人民政府林业主管部门制定。”《行政强制法》第 50 条规定：“行政机关依法作出要求当事人履行排除妨碍、恢复原状等义务的行政决定，当事人逾期不履行，经催告仍不履行，其后果已经或者将危害交通安全、造成环境污染或者破坏自然资源的，行政机关可以代履行，或者委托没有利害关系的第三人代履行。”据此可知，在《森林法》未就代履行主体作出规定的前提下，A 区园林绿化局可以自行代履行，也可以委托第三方代为履行，B 选项说法错误。

《行政强制法》第 35 条规定：“行政机关作出强制执行决定前，应当事先催告当事人履行义务。催告应当以书面形式作出……”据此可知，C 选项说法错误。

《行政强制法》第 42 条规定：“实施行政强制执行，行政机关可以在不损害公共利益和他人合法权益的情况下，与当事人达成执行协议。执行协议可以约定分阶段履行；当事人采取补救措施的，可以减免加处的罚款或者滞纳金。执行协议应当履行。当事人不履行执行协议的，行政机关应当恢复强制执行。”据此可知，D 选项说法正确。

82.【答案】ABC

【逐项分析】《行政诉讼法》和最高法院《行诉法解释》对不属于行政诉讼受案范围的事项作出了集中列举规定。

《行政诉讼法》第 13 条规定：“人民法院不受理公民、法人或者其他组织对下列事项提起的诉讼：（一）国防、外交等国家行为；（二）行政法规、规章或者行政机关制定、发布的具有普遍约束力的决定、命令；（三）行政机关对行政机关工作人员的奖惩、任免等决定；（四）法律规定由行政机关最终裁决的行政行为。”最高法院《行诉法解释》第 1 条规定：“公民、法人或者其他组织对行政机关及其工作人员的行政行为不服，依法提起诉讼的，属于人民法院行政诉讼的受案范围。下列行为不属于人民法院行政诉讼的受案范围：（一）公安、国家安全等机关依照刑事诉讼法的明确授权实施的行为；（二）调解行为以及法律规定的仲裁行为；（三）行政指导行为；（四）驳回当事人对行政行为提起申诉的重复处理行为；（五）行政机关作出的不产生外部法律效力的行为；（六）行政机关为作出行政行为而实施的准备、论证、研究、层报、咨询等过程性行为；（七）行政机关根据人民法院的生效裁判、协助执行通知书作出的执行行为，但行政机关扩大执行范围或者采取违法方式实施的除外；（八）上级行政机关基于内部层级监督关系对下级行政机关作出的听取报告、执法检查、督促履责等行为；（九）行政机关针对信访事项作出的登记、受理、交办、转送、复查、复核意见等行为；（十）对公民、法人或者其他组织权利义务不产生实际影响的行为。”

对照上述规定，可以对本题中列举的事项作出判断。

《公务员法》第 105 条规定：“聘任制公务员与所在机关之间因履行聘任合同发生争议的，可以自争议发生之日起六十日内申请仲裁。省级以上公务员主管部门根据需要设立人事争议仲裁委员会，受理仲裁申请。人事争议仲裁委员会由公务员主管部门的代表、聘用机关的代表、聘任制公务员的代表以及法律专家组成。当事人对仲裁裁决不服的，可以自接到仲裁裁决书之日起十五日内向人民法院提起诉讼。仲裁裁决生效后，一方当事人不履行的，另一方当事人可以申请人民法院执行。”依照上述规定，聘任制公务员与所在机关发生聘任合同履行争议的，需要经人事争议仲裁，当事人对仲裁裁决不服的，可以向法院提起民事诉讼。据此，A 选项符合本题要求，当选。

B 选项中，B 市教育委员会告知教师乙所申诉的薪酬问题学校处理意见正确。该告知内容并未改变原学校的处理意见，属于对乙申诉的驳回，性质上属于重复处理，同样不属于行政诉讼受案范围。B 选项符合本题要求，当选。

《行政复议法》第 30 条第 2 款规定：“根据国务院或者省、自治区、直辖市人民政府对行政区划的勘定、调整或者征收土地的决定，省、自治区、直辖市人民政府确认土地、矿藏、水流、森林、山岭、草原、荒地、滩涂、海域等自然资源的所有权或者使用权的行政复议决定为最终裁决。”据此可知，C 选项符合本题要求，当选。

D 选项中，虽然 D 镇政府发出的通知并未指明具体适用对象，但分析可知，该镇辖区内的企业是固定的，因此其适用对象符合具体性特征，且一次性缴纳公共厕所建设费的要求也不具有反复适用属性，因此，该通知属于具体行政行为，属于行政诉讼受案范围。

83.【答案】 BC

【逐项分析】 最高法院《关于行政诉讼证据若干问题的规定》第 15 条规定：“根据行政诉讼法第三十一条第一款第（七）项的规定，被告向人民法院提供的现场笔录，应当载明时间、地点和事件等内容，并由执法人员和当事人签名。当事人拒绝签名或者不能签名的，应当注明原因。有其他人在现场的，可由其他人签名。法律、法规和规章对现场笔录的制作形式另有规定的，从其规定。”根据该条规定，本题中，虽然王某拒绝在现场笔录上签名，但其上由执法人员注明原因，不妨碍该证据的证明作用。A 选项的表述错误。

最高法院《行诉法解释》第 41 条规定：“有下列情形之一，原告或者第三人要求相关行政执法人员出庭说明的，人民法院可以准许：（一）对现场笔录的合法性或者真实性有异议的；……”根据该条第 1 项规定可知，B 选项的说法正确。

《行政诉讼法》第 38 条第 2 款规定：“在行政赔偿、补偿的案件中，原告应当对行政行为造成的损害提供证据。因被告的原因导致原告无法举证的，由被告承担举证责任。”最高法院《行诉法解释》第 47 条规定：“根据行政诉讼法第三十八条第二款的规定，在行政赔偿、补偿案件中，因被告的原因导致原告无法就损害情况举证的，应当由被告就该损害情况承担举证责任。对于各方主张损失的价值无法认定的，应当由负有举证责任的一方当事人申请鉴定，但法律、法规、规章规定行政机关在作出行政行为时依法应当评估或者鉴定的除外；负有举证责任的当事人拒绝申请鉴定的，由其承担不利的法律后果。当事人的损失因客观原因无法鉴定的，人民法院应当结合当事人的主张和在案证据，遵循法官职业道德，运用逻辑推理和生活经验、生活常识等，酌情确定赔偿数额。”依照上述规定可知，C 选项说法正确。

《行政诉讼法》第 74 条第 2 款规定：“行政行为有下列情形之一，不需要撤销或者判决履行的，人民法院判决确认违法：（一）行政行为违法，但不具有可撤销内容的；（二）被告改变原违法行政行为，原告仍要求确认原行政行为违法的；（三）被告不履行或者拖延履行法定职责，判决履行没有意义的。”依照该条规定，当行政行为没有可撤销内容的时候，只能适用确认违法判决，不能适用撤销判决，D 选项的说法错误。

84.【答案】 AD

【逐项分析】 《行政诉讼法》第 52 条规定：“人民法院既不立案，又不作出不予立案裁定的，当事人可以向上一级人民法院起诉。上一级人民法院认为符合起诉条件的，应当立案、审理，也可以指定其他下级人民法院立案、审理。”据此，A 选项表述正确。

《行政诉讼法》第 56 条第 1 款规定：“诉讼期间，不停止行政行为的执行。但有下列情形之一的，裁定停止执行：（一）被告认为需要停止执行的；（二）原告或者利害关系人申请停止执行，人民法院认为该行政行为的执行会造成难以弥补的损失，并且停止执行不损害国家利益、社会公共利益的；（三）人民法院认为该行政行为的执行会给国家利益、社会公共利益造成重大损害的；（四）法律、法规规定停止执行的。”依照上述规定，人民法院有权在诉讼期间，根据被诉行政行为的情况，直接裁定停止被诉行政行为的执行，B 选项表述错误。

《行政诉讼法》第 82 条第 1 款规定：“人民法院审理下列第一审行政案件，认为事实清楚、权利义务关系明确、争议不大的，可以适用简易程序：（一）被诉行政行为是依法当场作出的；（二）案件涉及款额二千元以下的；（三）属于政府信息公开案件的。”本题中，被告作出行政处罚行为不符合适用简易程序审理的条件，C 选项表述错误。

《行政诉讼法》第 66 条第 2 款规定：“人民法院对被告经传票传唤无正当理由拒不到庭，或者未经法庭许可中途退庭的，可以将被告拒不到庭或者中途退庭的情况予以公告，并可以向监察机关或者被告的上一级行政机关提出依法给予其主要负责人或者直接责任人员处分的司法建议。”据此可知，D 选项的表述正确。

85.【答案】BD

【逐项分析】最高法院《关于审理行政协议案件若干问题的规定》第 24 条规定：“公民、法人或者其他组织未按照行政协议约定履行义务，经催告后不履行，行政机关可以作出要求其履行协议的书面决定。公民、法人或者其他组织收到书面决定后在法定期限内未申请行政复议或者提起行政诉讼，且仍不履行，协议内容具有可执行性的，行政机关可以向人民法院申请强制执行。法律、行政法规规定行政机关对行政协议享有监督协议履行的职权，公民、法人或者其他组织未按照约定履行义务，经催告后不履行，行政机关可以依法作出处理决定。公民、法人或者其他组织在收到该处理决定后在法定期限内未申请行政复议或者提起行政诉讼，且仍不履行，协议内容具有可执行性的，行政机关可以向人民法院申请强制执行。”根据上述规定可知，当行政协议的相对人一方不履行协议义务时，行政机关先要依法作出履行决定或者处理决定，然后才能以上述决定为根据，向法院申请强制执行，而不能直接以协议为根据，申请法院强制执行。据此，A 选项表述错误。

最高法院《行诉法解释》第 133 条规定：“行政诉讼法第二十六条第二款规定的‘复议机关决定维持原行政行为’，包括复议机关驳回复议申请或者复议请求的情形，但以复议申请不符合受理条件为由驳回的除外。”根据该条规定，本题不属于复议维持的案件，不适用双被告制度。受诉法院应当通知朱某更换被告，B 选项表述正确。因本案并不适用双被告制度，无论朱某起诉哪个行政机关，A 市政府都不会就《征收补偿决定书》的合法性承担举证责任，据此，C 选项的表述错误。

《行政诉讼法》第 3 条第 3 款规定：“被诉行政机关负责人应当出庭应诉。不能出庭的，应当委托行政机关相应的工作人员出庭。”最高法院《关于行政机关负责人出庭应诉若干问题的规定》第 10 条第 1、2 款规定：“行政诉讼法第三条第三款规定的相应的工作人员，是指被诉行政机关中具体行使行政职权的工作人员。行政机关委托行使行政职权的组织或者下级行政机关的工作人员，可以视为行政机关相应的工作人员。”据此，D 选项表述正确。

三、不定项选择题。

86.【答案】C

【逐项分析】“坚持党的领导、人民当家作主、依法治国有机统一”，阐明的是中国特色社会主义民主政治的根本原则。党的十九大报告指出：“党的领导是人民当家作主和依法治国的根本保证，人民当家作主是社会主义民主政治的本质特征，依法治国是党领导人民治理国家的基本方式，三者统一于我国社会主义民主政治伟大实践。”这一重要论断，是对党的领导、人民当家作主、依法治国三者的定位、互相关系和重要作用的深刻阐述。因此 A 选项的表述是错误的。

新时代我国社会主要矛盾已经转化为人民日益增长的美好生活需要和不平衡不充分的发展之间的矛盾。一方面，“人民日益增长的物质文化需要”转化为“人民日益增长的美好生活需要”。人民的美好生活需要包括民主、法治、公平、正义、安全、环境等方面的要求。另一方面，“落后的社会生产”已经转化为“不平衡不充分的发展”，其中也包括法治发展的不平衡不充分，要求我们继续深化依法治国实践。可以说，在新时代发展中国特色社会主义法治理论，是解决新时代我国社会主要矛盾的内在要求，习近平法治思想正是其具体体现。新时代的法治理论必须与时俱进、引领时代发展，但是说超越时代发展就不恰当了，就违反了坚持从实际出发的原则。B 选项错误。

C 选项考查的是习近平法治思想的重大意义。我国国家制度和国家治理体系的显著优势之一是坚持全面依法治国，建设社会主义法治国家，切实保障社会公平正义和人民权利。在法治轨道上推进国家治理体系和治理能力现代化又离不开科学的理论指导，习近平法治思想从我国革命、建设、改革的伟大实践出发，着眼全面建设社会主义现代化国家，深刻回答了新时代怎样实行全面依法治国等一系列重大问题，是推进国家治理体系和治理能力现代化的根本遵循。C 选项正确。

在百年来的革命、建设、改革实践中，我们

党把马克思主义基本原理与中国实际相结合，形成了毛泽东思想、邓小平理论、“三个代表”重要思想、科学发展观和习近平新时代中国特色社会主义思想。习近平法治思想是习近平新时代中国特色社会主义思想的重要组成部分，是马克思主义法治理论同中国实际相结合的最新成果。D 选项说唯一成果，是错误的。

87.【答案】 ABCD

【逐项分析】 最高人民法院、司法部《关于依法保障律师诉讼权利和规范律师参与庭审活动的通知》第 1 条规定，对于律师在法庭上就案件事实认定和法律适用的正常发问、质证和发表的辩护代理意见，法官不随意打断或者制止；但是，攻击党和国家政治制度、法律制度的，发表的意见已在庭前会议达成一致、与案件无关或者侮辱、诽谤、威胁他人，故意扰乱法庭秩序的，审判长或者独任审判员可以根据情况予以制止。律师明显以诱导方式发问，公诉人提出异议的，审判长或者独任审判员审查确认后，可以制止。据此，法律规定法官不得随意打断律师发言，而非不能打断律师发言。A 选项表述过于绝对，错误，当选。

从题干表述看，整个案件庭审时长达到五个小时，虽有打断发言及呵斥律师的情形，但难以直接得出律师的法庭辩论权利被侵犯的结论。B 选项表述过于绝对，错误，当选。

“保证司法公正”主要体现在法官在办案过程中应遵守程序规则，确保裁判结果正确。题干案例显然与此并无直接关系。题干中秦法官打断律师发言，难以直接判断是否存在不当。关键是法官呵斥律师的言语，不够尊重律师。其行为直接违反了“坚持司法为民”中“尊重当事人和其他诉讼参与人”的要求。C 选项表述错误，当选。

“互相尊重，相互配合”要求法官应当尊重当事人和其他诉讼参与人发表的意见；除非因维护法庭秩序和庭审的需要，开庭时不得随意打断或者制止当事人和其他诉讼参与人的发言；使用规范、准确、文明的语言，不得对当事人或其他诉讼参与人有任何不公的训诫和不恰当的言辞。据此，法官打断律师发言，使用贬损性言辞呵斥律师，显然违反了“互相尊重，相互配合”的原则。D 选项表述错误，当选。

88.【答案】 ABC

【逐项分析】《人民检察院组织法》第 17 条第 2 款规定，省级人民检察院设立检察室，应当经最高人民检察院和省级有关部门同意。设区的市级人民检察院、基层人民检察院设立检察室，应当经省级人民检察院和省级有关部门同意。据此，A 省 B 市检察院设立检察室，应当经 A 省检察院和省级有关部门同意，而非备案。选项 A 表述错误，当选。

《人民检察院组织法》第 32 条第 3 款规定，地方各级人民检察院的检察长不同意本院检察委员会多数人的意见，属于办理案件的，可以报请上一级人民检察院决定；属于重大事项的，可以报请上一级人民检察院或者本级人民代表大会常务委员会决定。据此，选项 B 未予分类，笼统认为应报请 B 市人大常委会决定表述错误，当选。

《人民检察院组织法》第 26 条规定，人民检察院检察长或者检察长委托的副检察长，可以列席同级人民法院审判委员会会议。据此，A 省 B 市检察院的检察长或者检察长委托的副检察长，可以列席 A 省 B 市中级法院审判委员会会议，而不能列席 A 省高级法院审判委员会会议。选项 C 表述错误，当选。

《人民检察院组织法》第 29 条规定，检察官在检察长领导下开展工作，重大办案事项由检察长决定。检察长可以将部分职权委托检察官行使，可以授权检察官签发法律文书。据此，经王检察长授权，检察官刘某有权签发起诉书。选项 D 正确，不选。

89.【答案】 AD

【逐项分析】 在不法侵害极为轻微的场合，防卫行为给不法侵害人造成的损害极为重大的情况下，显然属于“明显超过必要限度造成重大损害”，成立防卫过当。按照题干的表述，程某并非持刀以威胁生命的方式劫取 20 元钱，甲持刀将程某刺伤，既超过了手段限度，也超过了结果限度，成立防卫过当。A 项当选。

在刘某持刀威胁甲时，甲的生命健康安全面临着严重的、迫在眉睫的危险，其捡起刀捅刺刘某属于防卫行为，手段与结果限度均未过限。需要注意的是，在刘某跑的过程中甲继续追砍，由于追砍的两刀均未砍中，没有造成值得刑法否定评价的结果，不能认定为防卫过当。B 项不当选。

首先，丁某持刀抢劫，甲持刀反击显然属于防卫行为，并且如果是在满足防卫时点的条件下造成丁某死亡，甲毫无疑问成立正当防卫。其次，丁某倒地后甲仍然砍杀两刀，这两刀是超过防卫时间限度的侵害行为。不过，由于无法查清死亡结果究竟是丁某倒地前的防卫行为造成还是倒地后超过防卫时间限度条件的两刀造成，事实存疑必须作有利于被告的推定，即认定死亡结果是倒地前的行为造成，因而甲成立正当防卫，而非防卫过当。C项不当选。

朱某非法侵入住宅并存在轻微的人身伤害行为，甲可以进行防卫。但是，朱某并未对甲的生命健康造成严重的威胁，甲持刀砍杀，无论是手段限度还是结果限度，都属过限。因此，甲成立防卫过当。D项当选。

90.【答案】AD

【逐项分析】A项中甲公司的负责人为了甲公司的利益而非法向国家工作人员行贿，并且行贿是经过单位领导层集体讨论研究决定，可以说是单位的决策机构按照单位的决策程序决定，并由直接责任人员实施，成立单位行贿罪。A项正确。

个人为进行违法犯罪活动而设立的公司、企业等进而实施犯罪，或者公司、企业、事业单位设立后，以实施犯罪为主要活动的，不以单位犯罪论处，而应以个人共同犯罪论处。B项错误。

单位犯罪一般表现为为本单位谋取非法利益或者以单位名义为单位全体成员或多数成员谋取非法利益。如果仅仅是为单位的少数成员谋取非法利益的行为，不成立单位犯罪。所以C项应该是董事会成员个人非法转让土地使用权罪的共同犯罪。C项错误。

2017年《关于办理涉互联网金融犯罪案件有关问题座谈会纪要》指出，对参与涉互联网金融犯罪，但不具有独立法人资格的分支机构，是否追究其刑事责任，可以区分两种情形处理：（1）全部或部分违法所得归分支机构所有并支配，分支机构作为单位犯罪主体追究刑事责任；（2）违法所得完全归分支机构上级单位所有并支配的，不能对分支机构作为单位犯罪主体追究刑事责任，而是应当对分支机构的上级单位（符合单位犯罪主体资格）追究刑事责任。由于丁公司将违法所得归自己占有支配，并未上缴其上级公司，因此丁公司成立单位犯罪。D项正确。

91.【答案】D

【逐项分析】A项是重点干扰项。组织考试作弊罪指在法律规定的国家考试中组织作弊，以及为组织作弊提供作弊器材或者其他帮助的行为。成立本罪的前提是在“法律规定的国家考试”中组织作弊，全国大学英语四六级考试看着像是国家层面统一组织的考试，但实际上并没有相关法律规定这一考试，与之相类似的还有护士职业资格考试，因此，章某不成立组织考试作弊罪。A项错误。

《关于办理组织考试作弊等刑事案件适用法律若干问题的解释》第4条规定，组织考试作弊，在考试开始之前被查获，但已经非法获取考试试题、答案或者具有其他严重扰乱考试秩序情形的，应当认定为组织考试作弊罪既遂。王某在获取试题和答案后已经开始组织作弊，即便考试尚未开始，也应认定为既遂。B项错误。

非法出售、提供试题、答案罪是指为实施考试作弊，向他人非法出售或者提供法律规定的国家考试的试题、答案的行为。因此，在考试结束后才出售、提供试题、答案的，当然不成立非法出售、提供试题、答案罪，即便试题、答案事后不予公布。C项错误。

代替考试罪，是指代替他人或者让他人代替自己参加法律规定的国家考试的行为。因此，曹某与李某二人成立代替考试罪的共同正犯。D项正确。

92.【答案】AC

【逐项分析】虚假诉讼罪，是指以捏造的事实提起民事诉讼，妨害司法秩序或者严重侵害他人合法权益的行为。本罪主体包含了自然人和单位。关于什么是“以捏造的事实提起民事诉讼”，《关于办理虚假诉讼刑事案件适用法律若干问题的解释》作了明确规定。其第1条第3款规定，向人民法院申请执行基于捏造的事实作出的仲裁裁决、公证债权文书，或者在民事执行过程中以捏造的事实对执行标的提出异议、申请参与执行财产分配的，属于《刑法》第307条之一第1款规定的“以捏造的事实提起民事诉讼”。在本例中，看似王某本人没有亲手以捏造的事实提起民事诉讼和民事执行，其实他是利用了债权人蔡某和法院的民事执行进行虚假的财产执行，当然妨害了司法秩序，也侵害了孙某的财产权利，即可以认定王某是虚假诉讼罪的间接正犯。A项错误，当选。

王某明知自己完全处于资不抵债的状态，其主观就是意欲骗取孙某的4000万元用于抵偿自己的欠款，成立诈骗罪。同时，按照我国刑法理论的通说，诈骗罪的规范要件包含了实施欺骗行为→相对人陷入认识错误→基于认识错误处分财产→行为人获得财产→被害人遭受财产损失，由于王某尚未获得4000万元便案发，因此成立诈骗罪未遂。B项正确，不当选。

所谓牵连犯，是指实施某种犯罪，其犯罪的方法行为或者结果行为又触犯了其他罪名的情形。

成立牵连犯的情形基本都是数个行为符合数个犯罪构成，理论上基本都应当成立实质上的数罪，理当数罪并罚，但通过牵连犯的概念仅被论以一罪。而王某的虚假诉讼行为本身就是诈骗行为，并不存在两个行为，因此理论上不成立牵连犯。C 项错误，当选。

由于王某利用自己的认识优势进行虚假财产执行，触犯虚假诉讼罪的同时成立诈骗罪，属于典型的一行为触犯数罪名的想象竞合犯，应从一重罪处罚。D 项正确，不当选。

93.【答案】AC

【逐项分析】伪证罪是指在刑事诉讼中，证人、鉴定人、记录人、翻译人对与案件有重要关系的情节，故意作虚假证明、鉴定、记录、翻译，意图陷害他人或者隐匿罪证的行为。如果认为被害人也是证人、被害人陈述也是证人证言，而将被盗 5000 元说成被盗 10 万元显然属于“对案件有重要关系的情节作虚假证明”，因此，甲成立伪证罪。A 项正确。

诬告陷害罪是指捏造事实，向公安、司法机关或者有关单位作虚假告发，意图使他人受刑事追究的行为。捏造事实，应该是指捏造根本不存在的犯罪事实，即违背客观事实，无中生有。对于较为轻微的犯罪事实，向司法机关指控有较重的犯罪事实，不属于捏造事实。本例中的乙确实存在盗窃的客观事实，被害人有意夸大盗窃的情节，实务中也不认定其为诬告陷害罪。B、D 项错误。

妨害作证罪是指以暴力、威胁、贿买等方法阻止证人作证或者指使他人作伪证。甲以 5000 元为代价唆使丙为其作伪证，称案发当天丙将 10 万元货款交给甲，属于以贿买方法指使他人作伪证。C 项正确。

94.【答案】D

【逐项分析】根据立法解释的规定，挪用公款“归个人使用”包括三种情形：（1）将公款供本人、亲友或者其他自然人使用；（2）以个人名义将公款供其他单位使用；（3）个人决定以单位名义将公款供其他单位使用，谋取个人利益。程某个人决定以公司名义将 1000 万元公款借给其他公司使用，并收受贿赂，当然属于挪用公款归个人使用，成立挪用公款罪。A 项错误。

程某的挪用公款行为和受贿行为分属两个不同的行为，侵犯了两个不同的法益，理论上当然应该数罪并罚。《关于审理挪用公款案件具体应用法律若干问题的解释》第 7 条也作了相应规定。B 项错误。

一般而言，贪污罪和受贿罪的界限在于国家工作人员收受的钱财究竟是不是公共财产。题干交代程某挪用公款 3 个月后何某才给其 30 万元，意味着 30 万元并非程某公司的财产，所以程某成立受贿罪，而非贪污罪。C 项错误。

滥用职权罪，指国家机关工作人员超越职权，违法决定、处理其无权决定、处理的事项，或者违反规定处理公务，致使公共财产、国家和人民利益遭受重大损失的行为。程某私自决定将单位公款挪用给其他单位使用，最后造成公款无法被追回，成立滥用职权罪，属于一行为触犯数罪名的想象竞合，应从一重罪处罚，同时要与受贿罪数罪并罚。D 项正确。

95.【答案】ACD

【逐项分析】本题看似牵扯的因素较多，容易混淆，但只要厘清思路，不难判断。首先，4 个选项可以分成两类：第一类是 A、B 两个选项，都是在原任职法院；第二类是 C、D 选项，都是在其他法院。其次，再进一步分析，根据《法院解释》第 41 条第 2 款的规定，审判人员和人民法院其他工作人员从人民法院离任后，不得担任原任职法院所审理案件的辩护人，但系被告人的监护人、近亲属的除外。注意，对于在原任职法院担任辩护人是永久性禁止，没有 2 年的时间限制，所以 A、B 选项中的时间实际是干扰因素，无须考虑。只需要考虑被告人的身份，与辩护人之间是否存在近亲属关系。因此，A 选项中为其子辩护是可以的，B 选项中为其表弟辩护（非近亲属）是不行的。

再次，C、D 选项涉及在其他法院担任辩护人的问题。根据《法院解释》第 41 条第 1 款的规定，审判人员和人民法院其他工作人员从人民法院离任后 2 年内，不得以律师身份担任辩护人。因此 C、D 两个选项的区别就在于 C 选项是在两年内，D 选项是 2 年后。至于题干中提到“其兄范国于 2015 年 1 月至今担任 K 县法院副院长”实际是个干扰性表述。考生可能会误认为属于《法院解释》第 41 条第 3 款规定的情形，审判人员和人民法院其他工作人员的配偶、子女或者父母不得担任其任职法院所审理案件的辩护人，但系被告人的监护人、近亲属的除外。但是，第 3 款并非规定的是近亲属，而是配偶、子女、父母，因此不适用该款。也有考生可能会想到《最高人民法院关于审判人员在诉讼活动中执行回避制度若干问题的规定》中第1条第1款："审判人员具有下列情形之一的，应当自行回避，当事人及其法定代理人有权以口头或者书面形式申请其回避：……（四）与本案的诉讼代理人、辩护人有夫妻、父母、子女或者兄弟姐妹关系的……"需要注意的是，虽然第4项规定了兄弟姐妹关系，但影响的是回避的问题，并非限制其担任辩护人。即其兄范国不能担任范华作为辩护人的案件的审判员或者在审委会中参与讨论该案件。基于此，所以D选项比较容易判断，离职后已满3年，且不在原任职法院，所以D选项是可以的。

稍有难度的是C选项，有考生可能基于前面的分析就排除了C选项，而忽视了一点，担任辩护人既可以以律师身份，也可以以非律师身份，即《刑诉法》第33条"……下列的人可以被委托为辩护人：……（二）人民团体或者犯罪嫌疑人、被告人所在单位推荐的人；（三）犯罪嫌疑人、被告人的监护人、亲友……"结合前述《法院解释》第41条第1款的规定来看，审判人员和人民法院其他工作人员从人民法院离任后2年内，不得以律师身份担任辩护人。也只是禁止以律师身份担任辩护人，如果是非律师身份，比如C选项中的"好友"，也是可以的。所以C选项的说法也是正确的。

96.【答案】 AB

【逐项分析】 从证言内容可知，通过该证词可以证明什么人实施了何种犯罪行为，换言之，可以通过这一证词证明案件的主要事实，因此属于直接证据。A选项说法正确。

B选项解题的关键在于，该证言并不是证人出庭提供，而是由公诉人宣读其庭前所作的询问笔录，因此属于传闻证据。B选项说法正确。

根据《刑诉法》第192条的规定，经人民法院通知，鉴定人拒不出庭作证的，鉴定意见不得作为定案的根据。但是，对于证人不出庭的则无此规定。所以C选项说法错误。

根据《刑诉法》第193条的规定，证人没有正当理由拒绝出庭或者出庭后拒绝作证的，予以训诫，情节严重的，经院长批准，处以10日以下的拘留。所以，D选项说法错误，注意与违反法庭秩序的处罚相区别。

97.【答案】 BC

【逐项分析】 根据《刑诉法》第170条的规定，对于监察机关移送起诉的已采取留置措施的案件，人民检察院应当对犯罪嫌疑人先行拘留，留置措施自动解除。本案中王某已被采取留置措施，移送检察院后，"应当"而不是"可以"先行拘留。A选项说法错误。

根据《检察规则》第145条的规定，人民检察院应当自收到移送起诉的案卷材料之日起3日以内告知犯罪嫌疑人有权委托辩护人。对已经采取留置措施的，应当在执行拘留时告知。B选项说法正确。

根据《刑诉法》第170条第1款的规定，人民检察院对于监察机关移送起诉的案件，依照本法和监察法的有关规定进行审查。人民检察院经审查，认为需要补充核实的，应当退回监察机关补充调查，必要时可以自行补充侦查。注意，虽然受贿案不属于检察机关的立案侦查案件范围，但是审查起诉阶段是可以行使自行补充侦查权的。C选项说法正确。

在审查起诉中发现犯罪嫌疑人还有漏罪，且该罪属于监察机关的调查范围时，检察院无权立案侦查。D选项说法错误。

98.【答案】 AD

【逐项分析】 最高法院《行诉法解释》第30条规定："行政机关的同一行政行为涉及两个以上利害关系人，其中一部分利害关系人对行政行为不服提起诉讼，人民法院应当通知没有起诉的其他利害关系人作为第三人参加诉讼。与行政案件处理结果有利害关系的第三人，可以申请参加诉讼，或者由人民法院通知其参加诉讼。人民法院判决其承担义务或者减损其权益的第三人，有权提出上诉或者申请再审。……"本题中，A公司与案件处理结果直接相关，受案法院应当通知其作为第三人参加诉讼。据此，A选项表述正确。

《行政诉讼法》第60条第1款规定："人民法院审理行政案件，不适用调解。但是，行政赔偿、补偿以及行政机关行使法律、法规规定的自由裁量权的案件可以调解。"本案不属于可以适用调解结案的情形，据此，B选项说法错误。

《行政诉讼法》第61条规定："在涉及行政许可、登记、征收、征用和行政机关对民事争议所作的裁决的行政诉讼中，当事人申请一并解决相关民事争议的，人民法院可以一并审理。在行政诉讼中，人民法院认为行政案件的审理需以民事诉讼的裁判为依据的，可以裁定中止行政诉讼。"本题属于针对工伤认定行为提起的行政诉讼案件，不符合一并审理民事争议的规定，C选项表述错误。

《行政诉讼法》第71条规定："人民法院判决

被告重新作出行政行为的，被告不得以同一的事实和理由作出与原行政行为基本相同的行政行为。”最高法院《行诉法解释》第 90 条规定：“人民法院判决被告重新作出行政行为，被告重新作出的行政行为与原行政行为的结果相同，但主要事实或者主要理由有改变的，不属于行政诉讼法第七十一条规定的情形。人民法院以违反法定程序为由，判决撤销被诉行政行为的，行政机关重新作出行政行为不受行政诉讼法第七十一条规定的限制。……”根据上述规定，D 选项表述正确。

99.【答案】 AB

【逐项分析】《行政强制法》第 53 条规定：“当事人在法定期限内不申请行政复议或者提起行政诉讼，又不履行行政决定的，没有行政强制执行权的行政机关可以自期限届满之日起三个月内，依照本章规定申请人民法院强制执行。”对照上述规定可知，A 选项的说法正确。

《行政强制法》第 60 条第 1 款规定：“行政机关申请人民法院强制执行，不缴纳申请费。强制执行的费用由被执行人承担。”根据上述规定可知，B 选项表述正确。

《行政强制法》第 56 条规定：“人民法院接到行政机关强制执行的申请，应当在五日内受理。行政机关对人民法院不予受理的裁定有异议的，可以在十五日内向上一级人民法院申请复议，上一级人民法院应当自收到复议申请之日起十五日内作出是否受理的裁定。”依照上述规定，C 选项表述错误。

《行政强制法》第 58 条第 1、2 款规定：“人民法院发现有下列情形之一的，在作出裁定前可以听取被执行人和行政机关的意见：（一）明显缺乏事实根据的；（二）明显缺乏法律、法规依据的；（三）其他明显违法并损害被执行人合法权益的。人民法院应当自受理之日起三十日内作出是否执行的裁定。裁定不予执行的，应当说明理由，并在五日内将不予执行的裁定送达行政机关。”据此可知，D 选项的表述错误。

100.【答案】 AD

【逐项分析】《国家赔偿法》第 23 条规定，赔偿义务机关应当自收到申请之日起两个月内，作出是否赔偿的决定。据此，A 选项表述正确。

《国家赔偿法》第 24 条规定：“赔偿义务机关在规定期限内未作出是否赔偿的决定，赔偿请求人可以自期限届满之日起三十日内向赔偿义务机关的上一级机关申请复议。赔偿请求人对赔偿的方式、项目、数额有异议的，或者赔偿义务机关作出不予赔偿决定的，赔偿请求人可以自赔偿义务机关作出赔偿或者不予赔偿决定之日起三十日内，向赔偿义务机关的上一级机关申请复议。赔偿义务机关是人民法院的，赔偿请求人可以依照本条规定向其上一级人民法院赔偿委员会申请作出赔偿决定。”本题中，承担赔偿责任的是监狱，而非人民法院，当监狱拒绝赔偿时，苗某应当依法向监狱上一级机关申请复议。据此，B 选项说法错误。

《最高人民法院、最高人民检察院关于办理刑事赔偿案件适用法律若干问题的解释》第 17 条规定：“造成公民身体伤残的赔偿，应当根据司法鉴定人的伤残等级鉴定确定公民丧失劳动能力的程度，并参照以下标准确定残疾赔偿金：（一）按照国家规定的伤残等级确定公民为一级至四级伤残的，视为全部丧失劳动能力，残疾赔偿金幅度为国家上年度职工年平均工资的十倍至二十倍；……”本题中，赵某殴打苗某致四级伤残，依照前述规定，应视为全部丧失劳动能力，监狱应当在国家上年度职工年平均工资的 10 倍至 20 倍之间确定其应当承担的残疾赔偿金数额。据此，C 选项表述错误。

《国家赔偿法》第 31 条规定：“赔偿义务机关赔偿后，应当向有下列情形之一的工作人员追偿部分或者全部赔偿费用：（一）有本法第十七条第四项、第五项规定情形的；（二）在处理案件中有贪污受贿，徇私舞弊，枉法裁判行为的。对有前款规定情形的责任人员，有关机关应当依法给予处分；构成犯罪的，应当依法追究刑事责任。”《国家赔偿法》第 17 条规定：“行使侦查、检察、审判职权的机关以及看守所、监狱管理机关及其工作人员在行使职权时有下列侵犯人身权情形之一的，受害人有取得赔偿的权利：……（四）刑讯逼供或者以殴打、虐待等行为或者唆使、放纵他人以殴打、虐待等行为造成公民身体伤害或者死亡的；（五）违法使用武器、警械造成公民身体伤害或者死亡的。”依照上述规定可知，在监狱赔偿苗某损失之后，有权向焦某进行追偿。D 选项说法正确。

2022

国家统一法律职业资格考试

客观题
考前冲刺2套卷

第二套 试卷二

法考客观题实战模拟黄金套卷，依据2022年新大纲命制

参照法考命题标准，针对重点热点问题设计试题，助力法考应试通关

扫码进入模拟机考演练

中国法制出版社
CHINA LEGAL PUBLISHING HOUSE

试 卷 二

一、单项选择题。每题所设选项中只有一个正确答案，多选、错选或不选均不得分。本部分含1-50题，每题1分，共50分。

1. 下列哪一事实可以在甲、乙之间成立民事法律关系？

A. 甲不知目的地具体位置，村民为乙指路错误，甲车辆绕行多耗油数升

B. 甲被确诊为某传染性病毒疑似患者，乙社区对其依法进行强制隔离

C. 甲开车免费搭乘乙上班，抵达后乙为表示感谢答应请甲吃饭

D. 甲开车免费搭乘乙上班，甲驾驶不慎致乙受伤

2. 孙某今年13岁，系精神病人，其家庭成员有母亲（退休教师）、姐姐（23岁、公务员）、外祖母（年高体弱）。现孙母因车祸不幸去世，经查，孙母留有遗嘱。关于孙某监护人的设立，下列哪一说法是错误的？

A. 应当审查孙母遗嘱内容，若有指定监护人，则应按遗嘱确定监护人

B. 若没有遗嘱指定监护人，则应当按照法定监护人顺序确定孙某的监护人

C. 若孙某的外祖母、姐姐对监护设立有争议，可以直接向法院申请指定监护人

D. 即使孙某外祖母有监护能力，也应由孙某姐姐担任监护人

3. 张某系甲公司的采购人员，因严重违反公司内部规章而被开除。张某怀恨在心，离职后私刻了甲公司的公章并以甲公司的名义与不知情的乙公司签订了一份《原材料购销合同》。因甲公司拒绝履行该合同，乙公司起诉甲公司履行。对此，下列哪一说法是错误的？

A. 甲公司有权撤销该《原材料购销合同》

B. 诉讼中，甲公司应举证证明乙公司非善意

C. 诉讼中，乙公司应举证证明存在代理权外观

D. 在甲公司追认前，乙公司有权撤销该《原材料购销合同》

4. 5月1日，甲将价值5000元的手机借给乙，约定使用一星期。5月6日，乙逛街时被丙偷走该手机，乙通过监控查找到丙，但丙已将该手机赠与知情的丁。5月8日，甲与戊订立手机买卖合同。对此，下列哪一说法是正确的？

A. 5月1日，甲丧失了对手机的占有

B. 5月6日，乙不可以向丁主张占有返还请求权

C. 5月6日，乙可以向丙主张占有返还请求权

D. 5月8日，甲可以转让对丁的返还请求权，完成对戊的交付

5. 李某用手机下载了一款购物APP并免费注册账号，在注册账号过程中，李某向该APP的平台方提供了自己的姓名、手机号、生日等个人信息。对此，下列哪一说法是错误的？

A. 李某对其个人信息的处理享有知情权与决定权

B. 李某有权查阅并复制其个人信息

C. 如果李某发现其个人信息不准确，其有权请求更正

D. 平台方任何时候都无权主动删除李某的个人信息

6. 10 月 1 日，甲公司说服乙公司与其合作一个项目，双方达成初步合作意向。后经机构评估，甲未提前告知乙合同签订地发生变化，致使乙公司另外支出机票费用 20000 元。同年 11 月 2 日，双方正式签订《A 楼盘项目合作开发协议》。次年 1 月 20 日，因受传染病疫情影响，如继续履行该合同会使甲公司履行成本过高。对此，下列哪一说法是正确的？

A. 甲公司不应该赔偿乙公司 20000 元机票损失

B. 合同签订后，甲、乙均可以随时解除合同，但应提前通知对方

C. 若在合理期限内无法协商一致，则甲公司有权向法院起诉请求解除合同

D. 若在合理期限内无法协商一致，则甲公司可以直接通知乙公司变更合同

7. 甲向乙借款 100 万元做生意，约定 4 个月后归还本息。到期后甲无力清偿，甲父提出愿意加入该债务，并用自己的房子抵债，乙未明确表示拒绝。甲兄提出用自己名下的汽车为乙设立抵押权，双方签订抵押合同后办理了抵押权登记。经查，甲兄在此之前已经与丙签订该车租赁合同（未交付）。对此，下列哪一说法是正确的？

A. 乙未明确表示拒绝，视为不同意债务加入

B. 若甲父未给乙办理房屋过户登记，该以物抵债协议不成立

C. 乙有权请求甲父为自己办理房屋过户登记

D. 丙的承租权成立在先，不受抵押权的影响

8. 3 月 1 日，甲、乙欲订立一份某品牌的购销合同，双方约定以合同书形式订立该合同。3 月 10 日，双方通过电话协商达成了所有购销条款，并口头约定甲先交付货物 10 吨，交货后 7 天内乙支付 100 万元货款。3 月 11 日，甲交付 9 吨货物，乙接收时未提出异议。3 月 18 日，甲要求乙付款。据此，下列哪一说法是正确的？

A. 3 月 10 日，甲、乙完成要约承诺事项，合同即告成立

B. 3 月 11 日，甲、乙完成 9 吨货物交接，合同即告成立

C. 若甲、乙双方合同成立，其合同标的应为 9 吨货物

D. 3 月 18 日甲请求付款时，乙有权主张合同履行抗辩权

9. A 公司因经营不善，对张三负债 30 万元，对 B 公司的一批价值 70 万元货物的交付义务，到期也不能履行。B 公司提出以 50 万元价格收购 A 公司，A 公司的股东会同意该收购协议。甲是原 A 公司的法定代表人，公司被收购后向 B 公司表示愿意承担原 A 公司对张三的 30 万元负债（后经查，该笔债务已过诉讼时效），B 公司签署同意书。关于 A 公司的对外债权债务，下列哪一说法是正确的？

A. 甲明知 A 公司对张三的债务已过诉讼时效而受让，则不可对张三进行时效抗辩

B. 甲表明愿意承担 A 公司对张三的 30 万元债务后，可以催告张三在合理期限内予以同意，张三未作表示的，视为不同意

C. 公司并购中，B 公司应支付 A 公司的 50 万元收购款，可与 A 公司对 B 公司的 70 万元负债进行抵销

D. 若甲承担了A公司对B公司的债务后，发现A公司对B公司另享有50万元债权，可以向B公司主张抵销

10. 4月1日，甲将重要的公文包遗失，内含重要的身份文件和一块贵重的宝玉。同日，乙拾到该公文包。4月2日，甲公告悬赏5万元寻求该公文包及其物件。4月3日，乙看到悬赏广告后前往指定地点返还公文包。双方见面后甲有些后悔，只愿意支付2万元报酬取回遗失物，乙不同意并报警。对此，下列哪一说法是正确的？

A. 甲可以通过撤销悬赏行为，对抗乙的赏金请求

B. 甲拒绝支付赏金，乙则可以行使同时履行抗辩权

C. 乙不得对遗失物行使留置权以对抗甲拒付赏金的行为

D. 甲要求乙返还遗失物的请求权不受诉讼时效的限制

11. 甲、乙成立一民事合伙企业，约定由乙执行合伙事务。2013年该合伙企业对外欠丙货款50万元，2014年3月1日到期，丁为该货款清偿提供保证，但未约定保证方式。2014年1月1日，乙单独向丙表示企业经营困难，希望延期6个月还款，丙同意，但丁不知情。对此，下列哪一说法是正确的？

A. 乙单独与丙达成的延期还款协议对甲没有拘束力

B. 乙请求延期还款导致丙对合伙企业债权的诉讼时效发生中断效果

C. 若丙直接起诉丁，请求其承担保证责任，则丁不得行使先诉抗辩权

D. 乙与丙达成延期还款协议后，丁的保证期间同样延长6个月

12. 孕妇王某在某妇产医院住院待产，由助产士赵某负责其生产前的胎心监测。王某临产前胎心骤降，生产时胎儿已死亡。王某认为胎儿死亡系赵某未能及时监测出胎心下降导致，并要求医院提供当天的检测报告，医院称该报告遗失。赵某则辩称事发当晚医院因雷电天气意外停电半小时，致使妇产科室监测器未能实施监测。对此，下列哪一选项是正确的？

A. 如赵某存在工作失误致损，应由赵某承担赔偿责任

B. 如王某向妇产医院主张医疗损害赔偿，其应承担医务人员操作失误的过错举证责任

C. 如王某主张因医院遗失检测报告造成损害有过错，则需要承担举证责任

D. 雷电天气属于不可抗力，妇产医院可据此免责

13. 甲购得一只山羊并圈养于自家后院。某日，甲的朋友乙来甲家中做客，不听甲的劝告逗弄山羊，被山羊角顶伤。对此，下列哪一说法是正确的？

A. 基于乙的重大过失，可以减轻甲的侵权责任

B. 应对乙所受损害承担过错责任

C. 应对乙所受损害承担过错推定责任

D. 不应对乙受到的损害承担责任

14. 甲在车祸中意外身故，留下已怀孕的妻子乙独自生活。某日，乙在小区散步时被10岁小孩丁骑车不慎撞到，致乙腹中胎儿早产，胎儿娩出时为死胎。经查，丁为丙的儿子，丙因为上班，将其交给朋友戊看管，事发时，戊正用手机看电视剧而让丁一人嬉戏。丁自有存款8万元。对此，下列哪一说法是正确的？

A. 乙可以代替死去的胎儿继承甲的遗产份额
B. 乙可以代替死去的胎儿主张人身损害赔偿
C. 丁为限制行为能力人，不能承担其侵权行为产生的责任
D. 对于乙的损害，戊应该承担相应的责任

15. 书法家张行的字体独具一格，被称为“张行体”。甲公司制作“张行体”字库软件，乙公司未经许可在工作电脑上安装该软件，为丙公司制作公益广告牌，为丁公司制作作为电影道具使用的某武林秘籍封面。对此，下列哪一说法是正确的？
A. 甲公司的“张行体”字库软件属于计算机软件作品、汇编作品
B. 乙公司为商业使用，同时侵犯了张行和甲公司的著作权
C. 若丙公司仅将广告牌用于公益宣传，不侵犯张行的著作权
D. 丁公司为商业使用，同时侵犯了张行和甲公司的著作权

16. 甲就某种自拍杆申请发明专利，申请文件于 2015 年 3 月 5 日公布，按审查意见修改后，于 2016 年 1 月 5 日授权公告。乙于 2015 年 5 月 7 日开始生产销售该种自拍杆。甲于 2015 年 7 月 15 日发现后要求乙支付费用，乙未予理睬。2016 年 3 月 10 日，乙将 2016 年 1 月 4 日所生产的自拍杆卖出。对此，下列哪一说法是正确的？
A. 仅乙的自拍杆同时落入申请公开及授权公告的权利范围，才需向甲支付适当费用
B. 甲要求支付适当费用的诉讼时效从 2015 年 7 月 15 日起算
C. 若乙的自拍杆落入授权公告的权利范围，则其 2016 年 3 月 10 日的销售构成侵权
D. 乙为先用权人，不构成侵权

17. 画家陈某创作了某卡通形象。2013 年 1 月，甲公司未经陈某许可，将该形象在儿童玩具上注册为商标。2015 年 3 月，甲公司将商标以独占许可方式许可给乙公司使用至 2025 年 5 月。2019 年 2 月，乙公司发现丙公司在儿童玩具上使用该商标，陈某也发现了甲公司的抢注行为。对此，下列哪一说法是正确的？
A. 甲公司的注册明显具有恶意，陈某可以请求宣告商标注册无效
B. 乙公司仅在甲公司明确不起诉时，才能以自己名义起诉
C. 若乙公司从未实际使用该商标，则无权要求丙公司赔偿损失
D. 即使丙公司获得陈某许可使用该卡通形象作为商标，也构成商标侵权

18. 裕安有限责任公司于 2018 年年初成立，章程规定公司注册资本为 10 万元，由余东认缴 4 万元，赵兴、许霖各认缴 3 万元，并按此比例分配利润。由于该年行情火爆，公司在 2018 年税后盈利为 10 万元。对此，下列哪一说法是正确的？
A. 股东会可以通过向余东分配利润 4 万元、赵兴和许霖各分配利润 3 万元的决议
B. 公司为扩大经营，决定当年不进行利润分配，许霖有权要求向法院判令公司分配利润
C. 即使赵兴认缴的出资在公司决定分配时仍未缴纳，也可以获得利润的分配
D. 若公司连续 5 年盈利且不分配利润，余东可以请求解散公司

19. 甲、乙、丙、丁分别持有冰洋股份有限公司股份 50%、40%、5%、5%，其中甲、乙为冰洋公司的发起人，丙、丁于 2019 年 5 月 1 日通过认购冰洋公司新发股票成为公司股东。

冰洋公司于2019年5月26日召开股东大会，并对更换公司董事戊、增加经营范围和为股东甲提供担保等三个决议进行表决。后丙于2019年6月1日将5%的股权转让给丁。对此，下列哪一说法是正确的？

A. 丁在取得股权当天可请求召开股东大会，并在董事会和监事会不同意时可自行召集

B. 由于更换公司董事戊的决议为甲在股东大会上临时提出，该决议无效

C. 公司对为甲提供担保事项进行表决时，甲、丁同意，乙、丙反对，该决议有效

D. 一般情况下，丙在转让股权后无权查阅2019年5月26日公司股东大会的会议记录

20. 荣鑫有限责任公司由甲、乙、丙发起设立，公司章程中未对股权转让事项另作规定。甲以未评估的机械设备作价出资取得公司股权，在乙、丙不知情的情况下于2018年6月3日与丁达成转让协议，并变更了股东名册和工商登记。2019年6月3日，乙、丙二人方获知该转让存在。对此，下列哪一说法是正确的？

A. 乙可以在2019年7月2日前行使优先购买权

B. 丙可以只主张甲与丁达成的股权转让行为无效

C. 股权转让给丁后，若经法定程序评估发现甲转让的机械设备价额非因市场因素显著低于公司章程所定价额，无论什么情况，公司都可以请求甲补足出资

D. 股权转让给丁后，若经法定程序评估发现甲转让的机械设备价额非因市场因素显著低于公司章程所定价额，无论什么情况，公司都可以请求丁补足出资

21. 甲、乙、丙三人出资设立民达公司。在筹备过程中，甲以自己的名义与笔墨公司签订办公桌买卖合同，乙以设立中公司的名义与纸砚公司签订生产设备的买卖合同，两份合同均未付款。甲在搬运设备到经营场所途中不慎将路人丁撞伤。对此，下列哪一说法是正确的？

A. 当民达公司成立后，则办公桌买卖合同的责任只应由民达公司承担

B. 无论民达公司成立与否，丁可以请求丙承担侵权的连带责任

C. 无论民达公司成立与否，纸砚公司可以请求乙承担合同责任

D. 当民达公司未成立时，纸砚公司可以任意向甲、乙、丙请求支付设备价款

22. 袁圆的储蓄一直由其母李翠华保管处理。2022年3月，李翠华在信托公司业务员贾某的建议下，以袁圆的名义购买了某信托理财产品。对此，李翠华和贾某口头约定委托信托财产100万元，为自益信托等。随后李翠华用袁圆的储蓄卡向贾某账户转账成功。袁圆对购买理财知情，但并不清楚购买哪一产品。据此，下列哪一说法是正确的？

A. 因购买该信托理财产品非袁圆的真实意思表示，该信托不能成立

B. 袁圆可依据《信托法》，撤销该信托

C. 因未签订信托合同，信托公司可主张该信托不能成立

D. 因贾某系信托公司员工，袁圆可主张该信托成立

23. 宝利有限合伙企业有两名有限合伙人甲、乙和一名普通合伙人丙，其中甲未按期足额缴纳出资。在企业经营期间，甲擅自代表宝利企业与不知情的锦华公司签订了货物买卖合同并收到货物，但货款未结。后经过全体合伙人一致同意，乙转为普通合伙人，丙转为有限合伙人，丁新入伙成为普通合伙人。由于行情低迷，宝利企业经营失败，无法履行与锦华公

司的合同义务。关于锦华公司的做法，下列哪一说法是正确的？

A. 不能请求丁承担连带责任

B. 只能在甲未出资的范围内请求甲承担责任

C. 可以请求乙承担连带责任

D. 不能请求丙承担连带责任

24. 丙为甲的古董向泰然保险公司购买了财产保险。顾客乙经丙介绍到甲的古董店选购古董，在进店前乙与甲约定："乙向甲支付 2 万元押金，则选购过程中发生任何意外均由甲承担。"乙支付了押金，但在选购时乙与丙打闹，不慎打破该古董。泰然保险公司得知古董被打破后向甲支付了保险金，但由于甲在索赔时未告知泰然保险公司古董是乙、丙共同打碎的，导致泰然保险公司只通知了乙向其履行赔偿责任。对此，下列哪一说法是正确的？

A. 如乙在泰然保险公司通知前已经向甲履行赔偿义务，泰然保险公司应向甲主张相应的权利

B. 虽然乙支付了押金，约定有效，泰然保险公司仍有权向乙行使代位求偿权

C. 尽管甲未告知泰然保险公司丙也是侵权人，泰然保险公司仍需向甲全额支付保险金

D. 因该古董的保险由丙为甲购买，泰然保险公司无权向丙行使代位求偿权

25. 根据《反不正当竞争法》，关于诋毁商誉行为，下列哪一选项是正确的？

A. 马某在某商场购买一部手机，事后发现手机存在瑕疵，便在网上发帖称该商场是无良奸商，净卖假货，呼吁不要到该商家消费

B. 甲超市向市场监督管理部门举报乙超市销售假冒伪劣产品，经查属实

C. 经营矿泉水的某企业宣称市面上的蒸馏水、纯净水长期饮用容易引发骨质疏松，而该观点在科学上尚无定论

D. 某报刊报道某食品加工企业产品含有不明病毒，引发消费者恐慌，经证明报道失实

26. 某县政府根据与寰宇医药公司的战略合作协议，大力支持寰宇公司在该县各级医疗机构开展药品、耗材配送工作，并推动该公司与当地经营企业的并购工作。而且，县政府通过会议纪要，要求各医疗机构落实药物统一配送工作和做大做强战略，同时由卫生主管部门开展专项整治行动和跟踪指导。根据《反垄断法》，关于该县政府的行为，下列哪一选项是错误的？

A. 涉嫌强制交易

B. 涉嫌地区封锁

C. 涉嫌强制经营者实施危害竞争的垄断行为

D. 该会议纪要涉嫌滥用行政权力排除、限制竞争

27. 李某经常在微信朋友圈推送女性内衣。王某从李某处网购"新环保材料"内衣一套，在温水中洗涤出现浓重异味，再次洗涤也未能消除，遂怀疑衣服质量出现问题，对包装进行检查时发现该内衣无厂名、无厂址、无质量合格证。向李某反映后，李某称其内衣没有质量问题，因厂里自产自销所以没有相关标识，并且拒绝退货。对此，下列哪一选项是正确的？

A. 李某与王某间的买卖关系不受《消费者权益保护法》调整

B. 产品已经无法二次销售，李某有权拒绝退货

C. 产品未经有权机构鉴定为不合格产品，李某有权拒绝退货

D. 李某应当退还全部货款并支付3倍价款的赔偿金

28. 甲公司有税前利润500万元，在某基金经理处无意间得知该基金将在3日后大比例分红，分红对象为截至次日登记在册的全部基金份额持有人，而根据有关规定："对投资者从证券投资基金分配中取得的收入，暂不征收企业所得税。"于是甲公司立即在市场上申购该基金500万元，并于分红日后全部卖出收回资金450万元。甲公司将获得的基金分红167万元免缴企业所得税，投资损失55万元（包括支付买卖基金的手续费5万元）予以税前列支。对甲公司的行为，税务机关有权采取下列哪一措施？

A. 无限期追征税款及滞纳金　　B. 处以罚款

C. 进行纳税调整　　D. 责令提供纳税担保

29. 国家有关部门联合发文禁止"炒房"，规范购房融资行为，包括严禁提供购房首付融资。甲与某市商业银行行长乙为高中同学，因乙的"关照"而在该商业银行办理了个人消费信用贷款20万元，用于支付购房首付。对此，下列哪一选项是正确的？

A. 甲是该商业银行的关系人

B. 该商业银行无权为甲发放个人消费信用贷款

C. 该商业银行违背审慎经营规则，银行业监督管理机构有权对其处以罚款

D. 甲与商业银行的贷款合同无效

30. 某银行出现严重信用风险，为保护存款人和其他客户合法权益，中国银行保险监督管理委员会决定对其实行接管，接管期限1年。对此，下列哪一选项是错误的？

A. 自接管之日起，由接管组织行使该银行的经营管理权力

B. 实行接管后，该银行的债权债务关系不因接管而变化

C. 接管期间，经银保监会负责人批准，有权查询该银行涉嫌金融违法的某董事以及关联行为人的账户

D. 如接管期届满仍未恢复经营能力，银保监会视具体情况可以延长接管期限，直至其恢复正常经营能力

31. 某县县城居民杜某在其房屋上加建第二层，有关行政主管部门以未经批准、影响古城风貌为由，作出限期拆除决定书。杜某不服，诉至法院要求撤销该决定书，法院经审理驳回其诉求。此后，该行政主管部门向杜某送达拆除催告书，限其在10日内自行拆除，杜某到期仍未自行拆除。对此，下列哪一选项是错误的？

A. 该行政主管部门是指城乡规划主管部门

B. 即使杜某是在房屋上加建，该县城不属于城市而属于镇，杜某仍应申请办理建设工程规划许可证

C. 如该房屋加建无法采取改正措施消除影响，该行政主管部门有权责令限期拆除

D. 杜某逾期不拆除，该行政主管部门有权采取查封施工现场、强制拆除等措施

32. 某化工公司在生产过程中需要使用大量水来冷却和清洗，因此设立了污水集中处理厂，将化工污水经过处理达标后再排放到长江之中。对此，下列哪一说法是错误的？

A. 该公司应向环境保护主管部门如实申报排污情况，申请排污许可

B. 该公司如取得排污许可证，应当按照许可证的要求排放污水

C. 该公司向其自设自用的污水集中处理厂排污，因此无需缴纳环境保护税

D. 如该公司应缴纳环境保护税，则按月计算，按季申报缴纳

33. 农民钱某觉得自留山上种植的竹林、柏树林收益差，决定砍伐后将自留山转让给他人种植猕猴桃。对此，下列哪一选项是正确的？

A. 自留山属于钱某所有，可自主转让

B. 自留山的林木属于钱某所有，可自主砍伐

C. 砍伐竹林需要申请采伐许可证

D. 砍伐柏树林需要申请采伐许可证

34. 某公司与姜某签订《非全日制用工合同》，合同期限为 5 年。下列哪一项约定是合法的？

A. 试用期为 6 个月

B. 在每月 25 日支付当月工资

C. 未经该公司同意，姜某不得兼职

D. 该公司有权随时通知姜某终止用工

35. 姬某所在单位拖欠其工资 3000 元，姬某申请劳动仲裁。关于劳动仲裁委和当事人的行为，下列哪一选项是正确的？

A. 只要姬某在该单位工作，因拖欠工资而申请仲裁不受仲裁时效期间的限制

B. 仲裁庭提前 5 日打电话通知双方开庭的日期和地点

C. 仲裁庭未经调解，直接作出裁决

D. 如该用人单位不服仲裁裁决，有权在 15 日内向法院提起诉讼

36. 下列情形中，参加哪一种社会保险（军人保险），参保个人不需要缴费？

A. 职工参加失业保险

B. 职工参加生育保险

C. 军官参加军人退役医疗保险

D. 随军未就业的军人配偶参加相应的养老保险

37. 我国某高校教师黄某在甲国参加学术会议，会议期间所带笔记本电脑自燃，并造成黄某左臂和左脸颊烫伤。该电脑系黄某一年前在乙国出差时购买，生产厂家为乙国某公司。该公司目前在我国国内尚无营业活动。黄某回国后即在人民法院对 B 公司提起损害赔偿诉讼。关于本案的法律适用，下列哪一说法是错误的？

A. 黄某可单方选择适用甲国法

B. 黄某可单方选择适用乙国法

C. 如果黄某未作选择，则适用甲国法或乙国法

D. 如果黄某未作选择，则适用中国法或乙国法

38. 中国、甲国、乙国均为《纽约公约》缔约国。甲国A公司和乙国B公司因买卖合同纠纷在乙国仲裁，A公司胜诉。因B公司在我国境内有资产，A公司向我国某市中级人民法院申请承认和执行裁决，B公司则提出拒绝承认和执行裁决请求。根据我国法律和相关司法解释，下列哪一说法是正确的？

A. 如果乙国仲裁中仲裁员枉法裁判，可拒绝承认与执行该裁决

B. 如果该裁决依据的证据是伪造的，可拒绝承认与执行该裁决

C. 如果该裁决违反中国公共秩序，可撤销该裁决

D. 如果该中级人民法院拟承认与执行该裁决，可直接作出裁定

39. 甲、乙两国均为《关于解决国家和他国国民间投资争端公约》的缔约国。甲国A公司与乙国B公司在乙国合资设立C公司，从事能源勘探开采。后乙国对能源开采进行限制，影响了C公司的经营。A公司拟向"解决投资争议国际中心"对乙国政府提起仲裁。对此，下列哪一选项可以作为A公司提起仲裁的依据？

A. 甲、乙两国均为《公约》缔约国的事实

B. 甲、乙两国投资条约规定将此类争议交付"中心"仲裁

C. A公司与B公司的合作协议规定将此类争议交付"中心"仲裁

D. 乙国曾通知"中心"它不考虑把外汇管制争议提交"中心"仲裁

40. 中国南方公司向某国的哈达公司出口一批与两用物项相关的仪器设备，合同中采用CIF贸易术语（Incoterms2020），信用证支付。信用证中注明：本证暂不生效，待进口许可证签发通知后生效。根据《中华人民共和国出口管制法》和信用证相关规则，下列哪一选项是正确的？

A. 贸易术语2020要求：若未经说明，CIF术语为最低投保一切险

B. 该信用证虽然注明条件，卖方仍应接受

C. 如该设备被列入出口管制清单，则禁止出口

D. 如该设备被列入出口管制清单，哈达公司不能擅自改变该进口商品的最终用途

41. 大益公司拖欠职工黄某工资2万元，经人民调解委员会调解达成协议，双方约定大益公司在5日内一次性全额支付2万元。到期后大益公司未履行，黄某持调解协议向法院申请支付令，法院审查后签发支付令。大益公司提出书面异议后，法院裁定终结督促程序。关于对黄某的救济措施，下列哪一选项是正确的？

A. 申请法院依据调解协议制作判决书

B. 就调解协议向法院申请强制执行

C. 就调解协议的履行向法院直接起诉

D. 申请劳动争议仲裁后再向法院起诉

42. 齐某向陈某出租房屋，因陈某拖欠房租，齐某起诉要求其支付房租及逾期利息。齐某委托张律师作为诉讼代理人代其出庭，授权委托书的代理权限处仅写为"全权代理"，并未约定排除事项。诉讼中，张律师承认房屋存在质量瑕疵，并变更诉讼请求为撤销租赁合同。案件判决后，法院将判决书送达给张律师。关于本案，下列哪一说法是错误的？

A. 张律师无权变更齐某的诉讼请求

B. 张律师无权承认房屋有质量问题

C. 变更诉讼请求后本案为形成之诉

D. 本案判决书的送达属于直接送达

43. 甲公司员工霍某要求支付 20 天加班费遭拒，仲裁未获支持后，向法院起诉。霍某在诉讼中提出，加班情况在甲公司保管的电子考勤打卡机中有明确记载。霍某要求甲公司提交打卡机中的考勤记录被拒绝，遂向法院申请责令甲公司提交，法院予以准许。关于霍某的申请，下列哪一说法是错误的？

A. 应在举证期限届满前以书面形式提出

B. 考勤记录属于书证，霍某有权向法院提出申请

C. 霍某可书面申请法院调查收集员工考勤记录

D. 若甲公司删除考勤记录，法院可认定霍某加班 20 天的事实

44. 单某向好友涂某借款 5 万元，涂某碍于情面未让其出具借条。后因单某拒绝还款，涂某起诉，并向法院提交为单某转款 5 万元的银行纸质转账凭证，并未标注转款用途。庭审中，单某承认向涂某借款，但主张涂某亦曾向其借款 5 万元，该笔借款已抵销，并向法院提交了微信转账记录。微信转账记录显示单某向涂某转款 5 万元。关于本案，下列哪一说法是错误的？

A. 就借款事实涂某无需举证证明

B. 单某应就借款已抵销的事实承担证明责任

C. 微信转账记录属于电子数据

D. 银行转账凭证是借款事实的直接证据

45. 郑某因拖欠借款被王某诉至甲市乙区法院，诉讼过程中王某发现郑某有隐匿财产的行为，遂申请对郑某名下的 A 房屋予以查封。查封后，郑某向法院申请将 A 房予以出售，法院准许，王某表示反对。关于对王某的救济措施，下列哪一选项是正确的？

A. 向甲市乙区法院申请复议

B. 向甲市乙区法院提起诉讼

C. 向甲市中级法院提起诉讼

D. 向甲市乙区法院提出执行行为异议

46. 丁孔武有力，致甲、乙、丙三人身体受损害。甲、乙、丙起诉后，法院合并审理。一审法院经审理，判决丁分别赔偿甲、乙、丙 1 万元。甲和乙认为丁赔偿 1 万元的数额过低，提起上诉。关于本案二审当事人诉讼地位的确定，下列哪一选项是正确的？

A. 甲、乙分别为上诉人，丁为被上诉人

B. 甲、乙为上诉人，丙、丁为被上诉人

C. 甲、乙为上诉人，丁为被上诉人，丙为原审原告

D. 甲、乙、丙为上诉人，丁为被上诉人

47. 甲公司因抵押借款合同纠纷向 C 市 Y 区法院起诉乙公司，判决后双方均未上诉。丙公司认为该判决损害其合法权益，遂提起撤销诉讼。案件审理中，C 市中级法院发现该判决确有错误，裁定再审后亲自予以审理。Y 区法院裁定将撤销之诉并入再审程序。关于法院对丙公司提出的撤销诉讼请求的处理，下列哪一表述是正确的？

A. 将丙公司提出的诉讼请求一并审理，作出判决
B. 依自愿进行调解，调解不成，告知丙公司另行起诉
C. 依自愿进行调解，调解不成，裁定撤销原判发回重审
D. 依自愿进行调解，调解不成，恢复第三人撤销诉讼程序

48. A 区的甲和 B 区的乙合伙做生意，共同向 C 区的丙借款 10 万元。因甲、乙到期未还欠款，丙向 A 区法院申请支付令。独任审判员审查后签发支付令，仅甲在异议期内提出异议，后又撤回异议。后 A 区法院院长发现该支付令存在错误。关于本案，下列哪一说法不符合法律规定？

A. 丙亦可向 B 区法院申请支付令
B. 甲对支付令的异议对乙不发生效力
C. 甲应在法院处理裁定作出前撤回异议
D. 应由院长提请审委会讨论决定后，裁定撤销支付令

49. 甲、乙设立普通合伙企业，其营业执照上登记的字号是“大风机械厂”。因拖欠货款，大风机械厂被长源公司起诉。A 市 B 区法院经审理，判决被告支付货款 20 万元，双方均未上诉。执行过程中，大风机械厂支付 12 万元后便再无财产可执行。经长源公司申请，法院裁定追加甲、乙为被执行人。如甲、乙不服该裁定，下列哪一项救济措施符合法律规定？

A. 向 B 区法院申请再审
B. 向 A 市中级法院申请复议
C. 向 B 区法院提出执行异议
D. 向 B 区法院提起执行异议之诉

50. T 市 N 区的甲公司与 T 市 H 区的乙公司签订家具买卖合同，约定因合同效力和履行发生争议，由 B 市的 B 仲裁委员会仲裁或者向 T 市 H 区法院起诉。后双方发生争议，甲公司到 B 仲裁委员会申请确认买卖合同无效。B 仲裁委员会受理后，乙公司答辩称，如买卖合同无效，仲裁条款亦应无效，遂向法院申请确认仲裁协议无效。甲公司则向 B 仲裁委员会申请确认仲裁协议有效。关于本案，下列哪一选项是正确的？

A. 双方当事人约定的仲裁协议原则上有效
B. 乙公司应向 T 市中级法院申请确认仲裁协议无效
C. 若买卖合同无效，仲裁条款亦应无效
D. 仲裁条款是否有效，应由法院作出裁定

二、多项选择题。每题所设选项中至少有两个正确答案，多选、少选、错选或不选均不得分。本部分含 51–85 题，每题 2 分，共 70 分。

51. 7 月 1 日，甲向乙公司以分期付款的方式购买一辆汽车，总价是 18 万元，分 6 期付款，半年付清。双方约定，在剩余款项付清之前，乙公司保留汽车的所有权，但并未办理登记。7 月 3 日，汽车运送到甲处完成交付。甲使用数月后，一直未按期还款。某日汽车停放在路边，一场意外火灾将汽车烧毁（该汽车未买任何保险）。甲与乙公司产生纠纷。对此，下列哪些说法是正确的？

A. 乙公司对该汽车的所有权具有绝对的物权效力

B. 若甲未还款项总计达到 5 万元，乙可以直接解除合同

C. 若甲已付清 15 万元，乙不可以取回汽车

D. 该汽车的毁损风险由甲承担

52. 甲公司通过拍卖的方式取得某商业用地的建设用地使用权，为了能使用该土地更长时间，于是在与土地出让方签订出让合同时增加一款约定：40 年期限届满后其土地使用权自动续期，无须再行履行其他手续，但甲公司应当按照评估价补缴续期后的出让金。后甲公司在该地块上建造了一栋办公楼。为了从乙银行获得贷款，甲公司以该办公楼作为抵押财产为乙银行设定抵押权。对此，下列哪些说法是错误的？

A. 甲公司与土地出让方关于 40 年期限届满后其土地使用权自动续期的条款合法有效

B. 甲公司的建设用地使用权到期后可以自动延长 40 年

C. 甲公司到期无法履行债务时，乙银行可以就甲公司的建设用地使用权主张优先受偿

D. 在抵押权存续期间，如甲公司将建设用地使用权转让给丙公司，则乙银行的抵押权消灭

53. 甲公司为扩建厂房，向乙公司借款 500 万元，丙公司以自有的机械设备提供质押担保，双方签订书面质押合同，并约定：如果甲公司到期无法偿还乙公司的借款，则丙公司的机械设备归乙公司所有。由于乙公司无处存放该套设备，其委托丁公司保存并监管该机械设备。现借款到期，甲公司无力偿还债务。对此，下列哪些说法是错误的？

A. 乙公司和丙公司签订的质押合同未生效

B. 乙公司已取得质权

C. 乙公司若怠于行使质权并造成丙公司的损害，则乙公司需承担赔偿责任

D. 乙公司可以直接取得机械设备的所有权

54. 甲将房屋出租给好友乙，双方口头约定租期 3 年，租金季付。半年后，乙未经甲同意将房屋转租给丙，丙擅自改造房屋结构导致房屋雨天漏水（甲方知悉转租一事，并未提出异议）。乙在转租 1 年后停止向甲支付租金，甲提出解除租赁合同，各方发生争议。据此，下列哪些选项是正确的？

A. 若租赁期限无法确定，则甲、乙均可随时解除租赁合同

B. 甲应承担房屋漏水的维修义务

C. 乙可要求丙承担房屋改造的损害赔偿责任

D. 丙可代替乙向甲支付租金，以维持转租关系

55. 甲、乙为夫妻，在婚姻关系存续期间实施诸多民事法律行为。下列哪些说法是正确的？

A. 甲、乙在离婚协议中约定甲离婚后不需承担对女儿丙（7 岁）的抚养费。离婚后甲仍须向丙承担抚养费义务

B. 乙请求甲出借共同存款 5 万元用于乙个人出国旅游。该借款合同应视为双方约定处分夫妻共同财产的行为

C. 甲以自己名义向张某借款 20 万元用于夫妻共有房屋的装修。张某有权请求乙偿还该

笔债务

D. 甲、乙约定某套夫妻共有的房屋归甲一人所有。该房屋的自然增值也归甲一人所有

56. 甲粮食公司因资金紧张向乙银行贷款2000万元，借期1年，以某处仓库中的库存大豆质押，双方约定甲公司有权卖出或补进该库存大豆，但须保证库存大豆的市值维持在2500万元以上。乙银行委托丙公司监管该库存大豆。委托合同签订一周后，丙公司开始对该库存大豆实施监管。监管过程中丙公司违规放货，导致库存大豆市值仅剩1500万元。对于甲公司的借款，何某承诺提供连带保证，直至甲公司还本付息为止。借款到期后，甲公司无力还款。对此，下列哪些说法是错误的？

A. 乙银行的质权自委托合同生效时设立

B. 乙银行有权请求丙公司承担违约责任

C. 何某的保证期间至甲公司还本付息之日

D. 乙银行有权选择行使质权或要求何某承担保证责任

57. 马某因丈夫王某婚内与第三人多次发生不正当两性关系，向法院起诉离婚。为此，王某恼羞成怒，多次强行限制马某的人身自由，不让其出门，造成马某精神受损。2015年10月1日，法院准予二人离婚。2018年10月1日，马某发现王某在离婚前隐瞒了一套价值200万元的共有房产未分割。对此，下列哪些说法是正确的？

A. 仅凭王某与第三人多次发生不正当性关系，法院应当准予离婚

B. 离婚时马某可以请求精神损害赔偿

C. 2021年5月，马某不得再起诉请求分割该隐瞒的房产

D. 马某可以请求王某少分或不分隐瞒的房产

58. 甲公司投资拍摄纪录片，请李某、陈某谱写插曲。二人反复讨论，共同创作初稿，由陈某润色定稿，完成曲调《重又来》。纪录片上映后，乙公司欲将《重又来》录制成唱片，陈某以乙公司不够知名为由，拒绝许可其使用。歌手王某自行为《重又来》配词，并在某大型赈灾义演中演唱，该义演向观众出售价格较低的门票。对此，下列哪些说法是错误的？

A. 即使陈某不同意，李某仍可许可乙公司录制唱片

B. 王某属于免费表演，不侵犯著作权

C. 乙公司应征得甲公司许可，并向其支付报酬方可录制

D. 乙公司无需征得李某、陈某许可，只需向其支付报酬即可录制

59. 2015年，知名画家陈某创作油画《喜扬扬》，未发表即卖给张某收藏。2018年，张某在个人藏品展览会上展出该画，遂有多人求购。张某委托李氏拍卖公司拍卖该画，李氏拍卖公司将作品拍摄高清照片在官网进行宣传。对此，下列哪些说法是正确的？

A. 张某展示陈某未发表的作品，侵犯了陈某的发表权

B. 张某不构成著作权侵权

C. 李氏拍卖公司侵犯了陈某的著作权

D. 李氏拍卖公司受委托拍卖，且符合拍卖惯例，不侵犯著作权

60. 甲公司研发部门的陈某按公司指示完成了一种新式压缩机发明，该压缩机被授予了专利权。甲公司将专利转让给乙公司，双方签订合同支付价款，并在专利局登记公告。乙公司实施专利所获利润颇丰，但 10 年后专利被宣告无效。对此，下列哪些说法是错误的？

A. 甲公司转让专利应取得陈某同意

B. 甲公司与乙公司之间的专利转让合同自专利局公告之日起生效

C. 乙公司应根据实施专利的经济效益，给予陈某合理的报酬

D. 专利无效后，甲公司应向乙公司返还部分专利转让费

61. 方略股份有限公司通过股东大会决议，决定通过不定向发行新股进行融资。对此，下列哪些说法是错误的？

A. 股东对新发行的股份享有优先购买权

B. 该决议需要经出席会议股东所持表决权的 2/3 以上通过

C. 可以直接通过广告的方式公开发行股票

D. 为了避免无法募足，可以低于股票票面金额发行

62. 鸿璞有限责任公司于 2018 年 12 月设立。甲与乙达成代持股协议，甲登记为鸿璞公司股东，后甲自行将其股权质押给不知情的丙。乙一直未参与公司经营，不为其他股东所知。股东丁于 2019 年 3 月突发脑梗去世，其配偶戊为丁的唯一继承人。对此，下列哪些说法是正确的？

A. 戊可以基于继承直接取得鸿璞公司的股权

B. 鸿璞公司其他股东可以向戊主张优先购买权

C. 丙经过有效的登记后取得股权质权

D. 乙可以向鸿璞公司主张股东权利

63. 甲、乙、丙为纬合股份有限公司的股东。在公司存续期间，纬合公司对嘉润公司负有债务。后甲依法请求解散纬合公司，纬合公司因此解散并进入清算程序。但由于纬合公司清算组的疏漏，导致嘉润公司未看到公司解散公告而没有及时申报债权，错过公司财产的初次分配。股东甲、乙、丙在公司财产的初次分配中取得了分配。对此，下列哪些说法是正确的？

A. 纬合公司应当在解散事由出现之日起 30 日内成立清算组

B. 嘉润公司可以在纬合公司清算程序终结前补充申报债权

C. 嘉润公司补充申报债权后，纬合公司由于初次分配后尚未分配的财产不足以清偿其债权的，嘉润公司可以在股东甲、乙、丙已经取得剩余财产分配的范围内请求清偿

D. 法院可基于公司持续两年以上无法召开股东大会且公司经营管理发生严重困难而裁判解散公司

64. 朝阳公司向万通公司出具了面额为 5 万元的汇票，万通公司为支付货物价款将该汇票转让给福寿公司，福寿公司超过规定期限向承兑人甲银行提示承兑后被拒绝承兑。对此，下列哪些说法是正确的？

A. 福寿公司丧失对朝阳公司和万通公司的追索权

B. 福寿公司可以向朝阳公司请求支付 5 万元面额、利息及相关费用

C. 朝阳公司可以以福寿公司未交付货物为由而对抗其追索权的行使

D. 朝阳公司可以以福寿公司未提供拒绝承兑的证明抗辩其追索权的行使

65. 沛兴普通合伙企业有甲、乙、丙三名合伙人，合伙协议约定甲为执行合伙事务人，但未约定合伙期限。对此，下列哪些说法是正确的？

A. 乙、丙可以经营与沛兴合伙企业相竞争的业务

B. 乙、丙无权代表沛兴合伙企业从事经营活动

C. 乙因与甲的经营理念不合，在不给合伙企业造成不利影响的情况下，可无需经甲、丙同意自行退伙

D. 丙如因患病而被法院认定为无民事行为能力人，应当退伙

66. 甲科技公司从事海外业务，其核心技术也应用于海外市场。赵某曾受雇于甲公司，劳动合同中约定了保密和竞业限制条款。在职期间，赵某利用工作时掌握的产品源代码等资料研发了与公司类似的手机清理软件产品。离职后，赵某受聘于乙技术公司，负责手机清理软件产品的开发。乙公司将其开发的软件产品上传至国内某应用市场供用户免费下载使用，并通过与多个网络平台合作的广告营利。经鉴定，乙公司软件源代码中至少存在 67 个函数与甲公司两款软件源代码相同或实质相似，且这些都属于不为该行业技术人员所知悉的信息。甲公司遂起诉赵某和乙公司。对此，被告提出的以下哪些抗辩事由不能成立？

A. 甲公司没有按约定给付竞业限制补偿，所以竞业限制条款无效

B. 甲公司未能提供证明其软件商业价值的直接证据，不能认定商业秘密

C. 乙公司的软件产品只在国内市场供用户下载使用，与甲公司没有竞争关系

D. 如赵某向乙公司故意隐瞒了曾经受聘于甲公司的信息，乙公司对赵某与甲公司的关系并不知情，乙公司就未侵犯甲公司的商业秘密

67. “网红达人”甲收受了乙网络购物平台丙网店的重金后，在某网络直播平台极力推荐丙网店销售的某手机是“原装正品美版国行三网 4G 手机，质量保障，值得购买”。王某在该网店的网页上查到该手机的确标注为“原装正品美版国行三网 4G 手机”，遂以 4000 元购买了一部。购买后，经该手机官方客服及第三方“果快查询”软件查明，涉案手机已激活，并非全新原装正品手机。随后，王某又至该网店购买同一类型手机两部，并向乙平台投诉。乙平台接到投诉后立即暂扣了丙网店的保证金并通知其下架商品。关于法律责任的承担，下列哪些选项是正确的？

A. 丙网店应退还王某所有货款 12000 元并支付其第一次购买产品时所花费商品价款的 3 倍赔偿款 12000 元

B. 乙网络购物平台未能保证商品为正品，应与丙承担连带赔偿责任

C. 甲若明知或应知宣传不实仍代为推荐，应与丙承担连带赔偿责任

D. 网络直播平台未审查、监督甲的直播内容，应与甲承担连带赔偿责任

68. 甲公司的自然人股东乙与自然人丙签订《股权转让协议书》，约定乙将其在甲公司的所有股权转让给丙，转让交易价格为 1.5 亿元，一切税费均由丙承担。协议签订后，丙向乙支付部分款项，并办理了股权变更手续。后税务局发现该股权转让没有缴纳税款。对此，

下列哪些选项是正确的？

A. 协议中“一切税费均由对方承担”的约定有效

B. 税务局应向乙追征税款

C. 税务局有权对丙予以罚款

D. 乙认为根据约定税务局不应向其追征税款，有权直接向法院起诉

69. 根据《环境保护法》，关于县级以上地方人民政府及其环境保护主管部门的职权和职责，下列哪些选项是正确的？

A. 县级以上地方人民政府环境保护主管部门会同有关部门，编制本行政区域的环境保护规划，报同级人民政府批准并公布实施

B. 企业事业单位违法排放污染物，造成或者可能造成严重污染，县级以上人民政府环境保护主管部门有权查封、扣押造成污染物排放的设施、设备

C. 县级以上人民政府应当建立环境污染公共监测预警机制，组织制定预警方案

D. 县级以上人民政府环境保护主管部门应当依法公开环境质量、环境监测、突发环境事件以及环境行政许可、行政处罚、排污费的征收和使用情况等信息

70. 某公司在生产工艺上拥有的技术诀窍系其商业秘密，除此之外，该公司没有其他的商业秘密和与知识产权有关的保密事项。闻某是该公司负责财务、人事、行政事务的副总经理，但从未接触该技术诀窍。关于该公司与闻某的《聘任协议》及其约定，下列哪些选项是错误的？

A. 公司高管与公司之间不是劳动关系，该《聘任协议》不属于劳动合同

B. 闻某作为公司高管，离开公司后 2 年内不得到与本公司生产同类产品、从事同类业务的有竞争关系的其他用人单位任职

C. 该公司如提前解除《聘任协议》，应向闻某支付违约金

D. 闻某如提前解除《聘任协议》，应向该公司支付违约金

71. 某食品厂即将与某公司合并，因此计划调整检验员王某的工作地点，但王某以离家远为由拒绝接受。该厂多次与王某协商，愿意在工资中加发因上下班路途变远的相应交通费并提高其工资，王某仍拒绝接受。对此，下列哪些选项是正确的？

A. 调整工作地点是该厂生产经营所需，王某必须服从

B. 该厂以合理的条件协商不成，有权提前 30 日以书面形式通知王某解除劳动合同

C. 如协商后该厂仍坚持调整工作地点，王某又不愿意，王某有权解除劳动合同

D. 无论上述哪一情形导致劳动合同解除，该厂都应支付经济补偿

72. 根据《社会保险法》的规定，关于社会保险待遇，下列哪些说法是正确的？

A. 陈某在享受失业保险待遇期间，由失业保险基金为其参加职工基本医疗保险，生病时有权享受基本医疗保险待遇

B. 黄某因工伤致残完全丧失劳动能力，在符合领取基本养老金条件前，由工伤保险基金支付伤残津贴，在符合条件后停发伤残津贴，享受基本养老保险待遇

C. 洪某早已参加基本养老保险，后来非因工致残完全丧失劳动能力，在未达到法定退休年龄时，有权从基本养老保险基金中领取病残津贴

D. 陆某退休时早已参加职工基本医疗保险，且累计缴费已达到国家规定年限，退休后不再缴纳基本医疗保险费，按照国家规定享受基本医疗保险待遇

73. 我国A公司从甲国B公司购买2吨海鲜干，买卖合同约定合同争议适用甲国法。货到后，A公司发现部分海鲜干重金属含量超标，可能损害人体健康，另外还有部分货物存在包装问题。A公司将B公司诉至我国法院。对此，下列哪些说法是正确的？

A. 货物包装问题应适用甲国法

B. 货物包装问题应适用中国法

C. 海鲜干是否有害人体健康应适用甲国法

D. 海鲜干是否有害人体健康应适用中国法

74. 我国甲公司有三家国有公司股东，作为股东之一的乙公司与美国丙公司达成协议，转让其持有甲公司的部分股份。后来乙、丙两公司因股份转让合同的履行发生争议，并将争议提交我国法院解决。对此，下列哪些说法是正确的？

A. 该争议的解决应适用中国法

B. 乙、丙两公司可协议选择美国法律解决该争议

C. 丙公司购买股份的行为属于我国《外商投资法》调整的投资类型

D. 丙公司购买股份的行为不属于我国《外商投资法》调整的投资类型

75. 香港居民林某与内地某保险公司发生保险合同纠纷，案件由内地某中级人民法院审理。林某因身体原因不能来内地，委托庄某参加诉讼。根据我国相关司法解释，下列哪些说法是正确的？

A. 该中级人民法院可以直接通过香港地区指定的联络机关委托提取证据

B. 该中级人民法院可以请求香港地区法院向林某取得相关文件

C. 该中级人民法院可以请求香港地区法院对林某进行身体检验

D. 向香港方面提交的取证委托书应当以英文文本提出

76. 内地甲市居民赵女士与香港人郭先生曾为夫妻，两人育有一子。离婚后儿子随赵女士生活。近期二人因孩子的抚养费问题在香港发生诉讼，香港法院发布赡养令，要求郭先生向赵女士支付有关款项。赵女士户籍在甲市，长期居住在乙市。郭先生长期居住在内地丙市，且在丁市有一处房产。根据《关于内地与香港特别行政区法院相互认可和执行婚姻家庭民事案件判决的安排》，赵女士可向下列哪些地方的中级人民法院申请认可与执行该赡养令？

A. 甲市　　B. 乙市

C. 丙市　　D. 丁市

77. 营业地位于甲国的A公司向营业地位于乙国的B公司购买6台医疗设备，合同采用FOB贸易术语（Incoterms2020）。甲国与乙国均为《联合国国际货物销售合同公约》缔约国。根据《联合国国际货物销售合同公约》和相关国际惯例，下列哪些说法是错误的？

A. B公司不负责办理设备出口手续

B. B公司不负责投保设备的运输保险

C. 设备故障致人伤害纠纷应由《联合国国际货物销售合同公约》调整

D. 设备故障致人伤害纠纷应由 Incoterms2020 调整

78. 甲国 A 公司向乙国 B 公司出口一批大豆，买卖合同采用 FOB 价格术语。货物由甲国 C 公司承运，B 公司为货物投保了中国人民保险公司海洋货物运输保险平安险。运输途中，由于船员疏忽致轮船触礁，部分大豆落海。甲、乙两国均为《汉堡规则》缔约国。根据《汉堡规则》与中国人民保险公司海洋货物运输保险规定，下列哪些说法是正确的？

A. C 公司应对部分大豆损失承担赔偿责任

B. C 公司对部分大豆损失免责

C. 意外事故造成大豆部分损失，属于平安险赔偿范围

D. 意外事故造成大豆部分损失，不属于平安险赔偿范围

79. 我国 A 公司与甲国 B 公司签订合同购进一批大型设备，以信用证方式结算，开证行为我国 C 银行。B 公司在议付货款时，议付行提出单证存在不符之处。在 C 银行与 A 公司沟通期间，我国 D 公司以 A 公司债权人身份向人民法院申请中止支付信用证项下的款项，理由是 A 公司与 B 公司系母子公司，两者之间无真实交易，系转移资产。根据我国法律以及相关司法解释，下列哪些说法是错误的？

A. 如 D 公司主张不成立，A 公司决定是否接受不符点，不影响 C 银行最终决定是否接受不符点

B. 如 D 公司主张不成立，C 银行是否接受不符点的决定是终局的，A 公司不能起诉

C. 如 D 公司主张成立，A 公司与 B 公司构成信用证欺诈

D. 如 D 公司主张成立，人民法院应在 24 小时之内作出裁定

80. 2016 年，我国商务部发布公告，对进口我国的某产品征收反倾销税。近期，该产品的进口厂商宝杰公司向商务部提出申请，请求进行反倾销税复审。根据我国《反倾销条例》，下列哪些说法是正确的？

A. 复审的内容是征收反倾销税决定的合理性

B. 复审的内容是继续征收反倾销税的必要性

C. 商务部复审期限不得超过 6 个月

D. 宝杰公司如对复审决定不服，可以直接提起行政诉讼

81. 甲公司向乙公司出售 37 万元的电气设备，乙公司收货后拖欠货款，甲公司向某区法院起诉。经传票传唤，乙公司未出庭应诉，法院适用普通程序缺席判决甲公司胜诉。乙公司上诉后，在二审中提交甲公司出具的设备收条（一直保存在乙公司保险柜中），证实部分设备已退还甲公司，实际拖欠货款为 27 万元。审理中，甲公司对收条的真实性提出质疑。关于本案，下列哪些说法是正确的？

A. 就部分设备已退还的事实而言，设备收条属于本证

B. 二审法院应采纳设备收条，并对乙公司罚款、拘留

C. 乙公司应就设备收条的真实性承担举证责任

D. 经双方当事人同意，二审程序可由审判员独任审理

82. 任某是C市P县某在建工程的总负责人，为节约成本，在没有采矿许可证的情况下，任某让工人直接在工地旁开采砂石垫路基，造成生态环境破坏。C市检察院在媒体上发布了30日的诉前公告。公告期满，无相关组织提起诉讼，C市检察院以原告身份提起民事公益诉讼。C市中级法院受理后未发布公告，经省高院批准，C市中级法院将该案交由P县法院审理。关于本案，下列哪些行为违反法律的规定？

A. 检察院发布30日的诉前公告

B. 公告后C市检察院以原告身份起诉

C. C市中级法院受理后未发布公告

D. 经省高院批准，案件交由P县法院审理

83. 汤某诉请齐某支付货款，因案情简单，双方无原则性分歧，法院决定适用简易程序审理。开庭前双方当事人约定适用普通程序审理，法院不予准许。未经当事人同意，法院采用视听传输技术方式开庭。因双方均委托律师代理，开庭时法院未告知当事人诉讼权利。法官制作判决书时，对诉讼请求、事实认定和裁判理由部分予以简化。关于本案的处理，法院的下列哪些行为是违法的？

A. 不准许约定适用普通程序审理

B. 未征求当事人意见，适用视听传输技术开庭

C. 开庭时未告知当事人诉讼权利

D. 简化判决书的诉讼请求、事实认定和裁判理由

84. 对于许某（男）诉赵某（女）离婚一案（两人无子女），法院一审判决二人离婚，并对双方共有财产进行了分割。赵某对共有财产分割判决不服提起上诉。在二审审理期间，赵某因车祸身亡。关于本案的法律后果，下列哪些表述是正确的？

A. 本案应诉讼中止

B. 本案应诉讼终结

C. 一审判决生效，许某无权继承判决分配给赵某的财产

D. 一审判决未生效，许某对赵某的遗产享有继承权

85. T省顺驰公司因H省天博公司拖欠货款，诉至B市中院，获得胜诉判决后申请执行。法院拍卖天博公司名下位于Q市的建筑物，此时隆成公司持J仲裁委员会的仲裁裁决书向Q市中院申请对该建筑物执行，因天博公司拖欠隆成公司的是建设工程款，享有优先受偿权。为维护自身合法权益，顺驰公司申请不予执行仲裁裁决。关于顺驰公司的申请，下列哪些说法是错误的？

A. 应向J市中院申请不予执行仲裁裁决

B. 法院应组成合议庭对申请进行审理

C. 如不予执行仲裁裁决，应向最高法院报核

D. 如申请被裁定驳回，顺驰公司可提起上诉

三、不定项选择题。每题所设选项中至少有一个正确答案，多选、少选、错选或不选均不得分。本部分含86-100题，每题2分，共30分。

86. 周某、朱某和王某签订《合伙人协议书》，约定：合伙目的为共同经营某品牌店，

经营项目为销售等相关业务，期限留待今后确定。三方约定周某出资 150 万元，朱某 300 万元，王某 150 万元，分别占比 25%、50%、25%。周某负责店内日常事务；朱某负责对外销售与合作；王某不参与合伙事务管理。对此，下列表述错误的是：

A. 若朱某如约出资，周某、王某并未出资。周某可以王某并未出资为由拒绝出资

B. 若朱某决定品牌店与甲公司合作，须经过周某与王某的同意

C. 王某无权监督朱某销售事务的执行

D. 因王某需要投资其他项目，其有权解除该合伙协议，但应当在合理期限之前通知其他合伙人

87. 甲公司将自有商铺抵押给丙银行，用以担保其对丙银行的 200 万元贷款，当日办理了抵押权登记。甲公司未经丙银行同意，将商铺转让给乙并交付（尚未办理过户登记），乙支付给甲 180 万元的价款。债务到期后，丙银行经多次索债无果后，对商铺主张抵押权。据此，下列说法正确的是：

A. 甲公司与乙之间的商铺买卖合同无效

B. 因甲公司抵押物已经转让，丙银行不能对商铺主张抵押权

C. 乙可以代替甲公司清偿丙银行的贷款本息而消除商铺的抵押权负担

D. 丙银行可以主张甲就该 180 万元偿还自己的欠款

88. 甲、乙、丙系大学同寝室室友，三人共同受赠一台全新洗衣机（当时市价为 900 元）。后甲欲搬出寝室，请求分割该洗衣机，乙、丙不同意。甲欲将其份额以 250 元的价格转让给隔壁寝室的丁，乙、丙主张以 200 元的价格购买。对此，下列说法正确的是：

A. 甲、乙、丙共同共有该洗衣机

B. 甲、乙、丙等额共有该洗衣机

C. 甲欲搬出寝室，不属于重大理由，因此不得请求分割

D. 乙、丙可以行使优先购买权对抗丁

89. 某赛车俱乐部在某户外公开场所举办赛车比赛。比赛前夕，该场所已被封闭，并明示禁止闲人入内。在比赛过程中，俱乐部甲乙两赛车手不小心将误入赛场的行人丙撞伤。事后查明，甲和乙都有可能造成丙的损伤，但因车速太快无法查明到底是甲还是乙造成。关于丙的人身损害赔偿责任，下列说法正确的是：

A. 甲、乙的行为构成共同故意侵权

B. 甲、乙的行为构成共同危险行为

C. 丙的人身损害应由甲、乙承担连带责任，但可以适当减轻

D. 丙的人身损害应由俱乐部承担，但可以适当减轻

90. 7 岁的甲因重病住院，现有新药可能对甲的病情有利，但需要临床试验。经过甲及其父母书面同意后，医院对甲开始临床试验，但效果不佳。甲告知身旁的父母和医护人员愿意捐献器官。后医院为甲进行心脏搭桥手术，对于术后的并发症并未告知甲的父母，甲在手术后出现并发症，抢救无效死亡。后甲父母尊重甲的意见，同意将甲的器官捐献给需要的人，并签订了书面捐献协议。对此，下列说法正确的是：

A. 经过甲及其父母书面同意后，医院有权对甲进行临床试验

B. 甲在生前作出器官捐献的意思表示无效

C. 甲父母有权请求医院承担赔偿责任

D. 鉴于甲生前未表示不同意捐献器官，甲父母可以书面捐献甲的器官

91. 甲与乙办理结婚登记后，甲的父母出资 200 万元，乙的父母出资 100 万元，购买了一套房，作为甲、乙的结婚用房，两家共同商定将房子登记在乙名下。后甲、乙性格不合经常吵架，决定离婚。离婚时房屋已经升值至 500 万元。关于房屋及自然增值的归属，下列说法正确的是：

A. 房屋归乙单独所有

B. 房屋属于夫妻共同财产

C. 房屋的自然增值属于乙单独所有

D. 房屋的自然增值属于夫妻共同财产

92. 在南耀有限责任公司经营期间，股东廖华偶然得知公司董事张林近期将公司产品以远低于市场价卖给了格霖公司，其兄张森在格霖公司担任法定代表人。对此，下列说法正确的是：

A. 廖华必须先向公司监事会提出书面请求，被拒绝后才能向法院提起诉讼

B. 廖华应以自己的名义向张林提起诉讼

C. 南耀公司应承担因廖华提起诉讼而发生的合理费用

D. 廖华提起诉讼后产生的胜诉利益归属于南耀公司，廖华无权请求张林直接向其承担责任

93. 昌明有限责任公司于 2018 年 1 月成立，倪某、白某、姚某、聂某分别持股 33%、30%、22%、15%。该公司的下列决议在作出时有效的是：

A. 经全体股东一致表决同意为股东姚某担保 100 万元债务

B. 经倪某、姚某和聂某表决同意，将章程中的每届董事任期修改为 5 年

C. 经白某、姚某表决同意，2018 年不进行利润分配，倪某由于突发疾病未参与该项表决，聂某表示反对

D. 公司董事会在 2018 年 12 月 1 日通知各股东于翌日召开股东会，对 2019 年公司财务预算方案进行表决，获倪某、姚某表决同意，白某和聂某由于在外地未能参与

94. 庆源公司的债权人甲以该公司资不抵债为由，向法院提出破产申请。同时，甲经调查发现庆源公司的股东林旭认缴 50 万元，实缴 10 万元；庆源公司与贝利公司签订的买卖合同尚未履行完毕。对此，下列说法正确的是：

A. 庆源公司不得继续营业

B. 如破产申请受理后买卖合同继续履行，贝利公司可以请求庆源公司提供担保

C. 股东林旭应当对公司债务承担无限连带责任

D. 法院受理破产申请后，关于公司的执行程序应当中止，财产保全措施应当继续维持

95. 柳某驾车赴宴，该车由顺通保险公司承保交强险，车况良好。因在宴会中饮酒，柳某遂在嗒嗒代驾公司的 APP 上呼叫代驾服务，平台指定其员工殷某为柳某提供代驾服务。柳某上车后即酣然入梦，殷某在驾驶中因超速，造成行人陆某受伤。经交警认定，殷某负事故

全部责任。因协商无果，陆某欲提起诉讼。关于本案的适格被告，下列选项正确的是：

A. 嗒嗒代驾公司
B. 柳某
C. 殷某
D. 顺通保险公司

96. A 区甲公司租赁 B 区乙公司的机械设备（在 A 区使用），而甲公司将其位于 B 区的厂房租赁给乙公司使用，双方约定租金互抵。后发生纠纷，乙公司向 A 区法院起诉甲公司要求支付设备租金。诉讼过程中，甲公司亦向 A 区法院起诉乙公司要求支付房租。法院受理后，乙公司提出管辖权异议。关于本案，下列说法正确的是：

A. 乙公司的起诉应由 A 区法院管辖
B. 法院应将两案合并审理后作出判决
C. 乙公司应在答辩期内提出异议
D. 法院应裁定驳回乙公司的异议

97. 付某对古董颇有研究，苦于资金不足，遂和土豪朋友冯某协商共同进行古董投资。付某趁冯某外出旅游之机，将共同购买的某明代古画擅自卖给樊某。樊某全额付款后，付某拒不交付古画。樊某起诉后，法院判令付某交付古画，付某不服提起上诉。本案二审时，冯某方才知晓上述情况，其不同意付某卖画，遂申请参加诉讼。关于本案，下列说法正确的是：

A. 若准许冯某参加二审程序，只能以调解方式结案
B. 可依自愿先行调解，调解不成，应撤销原判，发回重审
C. 可依自愿先行调解，调解不成，应告知冯某另行起诉
D. 经冯某申请，二审法院可审理后一并作出判决

98. 蒋某因新洋公司拖欠其工资，向 K 市 G 区法院起诉，蒋某获得胜诉判决后，双方均未上诉。因新洋公司拒不履行，蒋某申请强制执行。此时，新洋公司发现已支付蒋某工资的“新证据”，遂向法院申请再审。在再审审查期间，K 市检察院以有“新证据”为由提出抗诉，法院裁定再审。关于本案，下列说法正确的是：

A. 新洋公司应向 K 市中院申请再审
B. 检察院抗诉后，法院应中止审查再审申请
C. K 市检察院亦可发出检察建议进行监督
D. 法院应裁定中止对判决书的执行

99. 某市甲区的商某购买乙区的佟某位于丙区的商品房一套，双方未约定合同履行地。商某全额付款后，佟某拒绝交房。商某诉至丙区法院要求佟某交房，并赔偿损失。丙区法院受理后，以不适用专属管辖为由将案件移送乙区法院。乙区法院判决商某胜诉，佟某不服提起上诉。在二审中，佟某和商某达成和解，随后佟某请求撤回上诉，商某请求撤回起诉。关于本案，下列表述错误的是：

A. 丙区法院将案件移送乙区法院审理符合法律规定
B. 对佟某和商某的撤诉请求，法院应予审查
C. 佟某请求撤回上诉，无须征得商某同意
D. 商某请求撤回起诉，无须征得佟某同意

100. 江某与邱某欲共同投资购买挖掘机以承包工程。因邱某是农村户口，购买挖掘机可享受农资补贴。两人遂各出资10万元，以邱某名义从铁力公司购买了挖掘机。后因邱某拖欠季某的借款，被季某起诉，法院判令邱某偿还季某本息共计25万元。季某申请执行，法院发现邱某名下财产只有一台挖掘机。在法院对挖掘机执行时，江某方才知晓上述情况。关于江某可采取的救济措施，下列表述正确的是：

A. 提起第三人撤销之诉　　B. 提出执行标的异议

C. 提起执行异议之诉　　D. 直接向法院申请再审

答案及详解

一、单项选择题

1.【答案】D

【逐项分析】情谊行为由于当事人之间并无受法律约束的意思，因此情谊行为原则上是不受法律调整的。典型的情谊行为包括约定请人吃饭、搭便车、看电影、为人指路等，当事人之间并无成立合同的法效意思，其相关行为或者约定，不受法律调整，自然也不受民法调整。本题中，选项A涉及的指路情形是典型的情谊行为，不受法律调整。因此，即使路指错了多花费了一定成本，也不受法律调整。选项A并未成立民事法律关系。

《民法典》第2条规定："民法调整平等主体的自然人、法人和非法人组织之间的人身关系和财产关系。"本题中，乙社区的强制隔离措施属于行政行为，甲乙之间属于不平等的行政法律关系。选项B虽然构成了法律关系，由法律调整，但不构成民事法律关系，不由民法调整。选项B并未成立民事法律关系。

好意搭乘也是典型的情谊行为，双方之间并未达成有法律拘束力的搭乘协议，因此，就搭乘的合意来说，并不构成民事法律关系。乙为表示感谢答应请甲吃饭同样也不构成民事法律关系。选项C并不构成民事法律关系。

好意搭乘虽然不是民事法律关系，但是如果在搭乘过程中发生了侵权行为，就可能产生侵权法律关系。《民法典》第1217条规定："非营运机动车发生交通事故造成无偿搭乘人损害，属于该机动车一方责任的，应当减轻其赔偿责任，但是机动车使用人有故意或者重大过失的除外。"选项D中，甲乙之间虽然是情谊行为，不产生合同关系，但因甲驾驶不慎，产生侵权责任。需要注意的是，无偿搭乘属于责任减轻事由，并非免责事由，不影响双方侵权法律关系的成立。选项D构成民事法律关系。

2.【答案】D

【逐项分析】选项A考查遗嘱监护。《民法典》第29条规定："被监护人的父母担任监护人的，可以通过遗嘱指定监护人。"据此，孙母遗嘱中若指定了监护人，应该按照遗嘱确定监护人。选项A正确。

选项BD考查法定监护。《民法典》第27条第2款规定："未成年人的父母已经死亡或者没有监护能力的，由下列有监护能力的人按顺序担任监护人：（一）祖父母、外祖父母；（二）兄、姐；（三）其他愿意担任监护人的个人或者组织，但是须经未成年人住所地的居民委员会、村民委员会或者民政部门同意。"据此结合本题，孙母死亡后，由有监护能力的人按顺序担任监护人。选项B正确，不当选。依据《民法典》第27条第2款，未成年人的父母已经死亡或者没有监护能力的，有监护能力的人应按照顺序来担任监护人，因此孙某外祖母处于优先顺位，应当先于孙某姐姐被确定为监护人。选项D错误。

选项C考查指定监护。《民法典》第31条第1款规定："对监护人的确定有争议的，由被监护人住所地的居民委员会、村民委员会或者民政部门指定监护人，有关当事人对指定不服的，可以向人民法院申请指定监护人；有关当事人也可以直接向人民法院申请指定监护人。"据此，若孙某的外祖母、姐姐对监护设立有争议，可以直接向法院申请指定监护人。选项C正确。

3.【答案】A

【逐项分析】解答本题需要先分析张某的行为是否构成表见代理。《民法典》第172条规定："行为人没有代理权、超越代理权或者代理权终止后，仍然实施代理行为，相对人有理由相信行为人有代理权的，代理行为有效。"据此，表见代理的构成要件有：（1）代理人无代理权；（2）存在代理权外观；（3）被代理人具有可归责性；（4）相对方善意。据此结合本题，张某的代理权外观来自于其私刻的甲公司公章，对于该代理权外观，甲公司并无可归责性，因为其无法控制张某私刻公章的这一风险。张某签订的《原材料购销合同》并非表见代理，而是狭义的无权代理。

选项AD均考查狭义的无权代理。依据《民法典》第171条第1款，狭义的无权代理行为效力待定，其最终是否有效，取决于被代理人是否追认。与此同时，本题中《原材料购销合同》也不存在可撤销事由。因此，被代理人甲公司无权撤销该《原材料购销合同》。选项A错误。选项D则具体涉及善意相对方的撤销权。《民法典》第171条第2款规定："相对人可以催告被代理人自收到通知之日起三十日内予以追认。被代理人未作表示的，视为拒绝追认。行为人实施的行为被追认前，善意相对人有撤销的权利。撤销应当以通知的方式作出。"据此结合本题，在被代理人甲公司追认前，善意的乙公司有权撤销该《原材料购销合同》。选项D正确。

选项BC均涉及表见代理中相关构成要件的举证责任。《最高人民法院关于适用〈中华人民共和国民法典〉总则编若干问题的解释》（以下简称《民法典总则编解释》）第28条规定："同时符合下列条件的，人民法院可以认定为民法典第一百七十二条规定的相对人有理由相信行为人有代理权：（一）存在代理权的外观；（二）相对人不知道行为人行为时没有代理权，且无过失。因是否构成表见代理发生争议的，相对人应当就无权代理符合前款第一项规定的条件承担举证责任；被代理人应当就相对人不符合前款第二项规定的条件承担举证责任。"据此结合本题，相对方乙公司应举证证明存在代理权外观，而被代理人甲公司应举证证明乙公司非善意。选项BC均正确。

4.【答案】D

【逐项分析】选项A考查直接占有与间接占有的区分。间接占有是指虽未直接占有某物，但依据一定的法律关系（占有媒介关系）而对于直接占有人享有占有返还请求权的占有。间接占有也是占有。本题中，甲将手机借给乙使用，双方成立有效的借用合同。5月1日，乙为手机的直接占有人，而甲为手机的间接占有人。选项A错误。

选项BC考查占有的保护，具体涉及占有返还请求权。《民法典》第462条第1款规定："占有的不动产或者动产被侵占的，占有人有权请求返还原物；对妨害占有的行为，占有人有权请求排除妨害或者消除危险；因侵占或者妨害造成损害的，占有人有权依法请求损害赔偿。"该条规定了占有人的占有返还请求权，结合学理知识，占有返还请求权的构成要件有：（1）侵夺占有；（2）请求权人为占有人；（3）相对人为瑕疵占有人，包括侵夺人以及侵夺人的占有继受人。继受人包括概括继受人（基于继承、企业合并等原因继受占有）与特定继受人（基于买卖、赠与、出租等原因继受）。在特定继受中，如果该特定继受人为善意且为有权占有，则不得对其行使占有返还请求权。本题中，丁为恶意的知情继受人，乙可以向其主张占有返还请求权。选项B错误。而5月6日，丙已经将手机赠与丁，丙已经丧失对手机的占有，不满足要件（3），因此5月6日乙不得向丙主张占有返还请求权。选项C错误。

选项D考查动产买卖中的交付，具体涉及指示交付。《民法典》第227条规定："动产物权设立和转让前，第三人占有该动产的，负有交付义务的人可以通过转让请求第三人返还原物的权利代替交付。"据此，甲对于恶意继受人丁享有占有返还请求权，可以通过转让对丁的返还请求权完成交付。选项D正确。

5.【答案】D

【逐项分析】选项A具体涉及知情权与决定权。《个人信息保护法》第44条规定："个人对其个人信息的处理享有知情权、决定权，有权限制或者拒绝他人对其个人信息进行处理；法律、行政法规另有规定的除外。"据此结合本题，李某对其个人信息的处理享有知情权与决定权。选项A正确。

选项B具体涉及查阅、复制权。《个人信息保护法》第45条第1款规定："个人有权向个人信息处理者查阅、复制其个人信息；有本法第十八条第一款、第三十五条规定情形的除外。"据此结合本题，李某有权查阅并复制其个人信息。选项B正确。

选项C具体涉及更正补充权。《个人信息保护法》第46条规定："个人发现其个人信息不准确或者不完整的，有权请求个人信息处理者更正、补充。个人请求更正、补充其个人信息的，个人信息处理者应当对其个人信息予以核实，并及时更正、补充。"据此结合本题，如果李某发现其个人信息不准确，其有权请求更正。选项C正确。

选项D具体涉及删除权。《个人信息保护法》第47条规定："有下列情形之一的，个人信息处理者应当主动删除个人信息；个人信息处理者未删除的，个人有权请求删除：（一）处理目的已实现、无法实现或者为实现处理目的不再必要；

（二）个人信息处理者停止提供产品或者服务，或者保存期限已届满；（三）个人撤回同意；（四）个人信息处理者违反法律、行政法规或者违反约定处理个人信息；（五）法律、行政法规规定的其他情形。法律、行政法规规定的保存期限未届满，或者删除个人信息从技术上难以实现的，个人信息处理者应当停止除存储和采取必要的安全保护措施之外的处理。”据此，存在前述情形时，个人信息处理者应当主动删除个人信息，如果个人信息处理者未删除，则个人有权请求删除。选项 D 错误。

6.【答案】C

【逐项分析】选项 A 考查缔约过失责任。《民法典》第 500 条规定：“当事人在订立合同过程中有下列情形之一，造成对方损失的，应当承担赔偿责任：（一）假借订立合同，恶意进行磋商；（二）故意隐瞒与订立合同有关的重要事实或者提供虚假情况；（三）有其他违背诚信原则的行为。”据此，甲公司在合同订立之初未履行告知义务，存在过错，这一不作为给乙公司造成 20000 元的信赖利益损失，应该赔偿。选项 A 错误。

选项 B 考查合同解除。《民法典》第 563 条第 2 款规定：“以持续履行的债务为内容的不定期合同，当事人可以随时解除合同，但是应当在合理期限之前通知对方。”据此，对于继续性合同，原则上当事人均享有任意解除权。但本题中甲、乙双方签订的《A 楼盘项目合作开发协议》并非继续性合同，当事人并不享有任意解除权。选项 B 错误。

选项 CD 均考查情势变更。《民法典》第 533 条规定：“合同成立后，合同的基础条件发生了当事人在订立合同时无法预见的、不属于商业风险的重大变化，继续履行合同对于当事人一方明显不公平的，受不利影响的当事人可以与对方重新协商；在合理期限内协商不成的，当事人可以请求人民法院或者仲裁机构变更或者解除合同。人民法院或者仲裁机构应当结合案件的实际情况，根据公平原则变更或者解除合同。”该条规定了情势变更规则。结合本题，因传染病疫情的影响，合同的继续履行对甲公司来说显失公平，甲公司有权依据《民法典》第 533 条寻求救济。若协商不成，甲公司有权向人民法院起诉请求解除，但甲公司不可直接通知乙公司变更合同。选项 C 正确，选项 D 错误。

7.【答案】C

【逐项分析】选项 A 考查债务加入。《民法典》第 552 条规定：“第三人与债务人约定加入债务并通知债权人，或者第三人向债权人表示愿意加入债务，债权人未在合理期限内明确拒绝的，债权人可以请求第三人在其愿意承担的债务范围内和债务人承担连带债务。”该条规定了债务加入。据此，债权人乙未明确表示拒绝，成立并存的债务加入，因此债权人乙可以要求甲父与甲一起就该债务承担责任。选项 A 错误。

选项 BC 考查以物抵债协议。债务履行期届满后债务人与债权人达成的以物抵债协议，不论从 2017 年的公报案例“通州建总集团有限公司与内蒙古兴华房地产有限责任公司建设工程施工合同纠纷上诉案”还是从《全国法院民商事审判工作会议纪要》（以下简称《九民纪要》第 44 条第 1 款来看，都将期满后达成的以物抵债协议作为诺成性协议，且承认其有效性。据此，若甲父未给乙办理房屋过户登记，则该以物抵债协议仍是有效的。需要注意的是，现行法上对期满后以物抵债协议的态度已经偏离了传统理论上的实践性合同立场，期满后的以物抵债协议已经逐渐诺成化了。因此，债权人乙有权基于该有效的以物抵债协议请求甲父办理房屋过户登记。选项 B 错误，选项 C 正确。

选项 D 考查抵押权与租赁权的冲突问题，具体涉及先租赁后抵押。《民法典》第 405 条规定：“抵押权设立前，抵押财产已经出租并转移占有的，原租赁关系不受该抵押权的影响。”据此，租赁权对抗后设立的抵押权，须以“移转占有”为前提，本题中尽管甲兄此前已经将该车租给丙，但并未交付，丙的租赁权尽管成立在先，但并不能对抗乙对该车的抵押权。选项 D 错误。

8.【答案】B

【逐项分析】选项 ABC 均考查合同的成立问题。《民法典》第 490 条第 1 款规定：“当事人采用合同书形式订立合同的，自当事人均签名、盖章或者按指印时合同成立。在签名、盖章或者按指印之前，当事人一方已经履行主要义务，对方接受时，该合同成立。”据此，尽管甲、乙约定以合同书的形式订立购销合同，但是 3 月 11 日，甲交付 9 吨货物，该行为属于履行主要义务的行为，且乙接受，因此，3 月 11 日，甲、乙之间已经成立了购销合同，合同的内容是 10 吨货物的买卖。

选项 AC 错误，选项 B 正确。

选项 D 考查同时履行抗辩权。《民法典》第 525 条规定："当事人互负债务，没有先后履行顺序的，应当同时履行。一方在对方履行之前有权拒绝其履行请求。一方在对方履行债务不符合约定时，有权拒绝其相应的履行请求。"该条规定了双务合同的同时履行抗辩权。本题中，甲、乙约定甲先交付货物 10 吨，乙于 7 天后支付 100 万元货款，双方约定了合同债务的履行先后顺位，并不适用同时履行抗辩权。选项 D 错误。

9.【答案】B

【逐项分析】选项 AD 考查债务转移的法律效果。本题中，经债权人 B 公司同意，A 公司对 B 公司的债务移转给甲，构成《民法典》第 551 条意义上的债务转移。《民法典》第 553 条规定："债务人转移债务的，新债务人可以主张原债务人对债权人的抗辩；原债务人对债权人享有债权的，新债务人不得向债权人主张抵销。"据此，A 公司对 B 公司的债务转移给甲以后，甲有权主张 A 公司对 B 公司的抗辩，包括时效抗辩。选项 A 错误。与此同时，原债务人 A 公司对债权人 B 公司的债权，新债务人甲不得主张抵销。选项 D 错误。

选项 B 考查债务转移的构成。《民法典》第 551 条第 2 款规定："债务人或者第三人可以催告债权人在合理期限内予以同意，债权人未作表示的，视为不同意。"本题中，张三在合理期限内未表示同意，视为不同意该债务转移。选项 B 正确。

选项 C 考查抵销。《民法典》第 568 条规定："当事人互负债务，该债务的标的物种类、品质相同的，任何一方可以将自己的债务与对方的到期债务抵销；但是，根据债务性质、按照当事人约定或者依照法律规定不得抵销的除外。当事人主张抵销的，应当通知对方。通知自到达对方时生效。抵销不得附条件或者附期限。"该条规定了法定抵销规则。本题中，A 公司对 B 公司负担的是货物的给付，B 公司对 A 公司负担的是金钱债务，两者种类不一致，不可以进行法定抵销。选项 C 错误。

10.【答案】C

【逐项分析】选项 A 考查悬赏广告。《民法典》第 499 条规定："悬赏人以公开方式声明对完成特定行为的人支付报酬的，完成该行为的人可以请求其支付。"与此同时，针对遗失物，《民法典》第 317 条第 2 款也规定："权利人悬赏寻找遗失物的，领取遗失物时应当按照承诺履行义务。"据此可知，乙拾得甲的公文包，甲领取时，悬赏广告中承诺的报酬请求权已经产生，甲已经无权撤销该悬赏广告。因此，甲不得撤销悬赏行为以对抗乙的赏金请求。选项 A 错误。

选项 B 考查双务合同的履行抗辩权。《民法典》第 525 条规定："当事人互负债务，没有先后履行顺序的，应当同时履行。一方在对方履行之前有权拒绝其履行请求。一方在对方履行债务不符合约定时，有权拒绝其相应的履行请求。"该条规定了双务合同的同时履行抗辩权。本题中，甲、乙之间并无双务合同，乙不能主张同时履行抗辩权。选项 B 错误。

选项 C 考查留置权。本题留置关系发生于自然人之间，属于民事留置。《民法典》第 448 条规定："债权人留置的动产，应当与债权属于同一法律关系，但是企业之间留置的除外。"据此，民事留置权成立的前提条件之一就是"债权人留置的动产与债权属于同一法律关系"。本题中，乙的债权由悬赏广告而产生，而乙留置的公文包是通过拾得遗失物的行为而取得，二者之间并非同一法律关系，因此乙无权对遗失物主张留置权。选项 C 正确。

选项 D 考查诉讼时效的适用范围。《民法典》第 196 条规定："下列请求权不适用诉讼时效的规定：（一）请求停止侵害、排除妨碍、消除危险；（二）不动产物权和登记的动产物权的权利人请求返还财产；（三）请求支付抚养费、赡养费或者扶养费；（四）依法不适用诉讼时效的其他请求权。"该条规定了几种不适用诉讼时效的请求权。本题中，甲要求乙返还遗失物的请求权是《民法典》第 235 条意义上的返还原物请求权，由于公文包属于未登记的动产，因此依据《民法典》第 196 条第（二）项，其返还原物请求权适用诉讼时效的规定。选项 D 错误。

11.【答案】B

【逐项分析】选项 A 考查合伙事务的执行。《民法典》第 970 条第 2 款规定："合伙事务由全体合伙人共同执行。按照合伙合同的约定或者全体合伙人的决定，可以委托一个或者数个合伙人执行合伙事务；其他合伙人不再执行合伙事务，但是有权监督执行情况。"据此，甲、乙成立了民事合伙企业并约定由乙执行合伙事务，乙就有权代表该民事合伙企业对外发出或者接受意思表示。乙单独与丙达成的延期还款协议对合伙人甲也有效力。选项 A 错误。

选项 B 考查诉讼时效期间的中断。《诉讼时效规定》第 14 条规定："义务人作出分期履行、部分履行、提供担保、请求延期履行、制定清偿债务计划等承诺或者行为的，应当认定为民法典第一百九十五条规定的义务人同意履行义务。"据此结合本题，乙请求延期还款导致合伙企业与丙之间的债务发生时效中断。选项 B 正确。

选项 CD 考查保证合同。《民法典》第 686 条规定："保证的方式包括一般保证和连带责任保证。当事人在保证合同中对保证方式没有约定或者约定不明确的，按照一般保证承担保证责任。"据此，由于丁与债权人丙未约定保证方式，应认定为一般保证。《民法典》第 687 条第 2 款规定："一般保证的保证人在主合同纠纷未经审判或者仲裁，并就债务人财产依法强制执行仍不能履行债务前，有权拒绝向债权人承担保证责任，但是有下列情形之一的除外：（一）债务人下落不明，且无财产可供执行；（二）人民法院已经受理债务人破产案件；（三）债权人有证据证明债务人的财产不足以履行全部债务或者丧失履行债务能力；（四）保证人书面表示放弃本款规定的权利。"该款规定了一般保证人的先诉抗辩权，本题中，丁作为一般保证人有权向债权人丙主张先诉抗辩权。选项 C 错误。选项 D 涉及主债权债务变更对保证责任的影响。《民法典》第 695 条第 2 款规定："债权人和债务人变更主债权债务合同的履行期限，未经保证人书面同意的，保证期间不受影响。"据此，乙与丙达成了延期还款协议，对保证人丁没有效力，丁的保证期间不受影响。选项 D 错误。

12.【答案】 B

【逐项分析】 选项 A 考查医疗损害责任的责任主体。《民法典》第 1218 条规定："患者在诊疗活动中受到损害，医疗机构或者其医务人员有过错的，由医疗机构承担赔偿责任。"据此，医务人员在诊疗活动中存在过错而导致患者受到损害，其责任主体是医疗机构而非医务人员个人。本题中，若赵某存在工作失误，则应由某妇产医院承担责任。选项 A 错误。

选项 B 考查医疗损害责任的证明责任分配问题。《民法典》侵权责任编第六章规定了医疗损害责任，其归责原则为过错责任，特殊情形下存在过错推定责任（第 1222 条）与无过错责任（第 1223 条）。选项 B 涉及的是一般的医疗机构侵权，因此奉行一般的过错责任原则，即侵权责任的成立要件原则上由受害人证明，因此对于医务人员的过错应由受害人王某举证证明。选项 B 正确。

选项 C 考查医疗损害责任中的过错推定情形。医疗损害责任总体上属于过错责任，但在几种特殊情形下为过错推定。《民法典》第 1222 条规定："患者在诊疗活动中受到损害，有下列情形之一的，推定医疗机构有过错：（一）违反法律、行政法规、规章以及其他有关诊疗规范的规定；（二）隐匿或者拒绝提供与纠纷有关的病历资料；（三）遗失、伪造、篡改或者违法销毁病历资料。"该条列举了适用过错推定的三种情形，选项 C 中，医院遗失检测报告，属于该条中的第（三）项，应推定某妇产医院有过错，因此由某妇产医院证明其没有过错。选项 C 错误。

选项 D 考查医疗损害责任的免责事由。《民法典》第 180 条规定："因不可抗力不能履行民事义务的，不承担民事责任。法律另有规定的，依照其规定。不可抗力是不能预见、不能避免且不能克服的客观情况。"该条确定了不可抗力作为民事责任的免责事由。本题中，停电对医院来说是不可预见的，但是并非不能克服，考虑到其工作环境的需要，医院可以通过设置备用电源来应对停电，因此停电对某妇产医院而言，并非不可抗力，不能据此免责。选项 D 错误。

13.【答案】 A

【逐项分析】《民法典》第 1245 条规定："饲养的动物造成他人损害的，动物饲养人或者管理人应当承担侵权责任；但是，能够证明损害是因被侵权人故意或者重大过失造成的，可以不承担或者减轻责任。"据此可知，饲养动物损害责任的归责原则是无过错责任。本题中，甲作为山羊的饲养人，应对乙的损害承担无过错责任。乙不听甲的劝告逗弄山羊，存在重大过失，应当减轻甲的侵权责任。选项 A 正确，选项 BCD 错误。

14.【答案】 D

【逐项分析】 选项 AB 考查胎儿利益的特殊保护。《民法典》第 16 条规定："涉及遗产继承、接受赠与等胎儿利益保护的，胎儿视为具有民事权利能力。但是，胎儿娩出时为死体的，其民事权利能力自始不存在。”据此，胎儿娩出时为死体，其自始不具有民事权利能力，其无权继承甲的遗产，也无权主张人身损害赔偿，进而也自然没有替代的问题。选项AB均错误。

选项CD均考查监护人责任。《民法典》第1188条规定：“无民事行为能力人、限制民事行为能力人造成他人损害的，由监护人承担侵权责任。监护人尽到监护职责的，可以减轻其侵权责任。有财产的无民事行为能力人、限制民事行为能力人造成他人损害的，从本人财产中支付赔偿费用；不足部分，由监护人赔偿。”该条规定了监护人的无过错责任。但是依据该条，如果被监护人有个人财产，则应由被监护人自己承担侵权责任。本题中，被监护人丁有8万元的存款，这笔存款属于其个人财产，因此丁需要以该8万元承担侵权责任。选项C错误。选项D则涉及监护职责委托时受托人的侵权责任。《民法典》第1189条规定：“无民事行为能力人、限制民事行为能力人造成他人损害，监护人将监护职责委托给他人的，监护人应当承担侵权责任；受托人有过错的，承担相应的责任。”据此可知，存在监护职责委托时，受托人在有过错时承担相应的责任。本题中，戊作为受托人，在损害发生时正用手机看电视剧而让丁一人嬉戏，未尽到相应的监护责任，存在一定过错，需要承担相应的责任。选项D正确。

15.【答案】B

【逐项分析】选项A考查作品的种类。“张行体”字库软件具有独创性，属于《著作权法》第3条中所列的计算机软件作品，这一点不难判断。需要分析的是：“张行体”字库软件是否构成汇编作品？《著作权法》第15条规定：“汇编若干作品、作品的片段或者不构成作品的数据或者其他材料，对其内容的选择或者编排体现独创性的作品，为汇编作品，其著作权由汇编人享有，但行使著作权时，不得侵犯原作品的著作权。”据此，“张行体”字库软件是对“张行体”的字体内容经过编码而形成计算机字库软件，在输出时经特定的指令及软件调用、解释后，还原为相应的字型图像。此种编码并非汇编行为，因而“张行体”字库软件并不构成汇编作品。选项A错误。

选项B考查著作权侵权行为，具体涉及计算机软件侵权行为。《著作权纠纷解释》第21条规定：“计算机软件用户未经许可或者超过许可范围商业使用计算机软件的，依据著作权法第四十八条第（一）项、《计算机软件保护条例》第二十四条第（一）项的规定承担民事责任。”据此，计算机软件用户侵犯计算机软件著作权以商业使用为前提。本题中，乙公司未经许可，安装并使用计算机软件，属于商业使用，侵犯甲公司字库软件的复制权。此外，题干明确指出，“张行体”字体本身独具一格，具有独创性，其本身亦构成美术作品。由于字库软件作品包含了字体的美术作品，乙公司为丙公司、丁公司制作广告及道具，使用了字库软件输出的“张行体”字体，侵犯了张行美术作品的复制权。选项B正确。

选项C考查合理使用。即使丙公司仅将广告牌用于公益宣传，这一行为也并不符合《著作权法》第24条规定的合理使用的情形，丙公司仍属于对张行著作权的侵害。选项C错误。

选项D考查著作权侵权行为。丁公司为商业使用，侵犯的是字体美术作品的著作权，但其并未使用字库软件，因此丁公司并未侵犯字库软件的著作权。选项D错误。

16.【答案】A

【逐项分析】选项A考查发明专利的临时保护。《专利法》第13条规定：“发明专利申请公布后，申请人可以要求实施其发明的单位或者个人支付适当的费用。”《侵犯专利权纠纷解释二》第18条第2款规定：“发明专利申请公布时申请人请求保护的范围与发明专利公告授权时的专利权保护范围不一致，被诉技术方案均落入上述两种范围的，人民法院应当认定被告在前款所称期间内实施了该发明；被诉技术方案仅落入其中一种范围的，人民法院应当认定被告在前款所称期间内未实施该发明。”据此，只有乙的自拍杆同时落入申请公开和授权公告的权利范围，才属于实施该发明，需支付适当费用。选项A正确。

选项B考查发明专利权人适当费用请求权的诉讼时效。《专利法》第74条第2款规定：“发明专利申请公布后至专利权授予前使用该发明未支付适当使用费的，专利权人要求支付使用费的诉讼时效为三年，自专利权人知道或者应当知道他人使用其发明之日起计算，但是，专利权人于专利权授予之日前即已知道或者应当知道的，自专利权授予之日起计算。”据此，发明专利权人适当费用请求权的诉讼时效起算点有二：（1）自专利权人知道或者应当知道他人使用其发明之日起计算；（2）专利权人于专利权授予之日前即已知道或者应当知道的，自专利权授予之日起计算。本题中，甲于 2015 年 7 月 15 日发现，属于在专利权授予之日前已经知道的情形，诉讼时效应从专利权授予之日起计算。选项 B 错误。

选项 C 同样考查发明专利的临时保护。《侵犯专利权纠纷解释二》第 18 条第 3 款规定："发明专利公告授权后，未经专利权人许可，为生产经营目的使用、许诺销售、销售在本条第一款所称期间内已由他人制造、销售、进口的产品，且该他人已支付或者书面承诺支付专利法第十三条规定的适当费用的，对于权利人关于上述使用、许诺销售、销售行为侵犯专利权的主张，人民法院不予支持。"据此，构成临时保护期内实施专利必须满足"双落入"。本题中，若乙的自拍杆满足"双落入"，乙支付或承诺支付适当费用仍可销售而不构成侵权。若不满足"双落入"，则甲无权要求临时期的保护，乙销售自然也不侵权。概言之，乙在甲专利授权之后的销售行为并非必然侵权。选项 C 错误。

选项 D 考查不视为侵犯专利权的行为。《专利法》第 75 条第 2 项规定，在专利申请日前已经制造相同产品、使用相同方法或者已经作好制造、使用的必要准备，并且仅在原有范围内继续制造、使用的，不视为侵犯专利权。该项是关于先用权的抗辩，据此，先用权抗辩需在"专利申请日"前已实施或准备实施技术方案，而本题中乙的实施是在专利申请日后，不享有先用权。选项 D 错误。

17.【答案】D

【逐项分析】选项 A 考查注册商标的无效宣告。《商标法》第 32 条规定："申请商标注册不得损害他人现有的在先权利，也不得以不正当手段抢先注册他人已经使用并有一定影响的商标。"《商标法》第 45 条第 1 款规定："已经注册的商标，违反本法第十三条第二款和第三款、第十五条、第十六条第一款、第三十条、第三十一条、第三十二条规定的，自商标注册之日起五年内，在先权利人或者利害关系人可以请求商标评审委员会宣告该注册商标无效。对恶意注册的，驰名商标所有人不受五年的时间限制。"据此，甲公司的注册商标侵害了陈某的著作权，陈某有权自商标注册之日起 5 年内请求商标评审委员会宣告该注册商标无效。本题中，陈某发现甲公司的抢注行为是 2019 年 2 月，已经过了 5 年的期间，陈某不能再请求宣告商标注册无效。选项 A 错误。

选项 B 考查商标许可权。《最高人民法院关于审理商标民事纠纷案件适用法律若干问题的解释》（以下简称《商标纠纷解释》）第 4 条第 2 款规定："在发生注册商标专用权被侵害时，独占使用许可合同的被许可人可以向人民法院提起诉讼；排他使用许可合同的被许可人可以和商标注册人共同起诉，也可以在商标注册人不起诉的情况下，自行提起诉讼；普通使用许可合同的被许可人经商标注册人明确授权，可以提起诉讼。"据此，不同类型的商标被许可人，其诉讼权利各不相同。本题中，乙公司为独占许可，可以直接提起诉讼。选项 B 错误。

选项 C 考查商标侵权行为。《商标法》第 64 条第 1 款规定："注册商标专用权人请求赔偿，被控侵权人以注册商标专用权人未使用注册商标提出抗辩的，人民法院可以要求注册商标专用权人提供此前三年内实际使用该注册商标的证据。注册商标专用权人不能证明此前三年内实际使用过该注册商标，也不能证明因侵权行为受到其他损失的，被控侵权人不承担赔偿责任。"据此，乙公司为独占许可，甲公司不能使用该商标，而乙自身也未使用，但是，如果乙公司可以证明受到了其他损失，则还是可以要求丙公司赔偿。选项 C 错误。

选项 D 同样考查商标权侵权行为。丙公司获得著作权人陈某的许可，无疑可以实施复制、发行等著作权意义上的使用行为。但若将该形象作为商标使用，则会落入商标权人的权利范围，构成侵权。根据《商标法》第 57 条第 1 项的规定，未经商标注册人的许可，在同一种商品上使用与其注册商标相同的商标的，构成商标侵权。即使丙公司获得著作权人陈某许可，也构成侵犯甲公司、乙公司的商标权。选项 D 正确。

18.【答案】C

【逐项分析】A 选项考查法定公积金的优先提存。根据《公司法》第 166 条，公司的利润首先应当支付上一年度的亏损，其次要提取法定公积金，在法定公积金达到注册资本的 50% 时才可以不提取，最后公司才可以分配利润或者提取任意公积金。选项 A 将公司该年税后盈利全部分配给股东，未提取法定公积金，违反法律规定。选项 A 错误，不当选。

B 选项考查利润分配的请求权。根据《公司法司法解释（四）》第15条，分配利润的前提是利润分配方案经过股东（大）会表决通过，在没有利润分配方案时，原则上应尊重公司的经营决策，除非有违反法律规定滥用股东权利导致公司不分配利润的情形。因此，许霖即使诉至法院也会被法院驳回请求，无正当理由要求法院判令分配。选项B错误，不当选。

C选项考查出资与利润分配的关系。根据《公司法》第34条的但书规定，全体股东约定不按照出资比例分配红利的除外。因该公司于2018年成立，章程为全体股东一致同意签字产生且未修订章程，因此符合《公司法》第34条的规定。选项C正确，当选。

D选项考查不分配利润的救济。根据《公司法》第182条、《公司法司法解释（二）》第1条，公司连续5年盈利且不分配利润影响了股东利润分配权的实现，并非公司不能继续经营的事由，根据《公司法》第74条，股东可以请求公司回购其股权以实现股份的财产性权益，而无权请求解散公司。选项D错误，不当选。

19.【答案】D

【逐项分析】A选项考查股东大会召开的主体资格。根据《公司法》第100条，股东大会分为定期股东大会与临时股东大会，定期股东大会每年召开一次，临时股东大会可以由单独或合计持股10%以上的股东请求召开（没有持股期限的要求）；召开股东大会的请求有效，则进入股东大会的召集、主持，根据《公司法》第101条，在董事会和监事会无法召集和主持的情况下，连续90天以上单独或合计持股10%以上的股东可以自行召集和主持。故虽然丁可以请求召开股东大会，但由于持股未满90天而不得自行召集和主持股东大会。选项A错误，不当选。

B选项考查公司决议效力。股东大会的审议事项应在召开股东大会前一定期限内通知股东，以便使股东有充分的决策时间，保障股东有效地行使表决权。根据《公司法》第102条，通知股东的时间要求为：年度股东大会为会议召开20天前，临时会议为15天前，临时提案为10天前。审议事项的通知属于会议召集程序，根据《公司法》第22条，违反程序性规定则导致公司决议可撤销而非无效。更换公司董事戊的事项是在股东大会上提出的，虽然股东甲符合提出临时提案的要求，即单独或合计持股3%以上（《公司法》第102条），但未提前15天提出，所以导致有程序瑕疵，决议可撤销。选项B错误，不当选。

C选项考查关联担保中利害关系股东的回避。公司为股东提供担保涉及关联交易，董事可能会受到被担保股东的影响而无法作出中立的判断，根据《公司法》第16条第1款，应当经过股东大会的决议；被担保的股东因存在利害关系而不能作出独立、中立的判断，根据《公司法》第16条第3款，被担保的股东不能参加该事项的表决，且该事项经过半数表决权通过即可，而无须超多数决；根据《公司法司法解释（四）》第5条，股东大会决议表决结果未达到法定或章程规定的比例，则该决议不成立。题目中甲是被担保的股东，故甲不能对该事项参与表决；除去甲的表决权份额后，该事项未经过半数表决权同意，所以该决议不成立。选项C错误，不当选。

D选项考查股东查阅权的限制。对公司的知情权是股权的内容，根据《公司法司法解释（四）》第7条第2款，原则上无股权、不具备股东身份则不享有对公司的知情权，只有在原股东在持股期间权益受到侵害，为维护自己的利益才例外地可以查阅公司相关资料（但要受到限制，以维护权益为限）。丙转让股权后不具有冰洋公司的股权，不为公司股东，且无例外的情形，故无权查阅股东大会会议记录。选项D正确，当选。

20.【答案】C

【逐项分析】A选项考查优先购买权的行使期限。公司章程未对股权转让事项进行规定，则依据《公司法》第71条第3款，在股权对外转让时，其他股东有优先购买权，故乙、丙对甲的股权具有优先购买权；甲在乙、丙不知道的情形下转让了股权，违反《公司法司法解释（四）》第17条第2款的“通知转让股权的同等条件”的义务，属于《公司法司法解释（四）》第21条以欺诈、恶意串通以外的其他手段（隐瞒）侵害股东优先购买权的情形，依据《公司法司法解释（四）》第21条第1款，乙的优先购买权虽不因股权已经转让而消灭，但应在股权变更登记之日起1年内行使，即应在2019年6月2日之前行使，而非2019年7月2日。选项A错误，不当选。

B选项考查优先购买权被侵害的救济。根据《公司法司法解释（四）》第21条第2款，被侵害优先购买权的股东仅提出确认股权转让合同及股权变动效力等请求，未同时主张按照同等条件购买转让股权的，人民法院不予支持。选项 B 错误，不当选。

C、D 选项考查瑕疵股权转让的补足义务。选项中的情形属于《公司法司法解释（三）》第 9 条的情形，属于“出资人未依法全面履行出资义务”；依据《公司法司法解释（三）》第 13 条，公司有权请求甲履行出资义务，甲的补足出资义务也不因股权转让给丁而消灭；根据《公司法司法解释（三）》第 18 条，丁只有在知情或者应当知情的情况下，才应承担补足出资的连带责任。选项 C 正确，选项 D 错误。

21.【答案】 D

【逐项分析】 A 选项考查设立中公司的合同责任。根据《公司法司法解释（三）》第 2 条规定：“发起人为设立公司以自己名义对外签订合同，合同相对人请求该发起人承担合同责任的，人民法院应予支持；公司成立后合同相对人请求公司承担合同责任的，人民法院应予支持。”因此，公司成立后，发起人为设立公司以自己名义对外签订的合同，相对人可以请求发起人也可以请求公司承担，并非免除甲的合同责任。选项 A 错误，不当选。

B 选项考查公司设立中产生的侵权责任。根据《公司法司法解释（三）》第 5 条，发起人因履行公司设立职责产生的侵权责任，只有在公司未成立时其他发起人才承担连带责任，除此之外要求其他发起人承担连带责任没有法律依据。选项 B 错误，不当选。

C 选项考查公司设立中产生的合同责任。根据《公司法司法解释（三）》第 3 条，发起人以设立中公司名义对外签订合同的，在公司设立后合同相对方可请求公司承担合同责任。由于乙以设立中公司的名义与纸砚公司签订生产设备的买卖合同，当民达公司成立后，该合同当事人为民达公司和纸砚公司，不包括乙。故民达公司成立后，纸砚公司不得请求乙承担合同责任。选项 C 错误，不当选。

D 选项考查公司未成立时发起人责任的承担方式。根据《公司法司法解释（三）》第 4 条第 1 款，当公司未成立时，债权人可以请求全体或部分发起人对设立公司行为所产生的费用和债务承担连带清偿责任。故当民达公司未成立时，纸砚公司可以任意向甲、乙、丙请求支付生产设备的价款。选项 D 正确，当选。

22.【答案】 C

【逐项分析】 A、B 选项考查设立信托法律行为的效力。虽然购买信托产品系袁圆的母亲作出，但是从袁圆的储蓄一直由其母保管处理，且其母可以用储蓄卡支付等事实能够判断：二人之间存在委托代理关系。A 选项、B 选项表述错误，不当选。同时还需考生注意，B 选项中提到的依据《信托法》撤销信托的权利，系委托人的债权人在因信托设立损害其债权时的权利，与一般民事法律规定中的撤销权不同。

C、D 选项考查的是信托设立的要式性。《信托法》第 8 条第 1 款规定，设立信托，应当采取书面形式。这是法律的强制性规定。虽然贾某系信托公司员工，可以认为其依职位有权代理信托公司进行信托行为，但只有书面信托合同签订，信托才能成立，此系《信托法》的特别规定。因此，C 选项表述正确，当选；D 选项表述错误，不当选。

23.【答案】 C

【逐项分析】 A 选项考查新入伙合伙人的责任。根据《合伙企业法》第 44 条，新入伙的合伙人需要对入伙前的债务承担无限连带责任，故锦华公司可请求丁承担连带责任。选项 A 错误，不当选。

B 选项考查有限合伙人执行合伙事务的法律效果。根据《合伙企业法》第 68 条，有限合伙人无权对外代表合伙企业，而有限合伙人代表合伙企业进行交易、订立合同，则合同相对方有理由相信其为普通合伙人（除非合同相对方知晓）；根据《合伙企业法》第 76 条第 1 款，在此情况下甲应当承担与普通合伙人一样的责任，即无限连带责任。选项 B 错误，不当选。

C 选项考查有限合伙人转为普通合伙人的责任。根据《合伙企业法》第 83 条，有限合伙人转为普通合伙人的，对其作为有限合伙人期间的债务承担无限连带责任。选项 C 正确，当选。

D 选项考查普通合伙人转为有限合伙人的责任。根据《合伙企业法》第 84 条，普通合伙人转为有限合伙人的，仍然要对其作为普通合伙人期间发生的债务承担无限连带责任。选项 D 错误，不当选。

24.【答案】 A

【逐项分析】 A 选项考查通知的效力。根据

《保险法》第60条，泰然保险公司支付保险金之前，乙就已经向甲履行了赔偿义务，则甲不享有受领保险金的权利，泰然保险公司可以请求返还。根据《保险法司法解释（四）》第10条，在泰然保险公司通知前，乙已经履行了债务，则乙的债务消灭，泰然保险公司就不能向乙主张代位求偿权，故其应向甲主张相应权利。选项A正确，当选。

B选项考查放弃对第三人请求权的法律效果。甲、乙之间的约定有效，则其法律效果为：乙过失侵权行为的侵权责任由甲承担，即发生侵权行为时，甲放弃对乙的侵权责任的请求权。根据《保险法》第61条，甲已经放弃对乙请求赔偿的权利，则甲无权受领泰然保险公司的保险金，泰然保险公司向甲支付的款项也不能认定为保险金；根据《保险法》第60条，只有保险人支付保险金才能获得代位求偿权，泰然保险公司支付的款项不是保险金，则其也未获得代位求偿权，故其无权向乙行使代位求偿权。选项B错误，不当选。

C选项考查被保险人的附随义务及违反的法律后果。根据《保险法》第63条，甲有义务向泰然保险公司提供必要的文件和其所知道的有关情况，未履行该义务，根据《保险法司法解释（四）》第11条，泰然保险公司有权主张在其损失范围内扣减或返还相应保险金。选项C错误，不当选。

D选项考查投保人为侵权人时对代位求偿权的影响。根据《保险法司法解释（四）》第8条，即使丙是投保人，原则上泰然保险公司也有权向丙行使代位求偿权，除非法律或者保险合同另有规定。选项D错误，不当选。

25.【答案】C

【逐项分析】马某是消费者，所以马某的行为侵犯了商场的法人名誉权，但不属于诋毁商誉行为。A项错误。

经营者对真实的情况进行举报是合法的市场监督行为，是言论自由权的内在要求，不属于诋毁商誉行为。B项错误。

《反不正当竞争法》第11条规定："经营者不得编造、传播虚假信息或者误导性信息，损害竞争对手的商业信誉、商品声誉。"竞争对手是与之有直接竞争关系的一个或者一类经营者。矿泉水与蒸馏水、纯净水的经营者间有直接竞争关系，该企业把在科学上尚无定论的信息当作定论进行发布，属于编造、传播误导性信息的行为。C项正确，当选。

报刊的不实报道，构成侵犯名誉权，但其并非该食品加工企业的竞争对手，不符合诋毁商誉行为的主体要件。D项错误。

26.【答案】B

【逐项分析】《反垄断法》第39条规定："行政机关和法律、法规授权的具有管理公共事务职能的组织不得滥用行政权力，限定或者变相限定单位或者个人经营、购买、使用其指定的经营者提供的商品。"某县政府大力支持寰宇公司在该县各级医疗机构开展药品、耗材配送工作，要求各医疗单位落实药物统一配送工作，涉嫌构成第39条的强制交易行为。A项正确。

《反垄断法》第41条规定："行政机关和法律、法规授权的具有管理公共事务职能的组织不得滥用行政权力，实施下列行为，妨碍商品在地区之间的自由流通：……"本题中没有涉及这一行为。B项错误，当选。

《反垄断法》第44条规定的"行政机关和法律、法规授权的具有管理公共事务职能的组织不得滥用行政权力，强制或者变相强制经营者从事本法规定的垄断行为。"本题中某县政府推动开展寰宇公司与当地经营企业的并购工作，并要求各医疗单位落实做大做强战略，涉嫌强制经营者实施危害竞争的垄断行为。C项正确。

《反垄断法》第45条规定："行政机关和法律、法规授权的具有管理公共事务职能的组织不得滥用行政权力，制定含有排除、限制竞争内容的规定。"县政府通过会议纪要的方式，要求各医疗单位落实药物统一配送工作和做大做强战略，涉嫌滥用行政权力排除、限制竞争。D项正确。

27.【答案】D

【逐项分析】"微商"是随着微信普及而兴起的通过微信软件销售产品的商家，微商李某与王某间的买卖关系属于消费合同关系，当然受《消费者权益保护法》调整。A项错误。

《消费者权益保护法》第25条规定的无理由退货的条件要求"消费者退货的商品应当完好"。但本题中王某并非要求无理由退货，而是产品质量有问题，所以退货不受"产品完好"的限制。B项错误。

虽然产品系厂家内部供货，但该产品也必须满足《产品质量法》第27条的规定。该条规定：

“产品或者其包装上的标识必须真实，并符合下列要求：（一）有产品质量检验合格证明；（二）有中文标明的产品名称、生产厂厂名和厂址；……”李某销售的涉案内衣并无任何标识，违反了《产品质量法》对产品标签标识的要求，应当认定为不符合产品质量标准的产品。《消费者权益保护法》第 24 条第 1 款规定，经营者提供的商品或者服务不符合质量要求的，消费者可以依照国家规定、当事人约定退货，或者要求经营者履行更换、修理等义务。C 项错误。

《消费者权益保护法》第 55 条第 1 款规定，经营者提供商品或者服务有欺诈行为的，应当按照消费者的要求增加赔偿其受到的损失，增加赔偿的金额为消费者购买商品的价款或者接受服务的费用的 3 倍。李某明知上述产品无相应的标签标识仍宣称为“新环保材料”内衣进行销售，误导消费者进行购买，应当承担退还货款并支付 3 倍价款的赔偿金。D 项正确。

28.【答案】C

【逐项分析】本题中的关键词是“3 日后有大比例分红”。《关于企业所得税若干优惠政策的通知》指出，对投资者从证券投资基金分配中取得的收入，暂不征收企业所得税。利用基金分红免企业所得税的税收优惠，同时也是利用基金分红免税没有对基金持有期限的限制的税收漏洞，在纳税义务产生之前，通过短期买进卖出基金的方式达到少缴企业所得税的行为，应定性为避税行为。

《税收征收管理法》第 52 条第 3 款规定：“对偷税、抗税、骗税的，税务机关追征其未缴或者少缴的税款、滞纳金或者所骗取的税款，不受前款规定期限的限制。”甲公司的行为系避税。A 项错误。

《税收征收管理法》第 63 条第 1 款规定：“纳税人伪造、变造、隐匿、擅自销毁帐簿、记帐凭证，或者在帐簿上多列支出或者不列、少列收入，或者经税务机关通知申报而拒不申报或者进行虚假的纳税申报，不缴或者少缴应纳税款的，是偷税。对纳税人偷税的，由税务机关追缴其不缴或者少缴的税款、滞纳金，并处不缴或者少缴的税款百分之五十以上五倍以下的罚款；构成犯罪的，依法追究刑事责任。”甲公司的行为不是偷税。B 项错误。

《企业所得税法》第 47 条规定：“企业实施其他不具有合理商业目的的安排而减少其应纳税收入或者所得额的，税务机关有权按照合理方法调整。”C 项正确。

《税收征收管理法》第 38 条第 1 款规定，税务机关有根据认为从事生产、经营的纳税人有逃避纳税义务行为的，可以在规定的纳税期之前，责令限期缴纳应纳税款；在限期内发现纳税人有明显的转移、隐匿其应纳税的商品、货物以及其他财产或者应纳税的收入的迹象的，税务机关可以责成纳税人提供纳税担保。D 项错误。

29.【答案】C

【逐项分析】《商业银行法》第 40 条规定：“商业银行不得向关系人发放信用贷款；向关系人发放担保贷款的条件不得优于其他借款人同类贷款的条件。前款所称关系人是指：（一）商业银行的董事、监事、管理人员、信贷业务人员及其近亲属；（二）前项所列人员投资或者担任高级管理职务的公司、企业和其他经济组织。”甲和乙为高中同学，不属于关系人，该商业银行可以为甲办理信用贷款。A、B 项均错误。

《银行业监督管理法》第 46 条规定：“银行业金融机构有下列情形之一，由国务院银行业监督管理机构责令改正，并处二十万元以上五十万元以下罚款；情节特别严重或者逾期不改正的，可以责令停业整顿或者吊销其经营许可证；构成犯罪的，依法追究刑事责任：……（五）严重违反审慎经营规则的；……”该商业银行为甲提供信用贷款用于支付购房首付违背审慎经营规则。C 项正确。

《商业银行法》中关于不得向关系人提供信用贷款以及对借款方申请条件的规定，均为对商业银行进行监管的管理性强制规定，并非判断民事行为效力的依据。D 项错误。

30.【答案】D

【逐项分析】《商业银行法》第 66 条规定：“接管自接管决定实施之日起开始。自接管开始之日起，由接管组织行使商业银行的经营管理权力。”A 项正确。

《商业银行法》第 64 条第 2 款规定：“接管的目的是对被接管的商业银行采取必要措施，以保护存款人的利益，恢复商业银行的正常经营能力。被接管的商业银行的债权债务关系不因接管而变化。”B 项正确。

《银行业监督管理法》第41条规定："经国务院银行业监督管理机构或者其省一级派出机构负责人批准，银行业监督管理机构有权查询涉嫌金融违法的银行业金融机构及其工作人员以及关联行为人的账户；……"C项正确。

《商业银行法》第67条规定："接管期限届满，国务院银行业监督管理机构可以决定延期，但接管期限最长不得超过二年。"第68条规定："有下列情形之一的，接管终止：（一）接管决定规定的期限届满或者国务院银行业监督管理机构决定的接管延期届满；……"故接管是一项有期限的监管行为。D项错误，当选。

31.【答案】D

【逐项分析】《城乡规划法》第40条第1款规定："在城市、镇规划区内进行建筑物、构筑物、道路、管线和其他工程建设的，建设单位或者个人应当向城市、县人民政府城乡规划主管部门或者省、自治区、直辖市人民政府确定的镇人民政府申请办理建设工程规划许可证。"A项正确。

根据上述第40条，不仅新建建筑物，而且进行建筑物、构筑物、道路、管线和其他工程建设的，都需要申请办理建设工程规划许可证。B项正确。

《城乡规划法》第64条规定："未取得建设工程规划许可证或者未按照建设工程规划许可证的规定进行建设的，由县级以上地方人民政府城乡规划主管部门责令停止建设；尚可采取改正措施消除对规划实施的影响的，限期改正，处建设工程造价百分之五以上百分之十以下的罚款；无法采取改正措施消除影响的，限期拆除，不能拆除的，没收实物或者违法收入，可以并处建设工程造价百分之十以下的罚款。"C项正确。

《城乡规划法》第68条规定："城乡规划主管部门作出责令停止建设或者限期拆除的决定后，当事人不停止建设或者逾期不拆除的，建设工程所在地县级以上地方人民政府可以责成有关部门采取查封施工现场、强制拆除等措施。"由此可知，采取查封施工现场、强制拆除等措施的行政强制执行的主体是县级政府。D项错误，当选。

32.【答案】C

【逐项分析】《排污许可管理办法（试行）》第3条第2款规定，纳入固定污染源排污许可分类管理名录的企业事业单位和其他生产经营者应当按照规定的时限申请并取得排污许可证。相关辅导用书的表述为：排污单位向环境保护主管部门如实申报排放污染物的种类、数量、浓度、排放的方式和排放去向。A项正确。

《环境保护法》第45条规定："国家依照法律规定实行排污许可管理制度。实行排污许可管理的企业事业单位和其他生产经营者应当按照排污许可证的要求排放污染物；未取得排污许可证的，不得排放污染物。"B项正确。

《环境保护税法》第4条规定："有下列情形之一的，不属于直接向环境排放污染物，不缴纳相应污染物的环境保护税：（一）企业事业单位和其他生产经营者向依法设立的污水集中处理、生活垃圾集中处理场所排放应税污染物的；……"但这里的污水集中处理场所，是指为社会公众提供生活污水处理服务的场所，不包括为工业园区、开发区等工业聚集区域内的企业事业单位和其他生产经营者提供污水处理服务的场所，以及企业事业单位和其他生产经营者自建自用的污水处理场所。C项错误，当选。

《环境保护税法》第18条第1款规定，环境保护税按月计算，按季申报缴纳。D项正确。

33.【答案】D

【逐项分析】《土地管理法》第9条第2款规定："农村和城市郊区的土地，除由法律规定属于国家所有的以外，属于农民集体所有；宅基地和自留地、自留山，属于农民集体所有。"A项错误。

《森林法》第20条第2款规定，农村居民在房前屋后、自留地、自留山种植的林木，归个人所有。虽林木所有权属于农民，但采伐须符合法律要求。B项错误。

《森林法》第56条第1款规定，采伐林地上的林木应当申请采伐许可证，并按照采伐许可证的规定进行采伐；采伐自然保护区以外的竹林，不需要申请采伐许可证，但应当符合林木采伐技术规程。C项错误。

《森林法》第57条第3款规定，农村居民采伐自留山和个人承包集体林地上的林木，由县级人民政府林业主管部门或者其委托的乡镇人民政府核发采伐许可证。D项正确，当选。

34.【答案】D

【逐项分析】《劳动合同法》第70条规定：

"非全日制用工双方当事人不得约定试用期。"A 项不合法，不当选。

《劳动合同法》第 72 条第 2 款规定，非全日制用工劳动报酬结算支付周期最长不得超过 15 日。而本题中双方关于工资支付的约定，实质为每月支付一次。B 项不合法，不当选。

《劳动合同法》第 69 条第 2 款规定，从事非全日制用工的劳动者可以与一个或者一个以上用人单位订立劳动合同；但是，后订立的劳动合同不得影响先订立的劳动合同的履行。即非全日制劳动者有权兼职，只要不影响先订立的劳动合同的履行即可，无需用人单位的同意。C 项不合法，不当选。

《劳动合同法》第 71 条规定，非全日制用工双方当事人任何一方都可以随时通知对方终止用工。终止用工，用人单位不向劳动者支付经济补偿。D 项合法，当选。

35.【答案】A

【逐项分析】《劳动争议调解仲裁法》第 27 条第 4 款规定，劳动关系存续期间因拖欠劳动报酬发生争议的，劳动者申请仲裁不受本条第 1 款规定的仲裁时效期间的限制；但是，劳动关系终止的，应当自劳动关系终止之日起 1 年内提出。A 项正确。

《劳动争议调解仲裁法》第 35 条规定，仲裁庭应当在开庭 5 日前，将开庭日期、地点书面通知双方当事人。仲裁庭应当书面通知，打电话通知不合法。B 项错误。

《劳动争议调解仲裁法》第 42 条第 1 款规定，仲裁庭在作出裁决前，应当先行调解。因此裁决前必须先经调解。C 项错误。

《劳动争议调解仲裁法》第 47 条规定："下列劳动争议，除本法另有规定的外，仲裁裁决为终局裁决，裁决书自作出之日起发生法律效力：（一）追索劳动报酬、工伤医疗费、经济补偿或者赔偿金，不超过当地月最低工资标准十二个月金额的争议；……"因此，3000 元的争议肯定属于本条规定的小额争议，仲裁裁决为终局裁决，用人单位不得起诉。D 项错误。

36.【答案】B

【逐项分析】《社会保险法》第 44 条规定："职工应当参加失业保险，由用人单位和职工按照国家规定共同缴纳失业保险费。"A 项不当选。

《社会保险法》第 53 条规定："职工应当参加生育保险，由用人单位按照国家规定缴纳生育保险费，职工不缴纳生育保险费。"B 项当选。

《军人保险法》第 20 条第 1 款规定，参加军人退役医疗保险的军官、文职干部和士官应当缴纳军人退役医疗保险费，国家按照个人缴纳的军人退役医疗保险费的同等数额给予补助。C 项不当选。

《军人保险法》第 25 条第 1 款规定，国家为随军未就业的军人配偶建立养老保险、医疗保险等。随军未就业的军人配偶参加保险，应当缴纳养老保险费和医疗保险费，国家给予相应的补助。D 项不当选。

37.【答案】D

【逐项分析】《涉外民事关系法律适用法》第 45 条规定："产品责任，适用被侵权人经常居所地法律；被侵权人选择适用侵权人主营业地法律、损害发生地法律的，或者侵权人在被侵权人经常居所地没有从事相关经营活动的，适用侵权人主营业地法律或者损害发生地法律。"本题中，甲国为损害发生地，乙国为侵权人主营业地，中国为被侵权人经常居所地。本条赋予了被侵权人单方选择适用法律的权利，但这种单方选择有范围限制，并且被侵权人单方选择的情形和侵权人在被侵权人经常居所地没有从事相关经营活动的情形在适用法律方面都处于优先地位，即优先于"产品责任，适用被侵权人经常居所地法律"这一一般规范。因此，A、B、C 选项说法正确，不当选；D 选项说法错误，D 当选。

38.【答案】D

【逐项分析】根据 1958 年《承认及执行外国仲裁裁决公约》（简称为《纽约公约》），依被执行人的申请，拒绝承认与执行的理由有：（1）根据应适用的法律，当事人无行为能力；或者仲裁协议无效；（2）被执行人未接到关于指派仲裁员或关于仲裁程序的适当通知，或者由于其他情况未能在案件中进行申辩；（3）裁决所处理的事项不是当事人交付仲裁的事项，或者不包括在仲裁协议规定之内，或者超出了仲裁协议的范围；（4）仲裁庭的组成或仲裁程序与当事人之间的协议不符，或者当事人之间没有这种协议时，与仲裁地所在国法律不符；（5）裁决尚未发生法律效力，或者裁决已经由作出裁决的国家或根据其法律作出裁决的国家的主管机关撤销或停止执行。另外，执行地国的主管机关依职权也可拒绝承认与执行，理由限于：（1）依照执行地国的法律，争议事项不可以用仲裁的方式加以解决；（2）承认与执行该裁决违反承认与执行地国的公共政策。可见，仲裁员枉法裁判和裁决依据的证据是伪造的，两者都不是《纽约公约》规定可据以拒绝承认与执行裁决的理由。因此，A、B选项错误。

C选项为重点干扰项。《纽约公约》是关于承认与执行外国仲裁裁决的公约，不涉及裁决撤销问题。此外，裁决的撤销一般属于仲裁地的权限，我国法院不会撤销在外国作出的裁决。因此，C选项错误。

根据《最高人民法院关于仲裁司法审查案件报核问题的有关规定》（以下简称《仲裁司法审查报核规定》）第2条，各中级人民法院或者专门人民法院办理涉外涉港澳台仲裁司法审查案件，经审查拟认定仲裁协议无效，不予执行或者撤销我国内地仲裁机构的仲裁裁决，不予认可和执行香港特别行政区、澳门特别行政区、台湾地区仲裁裁决，不予承认和执行外国仲裁裁决，应当向本辖区所属高级人民法院报核；高级人民法院经审查拟同意的，应当向最高人民法院报核。待最高人民法院审核后，方可依最高人民法院的审核意见作出裁定。对于中级人民法院拟承认与执行外国仲裁裁决的，则没有报核要求。另据《民诉法解释》第546条规定："承认和执行外国法院作出的发生法律效力的判决、裁定或者外国仲裁裁决的案件，人民法院应当组成合议庭进行审查。人民法院应当将申请书送达被申请人。被申请人可以陈述意见。人民法院经审查作出的裁定，一经送达即发生法律效力。"因此，D选项正确。

39.【答案】B

【逐项分析】《关于解决国家和他国国民间投资争端公约》（以下简称《公约》）序言指出，不能仅仅由于缔约国批准、接受或核准本公约这一事实而不经其同意就认为该缔约国具有将任何特定的争端交付调解或仲裁的义务。因此，A选项错误。

《公约》第25条规定，"中心"的管辖适用于缔约国和另一缔约国国民之间直接因投资而产生并经双方书面同意提交给中心的任何法律争端。"书面同意"包括三种情形：（1）东道国与外国投资者订立的协议；（2）东道国国内立法；（3）东道国与投资者母国签订的条约。这里不包括投资者之间的协议。因此，B选项正确，C选项错误。

《公约》第25条第4款规定："任何缔约国可以在批准、接受或认可本公约时，或在此后任何时候，把它将考虑或不考虑提交给中心管辖的一类或几类争端通知中心。秘书长应立即将此项通知转送给所有缔约国。此项通知不构成第一款所要求的同意。"因此，D选项错误。

40.【答案】D

【逐项分析】《国际贸易术语解释通则2020》对CIP术语卖方需要投保险别的要求有所提高，相当于我国的"一切险"。对CIF术语的投保要求没有改变，不加说明投保险种为平安险。因此A选项错误。

B选项为"软条款"信用证，规定限制性条款，对受益人非常不利。如卖方发现"软条款"信用证，应与买方协商，要求改证，对信用证的"软条款"不予接受。因此，B选项错误。

《出口管制法》第12条规定，国家对管制物项的出口实行许可制度。出口管制清单所列管制物项或者临时管制物项，出口经营者应当向国家出口管制管理部门申请许可。因此，C选项错误，并非禁止出口，而是应当申请许可。

《出口管制法》第16条规定，管制物项的最终用户应当承诺，未经国家出口管制管理部门允许，不得擅自改变相关管制物项的最终用途或者向任何第三方转让。因此，D选项正确。

41.【答案】C

【逐项分析】《劳动争议调解仲裁法》第16条规定，因支付拖欠劳动报酬、工伤医疗费、经济补偿或者赔偿金事项达成调解协议，用人单位在协议约定期限内不履行的，劳动者可以持调解协议书依法向人民法院申请支付令。人民法院应当依法发出支付令。《劳动争议解释一》第13条第3款规定："依据调解仲裁法第十六条规定申请支付令被人民法院裁定终结督促程序后，劳动者依据调解协议直接提起诉讼的，人民法院应予受理。"据此，选项C为正确答案。

42.【答案】B

【逐项分析】《民诉解释》第89条规定，授权委托书仅写"全权代理"而无具体授权的，诉讼代理人无权代为承认、放弃、变更诉讼请求，进行和解，提出反诉或者提起上诉。据此，"全权代理”的张律师无权在诉讼中变更诉讼请求。选项A正确，不当选。

《民事证据规定》第5条规定，当事人委托诉讼代理人参加诉讼的，除授权委托书明确排除的事项外，诉讼代理人的自认视为当事人的自认。据此，齐某与张律师签订的授权委托书并未约定排除事项，张律师有权作出自认。选项B表述错误，应选。

变更（形成）之诉是指原告请求法院以判决改变或消灭既存的某种民事法律关系的诉。据此，诉讼请求变更为撤销租赁合同，其诉的类型属于形成之诉。选项C正确，不当选。

《民诉解释》第132条规定，受送达人有诉讼代理人的，人民法院既可以向受送达人送达，也可以向其诉讼代理人送达。据此，法院将判决书送达给刘律师，这属于直接送达。选项D正确，不当选。

43.【答案】B

【逐项分析】《民事证据规定》第99条第2款规定，除法律、司法解释另有规定外，关于书证的规定适用于视听资料、电子数据。据此，文书提出命令适用于电子数据和视听资料。《民诉解释》第112条第1款规定，书证在对方当事人控制之下的，承担举证证明责任的当事人可以在举证期限届满前书面申请人民法院责令对方当事人提交。据此，选项A正确，不选。

《民诉解释》第116条第2款规定，电子数据是指通过电子邮件、电子数据交换、网上聊天记录、博客、微博客、手机短信、电子签名、域名等形成或者存储在电子介质中的信息。据此，甲公司的考勤记录是在电子考勤打卡机中形成和存储的，因此属于电子数据，而非书证。又根据《民事证据规定》第99条第2款的规定，文书提出命令适用于电子数据，霍某可向法院提出申请。选项B错误，应选。

《民诉解释》第94条第1款第3项规定，当事人及其诉讼代理人因客观原因不能自行收集的其他证据，可以在举证期限届满前书面申请人民法院调查收集。据此，本案中，甲公司持有的员工考勤记录，因客观原因当事人霍某无法收集，可以书面申请法院调查收集。选项C正确，不选。

《民事证据规定》第48条第2款规定，控制书证的当事人存在《民诉解释》第113条规定情形的，人民法院可以认定对方当事人主张以该书证证明的事实为真实。据此，考勤记录欲证明的是加班20天的事实，甲公司对考勤记录实施了毁损行为，法院可认定加班20天的事实为真实。选项D正确，不选。

44.【答案】D

【逐项分析】《民诉解释》第92条第1款规定，一方当事人在法庭审理中，或者在起诉状、答辩状、代理词等书面材料中，对于己不利的事实明确表示承认的，另一方当事人无需举证证明。据此，单某在庭审中承认向涂某借款，这属于诉讼中自认，产生涂某就该借款事实免证的法律效力。选项A正确，不当选。

《民诉解释》第91条规定，人民法院应当依照下列原则确定举证证明责任的承担，但法律另有规定的除外：（1）主张法律关系存在的当事人，应当对产生该法律关系的基本事实承担举证证明责任；（2）主张法律关系变更、消灭或者权利受到妨害的当事人，应当对该法律关系变更、消灭或者权利受到妨害的基本事实承担举证证明责任。据此，抵销属于债的消灭原因之一，单某主张涂某对其5万元债权因抵销而消灭，其应对债的抵销事实承担证明责任。选项B正确，不当选。

《民诉解释》第116条第2款规定，电子数据是指通过电子邮件、电子数据交换、网上聊天记录、博客、微博客、手机短信、电子签名、域名等形成或者存储在电子介质中的信息。据此，微信转账记录的信息存储于电子介质中，其为电子数据。选项C正确，不当选。

直接证据是指能够单独地、直接地证明待证事实的证据。选项表述银行转账凭证的待证事实是借款事实，因银行转账凭证并未标注用途，该证据只能证明涂某向单某转款，但并不能直接证明是出借款，要和其他证据结合方可认定。因此，银行转账凭证是借款事实的间接证据。选项D错误，当选。

45.【答案】D

【逐项分析】《最高人民法院关于人民法院办理财产保全案件若干问题的规定》第20条第3款规定，人民法院准许被保全人自行处分被保全财产的，应当通知申请保全人；申请保全人不同意的，可以依照《民事诉讼法》第232条规定提出异议。据此，王某可向法院提出执行行为异议予以救济。选项D为正确答案，其余选项均错误。

46.【答案】A

【逐项分析】丁对甲、乙、丙分别实施了人身损害侵权行为，其诉讼标的属于同一种类，如果各方当事人同意，法院决定合并审理，应属于普通共同诉讼。普通共同诉讼中各方的诉讼行为完全独立，任何一个共同诉讼人的诉讼行为，对其他共同诉讼人均不发生效力。且普通共同诉讼法院无须合一确定，这是其与必要共同诉讼的最本质区别。据此，如果甲、乙不服一审判决上诉，甲、乙在各自的上诉中分别为上诉人，两者均指向的是丁，因此，丁为被上诉人。甲、乙的上诉与丙无关，上诉中无须确定丙的诉讼地位。因此，选项A为正确答案，其他选项均错误。

47.【答案】C

【逐项分析】根据《民诉解释》第300条的规定，第三人诉讼请求并入再审程序审理的，按照下列情形分别处理：（1）按照第一审程序审理的，人民法院应当对第三人的诉讼请求一并审理，所作的判决可以上诉；（2）按照第二审程序审理的，人民法院可以调解，调解达不成协议的，应当裁定撤销原判决、裁定、调解书，发回一审法院重审，重审时应当列明第三人。选项A属于第一种情形，选项C属于第二种情形。两者的判断依据是再审案件适用的审判程序。本案生效判决由C市Y区法院作出，而再审审理法院是C市中院，属于提审。《民事诉讼法》第214条规定，上级人民法院按照审判监督程序提审的，按照第二审程序审理，所作的判决、裁定是发生法律效力的判决、裁定。据此，本案再审应适用二审程序审理，应先行调解，调解不成的，应当裁定撤销原判决，发回一审法院重审。选项C为正确答案，其他选项均错误。

48.【答案】B

【逐项分析】《民诉解释》第23条规定，债权人申请支付令，适用《民事诉讼法》第22条规定，由债务人住所地基层人民法院管辖。据此，本案中债务人为甲、乙二人，因此A区和B区法院均有管辖权。选项A正确，不当选。

债务人为多人，其中一个债务人提出异议，如果债务人是必要共同诉讼人，其异议经其他债务人同意承认，对其他债务人发生效力；如果债务人是普通共同诉讼人，债务人一人的异议对其他债务人不发生效力。据此，甲、乙为必要共同诉讼人，甲的异议经乙同意，对乙发生效力。选项B表述错误，应选。

《民诉解释》第437条第1款规定，人民法院作出终结督促程序或者驳回异议裁定前，债务人请求撤回异议的，应当裁定准许。据此，异议人应当在法院对异议作出处理裁定之前，向法院提出撤回异议申请。选项C正确，不当选。

《民诉解释》第441条规定，人民法院院长发现本院已经发生法律效力的支付令确有错误，认为需要撤销的，应当提交本院审判委员会讨论决定后，裁定撤销支付令，驳回债权人的申请。据此，支付令错误，应由本院院长提请审委会讨论决定后，再裁定撤销。选项D正确，不当选。

49.【答案】B

【逐项分析】《最高人民法院关于民事执行中变更、追加当事人若干问题的规定》第14条第1款规定，作为被执行人的合伙企业，不能清偿生效法律文书确定的债务，申请执行人申请变更、追加普通合伙人为被执行人的，人民法院应予支持。同法第30条规定，被申请人、申请人或其他执行当事人对执行法院作出的变更、追加裁定或驳回申请裁定不服的，可以自裁定书送达之日起10日内向上一级人民法院申请复议，但依据本规定第32条的规定应当提起诉讼的除外。据此，普通合伙企业不能清偿债务时，变更追加普通合伙人为被执行人，不服应向上一级法院申请复议。选项B为正确答案，其他选项均错误。

50.【答案】D

【逐项分析】《最高人民法院关于适用〈中华人民共和国仲裁法〉若干问题的解释》（以下简称《仲裁法解释》）第7条规定，当事人约定争议可以向仲裁机构申请仲裁也可以向人民法院起诉的，仲裁协议无效。但一方向仲裁机构申请仲裁，另一方未在仲裁庭首次开庭前提出异议的除外。据此，除了但书条款规定的情形外，甲、乙两公司约定的仲裁协议原则上无效。选项A错误。

《仲裁司法审查规定》第2条第1款规定，申请确认仲裁协议效力的案件，由仲裁协议约定的仲裁机构所在地、仲裁协议签订地、申请人住所地、被申请人住所地的中级人民法院或者专门人民法院管辖。据此，乙公司可向T市或B市中级法院申请确认仲裁协议的效力。选项B错误。

《仲裁法》第19条第1款规定，仲裁协议独立存在，合同的变更、解除、终止或者无效，不影响仲裁协议的效力。因此，即便买卖合同无效，也不影响仲裁条款的效力。选项 C 错误。

《仲裁法》第 20 条第 1 款规定，当事人对仲裁协议的效力有异议的，可以请求仲裁委员会作出决定或者请求人民法院作出裁定。一方请求仲裁委员会作出决定，另一方请求人民法院作出裁定的，由人民法院裁定。据此，B 仲裁委员会和法院都是仲裁协议效力的确认机构，当事人分别向两者提出确认申请，应由法院作出裁定。选项 D 正确。

二、多项选择题。

51.【答案】CD

【逐项分析】选项 AC 考查所有权保留买卖。选项 A 涉及出卖人保留所有权的登记效力。从合同的内容看，本题中甲、乙之间的汽车买卖属于所有权保留买卖。《民法典》第 641 条规定："当事人可以在买卖合同中约定买受人未履行支付价款或者其他义务的，标的物的所有权属于出卖人。出卖人对标的物保留的所有权，未经登记，不得对抗善意第三人。"据此可知，出卖人保留的所有权只有经过登记才能取得完整的物权效力。本题中，出卖人乙公司保留的所有权未登记，"不得对抗善意第三人"，并不具有绝对的物权效力。选项 A 错误。选项 C 考查出卖人的取回权。《买卖合同解释》第 26 条第 1 款规定："买受人已经支付标的物总价款的百分之七十五以上，出卖人主张取回标的物的，人民法院不予支持。"该条规定了出卖人取回权的排除事由，即"买受人已经支付标的物总价款的百分之七十五以上"。本题中，若甲已经付清 15 万元（超过了总价 18 万元的 75%），出卖人乙公司的取回权被排除，乙不可以取回汽车。选项 C 正确。

选项 B 考查分期付款买卖。从合同内容看，甲、乙之间的汽车买卖也构成分期付款买卖。《民法典》第 634 条第 1 款规定："分期付款的买受人未支付到期价款的数额达到全部价款的五分之一，经催告后在合理期限内仍未支付到期价款的，出卖人可以请求买受人支付全部价款或者解除合同。"据此可知，即使买受人未支付到期价款达到全款的 1/5，出卖人也不得直接解除合同，而要经过催告程序。选项 B 错误。

选项 D 考查标的物风险负担。《民法典》第 604 条规定："标的物毁损、灭失的风险，在标的物交付之前由出卖人承担，交付之后由买受人承担，但是法律另有规定或者当事人另有约定的除外。"该条规定了买卖合同的标的物风险负担的一般规则，即交付主义。不论是分期付款买卖还是所有权保留买卖，《民法典》都没有规定特殊的风险负担规则，因此本题甲、乙之间的汽车买卖合同，其标的物风险负担问题仍适用《民法典》第 604 条，奉行交付主义，由于 7 月 3 日该车已经交付，风险随之移转给买方甲，因此该汽车的毁损风险由甲承担。选项 D 正确。

52.【答案】ABD

【逐项分析】选项 AB 考查建设用地使用权到期后的续期问题。《民法典》第 359 条规定："住宅建设用地使用权期限届满的，自动续期。续期费用的缴纳或者减免，依照法律、行政法规的规定办理。非住宅建设用地使用权期限届满后的续期，依照法律规定办理。该土地上的房屋以及其他不动产的归属，有约定的，按照约定；没有约定或者约定不明确的，依照法律、行政法规的规定办理。"据此，仅住宅的建设用地使用权是可以期满自动续期的，其他类型的建设用地使用权都不能自动续期，且不允许当事人约定排除。选项 AB 均错误。

选项 C 考查房地一并抵押。《民法典》第 397 条规定："以建筑物抵押的，该建筑物占用范围内的建设用地使用权一并抵押。以建设用地使用权抵押的，该土地上的建筑物一并抵押。抵押人未依据前款规定一并抵押的，未抵押的财产视为一并抵押。"据此，甲公司以办公楼抵押时，抵押权及于办公楼占用范围内的建设用地使用权。选项 C 正确。

选项 D 考查抵押财产的转让。《民法典》第 356 条规定："建设用地使用权转让、互换、出资或者赠与的，附着于该土地上的建筑物、构筑物及其附属设施一并处分。"据此，在抵押权存续期间，如果甲公司将建设用地使用权转让给丙公司，办公楼的所有权一并移转给丙公司。至于该转让会不会影响乙银行的抵押权，《民法典》第 406 条第 1 款规定："抵押期间，抵押人可以转让抵押财产。当事人另有约定的，按照其约定。抵押财产转让的，抵押权不受影响。"据此结合本题，建设用地使用权与办公楼转让后，乙银行的抵押权不受影响。选项 D 错误。

53.【答案】 AD

【逐项分析】 选项A考查质押合同的效力。《民法典》第136条第1款规定："民事法律行为自成立时生效，但是法律另有规定或者当事人另有约定的除外。"质押合同除了书面形式（《民法典》第427条第1款）以外并无特别的生效要件，因此，质押合同原则上自书面合同签订时成立并生效。选项A错误。

选项B考查动产质权的设立。《民法典》第429条规定："质权自出质人交付质押财产时设立。"此处的交付不仅包括现实交付，也包括简易交付和指示交付。就现实交付而言，除了质权人自行占有以外，也可以由质权人委托第三人进行直接占有。本题中，乙公司委托丁公司保存并监管该机械设备，丁公司取得直接占有，乙公司基于该媒介关系取得间接占有，也属于现实交付的一种方式。因此，乙公司已经取得质权。选项B正确。

选项C考查质权的行使。《民法典》第437条第2款规定："出质人请求质权人及时行使质权，因质权人怠于行使权利造成出质人损害的，由质权人承担赔偿责任。"据此，如果乙公司怠于行使质权并造成丙公司的损害，则乙公司需承担赔偿责任。选项C正确。

选项D考查流质条款的效力。《民法典》第428条规定："质权人在债务履行期限届满前，与出质人约定债务人不履行到期债务时质押财产归债权人所有的，只能依法就质押财产优先受偿。"尽管与2007年《物权法》第211条在立法语言上有很大差别，但是对于流质条款的效力，《民法典》和2007年《物权法》都是持否定意见，因此流质条款是无效的。本题中，乙公司不能直接取得机械设备的所有权。选项D错误。

54.【答案】 ACD

【逐项分析】 选项A考查租赁合同的解除。《民法典》第707条规定："租赁期限六个月以上的，应当采用书面形式。当事人未采用书面形式，无法确定租赁期限的，视为不定期租赁。"结合选项A，由于甲、乙之间的租赁合同是口头约定的，若租赁期限无法确定，应视为不定期租赁。《民法典》第730条规定："当事人对租赁期限没有约定或者约定不明确，依据本法第五百一十条的规定仍不能确定的，视为不定期租赁；当事人可以随时解除合同，但是应当在合理期限之前通知对方。"据此结合选项A，甲、乙之间的租赁为不定期租赁，甲、乙双方均可随时解除合同。选项A正确。

选项B考查租赁物的维修问题。《民法典》第713条第2款规定："因承租人的过错致使租赁物需要维修的，出租人不承担前款规定的维修义务。"据此，乙未经出租人甲同意将房屋转租给丙导致房屋漏水，乙存在过错，甲作为出租人不承担维修义务。选项B错误。

选项C考查租赁合同的违约责任。《民法典》第711条规定："承租人未按照约定的方法或者未根据租赁物的性质使用租赁物，致使租赁物受到损失的，出租人可以解除合同并请求赔偿损失。"据此，乙、丙之间存在有效的转租合同，丙作为次承租人擅自将房屋进行改造，对租赁的房屋产生损害，乙有权请求丙承担损害赔偿责任。选项C正确。

选项D考查次承租人的代为履行权。《民法典》第719条第1款规定："承租人拖欠租金的，次承租人可以代承租人支付其欠付的租金和违约金，但是转租合同对出租人不具有法律约束力的除外。"据此，次承租人享有代为履行权。不过，次承租人的该权利以转租合同对出租人具有法律约束力为前提。因此，次承租人是否享有代为履行权取决于转租合同是否经出租人同意。《民法典》第718条规定："出租人知道或者应当知道承租人转租，但是在六个月内未提出异议的，视为出租人同意转租。"结合本题，尽管乙未经出租人甲的同意将房屋转租给丙，但甲对转租之事未提出异议，且已经过了6个月，应视为甲同意转租。因此，次承租人丙享有代为履行权，其有权代乙支付其欠付的租金和违约金，以继续维持转租关系。选项D正确。

55.【答案】 ABCD

【逐项分析】 选项A考查离婚的法律后果。《民法典》第1085条第1款规定："离婚后，子女由一方直接抚养的，另一方应当负担部分或者全部抚养费。负担费用的多少和期限的长短，由双方协议；协议不成的，由人民法院判决。"据此可知，离婚后父母作为未成年子女的监护人，仍有支付抚养费的义务，该义务是一种法定义务，不得通过夫妻之间的离婚协议排除，因此，即使甲、乙在离婚协议中免除一方对未成年子女的抚养费支付义务，该约定也是无效的，本题中，离婚后甲仍须向丙负担抚养费义务。选项A正确。

选项 B 考查夫妻间的借款协议。《民法典婚姻家庭编解释一》第 82 条规定："夫妻之间订立借款协议，以夫妻共同财产出借给一方从事个人经营活动或者用于其他个人事务的，应视为双方约定处分夫妻共同财产的行为，离婚时可以按照借款协议的约定处理。"据此，乙与甲以夫妻共有存款订立借款合同，应视为双方约定处分夫妻共同财产的行为。选项 B 正确。

选项 C 考查夫妻共同债务。《民法典》第 1064 条规定："夫妻双方共同签名或者夫妻一方事后追认等共同意思表示所负的债务，以及夫妻一方在婚姻关系存续期间以个人名义为家庭日常生活需要所负的债务，属于夫妻共同债务。夫妻一方在婚姻关系存续期间以个人名义超出家庭日常生活需要所负的债务，不属于夫妻共同债务；但是，债权人能够证明该债务用于夫妻共同生活、共同生产经营或者基于夫妻双方共同意思表示的除外。"据此可知，夫妻共同债务分为三类：（1）夫妻双方共同签名或者夫妻一方事后追认等共同意思表示所负的债务；（2）夫妻一方在婚姻关系存续期间以个人名义为家庭日常生活需要所负的债务；（3）夫妻一方在婚姻关系存续期间以个人名义超出家庭日常生活需要所负，且债权人能够证明该债务用于夫妻共同生活、共同生产经营或者基于夫妻双方共同意思表示的债务。本题中，甲向朋友张某借款 20 万元用于夫妻共有房屋的装修，属于"夫妻一方在婚姻关系存续期间以个人名义为家庭日常生活需要所负的债务"，属于夫妻共同债务，张某有权请求乙偿还。选项 C 正确。

选项 D 考查法定夫妻财产制。《民法典》第 1065 条规定："男女双方可以约定婚姻关系存续期间所得的财产以及婚前财产归各自所有、共同所有或者部分各自所有、部分共同所有。约定应当采用书面形式。没有约定或者约定不明确的，适用本法第一千零六十二条、第一千零六十三条的规定。夫妻对婚姻关系存续期间所得的财产以及婚前财产的约定，对双方具有法律约束力。夫妻对婚姻关系存续期间所得的财产约定归各自所有，夫或者妻一方对外所负的债务，相对人知道该约定的，以夫或者妻一方的个人财产清偿。"据此，在法定夫妻财产制的基础上，《民法典》允许夫妻约定其他财产制。本题中，甲、乙约定婚后共同出资购买的房屋归甲一人所有，该约定是有效的，该房屋属于甲的个人财产。《民法典婚姻家庭编解释一》第 26 条规定："夫妻一方个人财产在婚后产生的收益，除孳息和自然增值外，应认定为夫妻共同财产。"据此，该房屋的自然增值应属于甲一人所有。选项 D 正确。

56.【答案】ACD

【逐项分析】选项 AB 均考查存货动态质押。选项 A 具体涉及存货动态质押时质权的设立时点。本题中，从甲、乙之间的交易安排来看，其所设立的是动态的存货质权。《民法典担保制度解释》第 55 条第 1 款规定："债权人、出质人与监管人订立三方协议，出质人以通过一定数量、品种等概括描述能够确定范围的货物为债务的履行提供担保，当事人有证据证明监管人系受债权人的委托监管并实际控制该货物的，人民法院应当认定质权于监管人实际控制货物之日起设立。监管人违反约定向出质人或者其他人放货、因保管不善导致货物毁损灭失，债权人请求监管人承担违约责任的，人民法院依法予以支持。"据此结合本题，乙银行的质权自丙公司实际控制库存大豆之日起设立。选项 A 错误。就选项 B 而言，因乙银行与丙公司之间有监管库存大豆的委托合同，而监管过程中丙公司违规放货，导致库存大豆市值仅剩 1500 万元，该行为显然违反了双方的委托合同。依据《民法典担保制度解释》第 55 条第 1 款，丙公司应向乙银行承担违约责任。选项 B 正确。

选项 C 考查保证合同，具体涉及保证期间的认定。《民法典担保制度解释》第 32 条规定："保证合同约定保证人承担保证责任直至主债务本息还清时为止等类似内容的，视为约定不明，保证期间为主债务履行期限届满之日起六个月。"据此结合本题，何某承诺提供连带保证，直至甲公司还本付息为止，这一约定应视为约定不明，其保证期间为主债务履行期限届满之日起 6 个月。选项 C 错误。

选项 D 考查共同担保，具体涉及债权人的选择权。本题中，对于甲公司的借款，存在两个担保：其一为债务人甲公司自己提供的动态的存货质押；其二为第三人何某提供的连带保证。对于债权人是否可以自由选择行使，《民法典》第 392 条规定："被担保的债权既有物的担保又有人的担保的，债务人不履行到期债务或者发生当事人约定的实现担保物权的情形，债权人应当按照约定实现债权；没有约定或者约定不明确，债务人自己提供物的担保的，债权人应当先就该物的担保实现债权；第三人提供物的担保的，债权人可以就物的担保实现债权，也可以请求保证人承担保证责任。提供担保的第三人承担担保责任后，有权向债务人追偿。”据此，存在债务人自己提供的物保时，债权人应先实现该物保。结合本题，由于存在债务人甲公司自己提供的物保，债权人乙银行应先行使存货质权。选项 D 错误。

57.【答案】 BD

【逐项分析】 选项 A 考查诉讼离婚的法定事由。《民法典》第 1079 条第 3 款规定：“有下列情形之一，调解无效的，应当准予离婚：（一）重婚或者与他人同居；（二）实施家庭暴力或者虐待、遗弃家庭成员；（三）有赌博、吸毒等恶习屡教不改；（四）因感情不和分居满二年；（五）其他导致夫妻感情破裂的情形。”本题涉及的是“与他人同居”这一情形。“与他人同居”是指有配偶者与婚外异性，不以夫妻名义，持续、稳定地共同居住（《民法典婚姻家庭编解释一》第 2 条）。本题中，王某婚内与第三人多次发生不正当两性关系并不构成“与他人同居”。选项 A 错误。

选项 B 考查离婚损害赔偿请求权。《民法典》第 1091 条规定：“有下列情形之一，导致离婚的，无过错方有权请求损害赔偿：（一）重婚；（二）与他人同居；（三）实施家庭暴力；（四）虐待、遗弃家庭成员；（五）有其他重大过错。”《民法典婚姻家庭编解释一》第 86 条规定：“民法典第一千零九十一条规定的‘损害赔偿’，包括物质损害赔偿和精神损害赔偿。涉及精神损害赔偿的，适用《最高人民法院关于确定民事侵权精神损害赔偿责任若干问题的解释》的有关规定。”据此，王某多次强行限制马某的人身自由，造成马某精神受损，这一事实已经构成家庭暴力，因此马某离婚时可请求精神损害赔偿。选项 B 正确。

选项 CD 考查夫妻一方隐藏夫妻财产时的处理及相应的诉讼时效。《民法典》第 1092 条规定：“夫妻一方隐藏、转移、变卖、毁损、挥霍夫妻共同财产，或者伪造夫妻共同债务企图侵占另一方财产的，在离婚分割夫妻共同财产时，对该方可以少分或者不分。离婚后，另一方发现有上述行为的，可以向人民法院提起诉讼，请求再次分割夫妻共同财产。”本题中，王某隐瞒夫妻共同财产，马某可以请求王某少分或不分该房产。选项 D 正确。《民法典婚姻家庭编解释一》第 84 条规定：“当事人依据民法典第一千零九十二条的规定向人民法院提起诉讼，请求再次分割夫妻共同财产的诉讼时效期间为三年，从当事人发现之日起计算。”据此，马某请求分割隐瞒房产的诉讼时效起算点为“当事人发现之日”，即 2018 年 10 月 1 日，至 2021 年 5 月，该请求权尚未过诉讼时效，马某仍可起诉请求分割。选项 C 错误。

58.【答案】 BCD

【逐项分析】 选项 A 考查合作作品的著作权人。本题中，甲公司委托李某、陈某共同谱写《重又来》。《著作权法》第 19 条规定：“受委托创作的作品，著作权的归属由委托人和受托人通过合同约定。合同未作明确约定或者没有订立合同的，著作权属于受托人。”据此，《重又来》的著作权应由受托人李某与陈某享有。而《重又来》是李某、陈某共同谱写完成，属于合作作品，依据《著作权法》第 14 条第 1 款，《重又来》的著作权由李某、陈某共同享有。《著作权法》第 14 条第 2 款、第 3 款规定：“合作作品的著作权由合作作者通过协商一致行使；不能协商一致，又无正当理由的，任何一方不得阻止他方行使除转让、许可他人专有使用、出质以外的其他权利，但是所得收益应当合理分配给所有合作作者。合作作品可以分割使用的，作者对各自创作的部分可以单独享有著作权，但行使著作权时不得侵犯合作作品整体的著作权。”据此，李某、陈某反复讨论，共同创作初稿，由陈某润色定稿，完成曲调《重又来》，表明《重又来》作品不可分割。依据《著作权法》第 14 条第 2 款，即使陈某不同意，李某仍可许可乙公司录制唱片，但所产生的收益应与李某共享。选项 A 正确，不当选。

选项 B 考查合理使用。《著作权法》第 24 条第 1 款第 9 项规定了免费表演的合理使用，即免费表演已经发表的作品，该表演未向公众收取费用，也未向表演者支付报酬，且不以营利为目的。本题中，《重又来》为已发表作品，但赈灾义演虽不向表演者支付报酬，却向公众收取费用，不属于免费表演，不构成合理使用，王某的行为侵犯了《重又来》这一作品的著作权。选项 B 错误，当选。

选项 C 考查视听作品的著作权行使。纪录片属于视听作品。《著作权法》第 17 条第 3 款规定：“视听作品中的剧本、音乐等可以单独使用的作品的作者有权单独行使其著作权。”据此，《重又来》作为纪录片的插曲，属于可以单独使用的作品，作者有权单独行使其著作权。因此，乙公司录制

《重又来》无须征得甲公司的许可。选项 C 错误，当选。

选项 D 考查法定许可。《著作权法》第 42 条第 2 款规定："录音制作者使用他人已经合法录制为录音制品的音乐作品制作录音制品，可以不经著作权人许可，但应当按照规定支付报酬；著作权人声明不许使用的不得使用。"该款规定了制作录音制品的法定许可。该法定许可的前提是"使用他人已经合法录制为录音制品的音乐作品"，本题中，虽纪录片已经上映，但插曲《重又来》尚未合法录制为录音制品，纪录片上映并不等同于合法录制为录音制品。因此，该法定许可的条件尚不满足。因此，乙公司仍需征得李某、陈某的许可方可录制。选项 D 错误，当选。

59.【答案】 BC

【逐项分析】《著作权法》第 20 条规定："作品原件所有权的转移，不改变作品著作权的归属，但美术、摄影作品原件的展览权由原件所有人享有。作者将未发表的美术、摄影作品的原件所有权转让给他人，受让人展览该原件不构成对作者发表权的侵犯。"据此，尽管陈某创作的油画《喜扬扬》尚未发表，但张某成为该油画原件的所有人，享有该作品的展览权，因此张某展示陈某未发表的作品，并不侵犯陈某的发表权。选项 A 错误。

除了展览行为之外，张某的另一个行为是委托拍卖公司拍卖油画《喜扬扬》原件，这是张某作为原件所有权人固有的权利，并不侵犯陈某的著作权。选项 B 正确。

本题中，李氏拍卖公司将作品拍摄高清照片后上传至网络，实施了著作权法意义上的复制行为、信息网络传播的行为，且该行为并未获得著作权人的授权，构成著作权侵权行为。选项 C 正确；选项 D 错误。

60.【答案】 ABCD

【逐项分析】 选项 A 与选项 C 考查职务发明。选项 A 考查职务发明的专利权归属。《专利法》第 6 条第 1 款规定："执行本单位的任务或者主要是利用本单位的物质技术条件所完成的发明创造为职务发明创造。职务发明创造申请专利的权利属于该单位，申请被批准后，该单位为专利权人。该单位可以依法处置其职务发明创造申请专利的权利和专利权，促进相关发明创造的实施和运用。"据此，陈某作为研发人员，为执行本单位的任务而发明了压缩机，属于职务发明，其专利申请人和专利权人为单位。单位作为权利人有权自由处分其专利权，无须发明人同意。选项 A 错误，当选。

选项 C 考查职务发明中发明人与设计人的奖励与报酬。《专利法》第 15 条第 1 款规定："被授予专利权的单位应当对职务发明创造的发明人或者设计人给予奖励；发明创造专利实施后，根据其推广应用的范围和取得的经济效益，对发明人或者设计人给予合理的报酬。"《专利法实施细则》第 78 条规定："被授予专利权的单位未与发明人、设计人约定也未在其依法制定的规章制度中规定专利法第十六条规定的报酬的方式和数额的，在专利权有效期限内，实施发明创造专利后，每年应当从实施该项发明或者实用新型专利的营业利润中提取不低于 2%或者从实施该项外观设计专利的营业利润中提取不低于 0.2%，作为报酬给予发明人或者设计人，或者参照上述比例，给予发明人或者设计人一次性报酬；被授予专利权的单位许可其他单位或者个人实施其专利的，应当从收取的使用费中提取不低于 10%，作为报酬给予发明人或者设计人。"职务发明的报酬应由被授予专利权的单位支付，而非专利权的受让人支付。本题中，甲公司应当给予陈某报酬，而非乙公司。选项 C 错误，当选。

选项 B 考查专利权的转让。《专利法》第 10 条第 3 款规定："转让专利申请权或者专利权的，当事人应当订立书面合同，并向国务院专利行政部门登记，由国务院专利行政部门予以公告。专利申请权或者专利权的转让自登记之日起生效。"据此，专利权是一种经国家授权才产生的排他性权利，其转让须经过相应的登记、公告程序才生效。但是，专利权转让合同依当事人意思自治成立，除法律特别规定外，自合同成立之日起生效。因此本题中甲公司与乙公司之间的专利转让合同原则上自成立时生效。选项 B 错误，当选。

选项 D 考查专利的无效宣告。《专利法》第 47 条规定："宣告无效的专利权视为自始即不存在。宣告专利权无效的决定，对在宣告专利权无效前人民法院作出并已执行的专利侵权的判决、调解书，已经履行或者强制执行的专利侵权纠纷处理决定，以及已经履行的专利实施许可合同和专利权转让合同，不具有追溯力。但是因专利权人的恶意给他人造成的损失，应当给予赔偿。依照前款规定不返还专利侵权赔偿金、专利使用费、专利权转让费，明显违反公平原则的，应当全部或者部分返还。”据此，专利权已经转移，专利转让合同已经履行，因此专利被宣告无效在原则上不具有溯及力。且乙公司实施后利润颇丰，也不存在甲公司有恶意或该转让明显违反公平的情形，因此甲公司无需返还转让费。选项 D 错误，当选。

61.【答案】ACD

【逐项分析】A 选项考查发行中的优先购买权。虽然《公司法》第 34 条规定，有限责任公司股东在公司章程无另外规定的情况下，按照实缴比例对公司新增资本享有优先购买权，但并不代表股份有限公司股东也享有同样的权利；《公司法》第五章第一节未规定股份有限公司股东的优先购买权，故方略公司股东不享有对新发行股份的优先购买权。选项 A 错误，当选。

B 选项考查股份有限公司的表决程序。根据《公司法》第 103 条，股份有限公司增加公司资本属于法定由出席股东大会的有表决权的股东表决同意并超过 2/3 表决权才能通过的事项。选项 B 正确，不当选。

C 选项考查公开发行的条件。根据《证券法》第 9 条，以广告方式发行股票属于公开发行，需要符合公开发行的条件（《证券法》第 12 条）。方略公司只经过了公司内部的决议，不具备公开发行的其他条件。选项 C 错误，当选。

D 选项考查折价发行的禁止。根据《公司法》第 127 条，股票发行价格不得低于票面金额，且没有规定例外条件。选项 D 错误，当选。

62.【答案】AC

【逐项分析】A 选项考查股权继承。根据《公司法》第 75 条，公司章程无另行规定，则戊可以通过继承的方式取得股权，而无需向股权对外转让那样需要经过其他股东的同意。选项 A 正确，当选。

B 选项考查优先购买权。根据《公司法司法解释（四）》第 16 条规定，公司章程未规定，其他股东对以继承方式转让的股权无优先购买权。选项 B 错误，不当选。

C 选项考查善意取得。虽然甲不是真正的股东，无权处分股权，但是根据《公司法司法解释（三）》第 25 条，名义股东甲将股权出质给丙的法律关系可以按照善意取得制度来处理。根据《民法典》第 311 条，相对人善意、支付合理对价且完成了交付的程序即可取得相应的物权，无论出让人是否有处分权。丙取得股权的质权后可以对抗原实际出资人乙。选项 C 正确，当选。

D 选项考查实际出资人的权利。乙虽然为实际出资人，但其基于与甲之间的契约关系才能取得股权的利益，根据合同的相对性，乙只能向甲主张权利，而不能直接向鸿璞公司主张权利；且根据《公司法》第 32 条第 2 款，股东行使股权权利的依据是股东名册，又根据《公司法司法解释（三）》第 24 条第 3 款，若未经过其他股东过半数同意，乙无权请求公司更改股东名册，故实际出资人乙无权向鸿璞公司主张股东权利。同时，尽管《九民纪要》规定实际出资人能够证明公司过半数股东知道其实际出资事实且没有异议的可请求登记为股东，但于本题设置情形不同。选项 D 错误，不当选。

63.【答案】BC

【逐项分析】A 选项考查公司清算组成立的时间。根据《公司法》第 183 条，公司解散后，纬合公司应当在解散事由出现之日起 15 日内成立清算组。选项 A 错误，不当选。

B 选项考查债权补充申报的时间。根据《公司法司法解释（二）》第 13 条第 1 款，债权人在规定的期限内未申报债权，在公司清算程序终结前补充申报的，清算组应予登记。选项 B 正确，当选。

C 选项考查补充申报债权的救济。根据《公司法司法解释（二）》第 13 条，无论债权人嘉润公司是否存在过错，其补充申报债权，纬合公司的清算组都应予以登记（以参与后续分配）；根据《公司法司法解释（二）》第 11 条，公司清算事项应当通知已知债权人并进行有效的公告；在公司剩余财产分配中，债权优先于股权，且根据《公司法司法解释（二）》第 14 条，非因嘉润公司的重大过错，嘉润公司在之后的公司财产分配中获得的财产不足以支付其债权时，嘉润公司可以请求已取得分配的股东返还取得的财产。选项 C 正确，当选。

D 选项考查解散公司的要件。根据《公司法司法解释（二）》第 1 条，除了符合“公司持续两年以上无法召开股东会或者股东大会，公司经营管理发生严重困难的”条件外，解散公司还要符合《公司法》第 182 条的规定；根据《公司法》第 182 条，解散公司还需要“继续存续会使股东利益受到重大损失”和“通过其他途径不能解决”两个条件。选项 D 错误，不当选。

64.【答案】 BC

【逐项分析】 A 选项考查未承兑的法律后果。根据《票据法》第 40 条第 2 款，未在规定期限内提示承兑的法律后果是持票人丧失对前手的追索权，但不包括出票人。福寿公司仍然可以对朝阳公司行使追索权。选项 A 错误，不当选。

B 选项考查追索权的内容。根据《票据法》第 70 条，追索权的内容包括：（1）被拒绝付款的汇票金额；（2）汇票金额自到期日或者提示付款日起至清偿日止，按照中国人民银行规定的利率计算的利息；（3）取得有关拒绝证明和发出通知书的费用。选项 B 正确，当选。

C 选项考查对追索权的抗辩。根据《票据法》第 13 条第 2 款，朝阳公司可以以其与福寿公司之间的合同关系来抗辩福寿公司的追索权。选项 C 正确，当选。

D 选项考查提供拒绝承兑证明的义务及违反的法律后果。根据《票据法》第 62 条，福寿公司行使追索权时，有义务提供被拒绝承兑的有关证明；根据《票据法》第 65 条，不能提供拒绝证明的法律效果为丧失对前手的追索权，但出票人仍需承担责任。选项 D 错误，不当选。

65.【答案】 BC

【逐项分析】 A 选项考查竞业禁止义务。根据《合伙企业法》第 32 条，合伙人有竞业禁止义务，无论其是否执行合伙事务；根据《合伙企业法》第 71 条，有限合伙人可以自营或者同他人合作经营与本有限合伙企业相竞争的业务，但是合伙协议另有约定的除外。选项 A 错误，不当选。

B 选项考查合伙事务执行。根据《合伙企业法》第 26 条第 2 款、第 27 条，乙、丙无权执行合伙事务，即不能代表沛兴合伙企业从事经营活动，但其可以对执行合伙事务人进行监督。选项 B 正确，当选。

C 选项考查退伙的情形。根据《合伙企业法》第 46 条，“合伙协议未约定合伙期限的，合伙人在不给合伙企业事务执行造成不利影响的情况下，可以退伙”，只需要“提前 30 日通知其他合伙人”，而无需其他合伙人同意。选项 C 正确，当选。

D 选项考查应当退伙的情形。根据《合伙企业法》第 48 条，丙成为无民事行为人不当然导致退伙，若经过其他合伙人一致同意，丙可以变更为有限合伙人；只有在其他合伙人未能达成一致同意时，才导致退伙的法律效果。选项 D 错误，不当选。

66.【答案】 ABC

【逐项分析】《劳动合同法》第 23 条规定，用人单位与劳动者可以在劳动合同中约定保守用人单位的商业秘密和与知识产权相关的保密事项。对负有保密义务的劳动者，用人单位可以在劳动合同或者保密协议中与劳动者约定竞业限制条款，并约定在解除或者终止劳动合同后，在竞业限制期限内按月给予劳动者经济补偿。《最高人民法院关于审理劳动争议案件适用法律问题的解释（一）》（以下简称《劳动争议解释一》）第 38 条规定，当事人在劳动合同或者保密协议中约定了竞业限制和经济补偿，劳动合同解除或者终止后，因用人单位的原因导致 3 个月未支付经济补偿，劳动者请求解除竞业限制约定的，人民法院应予支持。不支付经济补偿不影响竞业限制约定的效力，仅导致解除。A 项不能成立，当选。

《反不正当竞争法》第 32 条第 1 款规定，在侵犯商业秘密的民事审判程序中，商业秘密权利人提供初步证据，证明其已经对所主张的商业秘密采取保密措施，且合理表明商业秘密被侵犯，涉嫌侵权人应当证明权利人所主张的商业秘密不属于本法规定的商业秘密。可见《反不正当竞争法》没有要求权利人就商业价值提供直接证据。B 项不能成立，当选。

商业秘密不同于专利，其保护范围没有地域限制，无论国内国外，只要采取了合理保密措施，都要受法律保护。侵犯商业秘密行为并不要求发生于竞争对手之间，而且互联网服务的竞争具有全球性的特点，乙公司的行为属于侵犯甲商业秘密的行为。C 项不能成立，当选。

《反不正当竞争法》第 9 条第 3 款规定：“第三人明知或者应知商业秘密权利人的员工、前员工或者其他单位、个人实施本条第一款所列违法行为，仍获取、披露、使用或者允许他人使用该商业秘密的，视为侵犯商业秘密。”第三人侵权必须是基于明知或应知，乙公司属于第三人，赵某刻意隐瞒，乙公司并不知情，不满足第三人侵犯商业秘密的要件。D 项成立，不当选。

67.【答案】 AC

【逐项分析】《消费者权益保护法》第 55 条第 1 款规定："经营者提供商品或者服务有欺诈行为的，应当按照消费者的要求增加赔偿其受到的损失，增加赔偿的金额为消费者购买商品的价款或者接受服务的费用的三倍；增加赔偿的金额不足五百元的，为五百元。法律另有规定的，依照其规定。"网店丙销售的并非全新原装正品手机，对消费者有欺诈，故应当退 1 赔 3。但第一部以外的两部手机，属于知假买假，不能认定为欺诈，故只能退货，不能主张 3 倍惩罚性赔偿。A 项正确。

《消费者权益保护法》第 44 条第 2 款规定："网络交易平台提供者明知或者应知销售者或者服务者利用其平台侵害消费者合法权益，未采取必要措施的，依法与该销售者或者服务者承担连带责任。"乙网络购物平台在接到投诉后立即暂扣了丙网店的保证金并通知其下架商品，已经采取了必要措施，不应承担连带赔偿责任。B 项错误。

通过网络直播来推广商品是一种新型的广告行为，网红是其中的广告代言人。《广告法》第 56 条第 3 款规定："前款规定以外的商品或者服务的虚假广告，造成消费者损害的，其广告经营者、广告发布者、广告代言人，明知或者应知广告虚假仍设计、制作、代理、发布或者作推荐、证明的，应当与广告主承担连带责任"。C 项正确。

网络直播平台不是网络交易平台，网络直播内容具有即时性，网络直播平台随时审查直播全部内容没有法律依据。D 项错误。

68.【答案】 ABC

【逐项分析】虽然我国税收管理方面的法律法规对于各种税收的征收均明确规定了纳税义务人，但是并未禁止纳税义务人与合同相对人约定由合同相对人或第三人缴纳税款。税法对于税种、税率、税额的规定是强制性的，而对于实际由谁缴纳税款没有作出强制性或禁止性规定。《股权转让协议书》关于税费负担的约定并不违反税收管理方面的法律法规的规定，属合法有效协议。A 项正确。

《个人所得税法》第 9 条第 1 款规定："个人所得税以所得人为纳税人，以支付所得的单位或者个人为扣缴义务人。"乙向丙转让股权，丙向乙支付部分款项，其中乙是该财产转让所得的所得人和纳税人，丙是支付所得的个人和扣缴义务人。《税收征收管理法》第 69 条规定："扣缴义务人应扣未扣、应收而不收税款的，由税务机关向纳税人追缴税款，对扣缴义务人处应扣未扣、应收未收税款百分之五十以上三倍以下的罚款。"B、C 项正确。

《税收征收管理法》第 88 条第 1 款规定，纳税人、扣缴义务人、纳税担保人同税务机关在纳税上发生争议时，必须先依照税务机关的纳税决定缴纳或者解缴税款及滞纳金或者提供相应的担保，然后可以依法申请行政复议；对行政复议决定不服的，可以依法向人民法院起诉。可知纳税争议与处罚争议的救济程序不一样。乙关于纳税主体的争议必须经过行政复议。D 项错误。

69.【答案】 ABCD

【逐项分析】《环境保护法》第 13 条第 3 款规定，县级以上地方人民政府环境保护主管部门会同有关部门，根据国家环境保护规划的要求，编制本行政区域的环境保护规划，报同级人民政府批准并公布实施。A 项正确。

《环境保护法》第 25 条规定，企业事业单位和其他生产经营者违反法律法规规定排放污染物，造成或者可能造成严重污染的，县级以上人民政府环境保护主管部门和其他负有环境保护监督管理职责的部门，可以查封、扣押造成污染物排放的设施、设备。B 项正确。

《环境保护法》第 47 条第 2 款规定，县级以上人民政府应当建立环境污染公共监测预警机制，组织制定预警方案；环境受到污染，可能影响公众健康和环境安全时，依法及时公布预警信息，启动应急措施。C 项正确。

《环境保护法》第 54 条第 2 款规定，县级以上人民政府环境保护主管部门和其他负有环境保护监督管理职责的部门，应当依法公开环境质量、环境监测、突发环境事件以及环境行政许可、行政处罚、排污费的征收和使用情况等信息。D 项正确。

70.【答案】 ABD

【逐项分析】《劳动合同法》第 2 条第 1 款规定，中华人民共和国境内的企业、个体经济组织、民办非企业单位等组织与劳动者建立劳动关系，订立、履行、变更、解除或者终止劳动合同，适用本法。虽然学界不少人认为公司高管与公司之间是委托关系而不是劳动关系，但现行立法并未修改，在第 2 条规定下，高管仍属于劳动者一员。

A 项错误，当选。

虽然《劳动合同法》第 24 条第 1 款规定，竞业限制的人员限于用人单位的高级管理人员、高级技术人员和其他负有保密义务的人员。但第 23 条第 1 款规定，对负有保密义务的劳动者，用人单位可以在劳动合同或者保密协议中与劳动者约定竞业限制条款……闻某从未接触商业秘密，不是负有保密义务的人员，公司不得与其约定竞业限制。B 项错误，当选。

《劳动合同法》第 25 条规定，除《劳动合同法》第 22 条和第 23 条规定的情形外，用人单位不得与劳动者约定由劳动者承担违约金。即除培训服务期和竞业限制这两种例外情形外，用人单位不得与劳动者约定由劳动者承担违约金，但并未限制用人单位承担违约金。C 项正确，不当选。提前解约并非第 25 条规定的例外情形，不得约定由劳动者承担违约金。D 项错误，当选。

71. 【答案】 BCD

【逐项分析】《劳动合同法》第 35 条第 1 款规定，用人单位与劳动者协商一致，可以变更劳动合同约定的内容。工作地点作为劳动合同法定条款之一，对它的调整属于劳动合同变更，应协商一致。A 项错误。

《劳动合同法》第 40 条规定，有下列情形之一的，用人单位提前 30 日以书面形式通知劳动者本人或者额外支付劳动者 1 个月工资后，可以解除劳动合同：……（3）劳动合同订立时所依据的客观情况发生重大变化，致使劳动合同无法履行，经用人单位与劳动者协商，未能就变更劳动合同内容达成协议的。本题中企业合并，致无法在原工作地点继续履行合同，双方经协商未能就变更工作地点协商一致。B 项正确。

《劳动合同法》第 38 条第 1 款规定，用人单位有下列情形之一的，劳动者可以解除劳动合同：（1）未按照劳动合同约定提供劳动保护或者劳动条件的；……本题中，双方协商不成而该厂坚持调整工作地点，属于未按照合同约定提供劳动条件。C 项正确。

《劳动合同法》第 46 条规定，有下列情形之一的，用人单位应当向劳动者支付经济补偿：（1）劳动者依照《劳动合同法》第 38 条规定解除劳动合同的；……（3）用人单位依照《劳动合同法》第 40 条规定解除劳动合同的；……D 项正确。

72. 【答案】 ABCD

【逐项分析】《社会保险法》第 48 条规定："失业人员在领取失业保险金期间，参加职工基本医疗保险，享受基本医疗保险待遇。失业人员应当缴纳的基本医疗保险费从失业保险基金中支付，个人不缴纳基本医疗保险费。" A 项正确。

《社会保险法》第 38 条规定："因工伤发生的下列费用，按照国家规定从工伤保险基金中支付：……（六）一次性伤残补助金和一至四级伤残职工按月领取的伤残津贴；……" 第 40 条规定，工伤职工符合领取基本养老金条件的，停发伤残津贴，享受基本养老保险待遇。一至四级伤残即完全丧失劳动能力。B 项正确。

《社会保险法》第 17 条规定，参加基本养老保险的个人，……在未达到法定退休年龄时因病或者非因工致残完全丧失劳动能力的，可以领取病残津贴。所需资金从基本养老保险基金中支付。C 项正确。

《社会保险法》第 27 条规定，参加职工基本医疗保险的个人，达到法定退休年龄时累计缴费达到国家规定年限的，退休后不再缴纳基本医疗保险费，按照国家规定享受基本医疗保险待遇。D 项正确。

73. 【答案】 AD

【逐项分析】 我国《涉外民事关系法律适用法》第 41 条规定："当事人可以协议选择合同适用的法律。当事人没有选择的，适用履行义务最能体现该合同特征的一方当事人经常居所地法律或者其他与该合同有最密切联系的法律。" 买卖合同约定合同争议适用甲国法，货物包装问题就应适用甲国法。因此，A 选项正确，B 选项错误。

C 选项为重点干扰项。我国《涉外民事关系法律适用法》第 4 条规定："中华人民共和国法律对涉外民事关系有强制性规定的，直接适用该强制性规定。"《涉外民事关系法律适用法司法解释（一）》第 8 条规定："有下列情形之一，涉及中华人民共和国社会公共利益、当事人不能通过约定排除适用、无需通过冲突规范指引而直接适用于涉外民事关系的法律、行政法规的规定，人民法院应当认定为涉外民事关系法律适用法第四条规定的强制性规定：……（二）涉及食品或公共卫生安全的；……" 部分海鲜干重金属含量超标，可能损害人体健康，这涉及食品安全，应适用我国有关强制性规定。因此，C 选项错误，D 选项正确。

74.【答案】 AC

【逐项分析】 外国自然人、法人或者其他组织购买中国领域内的非外商投资企业股东的股权的合同，适用中国法。B公司购买股份的行为属于上述情形。因此，选项A正确，选项B错误。

我国《外商投资法》第2条规定，外商投资，是指外国的自然人、企业或者其他组织（以下称外国投资者）直接或者间接在中国境内进行的投资活动，包括外国投资者取得中国境内企业的股份、股权、财产份额或者其他类似权益等情形；因此，C选项正确，D选项错误。

75.【答案】 BC

【逐项分析】 2017年最高人民法院《关于内地与香港特别行政区法院就民商事案件相互委托提取证据的安排》（以下简称《安排》）第2条规定："双方相互委托提取证据，须通过各自指定的联络机关进行。其中，内地指定各高级人民法院为联络机关；香港特别行政区指定香港特别行政区政府政务司司长办公室辖下行政署为联络机关。最高人民法院可以直接通过香港特别行政区指定的联络机关委托提取证据。"因此，A选项错误。

C选项为重点干扰项。《安排》第6条第1款规定："内地人民法院根据本安排委托香港特别行政区法院提取证据的，请求协助的范围包括：（一）讯问证人；（二）取得文件；（三）检查、拍摄、保存、保管或扣留财产；（四）取得财产样品或对财产进行试验；（五）对人进行身体检验。"因此，B、C选项正确。

《安排》第4条规定："委托书及所附相关材料应当以中文文本提出。没有中文文本的，应当提供中文译本。"因此，D选项错误。

76.【答案】 ABCD

【逐项分析】 最高人民法院《关于内地与香港特别行政区法院相互认可和执行婚姻家庭民事案件判决的安排》第4条规定："申请认可和执行本安排规定的判决：（一）在内地向申请人住所地、经常居住地或者被申请人住所地、经常居住地、财产所在地的中级人民法院提出；（二）在香港特别行政区向区域法院提出。申请人应当向符合前款第一项规定的其中一个人民法院提出申请。向两个以上有管辖权的人民法院提出申请的，由最先立案的人民法院管辖。"本题中，甲市为申请人经常居住地，乙市为申请人住所地，丙市为被申请人经常居住地，丁市为被申请人财产所在地，因此，ABCD四个选项均正确。

77.【答案】 ACD

【逐项分析】 在FOB贸易术语下，卖方自担风险和费用办理出口手续，缴纳出口捐、税、费，但卖方不负责办理货物的保险。因此，A选项说法错误，B选项说法正确。

《联合国国际货物销售合同公约》并不调整与货物有关的一切纠纷，《联合国国际货物销售合同公约》没有涉及的法律问题主要有：（1）有关销售合同的效力或惯例的效力问题；（2）销售合同对所售出的货物的所有权转移问题；（3）卖方对货物引起的人身伤亡的责任问题。因此，C选项说法错误。Incoterms2020也不涉及产品责任问题。因此，D选项说法错误。

78.【答案】 AC

【逐项分析】 在承运人义务方面，《汉堡规则》增加了承运人的管船义务，取消了航行过失免责条款，也就是说，由于船长、船员、引航员或承运人的雇用人在航行或管理船舶中的行为、疏忽或过失所引起的货物灭失或损坏，承运人不能像《海牙规则》那样可以免除赔偿责任。因此，A选项正确，B选项错误。

中国人民保险公司海洋货物运输保险平安险对单纯自然灾害带来的单独海损不赔，对运输工具遭受搁浅、触礁、沉没、互撞、与流冰或其他物体碰撞以及失火、爆炸等意外事故造成货物的全部或部分损失都予以赔偿。因此，C选项正确，D选项错误。

79.【答案】 BD

【逐项分析】《最高人民法院关于审理信用证纠纷案件若干问题的规定》第7条第2款规定："开证行发现信用证项下存在不符点后，可以自行决定是否联系开证申请人接受不符点。开证申请人决定是否接受不符点，并不影响开证行最终决定是否接受不符点。开证行和开证申请人另有约定的除外。"因此，A选项说法正确，不当选。

该规定第6条第1款规定："人民法院在审理信用证纠纷案件中涉及单证审查的，应当根据当事人约定适用的相关国际惯例或者其他规定进行；当事人没有约定的，应当按照国际商会《跟单信用证统一惯例》以及国际商会确定的相关标准，认定单据与信用证条款、单据与单据之间是否在表面上相符。”因此，B 选项说法错误，当选。

该规定第 8 条规定：“凡有下列情形之一的，应当认定存在信用证欺诈：……（三）受益人和开证申请人或者其他第三方串通提交假单据，而没有真实的基础交易；……”本题属于前述第 3 种情形。因此，选项 C 说法正确，不当选。

该规定第 12 条第 1 款规定：“人民法院接受中止支付信用证项下款项申请后，必须在四十八小时内作出裁定；裁定中止支付的，应当立即开始执行。”因此，D 选项说法错误，当选。

80.【答案】 BD

【逐项分析】 我国《反倾销条例》第 48 条规定：“反倾销税的征收期限和价格承诺的履行期限不超过 5 年；但是，经复审确定终止征收反倾销税有可能导致倾销和损害的继续或者再度发生的，反倾销税的征收期限可以适当延长。”第 49 条第 1 款规定：“反倾销税生效后，商务部可以在有正当理由的情况下，决定对继续征收反倾销税的必要性进行复审；也可以在经过一段合理时间，应利害关系方的请求并对利害关系方提供的相应证据进行审查后，决定对继续征收反倾销税的必要性进行复审。”因此，A 选项错误，B 选项正确。

《反倾销条例》第 51 条第 2 款规定：“复审期限自决定复审开始之日起，不超过 12 个月。”因此，C 选项错误。

《反倾销条例》第 53 条规定：“对依照本条例第二十五条作出的终裁决定不服的，对依照本条例第四章作出的是否征收反倾销税的决定以及追溯征收、退税、对新出口经营者征税的决定不服的，或者对依照本条例第五章作出的复审决定不服的，可以依法申请行政复议，也可以依法向人民法院提起诉讼。”因此，D 选项正确。

81.【答案】 AC

【逐项分析】 本证，是指对待证事实负有证明责任的一方当事人提出的、用以证明其主张事实存在的证据。《民诉解释》第 91 条第 2 项规定，主张法律关系变更、消灭或者权利受到妨害的当事人，应当对该法律关系变更、消灭或者权利受到妨害的基本事实承担举证证明责任。甲公司诉请乙公司支付货款 37 万元，而乙公司认为部分设备已退还，实际拖欠货款是 27 万元。乙公司的主张是对法律关系内容的变更。据此，乙公司应对部分设备已退还的事实承担证明责任，而设备收条恰恰是支持承担证明责任者乙公司的主张，因此该设备收条是本证。选项 A 正确。

《民诉解释》第 102 条第 1 款规定，当事人因故意或者重大过失逾期提供的证据，人民法院不予采纳。但该证据与案件基本事实有关的，人民法院应当采纳，并依照《民事诉讼法》第 68 条、第 118 条第 1 款的规定予以训诫、罚款。据此，本案中，“设备收条”对案件的裁判结果有实质性影响，属于与案件基本事实有关的证据，因此，法院应予采纳。但因为设备收条一直保存在乙公司手中，逾期提交是因为其无故未参加一审庭审，乙公司在主观上明显有故意或重大过失，因而，法院采纳后可对乙公司训诫、罚款，但并非罚款、拘留。选项 B 错误。

《民事证据规定》第 92 条第 1 款规定，私文书证的真实性，由主张以私文书证证明案件事实的当事人承担举证责任。据此，乙公司用设备收条证明部分设备已退还，应由乙公司就该收条的真实性承担举证责任。选项 C 正确。

《民事诉讼法》第 41 条第 2 款规定，中级人民法院对第一审适用简易程序审结或者不服裁定提起上诉的第二审民事案件，事实清楚、权利义务关系明确的，经双方当事人同意，可以由审判员一人独任审理。据此，本案一审法院适用普通程序审理，不符合二审由审判员独任审理的条件。选项 D 错误。

82.【答案】 BD

【逐项分析】《最高人民法院、最高人民检察院关于人民检察院提起刑事附带民事公益诉讼应否履行诉前公告程序问题的批复》明确规定，人民检察院提起刑事附带民事公益诉讼，应履行诉前公告程序。《最高人民法院、最高人民检察院关于检察公益诉讼案件适用法律若干问题的解释》（以下简称《检察公益诉讼解释》）第 13 条第 1 款规定，人民检察院在履行职责中发现破坏生态环境和资源保护，食品药品安全领域侵害众多消费者合法权益，侵害英雄烈士等的姓名、肖像、名誉、荣誉等损害社会公共利益的行为，拟提起公益诉讼的，应当依法公告，公告期间为 30 日。据此，选项 A 正确，不选。

《检察公益诉讼解释》第 4 条规定，人民检察院以公益诉讼起诉人身份提起公益诉讼，依照民事诉讼法、行政诉讼法享有相应的诉讼权利，履行相应的诉讼义务，但法律、司法解释另有规定的除外。据此，在检察公益诉讼中检察机关的诉讼地位是公益诉讼起诉人，而非原告。选项 B 的行为违反法律规定，应选。

《检察公益诉讼解释》第 17 条第 2 款规定，人民检察院已履行诉前公告程序的，人民法院立案后不再进行公告。据此，因 C 市检察院已发布诉前公告，C 市中级法院受理后未发布公告符合规定。选项 C 不选。

《检察公益诉讼解释》第 5 条第 1 款规定，市（分、州）人民检察院提起的第一审民事公益诉讼案件，由侵权行为地或者被告住所地中级人民法院管辖。据此，检察民事公益诉讼应由中级法院管辖，本案中 C 市中级法院将案件交由其辖区内 P 县法院审理是错误的。选项 D 的行为违反法律规定，应选。

83.【答案】 BCD

【逐项分析】《民诉解释》第 269 条第 1 款规定，当事人就案件适用简易程序提出异议，人民法院经审查，异议成立的，裁定转为普通程序；异议不成立的，裁定驳回。裁定以口头方式作出的，应当记入笔录。据此，对于简易程序的适用，当事人享有异议权，但无权约定选择普通程序审理。我国当事人的程序选择权受到限制，《民事诉讼法》第 160 条第 2 款只规定了本应适用普通程序审理的案件约定适用简易程序审理，但并未赋予当事人对适用简易程序审理的案件约定适用普通程序审理的权利。据此，选项 A 符合规定，不当选。

《民诉解释》第 259 条规定，当事人双方可就开庭方式向人民法院提出申请，由人民法院决定是否准许。经当事人双方同意，可以采用视听传输技术等方式开庭。据此，法院如采用视听传输技术开庭，必须征得双方当事人同意。选项 B 违法，当选。

《最高人民法院关于适用简易程序审理民事案件的若干规定》第 19 条规定，开庭前已经书面或者口头告知当事人诉讼权利义务，或者当事人各方均委托律师代理诉讼的，审判人员除告知当事人申请回避的权利外，可以不再告知当事人其他的诉讼权利义务。据此，无论当事人是否委托了律师，告知当事人申请回避的权利不可省略。选项 C 违法，当选。

《民诉解释》第 270 条规定，适用简易程序审理的案件，有下列情形之一的，人民法院在制作判决书、裁定书、调解书时，对认定事实或者裁判理由部分可以适当简化：（1）当事人达成调解协议并需要制作民事调解书的；（2）一方当事人明确表示承认对方全部或者部分诉讼请求的；（3）涉及商业秘密、个人隐私的案件，当事人一方要求简化裁判文书中的相关内容，人民法院认为理由正当的；（4）当事人双方同意简化的。据此，符合上述条件，简易程序的裁判文书可以简化，但仅限于事实认定和裁判理由部分，不包括诉讼请求。选项 D 违法，当选。

84.【答案】 BD

【逐项分析】《民诉解释》第 320 条规定，上诉案件的当事人死亡或者终止的，人民法院依法通知其权利义务承继者参加诉讼。需要终结诉讼的，适用《民事诉讼法》第 154 条规定。《民事诉讼法》第 154 条规定，有下列情形之一的，终结诉讼：（1）原告死亡，没有继承人，或者继承人放弃诉讼权利的；（2）被告死亡，没有遗产，也没有应当承担义务的人的；（3）离婚案件一方当事人死亡的；（4）追索赡养费、扶养费、抚养费以及解除收养关系案件的一方当事人死亡的。据此，本案为离婚案件，赵某死亡后，诉讼应当终结。选项 A 错误，选项 B 正确。

《民事诉讼法》第 158 条规定，最高人民法院的判决、裁定，以及依法不准上诉或者超过上诉期没有上诉的判决、裁定，是发生法律效力的判决、裁定。据此，本案中赵某已经起诉，因此，一审判决是未发生法律效力的判决。略有疑问的是，赵某对一审判决离婚的结果未上诉，仅对财产分割问题上诉，那么一审离婚判决是否生效。二审审理范围应以上诉请求为限，此案二审应围绕财产分割问题进行审理，对是否离婚不再审理，但一审判决离婚的结果并未生效。换言之，此时赵某和许某的婚姻关系尚未解除，许某对赵某的遗产当然享有继承权。选项 C 错误，选项 D 正确。

85.【答案】 ABCD

【逐项分析】《仲裁裁决执行规定》第 2 条第 3 款规定，被执行人、案外人对仲裁裁决执行案件申请不予执行的，负责执行的中级人民法院应当另行立案审查处理。据此，对于顺驰公司的不予执行仲裁裁决申请，应由 Q 市中院负责处理，而非 J 市中院。选项 A 错误，当选。

《仲裁裁决执行规定》第 11 条规定，人民法院对不予执行仲裁裁决案件应当组成合议庭围绕被执行人申请的事由、案外人的申请进行审查。据此，法院对不予执行仲裁裁决的申请，应当进行审查，而非审理。选项 B 错误，当选。

《仲裁司法审查报核规定》第 3 条规定，非涉外涉港澳台仲裁司法审查案件，高级人民法院经审查，拟同意中级人民法院或者专门人民法院以违背社会公共利益为由不予执行或者撤销我国内地仲裁机构的仲裁裁决的，应当向最高人民法院报核，待最高人民法院审核后，方可依最高人民法院的审核意见作出裁定。据此，因顺驰公司并未以违背社会公共利益为由申请不予执行仲裁裁决，本案无须向最高人民法院报核。选项 C 错误，当选。

《仲裁裁决执行规定》第 22 条第 3 款规定，人民法院裁定驳回或者不予受理案外人提出的不予执行仲裁裁决、仲裁调解书申请，案外人不服的，可以自裁定送达之日起 10 日内向上一级人民法院申请复议。据此，不服驳回申请裁定，案外人只能申请复议，不能上诉。选项 D 错误，当选。

三、不定项选择题

86.【答案】ABC

【逐项分析】选项 A 考查合伙合同是否适用双务合同的履行抗辩权。合伙属于共同行为，有别于一般的双方合同行为，各个合伙人的意思表示是同向的。这意味着，各合伙人的出资义务之间并非对待给付义务的关系，因此，合伙合同原则上不适用双务合同中的履行抗辩权。据此，若朱某如约出资，周某、王某未如约出资，周某也不得以王某未出资为由拒绝出资。选项 A 错误。

选项 BC 考查合伙事务的执行。《民法典》第 970 条规定："合伙人就合伙事务作出决定的，除合伙合同另有约定外，应当经全体合伙人一致同意。合伙事务由全体合伙人共同执行。按照合伙合同的约定或者全体合伙人的决定，可以委托一个或者数个合伙人执行合伙事务；其他合伙人不再执行合伙事务，但是有权监督执行情况。合伙人分别执行合伙事务的，执行事务合伙人可以对其他合伙人执行的事务提出异议；提出异议后，其他合伙人应当暂停该项事务的执行。"该条规定了合伙事务的执行。本题中，朱某负责对外销售与合作，而品牌店与甲公司合作的事项属于朱某的执行事务范围，因此朱某有权单独决定，无需经周某与王某同意。选项 B 错误。王某未参加合伙事务的管理，但有权监督执行情况。选项 C 错误。

选项 D 考查合伙合同的解除。《民法典》第 976 条规定，合伙人对合伙期限没有约定或者约定不明确，依据本法第 510 条的规定仍不能确定的，视为不定期合伙。合伙人可以随时解除不定期合伙合同，但是应当在合理期限之前通知其他合伙人。据此，《合伙人协议书》未约定合伙的期限，也无法依据《民法典》第 510 条确定，因此属于不定期合伙，王某作为合伙人有权随时解除，但应当在合理期限之前通知其他合伙人。选项 D 正确。

87.【答案】C

【逐项分析】选项 ABD 考查抵押财产的转让。《民法典》第 406 条第 1 款规定："抵押期间，抵押人可以转让抵押财产。当事人另有约定的，按照其约定。抵押财产转让的，抵押权不受影响。"据此可知，《民法典》允许抵押人在抵押权存续期间自由转让抵押财产。因此，本题中，甲公司向乙转让商铺的商铺买卖合同是合法有效的。选项 A 错误。丙银行的商铺抵押权已经于登记时设立，商铺的买卖对丙银行的抵押权不产生影响，因此，丙银行仍可对商铺主张抵押权。选项 B 错误。《民法典》第 406 条第 2 款规定："抵押人转让抵押财产的，应当及时通知抵押权人。抵押权人能够证明抵押财产转让可能损害抵押权的，可以请求抵押人将转让所得的价款向抵押权人提前清偿债务或者提存。转让的价款超过债权数额的部分归抵押人所有，不足部分由债务人清偿。"据此，并无事实表明商铺的转让可能损害丙银行的抵押权，因此，债权人丙银行不得直接主张甲就该 180 万元偿还自己的欠款。选项 D 错误。

选项 C 考查代为履行权。《民法典》第 524 条第 1 款规定："债务人不履行债务，第三人对履行该债务具有合法利益的，第三人有权向债权人代为履行；但是，根据债务性质、按照当事人约定或者依照法律规定只能由债务人履行的除外。"据此，买受人乙对甲、丙之间的债务履行有合法利益，有权向丙银行代为履行，以消除丙银行的商铺抵押权。选项 C 正确。

88.【答案】B

【逐项分析】选项 A 考查共有类型的推定。《民法典》第 308 条规定："共有人对共有的不动产或者动产没有约定为按份共有或者共同共有，或者约定不明确的，除共有人具有家庭关系等外，视为按份共有。”据此，共同共有以存在家庭关系等共同关系为前提。本题中，甲、乙、丙三人对洗衣机的归属未作约定，且三人不具有家庭关系等共同关系，应视为按份共有。选项 A 错误。

选项 B 考查共有份额的确定。《民法典》第 309 条规定：“按份共有人对共有的不动产或者动产享有的份额，没有约定或者约定不明确的，按照出资额确定；不能确定出资额的，视为等额享有。”本题中，甲、乙、丙三人共同接受洗衣机赠与时，并不存在出资，三方对共有份额未作约定，因此应推定按照等额共有该洗衣机。选项 B 正确。

选项 C 考查共有物的分割。《民法典》第 303 条规定：“共有人约定不得分割共有的不动产或者动产，以维持共有关系的，应当按照约定，但是共有人有重大理由需要分割的，可以请求分割；没有约定或者约定不明确的，按份共有人可以随时请求分割，共同共有人在共有的基础丧失或者有重大理由需要分割时可以请求分割。因分割造成其他共有人损害的，应当给予赔偿。”据此，若没有不得分割共有物的约定，按份共有人有权随时请求分割。本题中，共有人甲、乙、丙之间并无禁止分割共有物的约定，甲作为共有人之一有权随时请求分割。选项 C 错误。

选项 D 考查份额转让时其他按份共有人的优先购买权。《民法典》第 305 条规定：“按份共有人可以转让其享有的共有的不动产或者动产份额。其他共有人在同等条件下享有优先购买的权利。”《民法典物权编解释一》第 13 条规定：“按份共有人之间转让共有份额，其他按份共有人主张依据民法典第三百零五条规定优先购买的，不予支持，但按份共有人之间另有约定的除外。”据此，共有人对外转让共有份额时，其他共有人在同等条件下享有优先购买权。本题中，甲、丁之间的交易价格是 250 元，而乙、丙的出价是 200 元，并非属于同等条件，因此乙、丙不能以 200 元的价格主张优先购买权来对抗丁。选项 D 错误。

89.【答案】 BD

【逐项分析】 选项 AB 考查共同危险行为。本题中甲、乙构成数人侵权，但需要进一步分析二人构成何种数人侵权类型。《民法典》第 1170 条规定：“二人以上实施危及他人人身、财产安全的行为，其中一人或者数人的行为造成他人损害，能够确定具体侵权人的，由侵权人承担责任；不能确定具体侵权人的，行为人承担连带责任。”该条规定了共同危险行为。据此，甲、乙均实施了危及丙人身安全的行为，但只有一人的行为造成丙的人身损害，且无法查明到底是何人所致，甲、乙二人的行为构成共同危险行为。甲、乙二人之间并无侵权的共同故意，因此不构成共同故意侵权行为。选项 A 错误，选项 B 正确。

选项 CD 考查用人者责任与受害人过错。《民法典》第 1191 条第 1 款规定：“用人单位的工作人员因执行工作任务造成他人损害的，由用人单位承担侵权责任。用人单位承担侵权责任后，可以向有故意或者重大过失的工作人员追偿。”该条规定了用人单位无过错的替代责任。本题中，甲、乙是该俱乐部的赛车手，属于俱乐部的工作人员，是在比赛的过程中造成丙受伤，比赛时二人在执行其工作任务，因此对于丙的损害应由俱乐部承担无过错的替代责任。《民法典》第 1173 条规定：“被侵权人对同一损害的发生或者扩大有过错的，可以减轻侵权人的责任。”据此，被侵权人的过错是侵权责任的减轻事由。本题中，主办方已经提示禁止入内，丙仍违反该提示进入赛道，具有过错，应减轻俱乐部的侵权责任。选项 C 错误，选项 D 正确。

90.【答案】 BCD

【逐项分析】 选项 A 考查临床试验的条件。《民法典》第 1008 条第 1 款规定：“为研制新药、医疗器械或者发展新的预防和治疗方法，需要进行临床试验的，应当依法经相关主管部门批准并经伦理委员会审查同意，向受试者或者受试者的监护人告知试验目的、用途和可能产生的风险等详细情况，并经其书面同意。”据此，为研制新药、医疗器械或者发展新的预防和治疗方法进行临床试验时，需要满足三个前提：（1）经相关主管部门批准；（2）经伦理委员会审查同意；（3）经受试者或者受试者的监护人书面同意。本题中，医院仅得到了甲及其父母的书面同意，并未经相关主管部门批准，也未经伦理委员会审查同意，医院无权进行临床试验。选项 A 错误。

选项 BD 均考查器官捐献。选项 B 具体涉及无民事行为能力人生前捐献器官。《民法典》对无民事行为能力人生前捐献器官并未作出明确规定，但结合民事法律行为制度可对选项 B 作出分析。《民法典》第 144 条规定：“无民事行为能力人实施的民事法律行为无效。”本题中，甲作为无民事行为能力人，其作出的民事法律行为是无效的，因此，其生前作出捐献器官的意思表示无效。选项 B 正确。选项 D 具体涉及自然人死后的器官捐献问题。《民法典》第 1006 条第 3 款规定：“自然人生前未表示不同意捐献的，该自然人死亡后，其配偶、成年子女、父母可以共同决定捐献，决定捐献应当采用书面形式。”据此，甲死亡后，甲的父母可以共同决定以书面形式捐献甲的器官。选项 D 正确。

选项 C 考查医疗损害责任。《民法典》第 1219 条规定：“医务人员在诊疗活动中应当向患者说明病情和医疗措施。需要实施手术、特殊检查、特殊治疗的，医务人员应当及时向患者具体说明医疗风险、替代医疗方案等情况，并取得其明确同意……医护人员未尽到前款义务，造成患者损害的，医疗机构应当承担赔偿责任。”据此结合本题，由于医护人员未尽到告知义务，并未将手术并发症告知甲的父母，导致甲最终抢救无效死亡，医院应承担侵权责任。选项 C 正确。

91.【答案】BD

【逐项分析】《民法典婚姻家庭编解释一》第 29 条第 2 款规定：“当事人结婚后，父母为双方购置房屋出资的，依照约定处理；没有约定或者约定不明确的，按照民法典第一千零六十二条第一款第四项规定的原则处理。”《民法典》第 1062 条第 1 款规定：“夫妻在婚姻关系存续期间所得的下列财产，为夫妻的共同财产，归夫妻共同所有：（一）工资、奖金、劳务报酬；（二）生产、经营、投资的收益；（三）知识产权的收益；（四）继承或者受赠的财产，但是本法第一千零六十三条第三项规定的除外；（五）其他应当归共同所有的财产。”据此，房屋系甲、乙婚后双方父母出资购买，但并无对该房屋的归属约定，因此，该房屋属于夫妻共同财产。既然房屋是夫妻共同财产，那么房屋的自然增值也应属于夫妻共同财产。选项 AC 错误，选项 BD 正确。

92.【答案】BD

【逐项分析】A 选项考查股东代表诉讼的前置条件。根据《公司法》第 151 条第 2 款，原则上股东代表诉讼需要以穷尽公司内部救济为前置条件，但是存在例外情况，即“情况紧急、不立即起诉将会使公司利益受到难以弥补的损害”。选项 A 说法过于绝对，不当选。

B 选项考查股东代表诉讼起诉主体。根据《公司法》第 151 条第 2 款，股东代表诉讼是股东以自己的名义起诉，而非以公司的名义起诉。选项 B 正确，当选。

C 选项考查股东代表诉讼费用的分配。根据《公司法司法解释（四）》第 26 条，股东代表诉讼只有在诉讼请求得到支持的情况下，公司才应当承担合理的诉讼费用，以避免股东滥用代位诉讼制度。选项 C 错误，不当选。

D 选项考查股东代表诉讼的利益归属。虽然诉讼的原告是股东，但是实体法律关系上，法律效果应归属于公司。根据《公司法司法解释（四）》第 25 条，股东请求被告直接向其承担民事责任的，人民法院不予支持。选项 D 正确，当选。

93.【答案】ACD

【逐项分析】A 选项考查轻微瑕疵决议的效力。《公司法司法解释（四）》第 4 条规定：“股东请求撤销股东会或者股东大会、董事会决议，符合民法典第八十五条、公司法第二十二条第二款规定的，人民法院应当予以支持，但会议召集程序或者表决方式仅有轻微瑕疵，且对决议未产生实质影响的，人民法院不予支持。”尽管公司对股东姚某担保 100 万元的决议表决没有回避姚某，但该决议表决在剔除姚某 22% 股份后，经其他股东表决权一致通过，属于会议表决方式存在轻微瑕疵，并没有对决议产生实质性影响，则决议有效，选项 A 当选。

B 选项考查无效决议的情形。《公司法》第 22 条第 1 款规定：“公司股东会或者股东大会、董事会的决议内容违反法律、行政法规的无效。”第 45 条第 1 款规定：“董事任期由公司章程规定，但每届任期不得超过三年。董事任期届满，连选可以连任。”尽管修改公司章程需要经代表三分之二以上表决权的股东通过，但由于董事会每届任期不得超过 3 年，选项 B 决议内容违反法律规定，则其无效，选项 B 不当选。

C 选项考查有效决议的情形。《公司法》第 43 条第 2 款规定：“股东会会议作出修改公司章程、增加或者减少注册资本的决议，以及公司合并、分立、解散或者变更公司形式的决议，必须经代表三分之二以上表决权的股东通过。”公司利润分配的决议事项属于一般决议，经代表半数以上表决权的股东通过即可，倪某未参与表决不影响该决议效力，选项 C 涉及的决议有效，选项 C 当选。

D 选项考查可撤销决议的效力。《公司法》第 22 条第 2 项规定："股东会或者股东大会、董事会的会议召集程序、表决方式违反法律、行政法规或者公司章程，或者决议内容违反公司章程的，股东可以自决议作出之日起六十日内，请求人民法院撤销。"第 41 条第 1 款规定："召开股东会会议，应当于会议召开十五日前通知全体股东；但是，公司章程另有规定或者全体股东另有约定的除外。"昌明有限公司董事会由于通知召开股东会的时间不符合法律规定，属于股东会会议召集程序存在瑕疵，故对批准 2019 年公司财务预算方案的决议为可撤销决议，在该决议未被撤销前，其效力有效。选项 D 当选。

94.【答案】B

【逐项分析】A 选项考查破产债务人营业的能力。根据《企业破产法》第 13 条，法院受理破产的同时指定破产管理人；根据《企业破产法》第 25 条第 1 款第 5 项，破产管理人在第一次债权人会议前可以决定是否继续经营；根据《企业破产法》第 61 条第 1 款第 5 项，债权人会议也可以决定是否继续经营。故进入破产程序后公司还可以继续营业。选项 A 错误，不当选。

B 选项考查破产债务人合同的履行。根据《企业破产法》第 18 条第 2 款，合同相对方有权要求破产管理人提供担保，否则视为解除合同。公司进入破产程序属于可能丧失履行债务能力的情形，若未提供担保，则合同相对方有合同解除权。选项 B 正确，当选。

C 选项考查股东补足出资的义务。根据《企业破产法》第 35 条及《公司法司法解释（二）》第 22 条第 2 款，未完全履行出资义务的人，应当补足出资，而非对公司债务承担无限连带责任。选项 C 错误，不当选。

D 选项考查破产程序的效力。根据《企业破产法》第 19 条，关于破产债务人的执行程序应当中止，否则构成对债权的个别清偿；财产保全措施应当解除，而不是继续维持，否则保全措施会阻碍破产财产的分配。选项 D 错误，不当选。

95.【答案】AD

【逐项分析】根据案情表述，交警认定驾驶人殷某负事故的全部责任，殷某又与嗒嗒代驾公司之间存在劳动合同关系，其履行职务行为应由公司承担责任。据此，选项 A 正确。选项 C 错误。

根据案情表述，该车车况良好，行驶途中柳某也无干扰驾驶的情形，因此，柳某作为车主，对事故发生不承担责任。选项 B 错误。

《最高人民法院关于审理道路交通事故损害赔偿案件适用法律若干问题的解释》第 22 条第 1 款规定，人民法院审理道路交通事故损害赔偿案件，应当将承保交强险的保险公司列为共同被告。但该保险公司已经在交强险责任限额范围内予以赔偿且当事人无异议的除外。据此，题干表述并未言及保险公司已经赔偿，因此应将承保交强险的保险公司列为共同被告，选项 D 正确。

96.【答案】AC

【逐项分析】《民事诉讼法》第 24 条规定，因合同纠纷提起的诉讼，由被告住所地或者合同履行地人民法院管辖。《民诉解释》第 19 条规定，财产租赁合同、融资租赁合同以租赁物使用地为合同履行地。合同对履行地有约定的，从其约定。据此，乙公司起诉的是机械设备租赁合同，合同对履行地并无约定，合同履行地为租赁设备使用地的 A 区，被告住所地亦为 A 区，因此，本案应由 A 区法院管辖。选项 A 正确。

《民诉解释》第 233 条第 3 款规定，反诉应由其他人民法院专属管辖，或者与本诉的诉讼标的及诉讼请求所依据的事实、理由无关联的，裁定不予受理，告知另行起诉。《民诉解释》第 28 条第 2 款规定，农村土地承包经营合同纠纷、房屋租赁合同纠纷、建设工程施工合同纠纷、政策性房屋买卖合同纠纷，按照不动产纠纷确定管辖。据此，甲公司将厂房租赁给乙公司，应适用不动产纠纷的专属管辖规定，应由不动产所在地的 B 区法院管辖。因此，A 区法院对甲公司的起诉应裁定不予受理，告知其到 B 区法院另行起诉，A 区法院不能合并审理甲公司的诉讼，选项 B 错误。

《民事诉讼法》第 130 条第 1 款规定，人民法院受理案件后，当事人对管辖权有异议的，应当在提交答辩状期间提出。人民法院对当事人提出的异议，应当审查。异议成立的，裁定将案件移送有管辖权的人民法院；异议不成立的，裁定驳回。据此，乙公司应在答辩期内提出管辖权异议，选项 C 正确；甲公司的诉讼应由 B 区法院专属管辖，A 区法院不享有管辖权，乙公司的异议成立，A 区法院应裁定将案件移送 B 区法院。选项 D 错误。

97.【答案】AB

【逐项分析】《民诉解释》第 81 条第 2 款规定，第一审程序中未参加诉讼的第三人，申请参加第二审程序的，人民法院可以准许。据此，有独立请求权第三人冯某申请参加第二审程序，法院可以准许，但为了维护冯某的审级利益，其直接参加二审程序只能以调解的方式结案，不能直接作出判决。选项 A 正确。

《民诉解释》第 325 条规定，必须参加诉讼的当事人或者有独立请求权的第三人，在第一审程序中未参加诉讼，第二审人民法院可以根据当事人自愿的原则予以调解；调解不成的，发回重审。据此，冯某是有独立请求权第三人，其未参加第一审程序，二审法院可以根据当事人自愿原则予以调解，调解不成，撤销原判，发回重审。选项 B 正确，选项 C 错误。

根据《民诉解释》第 326 条第 2 款、第 327 条第 2 款的规定，双方当事人同意，二审法院可以一并作出裁判，仅适用于原告增加诉讼请求、被告反诉以及一审判决不准离婚而二审法院认为应当判决离婚等情形。因此，本案中，即便冯某申请，也不得在二审中一并作出判决。选项 D 错误。

98.【答案】A

【逐项分析】《民事诉讼法》第 206 条规定，当事人对已经发生法律效力的判决、裁定，认为有错误的，可以向上一级人民法院申请再审；当事人一方人数众多或者当事人双方为公民的案件，也可以向原审人民法院申请再审。据此，本案既非人数众多，双方也不都是公民，应当向上一级法院 K 市中级法院申请再审。选项 A 正确。

《最高人民法院关于适用〈中华人民共和国民事诉讼法〉审判监督程序若干问题的解释》第 17 条规定，人民法院审查再审申请期间，人民检察院对该案提出抗诉的，人民法院应依照《民事诉讼法》第 218 条的规定裁定再审。申请再审人提出的具体再审请求应纳入审理范围。又根据《民诉解释》第 400 条第 5 项规定，再审申请审查期间，原审或者上一级人民法院已经裁定再审的，裁定终结审查。据此，因检察院抗诉必然会启动再审程序，因此，法院应终结对再审申请的审查，而非中止审查。选项 B 错误。

《民事诉讼法》第 215 条第 2 款规定，地方各级人民检察院对同级人民法院已经发生法律效力的判决、裁定，发现有本法第 207 条规定情形之一的，或者发现调解书损害国家利益、社会公共利益的，可以向同级人民法院提出检察建议，并报上级人民检察院备案；也可以提请上级人民检察院向同级人民法院提出抗诉。据此，生效判决是由 K 市 G 区法院作出，应由 K 市 G 区检察院提出检察建议，K 市检察院可以抗诉，但不能发出检察建议进行监督。选项 C 错误。

《民事诉讼法》第 213 条规定，按照审判监督程序决定再审的案件，裁定中止原判决、裁定、调解书的执行，但追索赡养费、扶养费、抚养费、抚恤金、医疗费用、劳动报酬等案件，可以不中止执行。据此，本案为追索劳动报酬案件，法院可以不中止对判决书的执行。选项 D 错误。

99.【答案】AD

【逐项分析】本案属于普通房屋买卖合同纠纷，不适用专属管辖制度，应根据特殊地域管辖确定管辖法院。《民事诉讼法》第 24 条规定，因合同纠纷提起的诉讼，由被告住所地或者合同履行地人民法院管辖。又因双方未约定合同履行地，根据《民诉解释》第 18 条第 2 款的规定，合同对履行地点没有约定或者约定不明确，交付不动产的，不动产所在地为合同履行地。据此，本案的管辖法院是被告住所地的乙区以及作为合同履行地的丙区。又根据《民诉解释》第 36 条的规定，两个以上人民法院都有管辖权的诉讼，先立案的人民法院不得将案件移送给另一个有管辖权的人民法院。据此，丙区法院立案后又将案件移送乙区法院不符合规定。选项 A 错误，当选。

《民诉解释》第 335 条规定，在第二审程序中，当事人申请撤回上诉，人民法院经审查认为一审判决确有错误，或者当事人之间恶意串通损害国家利益、社会公共利益、他人合法权益的，不应准许。同时，该解释第 336 条第 1 款规定，在第二审程序中，原审原告申请撤回起诉，经其他当事人同意，且不损害国家利益、社会公共利益、他人合法权益的，人民法院可以准许。准许撤诉的，应当一并裁定撤销一审裁判。据此，无论是二审中撤回起诉还是撤回上诉，均应由法院对是否存在损害“三个利益”的情形予以审查，选项 B 正确，不当选。二审中撤回上诉，无须征得被上诉人同意，选项 C 正确，不当选。二审中撤回起诉，则必须经其他当事人同意，选项 D 错误，当选。

100.【答案】 BC

【逐项分析】《民事诉讼法》第59条第3款规定，有独立请求权第三人和无独立请求权第三人，因不能归责于本人的事由未参加诉讼，但有证据证明发生法律效力的判决、裁定、调解书的部分或者全部内容错误，损害其民事权益的，可以自知道或者应当知道其民事权益受到损害之日起6个月内，向作出该判决、裁定、调解书的人民法院提起诉讼。据此，就季某诉邱某的案件本身，根本与江某无关，更谈不上该判决损害江某民事权益的问题，只是在执行环节才涉及江某，因此，江某无权提起第三人撤销之诉。选项A错误。

《民事诉讼法》第234条规定，执行过程中，案外人对执行标的提出书面异议的，人民法院应当自收到书面异议之日起15日内审查，理由成立的，裁定中止对该标的的执行；理由不成立的，裁定驳回。案外人、当事人对裁定不服，认为原判决、裁定错误的，依照审判监督程序办理；与原判决、裁定无关的，可以自裁定送达之日起15日内向人民法院提起诉讼。据此，案件已进入执行程序，案外人江某因对作为执行标的的挖掘机享有部分所有权，其有权提出执行标的异议。选项B正确。法院判决邱某向季某还钱，而法院的执行标的是挖掘机，这属于与原判决、裁定无关的情形，案外人江某的执行标的异议如被驳回，应提出执行异议之诉。选项C正确。

《民诉解释》第420条第1款规定，必须共同进行诉讼的当事人因不能归责于本人或者其诉讼代理人的事由未参加诉讼的，可以根据《民事诉讼法》第207条第8项规定，自知道或者应当知道之日起6个月内申请再审，但符合本解释第421条规定情形的除外。据此，如果案外人直接申请再审，则案外人必须是遗漏的必要共同诉讼人，否则案外人只能先提出执行标的异议，异议被驳回后，原裁判有错误，案外人才能申请再审。本案中，江某与邱某虽为挖掘机的共同产权人，但就邱某与季某的借款合同诉讼，根本与江某无关，江某不是必要共同诉讼人，因此，江某当然不能以遗漏的必要共同诉讼人身份直接申请再审。选项D错误。

图书在版编目（CIP）数据

2022国家统一法律职业资格考试客观题考前冲刺2套卷/桑磊主编．—北京：中国法制出版社，2022.7

ISBN 978-7-5216-2762-6

Ⅰ．①2… Ⅱ．①桑… Ⅲ．①法律工作者-资格考试-中国-习题集 Ⅳ．①D92-44

中国版本图书馆CIP数据核字（2022）第117747号

责任编辑：李连宇　　封面设计：拓　朴

2022国家统一法律职业资格考试客观题考前冲刺2套卷

2022 GUOJIA TONGYI FALÜ ZHIYE ZIGE KAOSHI KEGUANTI KAOQIAN CHONGCI 2 TAOJUAN

主编/桑　磊

经销/新华书店

印刷/三河市华润印刷有限公司

开本/787毫米×1092毫米　16开　　印张/16　字数/400千

版次/2022年7月第1版　　2022年7月第1次印刷

中国法制出版社出版

书号 ISBN 978-7-5216-2762-6　　定价：48.00元

北京市西城区西便门西里甲16号西便门办公区

邮政编码：100053　　传真：010-63141600

网址：http：//www.zgfzs.com　　**编辑部电话：010-63141811**

市场营销部电话：010-63141612　　**印务部电话：010-63141606**

（如有印装质量问题，请与本社印务部联系。）

封面和扉页二维码内容由桑磊法考提供，用于服务广大考生，有效期截至2022年12月31日。